FRANZ VON LISZT

zum Gedächtnis

FRANZ VON LISZT
zum Gedächtnis

Zur 50. Wiederkehr seines Todestages
am 21. Juni 1919

Berlin 1969

VERLAG WALTER DE GRUYTER & CO.

Dieser Band erscheint zugleich als Band 81, Heft 3 der
„Zeitschrift für die gesamte Strafrechtswissenschaft"

Archiv-Nr. 28 13 697
Satz und Druck: Walter de Gruyter & Co., Berlin 30

Vorwort

Franz von Liszt ist am 21. Juni 1919 in Seeheim an der Bergstraße gestorben. Die von ihm gegründete und bis zuletzt geleitete „Zeitschrift für die gesamte Strafrechtswissenschaft" widmet das 3. Heft des 81. Bandes — welches mit dem vorliegenden Band identisch ist — aus Anlaß der 50. Wiederkehr des Todestages seinem Gedächtnis.

Zur 100. Wiederkehr seines Geburtstags am 2. März 1951 ehrten den großen deutschen Kriminalisten Pierre *Bouzat* und der im vergangenen Jahr früh verstorbene Jacques-Bernard *Herzog*, indem sie ein Doppelheft der Revue internationale de droit pénal zu einer Sammlung von Beiträgen über die Internationale Kriminalistische Vereinigung und ihre führenden Geister bestimmten (Rev. int. dr. pén. 1951, S. 163—394). So erscheint dort neben den Mitbegründern Adolphe *Prins* und Gérard Anton *van Hamel* auch das Bild Franz *von Liszt*s, wie ihn Jean *Graven*, Stephan *Hurwitz*, Emil Stanislas *Rappaport*, Karl *Schlyter* und Eberhard *Schmidt* damals gesehen haben.

In den wenigen Jahren, die seitdem vergangen sind, hat die internationale Reformbewegung in zahlreichen Ländern epochemachende gesetzgeberische Leistungen vollbracht und in großen Entwürfen die Stellung des freien Menschen der zweiten Hälfte des 20. Jahrhunderts im Strafrecht neu bestimmt. Auch Deutschland hat nach den zahlreichen Anläufen seiner Reformgeschichte im Jahr 1969, von der breiteren Öffentlichkeit kaum beachtet, die Sternstunde seiner Strafrechtsreform erlebt: Der neue Allgemeine Teil des Strafgesetzbuchs ist abgeschlossen. Es erscheint deshalb berechtigt, diesen großen Augenblick sowohl an der Vergangenheit zu messen als ihn auch vor einem Zukunftshorizont zu betrachten, hinter dem die eigentlichen Schwierigkeiten der Verwirklichung des neuen kriminalpolitischen Programms erst auf uns warten.

Franz *von Liszt* mit seinen Vorstellungen von der Funktion des Strafrechts in der modernen Gesellschaft soll in diesem Band zum einen unser Maßstab sein, an dem Vergangenheit, Gegenwart und Zukunft des Strafrechts gemessen werden, er soll aber zum anderen auch in der Begrenztheit seiner Gedankenwelt als ein Mensch seiner Zeit gesehen und beurteilt werden. Auf diese Weise wollen wir sowohl die Kontinuität als auch den Fortschritt in der strafrechtlichen Entwicklung zeigen. Der erste Teil dieses Bandes, der von Eberhard

Schmidt als persönlichem Schüler und Fortsetzer des wissenschaftlichen Werkes Franz *von Liszt*s eingeleitet wird, enthält die deutschen Beiträge zu der Lebensgeschichte und der vielfachen theoretischen und praktischen Wirksamkeit *Liszt*s, jeweils auf die heutige Zeit und die unmittelbaren Aufgaben der Zukunft bezogen, soweit es sich nicht um Beiträge handelt, die ganz der Erinnerung an das Gewesene gewidmet sind. Der Auslandsteil dieses Bandes, der ebenfalls durch einen persönlichen Schüler *Liszt*s, Professor Luis *Jiménez de Asúa*, eröffnet wird, spiegelt die vielfältige Wirksamkeit des deutschen Kriminalisten in der Welt wider und zeigt, wie sein Werk heute in den verschiedenen Rechtskreisen beurteilt wird. Einem anderen Schüler *Liszt*s, Hans Felix *Pfenninger*, der seinen Beitrag schon begonnen hatte, nahm der Tod die Feder aus der Hand. Wir besitzen jedoch seinen schönen Aufsatz „Franz von Liszt, ein deutscher Kriminalpolitiker" in der Schweizerischen Juristen-Zeitung 1966, S. 134—138.

Franz *von Liszt* wurden auf der Höhe seines Schaffens zum 60. Geburtstag am 2. März 1911 zwei Ehrungen dargebracht. Die eine war die Festschrift von Schülern und früheren Mitgliedern des Berliner Kriminalistischen Seminars (Berlin, O. Häring, 1911), die andere der ihm gewidmete 32. Band der „Zeitschrift für die gesamte Strafrechtswissenschaft". Nach mehr als einem halben Jahrhundert enthält dieser Band nunmehr den ersten Versuch einer zusammenfassenden Würdigung durch Autoren verschiedener Länder. Daß so viele Kriminalisten des In- und Auslandes der Bitte um Beteiligung an dem Gedächtnisband entsprochen haben, zeigt die fortbestehende Wirksamkeit dieses Mannes. Allen Mitarbeitern sei für ihre Beiträge aufrichtig gedankt.

Gedankt sei auch Herrn Dr. Harry *Oster*, dem Nachlaßverwalter des Universitätsprofessors Dr. Eduard *von Liszt* jun., für die Überlassung der beiden Bildnisse sowie den Universitätsarchiven in Wien und Graz für die Erlaubnis zum Abdruck der beiden Urkunden.

Hans-Heinrich *Jescheck*

Inhaltsverzeichnis

Persönliche Erinnerungen an Franz von Liszt
Von Prof. Dr. Eberhard *Schmidt*, Heidelberg 1

Das Menschenbild des Positivismus und die philosophische Anthropologie unserer Zeit
Von Prof. Dr. Richard *Lange*, Köln 12

Franz von Liszt als Dogmatiker
Von Prof. Dr. Ernst *Heinitz*, Berlin 28

Franz von Liszt und die kriminalpolitische Konzeption des allgemeinen Teils
Von Prof. Dr. Paul *Bockelmann*, München 53

Franz von Liszt und die kriminalpolitische Konzeption des Alternativentwurfs
Von Prof. Dr. Claus *Roxin*, Göttingen 69

Franz von Liszt und die Reform des Strafvollzuges
Von Prof. Dr. Rudolf *Sieverts*, Hamburg 106

Franz von Liszt als Österreicher
Von Assessor Dr. Reinhard *Moos*, Wissenschaftlicher Assistent am M. P. I., Freiburg i. Br. 116

Beiträge aus dem Ausland:

„Corsi e ricorsi"
Die Wiederkehr Franz von Liszts
Von Prof. Dr. Luis *Jiménez de Asúa*, Buenos Aires 141

Franz von Liszt und die positive Strafrechtsschule in Italien
Von Prof. Dr. Silvio *Ranieri*, Mailand 156

Der Einfluß Franz von Liszts auf die portugiesische Strafrechtsreform
Von Prof. Dr. Eduardo *Correia*, Coimbra/Portugal 179

Franz von Liszt und der Entwurf eines lateinamerikanischen Strafgesetzbuches
Von Prof. Dr. Eduardo *Novoa Monreal*, Santiago de Chile 208

Die Ideen Franz von Liszts im früheren und heutigen Jugoslawien
Von Prof. Dr. Bogdan *Zlatarić*, Zagreb 220

Das Erbe Franz von Liszts und die gegenwärtige Reformsituation in der Schweiz
Von Prof. Dr. Hans *Schultz*, Thun/Bern 243

Franz von Liszt und die Kriminologie
Von Prof. Dr. *G. Th. Kempe*, Utrecht 260

Franz von Liszt und die schwedische Strafrechtswissenschaft
Von Prof. Dr. Alvar *Nelson*, Uppsala 281

Persönliche Erinnerungen an Franz von Liszt

Von Professor Dr. Eberhard *Schmidt*, Heidelberg

Wenn man mich, da ich in den Jahren von 1921 bis 1932 die 23. bis 26. Auflage des *Liszt*schen Strafrechtslehrbuchs herausgegeben habe, als Schüler Franz *von Liszts* zu bezeichnen pflegt, so ist das nur in einem bedingten Sinne richtig. In meinem dritten Studiensemester, Sommer 1911, wollte ich die Strafrechtsvorlesung Franz *von Liszts* hören, die für die Studenten in der Berliner Juristischen Fakultät eine ganz besonders große Anziehungskraft hatte. Da aber die von *Liszt* gewählte Vorlesungsstunde mit meinem für dieses Semester erforderlichen Vorlesungsprogramm nicht zu vereinbaren war, so mußte ich mich entschließen, die Strafrechtsvorlesung zu belegen, die der damals unter Studenten wenig bekannte Privatdozent Dr. Ernst *Delaquis* zu der in Berlin wenig beliebten Stunde von 8 bis 9 angekündigt hatte. Mit einer für Berliner Verhältnisse recht kleinen Schar von etwa 30 Studenten fand ich mich in *Delaquis'* erster Vorlesungsstunde ein, um sodann, von seinem sehr lebendigen und klaren Vortrag gefesselt, wohl keine Vorlesungsstunde zu versäumen und zu beschließen, bei *Delaquis* alle weiteren strafrechtlichen Studien fortzusetzen. Das führte dazu, daß eine gewisse persönliche Beziehung zu Ernst *Delaquis* entstand, der mich denn auch zu Beginn meines fünften Studiensemesters auf meine Bitte hin bei der Wahl des Dissertationsthemas beriet. Eine erste Ausarbeitung über die Kriminalpolitik Friedrich Wilhelms I. und Friedrichs des Großen entsprach allerdings seinen Erwartungen in keiner Weise. Er verlangte gründliche Vertiefung und Umgestaltung der Arbeit. Dann freilich, als dies geschehen, veranlaßte er mich, im Wintersemester 1912/13 um Aufnahme in *Liszt*s Seminar zu bitten. Von *Delaquis* empfohlen, wurde ich von *Liszt* in sein Seminar aufgenommen und zugleich beauftragt, an einem der ersten Seminarabende einen Vortrag über mein Dissertationsthema zu halten.

Damit ist gegen Ende meines Studiums — länger als 6 Semester zu studieren, ist damals kaum üblich gewesen — meine persönliche Beziehung zu Franz *von Liszt* hergestellt worden.

Hier sei eine Erinnerung an *Liszt*s berühmtes „Kriminalistisches Seminar", wie es sich zur Zeit meines Beitritts dem Studenten darbot, eingeflochten. 1888 in Marburg begründet, in *Liszt*s Hallenser Jahren (1889—1899) ausgestaltet, ist es auch in Berlin eine Studieneinrichtung gewesen, die ganz aus dem Rahmen des Üblichen fiel, weil sie eine ganz persönliche Angelegenheit *Liszt*s war und dies auch schon durch die äußere Einrichtung deutlich machte. Die Seminarräume befanden sich nicht in der Universität oder in einem zur Universität gehörigen Gebäude; vielmehr hatte *Liszt* in Charlottenburg in der Schlüterstraße eine große Doppelwohnung auf eigene Kosten gemietet. Die Unterhaltung der großartigen kriminalistischen Spezialbibliothek, für die staatlicherseits nur ein ganz geringer Zuschuß geleistet wurde, betrachtete *Liszt* ebenfalls als seine persönliche Angelegenheit: seine eigene große, reichhaltige Bibliothek befand sich als Präsenzbibliothek vollständig in den Räumen des Seminars. Alle in reichem Maße aus dem In- und Ausland an *Liszt* persönlich gelangenden Monographien, Lehrbücher, Sonderdrucke usw. wurden sofort der Seminarbibliothek zugewiesen. Die Arbeitsräume waren so eingerichtet, daß jeder Benutzer seinen eigenen Arbeitstisch mit einem Aufsatz zur Aufstellung von Büchern hatte. Außerdem gab es einen großen Raum, in dem alle zwei Wochen die Seminarabende stattfanden, ferner das Direktorzimmer, in dem *Liszt* täglich mehrere Stunden arbeitete, das Assistentenzimmer und den Katalograum. Der Seminarverwalter oder Hausmeister hatte auf der gleichen Etage seine „Dienstwohnung". Er wurde von *Liszt* persönlich bezahlt, ebenso wie auch die Bibliothekarin, die, wie ich mich erinnere, ein monatliches Fixum von 75,— M erhielt. Der Assistent war ehrenamtlich tätig.

*Liszt*s erster Assistent bei der Begründung des Seminars im Jahre 1888 ist Robert *von Hippel* gewesen. Spätere Assistenten waren Ernst *Rosenfeld*, Moritz *Liepmann*, schließlich, als ich dem Seminar beitrat, Ernst *Delaquis*. Zwischen *Liszt* und *Delaquis* hat wohl das herzlichste Freundschafts- und Vertrauensverhältnis bestanden, das sich denken läßt. 1904 hatte *Delaquis* bei *Liszt* promoviert, 1907 hatte er sich bei ihm habilitiert. *Delaquis*, ein gebürtiger Schweizer, war nicht nur Seminarassistent, vielmehr war er auch, da er neben der deutschen die französische, italienische und englische Sprache beherrschte, in der von *Liszt* 1889 begründeten Internationalen Kriminalistischen Vereinigung *Liszt*s rechte Hand.

Die Seminarteilnehmer, die an den Seminarabenden zu Referaten und Diskussionen zusammenkamen, waren nur zu einem ganz geringen Teil Studenten. In der Hauptsache setzte sich die Teilnehmerschaft aus Referendaren, Assessoren, aber auch Rechtsanwälten, Richtern und Staatsanwälten zusammen. Manche von ihnen sind viele Semester hindurch zu den Seminarabenden erschienen, angezogen durch *Liszt*s unvergleichliche Persönlichkeit, durch die Gelegenheit, hier mit der strafrechtlichen Problematik im allerweitesten Sinne nach den neuesten Forschungsergebnissen vertraut zu werden und somit in einem „Aufbaustudium", wie wir heute sagen würden, die eigene beruflich-wissenschaftliche Ausbildung zu erweitern und zu vertiefen.

Auch an Teilnehmern aus dem Auslande hat es nie gefehlt. Zumeist sind es Juristen mit abgeschlossener juristischer Ausbildung gewesen, die sich auf die Habilitation an ihrer Heimatuniversität vorbereiteten oder als Mitglieder ihrer Landesgruppen der IKV einen engeren Kontakt mit Franz *von Liszt* erstrebten. Russische Kriminalisten pflegten sich in so großer Zahl einzustellen, daß der Staat des Zaristischen Rußlands sich veranlaßt sah, der Seminarbibliothek einen ziemlich umfangreichen Bestand an russischer kriminalistischer Literatur zur Verfügung zu stellen. Auch sonst hat es der Seminarbibliothek an ausländischer Literatur nicht gefehlt dank der reichen internationalen Beziehungen *Liszt*s.

Liszt stellte für die Seminarabende kein festes Semesterprogramm mit einem bestimmten Thema auf; vielmehr haben die zu Vorträgen zugelassenen Teilnehmer über die Ergebnisse ihrer jeweiligen Arbeiten aus den verschiedensten Bereichen der gesamten Strafrechtswissenschaft referiert. An das Referat hat sich jedesmal eine kritische und sehr anregende Stellungnahme *Liszt*s angeschlossen, der damit die Aussprache eröffnete und die für die Diskussion wesentlichen Gesichtspunkte herausstellte. Das Ganze bewegte sich auf einem Niveau, dem ein Student kaum gewachsen gewesen ist, das ihm aber deutlich machte, wie er, selbst am Ende seines Studiums, doch noch Anfänger war und was es zu arbeiten und zu lernen galt, um vielleicht auch einmal diesem geistigen Niveau gewachsen zu sein.

Die private Atmosphäre in den Räumen in der Schlüterstraße hatte etwas außerordentlich Anziehendes, ja Anheimelndes. *Liszt* verstand es, sie durch seine berühmten „Kriminalistischen Bierabende" noch persönlicher zu gestalten. Sie fanden in jedem Semester in *Liszt*s Privatwohnung (Hardenbergstr. 19) statt. Eingeladen wurde, wer einen Seminarvortrag gehalten hatte oder durch längere Zugehörigkeit zum Seminar in ein näheres Verhältnis zu *Liszt* hatte treten dürfen. An der Abendtafel und an dem ihr folgenden Beisammensein nahmen auch Frau *von Liszt* und die beiden Töchter *Liszt*s teil, und gerade dadurch wurde das Privat-Familiäre der Veranstaltung in liebenswürdigster Weise unterstrichen. Daß *Liszt* selbst auch bei dieser Gelegenheit durch seine sprühende Unterhaltungsgabe, durch seinen Humor und seine Schlagfertigkeit zu lebhaftesten, anregenden Gesprächen animierte, daß er und Frau *von Liszt* durch die von ihnen beiden ausstrahlende Güte selbst dem schüchternen Studenten die Befangenheit zu nehmen verstanden, wer könnte das vergessen, wenn es ihm einmal vergönnt gewesen ist, ein solches Zusammensein in *Liszt*s Hause zu erleben?

Nach Beendigung meines letzten Studiensemesters ist es mir wie wohl vielen ergangen: ich habe mich vom Kriminalistischen Seminar nicht mehr trennen können. Nach Erledigung des Referendar- und des Doktorexamens (Dezember 1913) behielt ich weiter meinen Arbeitstisch im Seminar, um an meiner Dissertation zu feilen, die *Liszt* zur Veröffentlichung in seinen „Abhandlungen aus dem Kriminalistischen Seminar an der Universität Berlin" angenommen hatte. Daß dies die Weichenstellung für mein berufliches Leben bedeuten würde, habe ich dabei nicht ahnen können. Als ich im Februar 1914 an meinem Arbeitstisch saß, kam Ernst *Delaquis* zu mir mit der Aufforderung, zu „Herrn Geheimrat" zu kommen, der mich in seinem Direktorzimmer sprechen wolle. *Liszt* bot mir die sofortige Übernahme der Seminarassistentenstelle an, da Ernst *Delaquis* einen Ruf an die neue Frankfurter Universität angenommen hatte und seine Übersiedlung nach Frankfurt in die Wege leiten mußte. Daß ich mich mit Freuden bereit erklärte, ist wohl selbstverständlich gewesen.

Es hat zu *Liszt*s Eigenart gehört und auch wieder eine bemerkenswerte Seite seines Verhältnisses zu den Menschen seiner Umwelt ausgemacht, daß er jungen Menschen Chancen bot, auch wenn sie noch keine besonders bemerkenswerten Leistungen aufzuweisen hatten. Das habe ich zweimal in meinem Leben erfahren sollen. Das erste Mal also an jenem Februartage des Jahres 1914. Daß die Gewährung einer solchen Chance von *Liszt*s Seite noch durchaus kein blindes Vertrauen, sondern ein Abwarten und nicht mehr als dieses bedeutete, das gab er mir in der amüsanten und launigen Tischrede zu verstehen, die er bei dem von ihm veranstalteten festlichen Abschiedsessen hielt, das zu *Delaquis'* Ehren im März 1914 in einem Restaurant am Savignyplatz stattfand. *Liszt* begann diese Rede etwa wie folgt: Er habe einen schrecklichen Traum gehabt: jahrelang habe er eine Hose getragen, die ihm bestens gepaßt und gesessen hätte und an die er sich als unentbehrlich gewöhnt habe; plötzlich aber sei diese Hose nicht mehr da gewesen; freilich habe im Schrank eine funkelnagelneue Hose gehangen, aber er habe doch nicht wissen können, ob sie ihm ebenfalls passen würde und ob sie ebenso bequem wie die verschwundene sei usw. Es gab ob dieses Vergleichs viel Gelächter, und *Rogowski* schenkte mir ein paar Tage später ein Exemplar seiner

Schrift „Die komische Beleidigung" mit der Widmung „Der neuen Hose des Herrn Geheimrats". Mir aber war nicht entgangen, was *Liszt* in seiner wundervollen Art in bezug auf *das* hat sagen wollen, was er von mir erwartete.

Im März 1913 feierte das Kriminalistische Seminar das Jubiläum seines 25jährigen Bestehens, im Januar 1914 folgte das gleiche Jubiläum der Internationalen Kriminalistischen Vereinigung. *Liszt* befand sich im 62. Lebensjahr. So geliebt, bewundert und verehrt er als Universitätslehrer, so angesehen er im Kreise der IKV war, sein Verhältnis zur preußischen Kultusverwaltung war seit der Jahrhundertwende nicht erfreulich gewesen. Man hatte ihm verargt, daß er sich in seiner Zeitschrift für die gesamte Strafrechtswissenschaft darüber beklagt hatte, daß ihm die zur Ausstattung und Erweiterung seines aus Halle mitgebrachten Kriminalistischen Seminars gemachten Berufungszusagen nicht erfüllt worden seien. Das hatte sogar zu einem mit einem schriftlichen Verweis endenden Disziplinarverfahren geführt. *Liszt* hat das zu ertragen gewußt; ja, als er nach 25jährigem Bestehen des Seminars dessen weitere Entwicklung überlegte — er trug sich mit der Absicht, sich baldmöglichst emeritieren zu lassen —, vollzog er einen großartigen Schenkungsakt, indem er alle ihm persönlich gehörenden Bücher und Zeitschriften des Seminars — und das ist der in die Tausende gehende Hauptbestandteil der Seminarbibliothek gewesen — dem preußischen Staat zu Eigentum übertrug. Ein Dankschreiben hat *Liszt* dafür nicht erhalten, wohl aber die Aufforderung, die Schenkungssteuer in Höhe von 413,— M zu bezahlen, was *Liszt* denn auch pflichtschuldigst erledigt hat. In den Akten des Seminars sind jener schriftliche Verweis und diese Aufforderung zur Zahlung der Schenkungssteuer als denkwürdige Dokumente aufbewahrt worden.

Auch zu den Reichsbehörden hatte *Liszt* kein gutes Verhältnis. Als liberaler Politiker und Reichstagsabgeordneter war er alles andere als persona grata. So konnte es sich ereignen, daß der Vorentwurf von 1909 erschien, ohne daß man *Liszt*, um dessen Reformideen es doch ging, amtlich zur Mitarbeit herangezogen hatte. So war es weiter möglich, daß *Liszt* in die im Jahre 1911 zusammentretende Strafrechtskommission nicht berufen wurde. Um so größer war *Liszt*s Ansehen im internationalen Bereich. In der von ihm mit *van Hamel* und *Prins* gegründeten Internationalen Kriminalistischen Vereinigung ist *Liszt* der anerkannte und aufs höchste verehrte geistige Führer gewesen. Hier zündeten seine kriminalpolitischen Ideen; hier wirkte seine weltmännische Offenheit und seine liberale Gesinnung.

Innerhalb der IKV gab es ja durchaus unterschiedliche Richtungen. Die italienische Landesgruppe ging vom Boden der positivistischen Schule aus und legte unter den Verbrechensursachen das Schwergewicht auf den individuellen Veranlagungsfaktor. Dagegen betonte die französische Landesgruppe den sozialen Kausalitätsfaktor, ließ aber auch nicht die Notwendigkeit aus dem Auge, die staatliche Verbrechensbekämpfung an gesetzliche Schranken zu binden, die dem Schutze der droits de l'homme zu dienen hätten.

Liszts beweglicher Geist, seine Abneigung gegen alles Doktrinäre, seine eigene Auffassung, daß das Strafgesetz als „Magna Charta des Verbrechers" die unübersteigbare Schranke für die Kriminalpolitik sei, seine liberale Gesinnung haben auf den internationalen Tagungen allen Spannungen und Gegensätzen gegenüber zu wissenschaftlichem Ausgleich bei Respektierung nationaler Eigentümlichkeiten geführt, haben aber auch dazu beigetragen, daß das *Gemeinsame* aller Reformideen sich durchsetzte, der Gedanke nämlich, die Verbrechensbekämpfung *auf dem Boden der Wirklichkeit* unter Befreiung von allen dogmatischen Voreingenommenheiten zum Schutze der Gesellschaft zu führen. Hier hat in der Tat die große Aufgabe gelegen, der nur eine Persönlichkeit vom geistigen Range Franz *von Liszts*, von seiner bezwingend verbindlichen Art, von seiner geistigen Freiheit und Unvoreingenommenheit hat gerecht werden können.

Wie sehr für *Liszt* das Wirken in dieser internationalen Welt, in dieser internationalen Gemeinsamkeit des Forschens und Reformierens zum Lebenselement geworden ist, das hat sich in dem Zusammenbruch seiner Stimmung gezeigt, als 1914 der erste Weltkrieg ausbrach. Nicht der Krieg als solcher ist es gewesen, der *Liszt* zutiefst erschütterte. Als Völkerrechtler hat *Liszt* dem Krieg als einer die Beziehungen der Staaten belastenden Möglichkeit in seiner Gedankenwelt Raum gegeben, freilich dem Krieg im Sinne des 19. Jahrhunderts, d. h. dem Krieg als einer rein militärischen Auseinandersetzung der gegnerischen Streitkräfte. Der Krieg aber, der 1914 ausbrach, hatte infolge der sich sofort durchsetzenden anglo-amerikanischen Kriegsdoktrin den bösartigen Charakter des Kampfes der Völker gegeneinander, der totalen Feindschaft zwischen Volk und Volk unter Abbruch aller Beziehungen, auch derjenigen auf geistig-kulturellem Gebiet. Das zeigte sich u. a. auch darin, daß sofort in den ersten Kriegsmonaten bei Deutschlands kriegsführenden Gegnern eine entsetzliche Welle des Hasses gegen alles Deutsche schlechthin ausbrach, die in wildester Propaganda vor keiner Lüge und Herabsetzung Halt machte. Wie sehr *Liszt* darunter gelitten hat, ergibt sich aus einer Äußerung von ihm in der Vossischen Zeitung vom 25. Dezember 1914.

Dieses bedeutende Berliner Blatt hatte für seine Weihnachtsnummer von Professor Dr. *van Hamel*, Amsterdam, einen Beitrag zum Thema „Internationale Stimmung" erbeten. In einem glänzenden, gedankenreichen Aufsatz war *van Hamel* dieser Aufforderung nachgekommen. Er hatte hier der weitgespannten Kulturbeziehungen der jetzt kriegführenden und neutralen Staaten gedacht und hatte in diesen Zusammenhang auch das Wirken der IKV gestellt, wobei er seiner vielen Freunde unter den deutschen Juristen und „an erster Stelle des hochverehrten Professors der Rechte an der Berliner Universität Franz *von Liszt*" mit bewegten Worten gedachte. *Van Hamel* schloß seinen Aufsatz mit einem Blick in die Zukunft, mit einem Hinweis darauf, daß die Menschen aller Völker zur Bewältigung der künftigen Kulturaufgaben *einander brauchen;* denn „eine einseitige Kultur wäre nicht einmal Kultur". Und daran schloß er den Satz: „Wer für diesen hohen Beruf sich fertig halten will, bereite sich darauf vor *in internationaler Stimmung.*"

An diesen Satz knüpfte Franz *von Liszt*, von der Vossischen Zeitung zu einem „Nachwort" aufgefordert, an. Auch er gedachte der gemeinsamen Arbeit in der IKV und bezeichnete das dort Geleistete als „nur ein kleines, aber freilich typisches Bild von dem, was auf allen Gebieten des Kulturlebens die gemeinsame Arbeit für den Fortschritt der Menschheit geschaffen hat". Dann jedoch die bange Frage: „Aber heute?" Und nun der Ausbruch einer tiefen Depression: „Auch in diesen Festtagen erinnern wir uns im Deutschen Reich der ‚internationalen Stimmung' wie eines Zustandes aus grauer Vergangenheit. Nicht der Krieg an sich hat in uns die Wandlung bewirkt, denn dem ehrlichen Gegner wird jeder von uns nach dem Kampfe gern die Hand reichen. Wohl aber die *Schmutzflut von Haß und Lüge*, die alle Kulturwerte mit sich hinweggeschwemmt hat. Die Erfahrungen, die wir in diesem Kriege, nicht nur bei unseren Gegnern, machen mußten, werden auf lange Jahre die Stimmung des deutschen Volkes beherrschen. Wenn der Frieden kommt, wird die Verwüstung erst allen Augen sichtbar werden, die der Krieg in der Kulturgemeinschaft der Völker angerichtet hat. Ob ein volles Menschenalter hinreichen wird, um den Schutt hinwegzuräumen — wer vermag das heute zu sagen? Wir Deutschen werden mit dem Ende des Krieges unsere Kulturarbeit wieder aufnehmen, mit verstärkter Kraft und mit weiter gestecktem Ziel. Gern werden wir dabei mit unseren Freunden zusammenarbeiten; auch mit denen, die wenigstens nicht unsere offenen Feinde gewesen sind. *Aber die ‚internationale Stimmung', die ist uns ausgetrieben auf Jahrzehnte hinaus.* Mit tiefstem Bedauern spreche ich das aus. Aber gerade dem alten Freunde gegenüber, dem ich die herzliche Zuneigung unverändert bewahre, hielt ich uneingeschränkte Offenheit für heilige Pflicht."

Wie *Liszt* den Krieg, die schwindenden Aussichten auf einen deutschen Sieg, ja auch nur auf einen Remis-Frieden, die Verschlechterung der innenpolitischen Zustände und schließlich den Zusammenbruch im November 1918 innerlich erlebt hat, darüber vermag ich nichts zu berichten. Als ich am 1. 4. 1915 nach achtmonatigem Aufenthalt im Felde nach Berlin zurückkehrte und in der Schlüterstraße die Assistentenarbeit wiederaufnehmen konnte, war der Seminarbetrieb aus kriegsbedingten Gründen zu einem Minimum zusammengeschmolzen. *Liszt* war, wenn ich mich recht erinnere, vom Wintersemester 1915/16 an — seine Emeritierung muß um diese Zeit erfolgt sein — nur noch selten in Berlin. Die Seminarleitung hatte James *Goldschmidt* vertretungsweise übernommen; er führte auch die zweiwöchigen Seminarabende nach *Liszt*s Seminarmethode weiter. Inzwischen aber mußte das „Kriminalistische Seminar", nachdem durch *Liszt*s großzügige Schenkung der gesamte Bibliotheksbestand in staatlichen Besitz übergegangen war, in das „Kriminalistische Institut an der Universität Berlin" umgewandelt werden. Der behagliche Betrieb in der Schlüterstraße konnte staatlicherseits aus etatrechtlichen Gründen nicht weitergeführt, das „Institut" mußte in Räume der Friedrich-Wilhelm-Universität verlegt werden. Bauliche Änderungen im östlichen Zwickelbau des schönen Universitätsgebäudes Unter den Linden ermöglichten eine sehr würdige Unterbringung des Instituts. *Liszt* hat diese Räume nach ihrer Fertigstellung im Herbst 1917 nicht mehr gesehen; nur einmal ist er mit mir durch die noch im Umbau befindlichen Räumlichkeiten gegangen.

Es hatte den Anschein, als ob sich *Liszt* ohne sein Kriminalistisches Seminar mit seinem alten lebhaften Wissenschafts- und Lehrbetrieb und mit seinem vertrauten Direktorzimmer in der Schlüterstraße in Berlin nicht mehr recht am Platze fühlte. So lebte er zumeist in Seeheim a. d. Bergstraße. Hier mußte er zunächst die 11. Auflage seines Lehrbuchs des Völkerrechts fertigstellen. Inzwischen aber war auch die 20. (letzte Friedens-)Auflage seines Lehrbuchs des Deutschen Strafrechts vergriffen. Eine neue Auflage des damals noch schlechthin führenden Lehrbuchs mußte vorbereitet werden. Rechtsanwalt *Oborniker* und ich haben dabei durch Exzerpte aus Monographien, Dissertationen und Zeitschriftenaufsätzen von Berlin aus behilflich sein können. Aber das Jahr 1918 brachte *Liszt* schwere Erkrankung und die Notwendigkeit, sich chirurgischen Operationen unterziehen zu müssen. So mußte er die Arbeit an der Neuauflage des Lehrbuchs monatelang unterbrechen. Immerhin gelang es ihm, die Neuauflagen der Kommentare von *Frank* (1914) und *Olshausen* (1916), den 1914 neu erschienenen (später leider nicht wieder aufgelegten) Kommentar von *Schwartz* und das von ihm sehr bewunderte Werk *M. E. Mayers* „Der Allgemeine Teil des deutschen Strafrechts" (1915) und *Köhlers* „mehr umfang- als inhaltsreiches Deutsches Strafrecht, Allgem. Teil" (1917) noch selbst durchzuarbeiten und im Text oder in Anmerkungen der Neuauflage zu berücksichtigen.

Liszts Abwesenheit in Seeheim a. d. Bergstraße führte dazu, daß sich meine persönliche Beziehung zu ihm im wesentlichen auf brieflichen Verkehr beschränkte. Aus seinen Briefen, die ich nach der Wiederaufnahme der Arbeiten an der Neuauflage des Lehrbuchs erhielt, konnte ich nicht ersehen, wie sehr die schwere Erkrankung an seiner Lebenskraft gezehrt hatte. Es war nicht *Liszts* Art zu klagen — jedenfalls dem so sehr viel Jüngeren gegenüber. Im Dezember 1918 war *Liszt* zum letzten Mal in Berlin. Mehrmals habe ich ihn in der Hardenbergstraße besuchen dürfen. Er gab sich heiter und gelassen wie nur je zuvor. Unerfahren, wie ich war, habe ich ihm nicht angemerkt, wie es in Wirklichkeit um ihn gestanden hat. Kurz vor Weihnachten 1918 bat er mich telephonisch um meinen Besuch. Ich fand ihn in geradezu heiterer Stimmung. Er erzählte mir, er habe mit dem Verlage seines Lehrbuchs darüber verhandelt, wer das Buch, „wenn er es einmal nicht mehr könne", fortführen und den wissenschaftlichen Entwicklungen auf kriminalpolitischem und strafrechtsdogmatischem Gebiete anpassen solle. Obwohl der Verlag, wie *Liszt* lachend wörtlich sagte, die Weiterbearbeitung „durch einen alten Bonzen" gewünscht habe, habe er, *Liszt*, durchgesetzt und vertraglich abgemacht, daß mir diese Aufgabe zu übertragen sei. Hier erlebte ich zum zweiten Male die Chance, die *Liszts* Großherzigkeit dem noch nicht Bewährten und von ihm nun auch nicht mehr zu Erprobenden einräumte. Daß meine Hoffnung, noch an mehreren Auflagen des Lehrbuchs in Zusammenarbeit mit *Liszt* und unter seiner geistigen Leitung mitwirken zu können, so bald zunichte werden sollte, das ahnte ich damals nicht.

Die neue (21./22.) Auflage ist 1919 erschienen. *Liszts* Vorwort datiert vom 1. April 1919. Als das Buch ausgedruckt vorlag, hatte *Liszt* am 21. Juni 1919 diese Welt bereits verlassen. Nicht ohne Erschütterung las man, daß *Liszt* sein Vorwort „vielleicht zugleich als ein Schlußwort" bezeichnet hatte. Und welche Stimmung *Liszt* bei diesem Abschluß seines Lebenswerkes beseelt hat, das zeigen die letzten Sätze des Vorworts. Das beigefügte Verzeichnis der ihm bekannt gewordenen Übersetzungen in fremde Sprachen will er gewertet sehen „als einen Beweis des Ansehens, dessen sich bis zum Kriegsausbruch die deutsche Strafrechtswissenschaft im Auslande erfreute". Und damit kehren seine Gedanken noch einmal zurück zu dem Großartigen und Segensreichen, das er in der internationalen Zusammenarbeit in seiner IKV erlebt hatte. Und so schließt er: „Daß die deutsche Strafrechtswissenschaft dieses heute verlorene Ansehen wiedergewinnen wird, ist mir keinen Augenblick zweifelhaft. Glücklich das Geschlecht, das die Wiederaufrichtung der internationalen Arbeitsgemeinschaft auch auf dem Gebiete der Wissenschaft erlebt!"

Wenige Tage, nachdem *Liszt* diese Worte niedergeschrieben hatte, am 6. April 1919, hat Ernst *Delaquis* seinen geliebten Lehrer, den er in Seeheim besuchte, bei den Gedanken an die Notwendigkeit und Möglichkeit der Wiederaufnahme internationaler Wissenschaftsarbeit auf strafrechtlichem Gebiete getroffen. Die Frage, ob und wie die IKV nach dem Kriege wieder neu belebt werden könne, hatte *Liszt* schon während des ganzen Krieges beschäftigt. Jetzt, als *Delaquis*, der in Bern die Leitung des Justiz- und Polizeidepartments zu übernehmen im Begriffe war, „schweren Herzens von dem verehrten Lehrer Abschied nahm", da sprach ihm *Liszt* zuletzt noch von der Möglichkeit, „vom neutralen Boden aus die IKV unter neuer Führung wiedererstehen zu sehen", und *Liszt* nahm beim Abschied dem alten Freunde das Versprechen ab, „alles zu tun, was in seinen Kräften stehe, um dieses Ziel erreichen zu können"[1].

Hatte *Liszt* die Hoffnung vielleicht doch wiedergewonnen, daß eine „internationale Stimmung" auch in Deutschland wiedererwachen werde? Die Unterzeichnung des Versailler Friedensdiktates ist eine Woche nach *Liszts* Tode erfolgt. Ob er noch wahrgenommen hat, welche Diskriminierung das Versailler Instrument auf der Basis der Kriegsschuldlüge für Deutschland bedeutete und wie diese Diskriminierung alle „internationale Stimmung" von vornherein zunichte machen mußte, darüber weiß ich nichts zu sagen. Nach vielen Bemühungen hatte es 1932 den Anschein, daß die von *Liszt* so heiß ersehnte internationale Gemeinschaftsarbeit vor einem neuen, großartigen Aufschwung stände, getragen nicht nur von der wiederbelebten IKV, sondern auch von der 1924 gegründeten Association internationale de droit pénal und der Internationalen Gefängniskommission. Das unselige Jahr 1933 hat dann für die im Geiste *Liszts* arbeitenden deutschen Kriminalisten alle Hoffnungen zerschlagen und für sie eine

[1] Die Zitate im Text sind der Ansprache entnommen, die Ernst *Delaquis* am 13. September 1932 auf der (letzten) Tagung der Deutschen Landesgruppe der IKV in Frankfurt a. Main gehalten hat (Mitt. IKV. Neue Folge, 6. Band, 1933, S. 127ff.).

geistige Isolierung heraufbeschworen, wie sie für Franz *von Liszt* völlig unerträglich gewesen wäre.

Franz *von Liszt* ruht auf dem Heidelberger Bergfriedhof. Auch Frau *von Liszt* ist später hier beigesetzt worden. Heidelbergs landschaftliche Schönheit hatte es Franz *von Liszt* seit den ersten Besuchen, die er in seiner Studentenzeit hier zusammen mit seinem Vater gemacht hat, ganz besonders angetan. Seit Jahren ist die Grabstätte in städtische Pflege übergegangen.

Mochte es in den zwölf bösen Jahren des Hitler-Regimes den Anschein haben, als sei es *möglich*, daß sich die deutsche Strafrechtswissenschaft und Kriminalpolitik von *Liszt*s Ideen, von seinen geistigen Wirkungen lösen könne —, die wieder frei und selbständig gewordene deutsche Strafrechtswissenschaft hat nach 1945 das hehre Erbe Franz *von Liszt*s und die sich daraus ergebende Verpflichtung nicht vergessen. In dem vom Totalitarismus verschont gebliebenen Ausland, namentlich in den skandinavischen Staaten haben die strafrechtlichen Reformen stets unter dem anerkannten Einfluß *Liszt*scher Reformideen gestanden. Aber auch im freien Teile Deutschlands leben diese Ideen — nicht erstarrt, sondern zeitgemäß abgewandelt — fort. Das hiermit vorliegende, dem Gedenken an Franz *von Liszt* gewidmete Heft seiner Zeitschrift für die gesamte Strafrechtswissenschaft legt davon Zeugnis ab und bedeutet zugleich den Ausdruck des Dankes, den wir dem großen Kriminalisten Franz *von Liszt* alle Zeit schulden.

Das Menschenbild des Positivismus und die philosophische Anthropologie unserer Zeit

Von Professor Dr. Richard *Lange*, Köln

In keiner Zeit, so scheint es, ist sich der Mensch so sehr selbst zum Problem geworden wie in der unseren. Dem entspricht die Vielzahl der Leitbilder, mit denen wir konfrontiert werden. Ein methodischer Versuch, den Begriff oder die Idee des Menschenbildes zu bestimmen und von da zu einem besonderen Menschenbild des Positivismus hinabzusteigen, muß schon aus diesem Grunde scheitern. Der Mensch als Maß aller Dinge und als Gottesgeschöpf, der homo sapiens und der homo faber, das tool making animal und der erste Freigelassene der Schöpfung sind durch den ganzen mundus intellegibilis voneinander getrennt. Der ungemessenen Vielzahl der Inhalte entspricht die Unübersehbarkeit der Methoden, mit denen man das Bild zu zeichnen suchte, und der Seinsschichten, von denen aus man sich ihm näherte.

Aber auch bei strenger Beschränkung auf den zu untersuchenden Abschnitt der Geistesgeschichte erscheint es immer noch aussichtslos, konkretere Aussagen zu machen. Das, was man unter Positivismus versteht, ist so vielgestaltig, greift so weit zurück und so weit um sich, daß man nicht alles auf einmal in den Blick bekommen kann. Wir können hier nicht seine Wurzeln in der Neuzeit bis zu *Locke* und *Hume*, *d'Alembert* und *Condorcet* zurückverfolgen.

Doch bietet sich ein ganz bestimmter geistesgeschichtlicher Zeitpunkt aus doppeltem Grunde als Ansatz an: es ist der Augenblick, an dem der philosophische Positivismus in ein wissenschaftliches System gebracht wurde; und fast gleichzeitig ist dies auch die Geburtsstunde der wissenschaftlichen Kriminologie. Auguste *Comte* ist zwar nicht der Schöpfer des wissenschaftlichen Positivismus — dessen Grundlagen gehen auf die französischen Enzyklopädisten zurück, einschließlich der Vorstellung einer Stufenfolge der Wissenschaftsentwicklung — aber er hat ihm zum entscheidenden Durchbruch verholfen, weil die Zeit nach dem Zusammenbruch der großen idealistischen Denksysteme dafür reif war. *Comte* hat bekanntlich entscheidenden Einfluß auf den Begründer der wissenschaftlichen Kriminalsoziologie, den Mathematiker und Astronomen *Quetelet*, ausgeübt; dessen „soziale Physik" ersetzt freilich die Theorie des Positivismus durch die bloße Feststellung gesellschaftlicher Tatsachen und führt damit vom Positivismus[1] zum Empirismus. Die Kriminalsoziologie war ihrerseits dem anderen großen Zweige der Kriminologie, der Kriminalbiologie, als wissenschaftliches System um ein Menschenalter voraus.

Unter Positivismus verstehen wir jene wissenschaftliche Grundhaltung, die sich auf das erfahrungsgemäß Gegebene und der sinnlichen Wahrnehmung Zugängliche, Feststellbare, Beweisbare, Reproduzierbare, mit mathematischen und naturwissenschaftlichen Methoden Greifbare und in diesem Sinne Positive beschränkt. Die Reinheit und Einheitlichkeit der Methode, das Intersubjektive, die Objektivierbarkeit der Ergebnisse, die man damit für erreicht oder doch für prinzipiell erreichbar hielt, gab dem Positivismus und gibt ihm bis heute seinen Elan und seine Anziehungskraft auf die Geister. Der Name Positivismus ist allerdings irreführend. Mit mehr Recht könnte man ihn Negativismus nennen. Denn er verneint den Wissenschaftscharakter der ontologischen und metaphysischen Fragen nach dem Wesen der Dinge, nach dem Sinn der Wirklichkeit. Darüber hinaus muß er alle teleologischen und normativen Weisen des Denkens als unwissenschaftlich ablehnen, weil auch sie nicht mit exakt mathematisch-naturwissenschaftlichen Methoden erweislich oder widerlegbar sind.

Im übrigen kam er schnell mit seinem eigenen Ausgangspunkt in Konflikt. Als positive wissenschaftliche Aufgabe konnte er sich nur die setzen, die Einzeltatsachen zu sammeln und wissenschaftlich einwandfrei zu registrieren. Nach kurzer Zeit mußte aus der Stoffsammlung ein Chaos, das Gegenteil einer Wissenschaft entstehen. Aus seinem eigenen Sachzwang mußte er nomothetisch vorgehen, im Ablauf der Erscheinungen ihre Entwicklungen, Regelmäßigkeiten, Gesetze festzustellen suchen. Da zu Zeiten *Comtes* Wissenschaft gleich Naturwissenschaft war, mußte diese Gesetzmäßigkeit alle Wissensgebiete, die von ihr noch nicht durchdrungen waren, erfassen. Erst durch solche Denkweise und Methodik würden sie überhaupt erst zu Wissenschaften erhoben werden, wie beispielsweise *Buckle* es für die Geschichtswissenschaft forderte.

Allerdings verlor der Positivismus mit dieser Entwicklung zur systematischen Wissenschaft sofort seine Unschuld. *Comte*s Drei-Stadien-Gesetz ist seinerseits eine Sinngebung, noch dazu eine ausgeprägt chiliastische Metaphysik, in dem ihm nicht erlaubten Sinn. Erst recht beherrschte seit *Darwin* in Gestalt des Fortschrittglaubens

[1] Vgl. Friedrich *Jonas*, Geschichte der Soziologie II, rde 1969, S. 104ff.

und des Evolutionsdogmas die Immanenzmetaphysik das Feld. Ein optimistisches Wissenschaftsideal erstand als Vision, zugleich ein ästhetisches. Man hatte die Schönheit einer Gleichung vor Augen, von der man bereits weiß, daß sie eines Tages ohne Rest aufgeht.

Wer sähe nicht in dem tatenfrohen Optimismus und der Freude an funkelnden Antithesen, die jenem Zeitalter seinen unvergleichlichen Elan gaben, die den Positivismus der Frühzeit nach Gustav *Radbruchs* Wort zu einer fröhlichen Wissenschaft machten — wer sähe nicht in alledem die Züge des Forschers und des Menschen Franz *von Liszt*, wie ihn *Radbruch* und Eberhard *Schmidt* gezeichnet haben?

Indessen haben wir damit *Liszt* voreilig an einen bestimmten geistesgeschichtlichen Ort fixiert.

Franz *Wieacker* sieht in ihm einen Repräsentanten des juristischen Naturalismus. Diesen hebt er ideenmäßig vom Positivismus scharf ab, als „Entartung", früher als „Zusammenbruch" des Positivismus. In diesem Zusammenhang sagt er: „Sie (die Kriminologie) ist als Wissenschaft möglich geworden durch das frühe Eindringen des Naturalismus in die Strafrechtswissenschaft, daß das große, freilich gefahrvolle Werk Franz *Liszts* war"[1a]. Er stellt *Liszt*, ohne seine Eigenständigkeit zu übersehen, in die geistige Nachfolge Rudolf *Jherings*[2], den er seinerseits in unmittelbarer Abhängigkeit von *Comte, Bentham* und *Darwin* sieht[3]. *Jhering* aber führt nach *Wieacker* den Umschlag der den Positivismus verkörpernden Pandektenwissenschaft in den juristischen Naturalismus herauf[4]. Dieser Strömung wird *Wieacker* durchaus gerecht: „Der Naturalismus hat von seinen sehr naiven Voraussetzungen aus wieder entdeckt, was der Positivismus vergessen hatte: daß ein Wissen vom rechtlichen Sollen des Menschen ohne Kenntnis des menschlichen Seins, d. h. ohne eine juristische Anthropologie nicht möglich ist." Aber freilich: „Der juristische Naturalismus verzichtet auf ein Verständnis des Rechtes als *Wert;* wie wenn die Zeichen einer Botschaft oder eines Befehls nicht mehr entziffert und verstanden, sondern nur als Materie in ihren physischen Eigenschaften beschrieben und auf ihre stoffliche Herkunft untersucht würden"[5]. So wird die Rechtswissenschaft als Wirklichkeitswissenschaft, ihre Methode als die kausal erklärende bestimmt. Das Erscheinen des juristischen Naturalismus bedeutet, eben weil es im Zeichen des Zu-

[1a] Privatrechtsgeschichte der Neuzeit, 1. Aufl. (1952) S. 340. Abgeschwächt in der 2. Aufl. (1967) S. 573.

[2] A. a. O. 1. Aufl. S. 265, 334; 2. Aufl. S. 564ff., 573[40].

[3] A. a. O. 1. Aufl. S. 266; 2. Aufl. S. 452.

[4] A. a. O. 1. Aufl. S. 265; 2. Aufl. S. 450.

[5] A. a. O. 1. Aufl. S. 338; 2. Aufl. (stark modifiziert) S. 570, 569.

sammenbruchs des Positivismus steht, den Verlust der letzten Legitimation des positiven Rechts. Diese Legitimation war nach *Wieacker* das eigentliche Thema der europäischen Rechtswissenschaft seit ihren Anfängen gewesen. Das Mittelalter hatte sie in der metajuristischen Rechtsordnung gefunden, das Vernunftrecht in einer von der Gesetzlichkeit des erkennenden Logos geordneten Rechtsethik, die historische Schule in der kulturellen Autorität der Quellen, der Gesetzespositivismus im Gemeinwillen der souveränen Nation[6].

Der Positivismus wird also bei *Wieacker* auf den *juristischen* Positivismus in der Gestalt des wissenschaftlichen und des Gesetzespositivismus beschränkt. Sonst werden regelmäßig der juristische und der naturalistische Positivismus als zwei Zweige desselben Baums gesehen, in Parallele gesetzt oder als Hierarchie betrachtet. Die juristische Konzeption „hängt innig mit der soziologischen zusammen"[7]. *Wieacker* sieht dagegen hier aufeinanderfolgende und unter entscheidendem Aspekt gegensätzliche Epochen[7a].

Durch diese scharfe Antithese ist unser Blick für die Vielgestaltigkeit des Positivismus unzweifelhaft vertieft und verfeinert worden. Vor allem für den wissenschaftlichen und — mit gewissem Abstand — auch für den Gesetzespositivismus hat *Wieacker* damit das gerettet, was im Verdammungsurteil über jene Epoche und die ihr entsprechende Methodik allzu leicht mit dem Bade ausgeschüttet wird: wieviel zur Bewahrung und Legitimierung der Rechtsidee und zur Erhaltung der Rechtsstruktur noch in dieser Zeit getan worden ist, die nicht mehr vom Fundament der Religion getragen und auch nicht mehr hinter dem schützenden Damm des Vernunftglaubens geborgen war. Die gleiche Ehrenrettung hat Eberhard *Schmidt* für jenen Positivismus vollzogen, der kein Wissenschaftsmonopol beansprucht, sondern sich einem wertorientierten Rechtsdenken einfügt. Ihn hat er gegen unkritisches Naturrechtsdenken ebenso verteidigt wie gegen neuerliche Versuche, die qualitativen Unterschiede zwischen vorgegebenem kriminellem Unrecht und Verstößen gegen eine positiv gesetzte Ordnung zu leugnen. Wesentlich ist dabei die Erkenntnis, daß es Sache des Gesetzgebers ist, Entwicklungen und Wandlungen im Grenzbereich durch elastische positive Regelung Rechnung zu tragen[7b].

[6] A. a. O. 1. Aufl. S. 332; 2. Aufl. S. 562, 563.

[7] So beispielsweise das Herdersche Staatslexikon, Artikel Positivismus.

[7a] Über den vergleichbaren Gegensatz zwischen dem Positivismus *Comtes* und dem Empirismus *Quetelets* s. o. zu Anm. 1.

[7b] *Eb. Schmidt*, Gesetz und Richter, Wert und Unwert des Positivismus, 1952; Straftaten und Ordnungswidrigkeiten, in: Festschrift für *Ad. Arndt*, 1969. Vgl. auch *Lange*, JZ 56, 522.

Jene Antithese zeigt aber auch, daß sich eine Gestalt wie die Franz *von Liszts* nicht in ein einziges abgegrenztes Feld einordnen läßt. Gerade darin liegt *Liszts* Größe und von daher wird seine lebendige Nachwirkung in unsere Tage hinein überhaupt erst verständlich, daß eine Forscherpersönlichkeit seines Maßes auch gegenläufige und sich ablösende Strömungen in sich aufzunehmen und durch ihre Bändigung zu einer einzigartigen geistesgeschichtlichen Leistung umzugestalten vermochte. Das, was er selbst als kriminalpolitisches Kompromiß bezeichnet, war, wie gerade *Wieackers* scharfe Kontraste deutlich machen, in Wirklichkeit die Resultante zweier Komponenten seines Zeitalters, die sich in ihm trafen und brachen. Wenn *Radbruch* von *Liszt* als von einem „aufgeräumten Geist" gesprochen hat, so trifft dieses schöne Bild auch in der Sicht des späteren Nachfahren etwas Wesentliches. Indessen war *Liszt* kein „aufgeräumter Geist" in dem Sinne, daß alles Mobiliar derselben Stilrichtung entstammte und nach Einheitsmaßen geformt war. Viel eher gleicht sein Geist einem Kampfplatz mehrerer Epochen. Auch *Kohlrauschs* Wort, *Liszt* sei der Liberale mit dem sozialen Ideal im Herzen gewesen, sagt noch nicht alles Entscheidende. Wenn man die Aufsätze und Vorträge durchgeht, spürt man, wie der Zeitgeist in *Liszt* seine Kämpfe austrug: der naturalistische Zweckgedanke mit der Rechtsidee.

Beide Grundkomponenten hat er in blendender Antithetik, wie sie ihm zu eigen war, noch schärfer voneinander getrennt als *Jhering* es tat. Auf der einen Seite hat er die Wurzel der Strafe vom zweckbewußten Wollen in die Triebsphäre zurückgeführt[8] und damit Hypothesen der Psychoanalyse hellsichtig vorweggenommen, freilich auch die fundamentale Bedeutung von staatlicher Strafe als Zurückdrängung und Ausschaltung triebhafter Rache verfehlt. Auf der anderen Seite ist er nicht bei dem naturalistischen Mechanismus des „Strafdrucks" und seinen abstrahierenden Vorstellungen vom Menschen stehengeblieben. Mit gleicher Entschiedenheit wendet er sich gegen die Einseitigkeit von *Quetelets* „sozialer Physik" wie gegen die starre Typenbildung *Lombrosos* und *Ferris*, bei voller Anerkennung ihrer säkularen Bedeutung[8a]. Die Wendung von der Tat zum Täter bedeutet nicht nur eine Differenzierung, sondern über die Typisierung hinaus doch auch schon einen Ansatz, dem Menschen in seiner jeweiligen Besonderheit gerecht zu werden.

Von einem geschlossenen Menschenbild kann freilich nicht die Rede sein. Nebeneinander stehen darwinistische Gedankengänge, der

[8] Der Zweckgedanke im Strafrecht, Aufsätze und Vorträge, Bd. I, S. 137ff.
[8a] Aufsätze und Vorträge II S. 339, 89, 173, I S. 301ff.

Rückgriff auf das zoon politicon des *Aristoteles*, den appetitus socialis des Hugo *Grotius* und das Wechselspiel altruistischer und egoistischer Triebe bei Auguste *Comte* — alles dies nur referierend und ohne eigene Festlegung[8b].

Auch das ist durchaus bezeichnend. Der Positivismus kann weder in seiner juristischen noch in seiner naturalistischen Spielart ein eigentliches Menschenbild mit eigenem Profil und persönlichen Zügen haben. Alle seine Entwürfe sind Reduktionen. Sie müssen es sein, weil sein enger Wissenschaftsbegriff nur das, was mit naturwissenschaftlichen und mathematischen Mitteln sinnlich wahrnehmbar und exakt beweisbar oder widerlegbar ist, gelten lassen kann. *Liszt* erklärt ausdrücklich die naturwissenschaftliche Betrachtung als die einzige, die dem Soziologen gestattet sei. Ebenso lapidar heißt es bei ihm: „Alle Psychologie ist Naturwissenschaft"[8c]. Der absolute Vorrang der Methode läßt die entscheidende Frage vergessen, ob diese Methode überhaupt einen Zugang zu dem Objekt gewährt, dessen man sich bemächtigen will[9].

So wird man sich auch der Vorwegnahme nicht bewußt, die darin liegt, daß der Mensch passivistisch, als bloßes Objekt, als Produkt von Anlage und Umwelt, als ein lediglich auf Reize reagierendes Wesen gesehen wird. Der in der amerikanischen Kriminologie herrschende Behaviorismus legt diese Vorstellung für den Gesamtbereich menschlichen Handelns ausdrücklich zugrunde[10]. Die Kategorie des Selbst gerät damit außer Sicht. Sie würde diese Auffassung vom Menschen sofort zum Einsturz bringen. Ohne jede Einschränkung wird menschliches Verhalten analog dem Ratten- und Maschinenmodell erklärt, und zwar mit dem Anspruch, damit alles hierüber gesagt zu haben, was Wissenschaft zu sagen vermag[11]. Wissenschaft ist für den Positivismus gleich Naturwissenschaft. Die Psychologie

[8b] Der Zweckgedanke im Strafrecht, a. a. O., I S. 136.

[8c] Aufsätze und Vorträge II S. 78, 84, 191.

[9] Wo der Kriminalpolitiker *Liszt* mit dem Positivisten in Konflikt gerät, siegt der erstere. Das entspricht ganz seinem durch und durch undogmatischen Wesen.

So definiert *Liszt* das Verbrechen als sozialschädliche Handlung. Demgemäß müßte er auf der Schuldseite, die für ihn grundsätzlich mit dem Vorsatz identisch ist, das Bewußtsein der Sozialschädlichkeit verlangen, oder juristisch ausgedrückt, Das Bewußtsein der Rechtswidrigkeit. Das aber lehnt er scharf ab: „eine solche Forderung ... würde (und das ist der ausschlaggebende Grund) die Rechtspflege geradezu lahmlegen, indem sie ihr den Nachweis in jedem einzelnen Fall aufbürde, daß der Täter die von ihm übertretene Vorschrift gekannt habe." (Lehrbuch. 10. A., 1900, S. 158.)

[10] John B. *Watson*, Behaviorismus, deutsche Ausgabe, 1968, S. 43ff.

[11] *Watson*, a. a. O., S. 246 (Rattenmodell), S. 266ff. (Maschinenmodell).

wird auf das in der Außenwelt Wahrnehmbare, eben das Verhalten reduziert. Dies ist das Grundanliegen *Watsons*[12]. Der aus vielen Gründen heute zusammengebrochene Glaube an die Objektivierbarkeit der Außenwelt *(C. F. v. Weizsäcker)* liegt alledem als unbezweifelbares Axiom zugrunde.

Watsons grundlegendes und bis heute die Psychologie mitprägendes Werk beherrscht im angelsächsischen Bereich nach wie vor die Kriminalpsychologie. Einer ihrer hervorragendsten Repräsentanten ist gegenwärtig *Eysenck*.

Auch er arbeitet bewußt mit dem Ratten- und Maschinenmodell. Er bekennt sich ausdrücklich zu einer mechanistischen Auffassung vom Menschen[13]. Hier ist die Reduzierung des Menschen auf das Signalsystem, auf das der *Pawlow*sche Hund reagiert, in aller Form und mit dem Anspruch, eine wirksame Konditionierung seines Verhaltens zu erzielen, durchgeführt und zu einem kriminalpolitischen System ausgebildet. *Hegels* Wort gegen *Feuerbach*, dieser behandle mit seiner Theorie vom psychologischen Zwang den Menschen wie einen Hund, gegen den man den Stock erhebt, hat heute eine unheimlich erhöhte Realität erhalten. Anstelle eines Menschenbildes steht die Vorstellung, ein sozial defekter Teil eines Mechanismus sei herauszufinden und zu reparieren.

In der Kriminalsoziologie lebt die Ahnenreihe *Comte—Quetelet* fort. *Quetelet* verlangt: „Vor allem müssen wir vom einzelnen Menschen abstrahieren und dürfen ihn nur mehr als einen Bruchteil der ganzen Gattung betrachten." David *Matza* hat festgestellt, daß seit der Begründung der positiven Schule in Italien jede kriminologische Theorie durch drei Merkmale gekennzeichnet ist: 1. durch die Reduktion auf die Erklärung von verbrecherischem Verhalten, 2. durch die Annahme vollständiger Determiniertheit des menschlichen Verhaltens und 3. durch die Behauptung, zwischen dem Rechtsbrecher und dem gesetzestreuen Bürger bestehe ein fundamentaler Unterschied[14]. Er konstatiert einen weiten Abstand zwischen der allgemeinen Soziologie, die den strengen Determinismus hinter sich gelassen habe, und der Kriminalsoziologie, die an ihm festhalte. In der Tat sind die Positionen etwa von Charles *Cooley*, *G. H. Mead*, *MacIver*, David *Riesman*, *T. Parsons*, um nur einige der repräsentativsten Namen der allgemeinen amerikanischen Soziologie zu nennen, weltenweit von dem naturalistischen Positivismus entfernt, der sich in der Kriminalsoziologie noch immer auf Schritt und Tritt bemerkbar

[12] A. a. O., S. 27ff.; 35ff.
[13] Crime and Personality (passim).
[14] Delinquency and Drift, New York, London, Sidney 1964, S. 1—32.

macht. *Mead* beispielsweise hat die entscheidende Bedeutung des Selbst herausgehoben und damit wieder einen persönlichen Zug in das Bild vom Menschen eingezeichnet, *Parsons* hat eine „Aufwertung der Normen", in erster Linie der Rechtsnormen vollzogen und ausdrücklich erklärt, daß das Recht nicht nur ein Akzidens oder ein von außen kommender Druck auf den Menschen sei, sondern zur Existenz des Menschen selbst gehöre[14a].

In der Kriminalsoziologie ist von diesem Geist da etwas zu spüren, wo an die europäische Tradition von *Durkheim*, Max *Weber* und *Pareto* angeknüpft wird. In der Anomielehre *Durkheims* und ihrer Aufnahme durch *Merton* u. a. wird man eine zukunftsreiche Richtung der Kriminalsoziologie zu erblicken haben[15].

Bei *Durkheim* findet sich ein deutlicher anthropologischer Ansatz. In seinen „Regeln der soziologischen Methode"[16] geht er davon aus, daß das Verbrechen unter die Erscheinungen der normalen Soziologie einzureihen sei, weil es eine unvermeidliche, wenn auch bedauerliche Erscheinung darstelle, die der unverbesserlichen Böswilligkeit der Menschen zugeschrieben werden müsse. An anderer Stelle sagt er: „Die Fähigkeit des Menschen zu emotionellen Äußerungen ist in sich ein unersättlicher und bodenloser Abgrund." „Wenn der Mensch ohne Spannungen leben soll, müssen die Leidenschaften zuerst gezügelt sein . . . , aber da der Einzelne keine Möglichkeit hat, muß dies durch irgendeine äußere Kraft geschehen"[17].

Dennoch wird ein anthropologischer Ansatz, der dem Stand der heutigen Forschung genügen könnte, im weiteren Verlauf von *Durkheim* verfehlt, und zwar aus doppeltem Grund.

Einmal sieht er die kollektive Ordnung lediglich als eine von außen regulierende Kraft an[18]. In der Sicht der modernen Anthropologie ist aber das Verfaßt-Sein des Menschen in soziale Institutionen, das In-Form-Sein nicht etwas, das zu seiner individualistisch gefaßten Existenz hinzukommt, sondern von vornherein Bestandteil, Dimension seiner Existenz selbst. Wir sahen bereits, daß dies bei *Parsons* in der allgemeinen Soziologie erkannt ist.

[14a] Talcott *Parsons*, Sozialstruktur und Persönlichkeit, deutsche Ausg. 1968, S. 15; 26f.

[15] *Cloward*, Illegitime Mittel, Anomie und abweichendes Verhalten, deutsch bei *Sack-König*, Kriminalsoziologie, S. 314ff. stellt diese Richtung an Bedeutung neben die Lerntheorie *Sutherlands*.

[16] Auszug unter dem Titel „Kriminalität als normales Phänomen" bei *Sack-König*, a. a. O., S. 3ff.

[17] Zitiert nach *Cloward*, a. a. O., S. 315. [18] *Cloward*, a. a. O., S. 315.

Noch an einem zweiten Punkt bleibt *Durkheim* dem naturalistischen Positivismus verhaftet: indem er das Verbrechen als eine Handlung definiert, die gewisse kollektive Gefühle verletzt, die durch eine besondere Energie und Eindeutigkeit ausgezeichnet sind[19]. Ähnlich meint noch heute *Burgess:* „Ein Krimineller ist eine Person, die sich selbst als kriminell betrachtet und als solcher auch von der Gesellschaft angesehen wird"[20].

Hier wird ganz deutlich, wie schwer es die Soziologie hat, aus ihrer Verhaftung an empirische Methoden herauszugelangen. Der Bereich des Sinnes und der Werte ist eben tabu. Daß das Recht und die augenblickliche Meinung der Mehrheit des Volkes etwas ganz verschiedenes sein können, ist inzwischen evident.

Durkheims Lehre hat in der amerikanischen Kriminalsoziologie namentlich in *Merton* einen bedeutenden Fortsetzer und Verfeinerer gefunden. Aber zugleich ist damit die Lehre allzu sehr auf amerikanische Verhältnisse zugespitzt worden, nämlich auf die abweichenden Normen der Subkultur der Gangs, der Jugendbanden, der Außenseitergruppen überhaupt. Sie hat damit ebenso wie *Sutherlands* Lehre den Akzent einer Theorie der „differentiellen Assoziationen" oder „differentiellen Kontakte" bekommen. Das beschränkt ihre kriminologische Aktualität im wesentlichen auf die USA, soweit das signifikante Gepräge der Kriminalität in Betracht kommt.

Den anthropologischen Ansatz verfehlt auch *Sutherlands* Lerntheorie, indem sie dem Behaviorismus verhaftet bleibt, für den der Mensch eine bloße Matrize ist, ein auf Reize reagierendes Wesen, wie wir bei *Watson* und *Eysenck* gesehen haben. Demgegenüber ist die Kritik Sheldon *Gluecks*[20a] durchgreifend. Er erklärt: nicht das asoziale, sondern das soziale Verhalten muß gelehrt werden. Zum verbrecherischen Verhalten gelangt man mühelos, auch ohne dazu angelernt oder angehalten worden zu sein.

Glueck berührt sich hier mit der vielleicht schärfsten Zeichnung des Menschenbildes in der Gegenwart, wie sie uns Arnold *Gehlen* vor Augen geführt hat:

> „Die innere Unstabilität des menschlichen Antriebslebens erscheint als fast grenzenlos. Es sind sehr langsam, über Jahrhunderte und Jahrtausende herausexperimentierte feste und stets auch einschränkende, inhibitorische Formen wie das Recht, das Eigentum, die monogame Familie, die bestimmt ver-

[19] A. a. O., S. 4.

[20] Zitiert nach *Aubert*, Einige empirische Befunde aus der Kriminalsoziologie, bei *Sack-König*, a. a. O., S. 204.

[20a] In: Kriminologie — heute, S. 49.

teilte Arbeit, welche unsere Antriebe und Gesinnungen sehr mühsam heraufdrückt, heraufgezüchtet haben auf die hohen exklusiven und selektiven Ansprüche, welche Kultur heißen dürfen. Diese Institutionen, wie das Recht, die monogame Familie, das Eigentum, sind selbst in keinem Sinne natürlich und sehr schnell zerstört. Ebensowenig natürlich ist die Kultur unserer Instinkte und Gesinnungen, die vielmehr von jenen Institutionen von außen her versteift, gehalten und hochgetrieben werden müssen. Und wenn man diese Stützen wegschlägt, dann primitivisieren wir sehr schnell"[21].

Sehr viel tiefer im naturalistischen Positivismus als die Kriminalsoziologie ist vielerorts die Kriminalbiologie befangen geblieben. Daß die Zwillingsforschung einen wissenschaftlichen Augenblick lang das „Verbrechen als Schicksal" (Johannes *Lange*) ansah, gehört bereits der Vergangenheit an. In Amerika wird, da die in dieser Menschengruppe evidente starke Anlagebelastung mit dem Axiom von der entscheidenden oder ausschließlichen Bedeutung der Umwelteinflüsse nicht vereinbar ist, die Bedeutung dieser Forschungsrichtung oder die Schlüssigkeit ihrer Folgerungen gewaltsam heruntergespielt[22].

Die hier zutage tretende Auffassung vom Menschen wird dadurch gekennzeichnet, daß „in bestimmten Bereichen des Nervensystems zu jeder Zeit durch Erziehung neue Verbindungen hergestellt werden können"[23]. *Montagu* meint, es dürfe auch einleuchtend sein, daß der Teil des Nervensystems, den wir als Geist kennen — das Handeln — vom Zusammenspiel mehrerer Faktoren abhängig sei. Dies seien hauptsächlich einmal die ererbte, unvollständig entwickelte Struktur des Nervensystems, zum anderen die besondere Art der äußeren, entwickelnden Einflüsse[24]. Die erblichen Faktoren stellten die Zellen-Bausteine bereit, aus denen ein Bewußtsein geformt werden könne. Erst die kulturelle Ausprägung solcher Nervenzellen-Bausteine schaffe das Bewußtsein.

Diese Feststellungen schienen ihm als Biologen und Ökologen, wenn auch noch nicht bis ins letzte bewiesen, doch als Arbeitshypothese den besten Zugang zum Verständnis „kriminellen" Verhaltens zu gewähren, den man als Kriminologe finden könne[25].

Im Gegensatz zu *Lombroso*s fundamentaler These, daß der Verbrecher ein Defekter, atavistisch Zurückgebliebener, Infantiler oder Epileptoider sei, schließt sich *Montagu* Forschungen von *Hooton* an,

[21] Aus „Die neue Weltschau", Stuttgart 1953, S. 86—87.

[22] *Montagu*, Das Verbrechen unter dem Aspekt der Biologie, bei *Sack-König*, a. a. O., S. 238ff.

[23] *Edinger*, zitiert bei *Montagu*, a. a. O., S. 228.

[24] A. a. O., S. 229.

[25] A. a. O., S. 230.

nach denen gerade umgekehrt die kriminellen Gruppen, die dieser untersucht hatte, biologisch fortgeschrittener und „physisch höherstehend" waren als die nicht kriminellen Kontrollgruppen. Im allgemeinen seien Kriminelle aus einem Gebiet mit starker Kriminalität weniger häufig mit den sogenannten „Degenerationsstigmata" behaftet als Nichtkriminelle[26]. Schon früher hatte *Pfersich* von amerikanischen Forschungen berichtet, die ergeben hatten, daß der Intelligenzquotient bei Kriminellen dem einer Kontrollgruppe von Soldaten überlegen war[27]. Noch drastischer ist ein Vergleich zweier unabhängig voneinander verlaufender Paralleluntersuchungen über neurotische und psychopathische Züge bei Gefängnisinsassen.

MacCartney[28] veröffentlichte im Jahre 1961 eine von ihm vorgenommene Untersuchung von sechstausend Gefangenen. Er hat nur 36% davon als psychisch normal befunden. Fast 20% der Gefangenen waren, wie er erklärt, einwandfrei für eine psychiatrische Behandlung reif und die restlichen 44% hatten Persönlichkeitsstörungen.

Zwei andere Forscher[29] veröffentlichten im Jahre 1960 das Ergebnis ihrer Untersuchungen. Über ein Vierteljahrhundert lang haben sie insgesamt 71000 Untersuchungen an ungefähr 57000 Gefangenen vorgenommen, die schwerere Verbrechen (felonies) begangen hatten. Dabei haben sie keine signifikanten psychotischen, neurotischen oder auch nur intellektuell defekten Symptome im klinischen Sinne festgestellt. Nur ungefähr 1 bis 1,5% der Gefangenen ist nach ihnen psychotisch, wahrscheinlich weniger als 1% signifikant neurotisch und durchschnittlich etwa 2,5% geistig minderwertig.

Angesichts eines solchen Wissenschaftsstandes mutet es seltsam an, wenn der Alternativentwurf der 14 Strafrechtslehrer meinte, der chronische Rückfall sei „nach einhelliger kriminologischer Auffassung" neben der Erheblichkeit der begangenen Straftaten ein „untrügliches Anzeichen" dafür, daß eine besonders intensive, nach der Persönlichkeit des Täters ausgerichtete „heilpädagogische Beeinflussung" erforderlich sei, die die psychischen Ursachen der Kriminalität des Täters gezielt zu beseitigen versuche. Die Maßregel (der sozialtherapeutischen Anstalt) wolle vor allem die von der klassischen Psychiatrie so genannten „Psychopathen", die den größten Teil der mehrfach rückfälligen Täter ausmachten, resozialisieren[29a].

[26] *Montagu*, a. a. O., S. 234, 235.
[27] *Pfersich*, Die Strafzumessung im Lichte der modernen amerikanischen Schule, 1956, S. 32.
[28] J med Ass (New York) 1961, 3621—25.
[29] *Messinger* u. *Appelberg* in Qu Criminol clin (New York) 1960, 269—315.
[29a] Begr. zu § 69 AE, S. 127.

Hier ist der AE, in vollem Widerspruch zu seinem an die Spitze gestellten Bekenntnis zum Tatstrafrecht, im naturalistischen Positivismus befangen, der im rückfälligen Täter den „ganz anderen" sieht, das allgemeine menschliche Problem der Gefährdung, das dem Rückfallproblem so nahe verwandt ist, und den Schuldgesichtspunkt außer Acht läßt und zudem gerade an heutigen Schwerpunkten der Kriminalität: Berufsverbrechertum, White-Collar-Kriminalität, Verkehrskriminalität, in denen es vielfach zu Rückfällen kommt, völlig vorübergeht. Das hinter dem E 62 stehende Menschenbild ist in diesen entscheidenden Fragen viel profilierter[30]. Und schon *Liszt* hat gesagt: „Wir haben einsehen gelernt, daß in weitaus den meisten Fällen der Verbrecher ein Mensch ist, genau wie wir alle." Den Berufsverbrecher grenzt er mit aller Schärfe vom Gewohnheits- oder Hangverbrecher ab. Sicher hängt es mit diesen genauen Profilierungen zusammen, daß er sich mit größter Entschiedenheit gegen die schon damals propagierte Einheitsstrafe wendet. „Eine der wichtigsten und dringendsten Forderungen der Kriminalpolitik" ist es für ihn, daß der verschiedenen Schwere der Taten verschiedene Strafarten entsprechen[30a].

Wir haben schon früher mehrfach darauf hingewiesen, daß die positivistisch orientierte Kriminologie, der ein eigentliches Menschenbild fehlt, alle elementaren Erscheinungen in der Kriminalität unserer Gegenwart nicht zu erklären vermag: weder die hohe Wohlstandskriminalität noch die geringe Flüchtlingskriminalität, weder die hohe Jugendkriminalität noch die geringe Alterskriminalität, noch weniger die weiterhin geringe Kriminalität der Frauen trotz der fundamentalen Änderung ihrer sozialen Rolle. Scheinbar unumstößlich fundierte Prophezeiungen der amerikanischen Kriminalsoziologie, wonach es unweigerlich nach dem deutschen Zusammenbruch eine sehr starke Verwahrlosung, Kriminalität, Vagabundieren und Bandentum der Jugend ähnlich den russischen Besprisornyje geben müsse[31], sind ebensowenig in Erfüllung gegangen wie die in wiederholten Großexperimenten praktizierten Versuche, viele Jahre lang fortgesetzte

[30] Die Fortsetzung der wissenschaftlichen Diskussion um den E 62 mit anderen Mitteln, die *Baumann* unternommen hat, hat nicht nur in der Tages- und Wochenpresse Schlagzeilen gemacht, sondern ist neuerdings auch von der Fachpresse aufgenommen worden. Vgl. Rolf *Zundel* in Zeitschrift für Rechtspolitik, 1968, S. 23, und Hans *Schultz*, Schweizerische Zeitschrift für Strafrecht, 1968, S. 429. Eine wissenschaftliche Auseinandersetzung ist auf dieser Ebene weder möglich noch erforderlich.

[30a] Aufsätze und Vorträge II 89, 193, 311ff.; I 396ff.; II 395.

[31] Vgl. *Schelsky*, Die skeptische Generation, 1957, S. 135ff.

intensive Förderung zahlenmäßig starker Jugendgruppen deren Kriminalität und Verwahrlosung im Vergleich zu der einer in jeder Beziehung gleich ausgesuchten Kontrollgruppe herabzudrücken[32].

Es kann nicht wundernehmen, daß sich angesichts dessen auch in der Kriminologie selbst tiefes Unbehagen bemerkbar macht. Der kanadische Kriminologe *Ellenberger* stellt im Anschluß an den amerikanischen Juristen Jerome *Hall* fest, daß die moderne Kriminologie „ein Gefüge von nicht gelösten Kontroversen" sei, das an inneren Widersprüchen und ganz prinzipiell am Mangel einer umfassenden Theorie, am Fehlen einer Synthese der einander entgegenstehenden Tendenzen leide. Die Kriminologie müsse entweder weiterhin objektiv Daten sammeln ohne den Versuch einer Synthese, was die derzeitige Verwirrung noch steigern würde — oder diese Verwirrung mit Hilfe einer kraftvollen philosophischen Überlegung beseitigen. Vor allem sei es notwendig, die unlösbaren Widersprüche zu beseitigen, die durch den Positivismus und den Scientismus entstanden seien, der die Freiheit, die Verantwortlichkeit und die Moral als „unwissenschaftliche" metaphysische Begriffe ausschließe[33].

In Deutschland hat vor allem Hellmuth *Mayer* festgestellt, daß die Kriminologie völlig neu geschrieben werden müsse. In dieser Forderung sind wir mit ihm einig. Wenn man sie allerdings als eine geisteswissenschaftliche Disziplin neu aufbauen will, so entsteht die überwundene Gefahr, sich wieder im Spekulativen zu verlieren, möglicherweise auf neue. Der Ansatz muß demgegenüber gerade in der Aufnahme derjenigen Entwicklungen in den empirischen Wissenschaften gefunden werden, die bisher von der Kriminologie völlig vernachlässigt worden sind. Beispielhaft hierfür sind die exakten Forschungen des Zoologen Adolf *Portmann*[34], mit denen er wesentliche Züge zu einem profilierten Menschenbild beigetragen hat. Auch er verkennt nicht die Gegenwart des Bösen in der menschlichen Existenz. Es erscheint ihm nicht mehr als der zu überwindende Rest des Tieres in uns, sondern als „schwer lastende Menschlichkeit"[35], als „ein wesentlicher Teil unserer menschlichen Seinsform"[36]. Das alles ist keineswegs moralisch gemeint, sondern in dem Sinne, wie *Freud* uns das Bild des Menschen mit der ihm innewohnenden Gefährdung vor Augen geführt hat, mit der ständigen Rückfallgefahr, auf die Arnold

[32] Vgl. *Lange*, Wandlungen in den kriminologischen Grundlagen, Festschrift zum 100jährigen Bestehen des Deutschen Juristentages, Bd. I, S. 345ff.

[33] Kriminologie — heute, S. 33; 44.

[34] Zoologie und das neue Bild des Menschen, rde 1956, S. 11.

[35] Biologie und Geist, 1956/1968. Zoologie, S. 112.

[36] Zoologie, S. 116.

Gehlen so eindringlich hingewiesen hat, mit dem Ricorso, den schon Giambattista *Vico* als ewige Gefahr gesehen hat, mit dem nihilistischen Grundzug des menschlichen Wesens, wie es *v. Gebsattel* formuliert.

Die Züge dieses neuen Menschenbildes schließen sich in der Gegenwart auf allen Seiten zusammen. In der Psychologie ist es die Ganzheits-, Gestalt-, Strukturpsychologie der Berliner und Leipziger Schule, die von dem Behavioristen *Watson* in einer beiläufigen Fußnote abgetan wurde[37]. *Sander—Volkelt* kennzeichnen das behavioristische, reflexologische und faktoristische Modell des Menschen als Produkte einer einseitig analytisch einzelheitlichen Forschungseinstellung, die an das Ganze der Menschennatur herangeht wie ein Mann, der ein Bild mit der Lupe betrachtet: diese von der theoretischen Vorannahme der Zusammengesetztheit bestimmten Grundkonzeptionen führen zu einer fast nihilistisch anmutenden Entwesentlichung des Menschenbildes[38]. Auf die soziologischen Impulse, die den Menschen als handelndes, durch Institutionen in Form gehaltenes Wesen konzipieren, wurde bereits hingewiesen. Neben *Gehlen* sind hier namentlich *Freyer*, *Schelsky*, *Plessner* zu nennen. Von psychiatrischer Seite hat neuestens Helmut *Schulze*[39] einige der konvergierenden Strömungen zusammengefaßt:

> „Noch unausgeschöpft erscheinen aber die Ansätze zu einer Anthropologie, die sowohl biologische und psychologische als auch soziologische Ergebnisse in einen weiten Rahmen spannt, wie wir sie u. a. *V. von Weizsäcker* und *A. Gehlen* verdanken. Bausteine hierfür liefern die physiologische Psychologie *(Pawlow, W. R. Hess, E. Kretschmer, R. Bilz)*, die vergleichende Ethnologie und Soziologie *(Mead, Benedict, Malinowski* u. a.*)* sowie besonders auch die tierische Verhaltensforschung, sowohl hinsichtlich Methoden als auch Ergebnissen. Was in letzteren, wenn bisher auch nur in ausschnitthaften Detailforschungen von *K. Lorenz, Tinbergen, E. v. Holst, A. Portmann* u. a. geleistet wurde, scheint wichtige Teilgrundlagen auch für die menschliche Verhaltensforschung ergeben zu haben."

Die Nennung von *Pawlow* in diesem Zusammenhang ist dann legitim, wenn man sich vergegenwärtigt, daß nicht nur das erste Signalsystem, das der Mensch mit dem Tier gemeinsam hat, sondern das zweite, dem Menschen allein eigene und wesentliche: die Sprache, sein Menschenbild prägt. Das letztere ist im Osten weit mehr aufgenommen worden als im Westen. Die sowjetische Kriminologie, erst recht die jugoslawische und die polnische (diese vor allem Adam *Schaff* folgend) hat auch den Monopolanspruch des Kausaldeterminismus längst hinter sich gelassen. Selbst die rückständigste der

[37] *Watson*, a. a. O., S. 35, Fußnote 1.

[38] Persönliches Sein und Testpsychologie, S. 374/375.

[39] Der progressiv domestizierte Mensch und seine Neurosen, S. 9—10.

Ostblockkriminologien, die der Sowjetzone, weiß: „Der einfache Determinismus ist für die Erforschung der Kriminalitätsursachen unbrauchbar“ (*Hartmann, Buchholz, Lekschas*). Die Kriminologie des Westens leidet darunter, daß die führende amerikanische Kriminologie die hier angedeuteten europäischen Entwicklungen bisher so gut wie nicht zur Kenntnis genommen hat. Soweit sich die deutsche Kriminalsoziologie in ihrem Schlepptau hält, gilt das gleiche[40].

Die eigenen früheren Versuche, den gegenwärtigen Wissenschaftsstand der modernen Anthropologie zu umreißen[41], können hier nicht wiedergegeben werden. Wir stehen auch hier noch am Anfang. Soviel aber erscheint heute doch gesichert: das Strafrecht bedarf einer anthropologischen Grundlegung. Die heutige Kriminologie ist nicht imstande, sie ihm zu geben. Es bedarf des Rückgriffs auf die Grundwissenschaften vom Menschen, die sich ihrer anthropologischen Dimension zunehmend bewußt werden[42].

[40] Wie auf wissenschaftlich abweichendes Verhalten reagiert wird, vor allem auf die Einbeziehung der hier skizzierten bisher ignorierten Forschungseinrichtungen, dafür liefert *Sack* in *Sack-König*, Kriminalsoziologie, S. 445 bis 452 ein bemerkenswertes Beispiel.

[41] Grundfragen der deutschen Strafrechtsreform, SchwZStR 70 (1955) S. 373ff. — zustimmend und weiterführend Hans-Heinrich *Jescheck*, Das Menschenbild unserer Zeit und die Strafrechtsreform, Recht und Staat, Heft 198/199, 1957; vgl. auch *Th. Würtenberger*, Die geistige Situation in der deutschen Strafrechtswissenschaft, 1959; — Das juridisch-forensische kriminalbiologische Grenzgebiet, in Handbuch der Neurosenlehre und Psychotherapie, 1960, Bd. V, S. 404ff.; Wandlungen in den kriminologischen Grundlagen der Strafrechtsreform, Festschrift zum 100jährigen Bestehen des Deutschen Juristentages, 1960, S. 345ff.; Die moderne Anthropologie und das Strafrecht, Schuld-Verantwortung-Strafe, hrsg. von Erwin *Frey*, Zürich, 1964.

[42] Lehrreich für dieses erwachende Problembewußtsein und Verantwortungsgefühl besonders *Dahrendorf*, homo sociologicus, S. 64f. „Der Vorwurf, der sich gegen die Soziologie nach einigen Jahrzehnten rascher Entwicklung erheben läßt, ist, daß sie zwar dem rationalen Verständnis der Tatsachen der Gesellschaft um manchen Schritt nähergekommen ist, dabei aber den autonomen ganzen Menschen und seine Freiheit aus den Augen verloren hat ... Die Soziologie hat die Exaktheit ihrer Annahmen mit der Menschlichkeit ihrer Absichten bezahlt und ist zu einer durchaus inhumanen, amoralischen Wissenschaft geworden.“ Von dieser Position aus schließt *Dahrendorf* konsequent die philosophische Anthropologie aus.

Das Strafrecht darf sich jedoch nicht auf die Rollenstereotype des homo sociologicus beschränken, sondern muß dem ganzen Menschen gerecht werden. Gegen *Dahrendorfs* Ausklammerung der Anthropologie neuerdings sehr entschieden Hans Peter *Dreitzel*. Die gesellschaftlichen Leiden und das Leiden an der Gesellschaft, Göttinger Abhandlungen zur Soziologie 1968, S. 115, Anm. 15. Nachdenklich stimmt *Dreitzels* Anm. 30 auf S. 120. Dort stellt er fest, daß die Lehre *G. H. Meads* (Mind, Self and Society, Chicago 1934)

Dieser Weg ist langwierig und mühsam, die Gefahr ist groß, auf Abwege zu geraten. Nicht nur droht, wie schon bemerkt wurde, ein Rückfall in spekulative Begründungen, sondern auch das klassische Mißverständnis, den eigenen Geist für den Geist der Zeit zu nehmen[43]. Die Bedenken, die namentlich Hans *Göppinger*[44] und Günter *Kaiser*[45] unter dem Gesichtspunkt methodischer Reinheit und aus anderen Gründen erhoben haben, sind durchaus ernst zu nehmen. Aber die Frage ist doch, ob beide nicht zu tief ansetzen, indem sie von der Kriminologie statt von den Grundwissenschaften vom Menschen ausgehen. Das Entscheidende an der gegenwärtigen wissenschaftlichen Situation scheint uns gerade zu sein, daß an den Quellen des Zugangs zum Menschen heute alles in Bewegung geraten ist, daß hier wirklich Neues fließt, während die Kriminologie noch weitgehend im Positivismus steckengeblieben ist. Was auf theoretischem Felde gilt, das zeigt sich auch in der Praxis. Die gegenwärtigen Hauptphänomene der Kriminalität kann die Kriminologie mit ihren bisherigen Arbeitsansätzen nicht erklären, geschweige denn bewältigen helfen.

weitgehend dem entspricht, was in Europa sich als „philosophische Anthropologie" entwickelt hat. Freilich habe *G. H. Mead* auf die amerikanische Soziologie und Sozialpsychologie einen weit größeren Einfluß gewonnen als die philosophische Anthropologie auf die Sozialwissenschaften in Deutschland.

43 Wie verschieden die Entwürfe zu einem Menschenbild auch innerhalb der Strafrechtswissenschaft sein können, zeigt neben den schon Genannten namentlich Werner *Maihofer*, Menschenbild und Strafrechtsreform — Das philosophische Problem der Strafe (Universitätstage 1964, Veröffentlichung der Freien Universität Berlin). Wesentlich ist jedoch, daß auch *Maihofer* den Weg über die Anthropologie bejaht.

44 Die gegenwärtige Situation der Kriminologie, 1964; Kriminologie als interdisziplinäre Wissenschaft, in: Kriminalbiologische Gegenwartsfragen, H. 7, 1966.

45 Zur kriminalpolitischen Konzeption der Strafrechtsreform, ZStW 78 (1966), S. 100ff., insbes. S. 112ff. *Kaiser* bringt eine besonders reichhaltige Übersicht über das einschlägige Schrifttum.

Franz von Liszt als Dogmatiker

Von Professor Dr. Ernst *Heinitz*, Berlin

1. Mit dem Namen Franz *von Liszt* verknüpft sich für jeden Strafrechtler zunächst der Gedanke an den großen Kriminalpolitiker und Reformer, der unter Übernahme und selbständiger Ausgestaltung der bahnbrechenden Erkenntnisse der großen Italiener *Lombroso*, *Ferri* und *Garofalo* das Strafrecht aus der Einseitigkeit und Enge des Vergeltungsgedankens hinausgeführt hat. Aber der Mann, dessen Lehrbuch des Strafrechts seit der 1. Auflage im Jahre 1881 bis zu seinem Tode 22 Auflagen erlebte sowie zahlreiche Übersetzungen in Fremdsprachen, war auch ein bedeutender Dogmatiker. 40 Jahre lang bis zu seinem Tode hat Franz *von Liszt* an der begrifflichen Erfassung und Einordnung der Delikte mitgewirkt und in jeder Auflage seines Lehrbuches die Lehren des Allgemeinen und Besonderen Teils überarbeitet und verbessert. Um dem dogmatischen Werke *von Liszt*s gerecht zu werden, müßte man eine ausführliche Dogmengeschichte jener vier Jahrzehnte schreiben. Die Aufgabe, die sich der Verfasser gestellt hat, ist bescheidener. Es soll versucht werden, in den Grundfragen des Allgemeinen Teils des Strafrechts die leitenden Gedanken der *Liszt*schen Dogmatik, die Fortschritte gegenüber der vorangegangenen Zeit, aber auch ihre Begrenzung herauszustellen. Auch in der Lehre *von Liszt*s gibt es Lebendiges und Totes, wie es Benedetto *Croce* in seinem berühmten Buch über Hegel und Armin *Kaufmann* in Beziehung auf die Normentheorie Bindings untersucht hat. Aber auch denjenigen Elementen der *Liszt*schen Verbrechenslehre, die uns heute überwunden scheinen, kann die Bedeutung für ihre Zeit nicht abgesprochen werden. Daß dann auf einer höheren Stufe im dialektischen Prozeß die Wissenschaft den Wahrheitsgehalt früherer, scheinbar überwundener wissenschaftlicher Positionen besser begreift und auf solchen Fundamenten wieder aufbaut, die schon endgültig preisgegeben zu sein schienen, ist nicht überraschend. Der Fortschritt, den die klare Analyse der strafbaren Handlung im *Liszt*schen System erfuhr, kann nur im Vergleich mit dem Stand der Dogmatik begriffen werden, die von ihr abgelöst wurde. Daß allmähliche Risse, Sprünge und Widersprüche in diesem System mehr und mehr hervortraten und daß beispielsweise in der Handlungslehre ältere Gedanken wieder

aufgegriffen wurden, besagt nichts gegen die Bedeutung des Systems in seiner Zeit. Will man dem Dogmatiker Franz *von Liszt* gerecht werden, muß man ihn in seine Zeit stellen und in die wissenschaftliche Auseinandersetzung, auf Grund deren er sein System entwickelte. Gerade eine solche historische Betrachtung wird erkennen lassen, inwiefern auch dieses System seine begrenzte Zeit hatte und neueren verfeinerten Systembildungen weichen mußte.

2. Im Mittelpunkt der strafrechtlichen Dogmatik stand in der zweiten Hälfte des 19. Jahrhunderts, „seit die Deutschen anfingen, sich ihrer Verehrung für Hegel zu schämen"[1], die *Imputationslehre.* Begründet von *Berner* 1843[2], revidiert in seinen „Grundsätzen des Preussischen Strafrechts"[3] beherrschte sie die Systeme der Lehrbücher. Seit der 5. Auflage seines Lehrbuches ließ *Berner* „Die philosophische Konstruktion da, wo es nötig ist, hinter dem konstruktiven Zusammenhang des Gesetzes zurücktreten"[4], hielt aber an der systematischen Einteilung fest. Im 2. Titel des Lehrbuches werden Subjekte, Objekte und Mittel des Verbrechens erörtert. An der Spitze steht, nach Behandlung des „menschlichen Subjekts", die Zurechnungsfähigkeit (§§ 41ff. der 16. Auflage). Zur Lehre von den Objekten des Verbrechens werden die Rechtfertigungsgründe („Elemente der rechtlichen Beschaffenheit des Objektes", §§ 57ff.) gerechnet. Der 3. Titel „Die verbrecherische Handlung" enthält die Handlung und die Zurechnung (§§ 62—65), dolus, culpa (§§ 66—72), Vollendung und Versuch (§§ 74—80) und die Teilnahme am Verbrechen (§§ 82—90).

Ebenso beginnt *Hälschner*[5] den 2. Abschnitt über das Verbrechen mit seiner Einleitung über Wollen, Handeln und Zurechnen (S. 183ff.). Das 1. Kapitel handelt über „Das Verbrechen in formeller Beziehung" und umfaßt die Zurechnungsfähigkeit, Zurechenbarkeit, wozu Kausalzusammenhang ebenso wie Irrtum und Zwang gehören, die formale Zurechnung, wo Vorsatz und Fahrlässigkeit, Versuch und Vollendung abgehandelt werden, schließlich die Teilnahme mehrerer am Verbrechen. Das Kapitel über das Verbrechen in materieller Beziehung befaßt sich mit der Rechtsverletzung einschließlich der Rechtfertigungsgründe sowie mit der sittlichen Schuld, wobei Zweck und Motiv, Handeln im Affekt, Not und Drohung, aber auch die Frage des Mo-

[1] *M. E. Mayer*, Der Causalzusammenhang zwischen Handlung und Erfolg im Strafrecht (1899), S. 1.
[2] „Grundlinien der strafrechtlichen Imputation".
[3] 1861, §§ 67ff.
[4] So *Berner* in der 16. Auflage seines Lehrbuchs, 1891, S. 57.
[5] Das Gemeine Deutsche Strafrecht, Band. 1, 1881.

tives in seiner sittlichen Bewertung und im Verhältnis zum Charakter dargestellt werden. Der Strafmilderungsgrund für Unmündige wird neben der Frage erörtert, wieweit die Gesellschaft die Schuld an der Straftat treffe. Manche feine Bemerkungen über die Charakterschuld und die Zulässigkeit einer Strafschärfung wegen besonderer Gefährlichkeit des Verbrechers, der sich „unter das sittliche Niveau der sittlichen Zustände" stellt und darum eine besondere Gefährdung der Rechtsordnung darstellt; ferner über die Möglichkeit der Strafmilderung bei mangelnder Charakterbildung, wenn sie nicht lediglich und allein dem Täter zur Last fällt[6], weisen auf Probleme hin, die ein halbes Jahrhundert später tiefer durchforscht wurden. Aber ein klares und übersichtliches System der allgemeinen Deliktsmerkmale konnte auf Grund der Imputationslehre nur recht unvollkommen erarbeitet werden. Auch nach Abwendung vom eigentlichen Hegelianismus bleiben diese Systeme nach den Worten *Bindings*[7] „Geistvolle Erzeugnisse aprioristischer Rechtsphilosophie, ohne volles Verständnis für die Aufgaben einer Dogmatik des geltenden Rechts".

3. Die rechtstheoretischen und methodischen Grundlagen der herrschenden Verbrechenslehre wurden in Frage gestellt im 1. Band der „Normen" von *Binding* (1872). Das Unternehmen, die logische Struktur der Rechtssätze ohne Spekulationen philosophischer Art zu bestimmen und sie zu einem System zusammenzufassen, befruchtete nicht nur das Strafrecht, sondern die ganze Rechtswissenschaft. Das 1877 erschienene Werk von *Thon* „Rechtsnorm und subjektives Recht", in dem die Imperativentheorie begründet wurde (a. a. O., S. 8), verdankt seine Anregung, wie in der Vorrede ausdrücklich erklärt ist (S. VII), hauptsächlich dem Werke *Bindings*. Auch die 1. Auflage des *von Liszt*schen Lehrbuchs stützt sich in der begrifflichen Definition von Norm und Strafgesetz auf *Binding*. Wie sich *von Liszt* in der Folgezeit mehr und mehr von *Binding* entfernte, wird noch darzulegen sein. In Übereinstimmung mit den anderen Theoretikern seiner Zeit setzt sich auch *von Liszt* die Aufgabe, das zunächst nur als „Wegweiser ins Strafrecht" gedachte und zur Einführung bestimmte kurzgefaßte Lehrbuch in streng wissenschaftlicher Weise aufzubauen. Die Darstellung muß „mit klaren schneidigen Begriffen arbeiten und diese in ein geschlossenes System bringen". So sehr sich auch *von Liszts* Dogmatik in den folgenden vier Jahrzehnten entwickelte und veränderte, so zeigt doch schon die 1. Auflage diejenigen charakteristischen Grundelemente, die es zu seiner Zeit zum führenden Lehrbuch des Strafrechts machten: Die kristallene Klarheit, die Ablehnung

[6] a. a. O., S. 540.

[7] Handbuch I, S. 145.

überspitzter Begriffsscholastik, die Ausrichtung auf den Zweck im Recht. In der Selbstanzeige (ZStW 1, S. 157) schreibt *von Liszt:*

„Die Darstellung und Einleitung des ersten Buches beruht auf dem Grundgedanken, daß die *Begriffsmerkmale* des Verbrechens von dessen *Erscheinungsform* zu trennen seien. Zu ersteren gelangt der Berichterstatter, indem er das Verbrechen als besonders geartete Handlung auffaßt und von dem Handlungsbegriff zum Verbrechensbegriff aufsteigt. Daraus ergeben sich folgende Abschnitte: 1. Das Verbrechen als *Handlung* (Handlungsbegriff, Ort und Zeitpunkt der Begehung, Kausalzusammenhang, Unterlassung); 2. Das Verbrechen als *rechtswidrige* Handlung (insbesondere Notwehr und Notstand als Ausschließungsgründe der Rechtswidrigkeit); 3. Das Verbrechen als *schuldhafte* rechtswidrige Handlung oder als „Delikt" im Bindingschen Sinne (Zurechnungsfähigkeit; Schuld als Vorsatz oder Fahrlässigkeit); 4. Das Verbrechen als *strafbares* Delikt (die Bedingung der Strafbarkeit, insbesondere der Antrag des Verletzten).

In dem Abschnitte: „*Erscheinungsformen des Verbrechens*" wird 1. Vollendung und Versuch, 2. Täterschaft und Teilnahme, 3. Einheit und Mehrheit der Verbrechenshandlung besprochen.

Das 2. Buch des Allgemeinen Teils beschäftigt sich 1. mit dem Begriff der Strafe, 2. mit den einzelnen Strafmitteln, 3. mit dem gesetzlichen Strafrahmen und ihrer Anwendung und 4. mit dem Wegfalle des staatlichen Strafanspruchs."

In der Polemik mit *Binding* (ZStW 6, 666) verdeutlicht *von Liszt* seine Methode:

„Die Rechtswissenschaft strebt nach dem *System*, nach der Über- und Unterordnung der Begriffe und der sie verbindenden Sätze. Denn nur die systematische Ordnung verbürgt die volle Beherrschung des Einzelnen. Immer höher steigt sie auf dem Wege der *Abstraktion* von den besonderen zu allgemeineren Begriffen; aus Diebstahl, Mord, Brandlegung usw. entwickelt sie den Begriff des Verbrechens, aus Kauf, Miete, Verpfändung des Vertrags. Sie ruht nicht, bis sie in jeder einzelnen Disziplin die höchsten und letzten Begriffe, die umfassendsten Grundsätze gefunden hat."

Deutlich erkennbar ist der Einfluß der platonisch-aristotelischen Begriffsphilosophie, wobei der Blick vornehmlich auf die Naturwissenschaften gerichtet war[8]. Erst seit *Windelband, Rickert, Lask* wurden Grenzen der naturwissenschaftlichen Begriffsbildung deutlich[9]. Die Eigenart der *von Liszt*schen Dogmatik zeigt sich besonders ausgeprägt bei den Problemen, die *von Liszt*, der zunächst weitgehend die

[8] Vgl. *Schwinge*, Teleologische Begriffsbildung im Strafrecht, S. 4—5; *Schwarzschild*, „Franz von Liszt als Strafrechtsdogmatiker", Diss. 1933, S. 10—11; *Welzel*, Naturalismus und Wertphilosophie im Strafrecht, 1935, S. 36ff.; *Jescheck*, ZStW 63, 190.

[9] Mit Recht bezeichnet *Schwinge*, a. a. O., *Radbruchs* „Grundzüge der Rechtsphilosophie" als das Werk, in dem der methodische Umbruch verdeutlicht wurde.

theoretische Grundlegung *Bindings* übernommen hatte, zu einem Widerspruch gegen die Normentheorie veranlaßten.

4. Grundlegend ist für *von Liszt* der *Handlungsbegriff*. Wohl war *von Liszt* nicht der erste, der das Verbrechen als bestimmt geartete Handlung und damit als differentia specifica gegenüber dem genus proximum „juristische Handlung" bezeichnete[10]. *Berner* war in den ersten Ausgaben seines Lehrbuches ebenso wie in der „Imputationslehre" (1843) von dem Handlungsbegriff ausgegangen, hatte dann aber in den späteren Auflagen nicht daran festgehalten[11]. *Luden*[12] berief sich auf die Gesetze der Logik für die Reihenfolge der Behandlung der in dem Begriff des Verbrechens enthaltenen Merkmale und kam zu dem Aufbau:

1. eine verbrecherische, durch eine menschliche Tätigkeit hervorgerufene Erscheinung
2. Rechtswidrigkeit dieser Handlung
3. dolose oder culpose Eigenschaft dieser Handlung.

Auf S. 202ff. führt er diese Gedanken weiter aus[13]. *Von Liszt* knüpft in der ersten Ausgabe seines Lehrbuches nicht ausdrücklich an *Berner* oder *Luden* an, sondern an *Zitelmann*, Irrtum und Rechtsgeschäft (1879) sowie *Bekker*, Theorie des Strafrechts (1857). Bei *Bekker*[14] findet sich der klare Satz „Verbrechen sind Handlungen; Handlungen sind Willensäußerungen. Daß nur Handlungen, die ihrer Beschaffenheit nach imstande sind, auf äußere Dinge einzuwirken, nicht auch Gedanken als Verbrechen gelten können, ist zweifellos. Daß Handlungen von dieser Beschaffenheit aber, wo sie wirklich ins Leben treten, immer echte Veränderungen der äußeren Sinnenwelt nach sich ziehen, ist wegen des unmittelbaren Zusammenhangs, in dem alles Körperliche mit Körperlichem steht, ebenso unbestreitbar." Bei *Bekker* findet sich also auch der naturalistische Einschlag der *von Liszt*schen Handlungslehre. Bei der näheren Definition der Handlung ging *von Liszt* von der zeitgenössischen Psychologie aus. In ZStW 2, 151, referiert er über die Abhandlung von *Sigward* „Der Begriff des Wollens und sein Verhältnis zum Verhältnis der Ursache". Die Abhandlung sei von größter Bedeutung für alle diejenigen, welche, wie er selbst

[10] Vgl. namentlich die sorgfältigen Untersuchungen von *E. v. Bubnoff*, Die Entwicklung des strafrechtlichen Handlungsbegriffes von Feuerbach bis Liszt unter besonderer Berücksichtigung der Hegel-Schule, Heidelberg 1966.

[11] Vgl. *v. Bubnoff*, S. 71.

[12] Abhandlungen I, S. 110.

[13] Zu *Ludens* Handlungsbegriff im einzelnen *v. Bubnoff*, a. a. O., S. 88.

[14] a. a. O., S. 86.

„der Ansicht sind, daß die verbrecherische Handlung in ihren Sondermerkmalen nicht verstanden werden kann, wenn nicht vorher das psychologische Wesen der Handlung überhaupt festgestellt ist". Ebenso verteidigt er in der Rezension einer Abhandlung von *Lammasch*, Handlung und Erfolg[15], den Autor, insoweit dieser glaubt, den Handlungsbegriff nur aus der modernen Psychologie ableiten zu können. *Lammasch* werde, so meint *von Liszt*, sich mit *Bekker*, *Zitelmann*, ihm selbst und anderen zu trösten wissen, wenn die „Innervation der motorischen Nerven" und ähnliche Ausdrücke von einigen Praktikern und Theoretikern übel vermerkt würden. Heute ist die zeitgebundene Unvollkommenheit und Begrenztheit des *von Liszt*schen Handlungsbegriffes nicht zu verkennen[16], die dazu führte, daß *E. Schmidt* in der ersten Neubearbeitung des *Liszt*schen Lehrbuchs an Stelle des naturalistischen den sozialen Handlungsbegriff setzte.

Dogmengeschichtlich ist wichtig, daß *von Liszt* durch Aufbau auf dem Handlungsbegriff der Rechtswidrigkeit und der Schuld den bis dahin fehlenden festen Standort in der Dogmatik geben konnte. Gegen *Binding* erhob *von Liszt* (ZStW 6, 688ff.) den Vorwurf, daß dieser die Bedeutung des Handlungsbegriffes ganz und gar verkannt habe und diesen „Grundbegriff des Strafrechts" habe verkümmern lassen. Er wirft ihm, in Erwiderung auf den *Binding*schen Vorwurf eines „krassen Realismus"[17], die Verwechselung von Begriff und Gegenstand, von Abstraktion und Wirklichkeit vor. *Binding* ziehe den Begriff der Handlung aus dem Begriff des Verbrechens und komme daher zu der Folgerung, eine Mehrheit von Delikten fordere unbedingt eine Mehrheit von Handlungen; so seien so viel Handlungen vorliegend, wie Verbrechenstatbestände verwirklicht seien (a. a. O., S. 566). Dem juristischen Handlungsbegriff *Binding*s setzt *von Liszt* denjenigen der natürlichen Handlung entgegen, mit der Folgerung, daß bei Handlungseinheit auch Verbrecheneinheit vorliege. Diese Einheitstheorie[17a] ist bekanntlich bis heute umstritten. Hier kam es auf die Hervorhebung an, daß der Handlungsbegriff *von Liszt*s in der Lehre von den Konkurrenzen zu klaren eindeutigen Ergebnissen kommen konnte, während der *Binding*sche „juristische Handlungsbegriff" — die Handlung ist Verwirklichung eines rechtlich relevanten Willens, das Verbrechen ist Handlung als Selbstverwirklichung des verbrecherischen Entschlusses und Setzung des verbrecherischen Tatbestandes; es liegen so viele Handlungen vor, wie Verbrechenstat-

[15] Zeitschrift für das Privat- und öffentl. Recht der Gegenwart, Bd. IX; *von Liszt*, ZStW 2, 622/623.

[16] Vgl. *v. Bubnoff* a. a. O., S. 139ff.

[17] *Binding*, Handbuch I, S. 567 Anm. 7.

[17a] Angaben bei *Schönke-Schröder*, 14. Auflage, Randnote 4 zu § 73 StGB.

bestände gegeben sind — in sich folgerichtig, aber nicht so klar und durchsichtig war, wie der *von Liszt*sche Begriff. In der 2. Auflage der „Normen“[18] hat *Binding* freilich seinen Handlungsbegriff verdeutlicht und ausgebaut, auch mit Scharfsinn auf die Schwäche des „pseudo-psychologischen“ Handlungsbegriffes hingewiesen und das „Zweckmoment“ betont[19]. Wieweit *Binding* damit einen Schritt zur Finalen Handlungslehre getan hat[20], ist hier nicht weiter zu verfolgen. Bis in die letzte von ihm selbst bearbeitete Ausgabe hinein hat *von Liszt* an seinem Handlungsbegriff festgehalten. Er betont in der 21. Auflage (S. 125, Anm. 1), es müsse von dem allgemeinen Handlungsbegriff ausgegangen und von der rechtlichen Bedeutung der Handlung soweit wie möglich abgesehen werden; es sei das Verdienst *Radbruchs* (Der Handlungsbegriff in seiner Bedeutung für das Strafrechtssystem, 1904), den von ihm immer vertretenen Standpunkt methodologisch gerechtfertigt zu haben; allerdings müsse die Betrachtung des Handlungsbegriffes vom Standpunkt des Kriminalisten aus erfolgen; sie habe von der rechtlichen Würdigung der Handlung zunächst abzusehen, aber zugleich zu dieser hinzuleiten. Den Erfolg rechnet *von Liszt* zur Handlung. In dem Sprachgebrauch *Bindings*, *M. E. Mayers* und anderer, die den Erfolg aus der Handlung ausklammern und der Handlung die den Erfolg umfassende Tat gegenüberstellen wollen, sieht *von Liszt* nur einen rein terminologischen Streit (a. a. O., S. 128, Anm. 3). Das Wollen bedeutet dabei lediglich den Willensimpuls. „Man kann diesen physiologisch bezeichnen als Innervation, man kann ihn psychologisch fassen als denjenigen Bewußtseinsvorgang, durch welchen wir Ursachen setzen.“ Jedenfalls könne es nur irreführen, von einem Wollen des Erfolges zu sprechen (a. a. O., S. 126).

5. Von diesem Handlungsbegriff aus konnte es nicht einfach sein, die *Unterlassungsdelikte* systematisch einzuordnen. In der 1. Auflage seines Lehrbuches macht *von Liszt* es sich noch leicht; er sieht (§ 21 II, S. 81) im Anschluß an *Luden* und *von Bar* im Unterlassen „eine Tätigkeit mit Rücksicht auf ein ganz bestimmtes erwartetes Tun, nicht ein Nichthandeln, sondern ein anderes Handeln“. Damit sei der Charakter als positives Tun nachgewiesen. In ZStW. 2, S. 151, bemerkt er, *Sigward* habe nachgewiesen, daß auch das bewußte und gewollte Nichthindern des Erfolges als kausal betrachtet werden müsse.

[18] II 1, 1914, S. 82ff.

[19] Vgl. namentlich a. a. O., S. 89 Anm. 10.

[20] *Kaufmann*, Lebendiges und Totes in *Bindings* Normentheorie, S. 112; *v. Bubnoff*, 110ff., S. 124/125.

Freilich sei damit „das Rätsel der fahrlässigen Unterlassung" nicht gelöst. Er bleibt dabei, daß auch die Unterlassung nur als menschliche Kausalität Handlung im weiteren Sinne überhaupt, Verbrechen insbesondere sein könne. Die Kausalität der Unterlassung, „in unserem positiven Recht unzweifelhaft anerkannt, im praktischen Leben unbestritten, in der philosophischen Literatur unangefochten", bilde den Zankapfel der kriminalistischen Doktrin von den ersten Jahrzehnten des 19. Jahrhunderts bis jetzt. Erst bei den Nachfolgern von *Feuerbach* und anderen, welche die Frage nach der Kausalität der Unterlassung gar nicht aufgeworfen hätten, habe sofort „jene verhängnisvolle Zweifelsucht" begonnen, welche die deutsche Literatur der Unterlassungsdelikte mehr und mehr der Scholastik in die Arme getrieben habe. Für *von Liszt* ist die Antwort darauf, Unterlassung sei ein „Etwas" nicht tun. Die Frage sei nur, wann die Rechtspflicht zum Handeln bestehe; in diesen Fällen bestehe kein Anlaß, an der Kausalität zu zweifeln. In den späteren Auflagen (z. B. 19. Auflage, 1912, § 30 III) nennt er den wissenschaftlichen Streit um die Unterlassung „einen der unfruchtbarsten, welchen die Strafrechtswissenschaft je geführt habe". Im Anschluß an *Beling*[21] soll die Frage, wann die Unterlassung der Handlung gleichzustellen sei, in die Lehre von der Rechtswidrigkeit fallen (Lehrbuch, 19. Auflage, S. 138 Anm. 4). Es wäre daher Unrecht zu behaupten, *von Liszt* habe die Schwierigkeit, die Unterlassungsdelikte in seinen Handlungsbegriff einzuordnen, nicht gesehen, aber seine Abneigung gegen „Scholastik" und „Begriffsspalterei", die Neigung zu einfachen, klaren, der natürlichen Auffassung entsprechenden Lösungen zu gelangen, ließ ihn doch wohl die ganze Tragweite eines Problemes, an dem sein Handlungsbegriff sich hätte bewähren müssen, nicht erkennen. Noch schärfer als *von Liszt* führte *M. E. Mayer*[22] aus: Die Kausalität der Unterlassung sei eigentlich etwas Selbstverständliches, woran nur jemand zweifeln könne, dessen „elementare Verstandesfunktionen" durch die strafrechtliche Literatur erschüttert seien[23]. *Radbruch* hat in seiner berühmten Schrift über den Handlungsbegriff hier doch wohl schärfer gesehen. Es muß freilich hinzugefügt werden, daß nicht nur der naturalistische Handlungsbegriff, sondern auch jeder andere bei der nicht gewollten Unterlassung, also der unbewußten Fahrlässigkeit in Schwierigkeiten geraten muß.

6. Der zweite Grundbegriff, auf dem *von Liszt* sein System aufbaut, ist der des *Rechtsgutes*. Der Begriff stammt bekanntlich von

[21] Lehre vom Verbrechen, S. 16, 164. [22] Allgemeiner Teil, S. 149.
[23] Dagegen mit Recht *Vocke*, ZStW 51, 698ff.

Birnbaum[24], dem es darauf ankam zu zeigen, daß nicht das subjektive Recht Gegenstand der Verletzung durch die Straftat sei, sondern die Verletzung sich auf ein Gut beziehen müsse[25]. Nach *Hälschner* hatte vor allem *Binding*[26] den Begriff des Rechtsguts verwandt und dadurch, wie *Binding*[27] sich ausdrückt, denselben tiefer in die deutsche Theorie und Praxis eindringen lassen. *Von Liszt* erwähnt schon in der 1. Auflage des Lehrbuchs den Rechtsgutsbegriff, und zwar zunächst bei Erörterung des materiellen Inhalts des Strafrechts (§ 4 III S. 11ff.) und dann als Einteilungsgrund des Besonderen Teils (S. 219ff.). Von der 3. Auflage an (§ 4 S. 18ff.) widmet er dem Strafrecht als Interessenschutz einen besonderen Abschnitt. In ZStW 6, S. 672ff. hat er dann scharfe Angriffe gegen die Art der Verwendung des Rechtsgutsbegriffes durch *Binding* erhoben[28]. Wieweit *von Liszt* in seiner Polemik gegen *Binding* recht hatte oder nicht[29], interessiert hier nur insofern, als die Eigenart der *von Liszt*schen Denkart sich in dieser Kontroverse deutlich erkennen läßt. Die Frage nach dem Unterschied des zivilen Unrechts vom strafrechtlichen Unrecht hatte seit *Hegel*[30] die Wissenschaftler beschäftigt[31]. *Von Liszt* kam es nicht auf die Herausarbeitung begrifflicher Unterscheidungsmerkmale an, sondern darauf, die Frage zu beantworten, warum das Recht an die Tatsache der Verbrechensbegehung die Rechtsfolge der Strafe knüpfe. Auf diese Frage gebe der Begriff des Rechtsgutes die Antwort. In oft zitierten Ausführungen (ZStW 6, 673) sagt *von Liszt:*

> „Alles Recht ist der Menschen willen da; ihre Interessen, die der einzelnen wie der Gesamtheit, sollen geschützt und gefördert werden durch die Satzungen des Rechts. Die rechtlich geschützten Interessen nennen wir Rechtsgüter. Es ist klar, daß mit dem „Rechtsgute" der *Zweckgedanke* seinen Einzug in das Gebiet der Rechtslehre hält, daß die *teleologische* Betrachtung des Rechts beginnt und die formal-logische ihr Ende findet."

Wesentlich ist, daß *von Liszt* den Rechtsgutsbegriff als Grenzbegriff bezeichnet, da die Betrachtung des Rechts unter dem Gesichtspunkt des Zweckes auch in den Bereich der Gesellschaftslehre hinein-

[24] Archiv des Kriminalrechts, 1834, S. 134ff.
[25] a. a. O., S. 175.
[26] Normen, 1. Auflage, S. 189ff.; 2. Auflage, S. 338ff., Handbuch, S. 167/169 Anm. 10.
[27] Normen, 2. Auflage, S. 329 Anm. 18.
[28] Vgl. auch *von Liszt*, ZStW 8, 133ff. und die Erwiderung *Bindings*, Normen, 2. Auflage, Bd. 1, S. 313 Anm. 1.
[29] Dazu *Kaufmann*, a. a. O., S. 70 Anm. 205.
[30] Philosophie des Rechts, §§ 82ff.
[31] Vgl. *Hälschner*, Das Gemeine Deutsche Strafrecht, Einleitung I 4, S. 15 und die umfangreiche, dort angegebene Literatur.

falle. Später (ZStW 8, 134) fügt *von Liszt* hinzu, der Begriff des Rechtsgutes verbürge dem Strafrecht den Zusammenhang mit den verwandten Wissenschaften; soweit es sich um Verbrechen und Strafe handele, sei es eine Frage der Kriminalpolitik. Der Rechtsgutsbegriff soll „Verwahrung einlegen gegen eine rein formalistische, d. h. ausschließlich juristisch-logische Behandlung des Rechts" (a. a. O., S. 140). Es kam *von Liszt* also darauf an, einerseits im Anschluß an *Birnbaum* einer zu engen Auffassung des Gegenstandes der Straftat (Verletzung subjektiven Rechts) entgegenzutreten, andererseits den für ihn so entscheidenden Zusammenhang mit der Kriminal-Soziologie zu betonen. Mit Recht trat er auch der *Binding*schen Vermischung des Rechtsgutes im allgemeinen und des einzelnen geschützten Rechtsgutes entgegen. Im übrigen stand er dem theoretischen Streit über die Abgrenzung von Gut und Interesse fremd gegenüber; nachdem er Rechtsgut und rechtlich geschütztes Interesse identifiziert hatte, gibt er später (ZStW 8, 141) der Polemik *Kesslers*[32] insofern recht, als die völlige Gleichstellung im Grunde genommen „nicht ganz genau" sei, wobei er aber die wissenschaftliche Bedeutung der Unterscheidung in Abrede stellt[33]. Dagegen legt er Wert auf die Abstimmung des Rechtsgutsbegriffes mit seinem Handlungsbegriff: Nicht Verbrechen und Rechtsgutsverletzung können im Zusammenhang von Ursache und Wirkung stehen, sondern nur Handlung und Erfolg, d. h. Veränderung in der Außenwelt. Praktische Bedeutung hat der Rechtsgutsbegriff namentlich als Einteilungskriterium im System des Besonderen Teils. Rechtsgüter des einzelnen stehen Rechtsgütern der Gesamtheit gegenüber; die Rechtsgüter des einzelnen zerfallen in:

1. Delikte gegen Leib und Leben; 2. Delikte gegen immaterielle Rechtsgüter; 3. Delikte gegen Individualrechte; 4. Delikte gegen Vermögensrechte.

Dazu tritt eine 5. Gruppe, welche durch die Art, insbesondere durch das Mittel, nicht durch den Gegenstand des Angriffes charakterisierte Delikte umfaßt. Dazu gehören die gemeingefährlichen Verbrechen sowie der Mißbrauch von Sprengstoffen einerseits, Waren, Geld und Urkundenfälschung andererseits.

Die strafbaren Handlungen gegen die Gesamtheit zerfallen in:

1. Delikte gegen den Staat; 2. Delikte gegen die Staatsgewalt und 3. Delikte gegen die Staatsverwaltung.

[32] Gerichtssaal 39, S. 94 und 40, S. 580ff.

[33] Vgl. auch die späteren Auflagen des Lehrbuchs, z. B. 19. Auflage, 1912, S. 72 Anm. 1.

Auffallend ist freilich, daß *von Liszt* den Rechtsgutsbegriff wenig zur teleologischen Auslegung der einzelnen Strafrechtssätze heranzieht, wie dies etwa *Beling*[34] tat. Hier hat, wie *Schwarzschild*[35] richtig erkannt hat, „das von *Liszts* Auffassung vom Wesen wissenschaftlicher Systematik bestimmte Einheitsstreben sich in seiner Rechtsgüterlehre verhängnisvoll ausgewirkt". Vielfach ist auch mit Recht darauf hingewiesen worden, daß gerade *Binding*, dessen „Scholastik" *von Liszt* bekämpfte, in seiner Dogmatik alles andere als formalistisch verfuhr und den Rechtsgutsbegriff mit souveränem „Sinn für das ungeschriebene Recht"[35a] angewandt hat.

Daß schließlich vom *Liszt*schen Rechtsgutsbegriff aus wohl der „Sachverhaltsunwert", nicht aber der „Aktunwert" erfaßt werden konnte, liegt ebenso sehr an dem naturalistischen Handlungsbegriff — Handlung als Muskelbewegung, die einen Erfolg in der Außenwelt bewirkt — als an der formalen Fassung des Rechtsgutsbegriffes.

Zur *Beling*schen Lehre von der zentralen Bedeutung des *Tatbestandes* hat *von Liszt* kein positives Verhältnis gewonnen; seit der 19. Auflage seines Lehrbuches bemerkt er (§ 26 Anm. 4), *Beling* habe sich das Verdienst erworben, die Tatbestandsmäßigkeit oder Typizität als Merkmal des Verbrechensbegriffes schärfer als bisher geschehen, zu betonen. Er fügt aber sofort hinzu, die *Beling*sche Auffassung des Verbrechens stimme sachlich im wesentlichen mit der seinen überein.

8. Der objektive Charakter der *Rechtswidrigkeit* folgt für *von Liszt* schon aus der klaren Scheidung von Rechtswidrigkeit und Schuld als Attributen der Handlung, wobei der ganze innere Tatbestand zur Schuld gerechnet wird. Ausdrücklich hat *von Liszt* erst in späteren Auflagen zu der Streitfrage nach dem objektiven oder subjektiven Charakter der Rechtswidrigkeit Stellung genommen. Noch in der 3. Auflage (§ 73, S. 106 Anm. 2) erklärt er, das Strafrecht könne die Streitfrage, ob es ein sogenanntes objektives unbefangenes, d. h. schuldloses Unrecht gebe („Eine Frage, die ich mit Bestimmtheit bejahe") bei Seite lassen. Es lag ihm mehr daran, das Verbrechen in Gegensatz zum „Privat-Unrecht" zu setzen und damit die Frage zu beantworten, ob das kriminelle Unrecht von dem zivilen durch innere begriffliche Merkmale geschieden sei. Hierfür zitierte er schon in der 1. Auflage (S. 12) die grundlegenden Ausführungen von *Ihering*[36] und

[34] Lehre vom Verbrechen, S. 214. [35] a. a. O., S. 12.

[35a] Vgl. *Bindings* letzte Schrift: *Binding-Hoche*, „Freigabe der Vernichtnng unwerten Lebens".

[36] „Das Schuldmoment im Römischen Privatrecht", 1867 und „Der Zweck im Recht".

übernimmt die *Iheringsche* Definition[37], Verbrechen sei „die von Seiten der Gesellschaft konstatierte Gefährdung der Lebensbedingungen der Gesellschaft". Die Abgrenzung des bürgerlichen und strafrechtlichen Unrechts führte *A. Merkel*[38] dazu, die Existenz schuldlosen Unrechts im Strafrecht zu verneinen[39]. Vom Standpunkt der Imperativentheorie aus hätte die Folgerung nahegelegen, daß die Gebote des Rechts nur an solche gerichtet sein können, die sie zu verstehen in der Lage sind[40]. *Thon*[41] und *Bierling*[42] folgten den Gedankengängen *Iherings;* die subjektive Auffassung von *Hold von Ferneck*[43] konnte sich nicht durchsetzen. So sah sich dann *von Liszt* veranlaßt, in den späteren Auflagen seines Lehrbuches (9. Auflage, § 32 S. 136) den streng objektiven Charakter der Rechtswidrigkeit zu betonen, der dann von *Beling*[44] weiter begründet wurde. An der objektiven Bewertung der Rechtswidrigkeit hielt noch *E. Schmidt* in der Neubearbeitung (25. Auflage, § 32 Anm. 2, S. 177) fest, als schon die „subjektiven Unrechtselemente" lebhaft erörtert wurden und namentlich *Hegler*[45] scharf betont hatte, daß nicht alles Subjektive zur Schuld gehöre, und zur Rechtswidrigkeit nicht bloß Objektives[46].

Von besonderer Bedeutung für die Entwicklung der Lehre von der Rechtswidrigkeit wurde die Scheidung in *formelle* und *materielle* Rechtswidrigkeit. Schon in der 9. Auflage (1899) hatte *von Liszt* die Rechtswidrigkeit formell als Übertretung einer strafrechtlichen Norm, materiell als Angriff auf rechtlich geschützte Interessen definiert. Nachdem dann namentlich *M. E. Mayer*[47] und Graf *zu Dohna*[48] auf gesetzlich nicht fixierte Rechtfertigungsgründe hingewiesen hatten,

[37] Zweck im Recht, 2. Aufl., S. 491.
[38] Kriminalistische Abhandlungen I, S. 42ff/44.
[39] Ebenso *Binding*, Normen, 1. Aufl., S. 99ff.; über die spätere Wandlung der Auffassung *Bindings* vgl. meine „Materielle Rechtswidrigkeit", 1926, S. 9.
[40] In Italien wird die Schuldfähigkeit als Voraussetzung der Rechtswidrigkeit namentlich von *Petrocelli*, L'antigiuridicità, 3. Aufl., 1954, vertreten. Herrschend ist die Lehre vom objektiven Charakter des Unrechts: *Bettiol*, Diritto Penale, 6. Auflage, 1966, S. 230.
[41] Rechtsnormen und subjektives Recht, S. 77/78.
[42] Kritik der juristischen Grundbegriffe, III, S. 171ff.
[43] Die Rechtswidrigkeit, Bd. 1, S. 355ff.
[44] Lehre vom Verbrechen, S. 10ff., ZStW 44, 221.
[45] ZStW 36, 34, 36 Anm. 45.
[46] Vgl. *M. E. Mayer*, Lehrbuch des Strafrechts, Allgem. Teil, S. 12ff.; zur Dogmengeschichte namentlich *Mezger*, Gerichtssaal 89, S. 20ff.
[47] Rechtsnormen und Kulturnormen, 1903.
[48] Die Rechtswidrigkeit als allgemein gültiges Merkmal im Tatbestande strafrechtlicher Handlungen, 1905.

zog *von Liszt* seit der 14./15. Auflage (1905) aus dem Gedanken, daß die Handlung materiell rechtswidrig als Verletzung oder Gefährdung eines Rechtsgutes sei, die Folgerung, daß bei Fehlen eines ausdrücklichen Rechtssatzes, der eine Handlung gebiete oder erlaube, der materielle Gehalt der in Frage stehenden Handlung zu untersuchen sei (a. a. O., S. 140). Aus dem Zusammenhang der gesetzlichen Bestimmungen könne sich ergeben, daß die Verfolgung eines bestimmten Zweckes als berechtigt anzusehen sei. „Daraus folgt: Ist die vorangegangene Handlung das angemessene (richtige) Mittel zur Erreichung dieses vom Gesetzgeber als berechtigt (richtig) anerkannten Zweckes, so ist sie rechtmäßig, mag sie auch scheinbar den Tatbestand einer Straftat erfüllen." Wenn dieser Grundsatz versage, sei die Angemessenheit der Handlung im Hinblick auf den (empirisch) gegebenen Zweck des staatlich geregelten Zusammenlebens zu prüfen. Von diesem Standpunkt aus könne die Wahrung eines hochwertigen Interesses auf Kosten des minderwertigen gerechtfertigt erscheinen. Freilich sei bei Anerkennung dieses Grundsatzes die Gefahr willkürlicher Entscheidung schwer zu vermeiden. Die Abneigung gegen Scholastizismus und rein formale Definitionen hatte *von Liszt* zunächst zur begrifflichen Trennung des formellen und des materiellen Begriffes der Rechtswidrigkeit geführt; nachdem *Dohna* unter Übernahme der *Stammler*schen Lehre vom Richtigen Recht einen bedeutsamen Schritt zur Erfassung der im Gesetz nicht ausdrücklich geregelten Gründe ausgeschlossener Rechtswidrigkeit getan hatte, konnte *von Liszt* sich auf seine materielle Definition der Rechtswidrigkeit stützen und unter Vermeidung der Einseitigkeit und Schwäche der *Dohna*schen Formulierung sachlich das *Prinzip der Interessenabwägung* durchsetzen. *Von Liszt* ist also als Anreger der vom Reichsgericht später in der Entscheidung vom 11. 3. 1927 (Bd. 61, S. 252ff.) entwickelten Lehre von der Güter- und Pflichtenabwägung von selbständiger Bedeutung und nicht nur „der Mann der geistigen Anleihen und zugleich der Ritter und Retter der entlehnten Gedanken" gewesen, wie *Binding*[49] polemisch behauptete. *M. E. Mayer* hat[50] mit Recht hervorgehoben, daß *von Liszt* in der 14./15. Auflage im Gegensatz zur 13. dem materiellen Gehalt des Unrechts die Bedeutung eines integrierenden Bestandteils im System eingeräumt habe, wobei er großen Nachdruck darauf gelegt habe, daß die positivrechtliche Satzung nicht angetastet werden dürfe.

9. In engster Verbindung mit den kriminal-politischen Ansichten *von Liszts* steht auch seine *Schuldlehre*. Dies zeigt sich besonders in der

[49] Normen, 2. Aufl. I, S. 61 Anm. 19. [50] In der Besprechung, Z. 26, S. 267.

Entwicklung der Lehre von der *Zurechnungsfähigkeit*, die bereits in der 1. Auflage (§ 25) als Schuldvoraussetzung bestimmt ist. Im Anschluß an *Binding*[51] wird die Zurechnungsfähigkeit als strafrechtliche Handlungsfähigkeit bezeichnet. Eine gesetzliche Regelung der „verminderten Zurechnungsfähigkeit" hält *von Liszt* dringend für nötig, da schon der Begriff verwirrend sei. In der 2. Auflage versucht *von Liszt* über die *Binding*sche Formaldefinition hinauszukommen; er prüft, unter welchen Umständen die Fähigkeit eintrete, rechtlich verantwortlich gemacht zu werden. Die Verneinung der Willensfreiheit im metaphysischen Sinn, die schon in *Ferri*s erster Schrift (Dell'imputabilità, 1880) den Begriff der Zurechnungsfähigkeit bestimmt hatte, veranlaßt *von Liszt* zur Konstruktion einer mit dem Determinismus zu vereinbarenden Zurechnungslehre. So kommt er zu der viel umstrittenen Definition der Zurechnungsfähigkeit als der „normalen Bestimmbarkeit durch Motive". Er versucht in bedeutsamen, in späteren Auflagen fortgelassenen Formulierungen[52] das Verhältnis der Zurechnungsfähigkeit zur *Willensfreiheit* zu definieren und unterscheidet Willensfreiheit als psychologische: Bestimmbarkeit durch Motive statt durch Gesetze des mechanischen Naturkausalismus; Willensfreiheit als ethische: das Bestimmtsein durch selbstgesetzte (autonome) Motive, und Willensfreiheit als metaphysische: als die Fähigkeit, als causa sui eine Kausalreihe zu begründen. Die letztere führe zu Begriffen, die außer der Erfahrung lägen. Für das Strafrecht als Wissenschaft gäbe der Begriff nichts her: „Nicht ein Grundsatz, nicht ein Begriff des Strafrechts wird geändert, mögen wir die intelligible Freiheit des Wollens behaupten oder leugnen. Nur die empirische (psychologische) brauchen wir, und diese kann uns die metaphysische ebensowenig rauben wie die Naturwissenschaft"[53]. An der Auffassung, daß für das Strafrechtssystem die Frage der Willensfreiheit irrelevant sei, hat *von Liszt* bis in die letzten Auflagen seines Lehrbuches festgehalten. Schärfsten Widerspruch erfuhr *von Liszt* jedoch, als er, wie schon vor ihm *Ferri*, aus seiner Definition der Zurechnungsfähigkeit die Folgerung zog, die Unterscheidung zwischen der Sicherungsstrafe gegen unverbesserliche Verbrecher und der Verwahrung gemeingefährlicher Geisteskranker sei nicht nur praktisch im wesentlichen undurchführbar, sie sei auch grundsätzlich zu verwerfen[54], denn der unverbesserliche Gewohnheitsverbrecher sei ebensowenig wie der

[51] Normen II, 1 S. 56.
[52] Dazu *von Liszt* in ZStW 17, 235.
[53] Lehrbuch, 2. Auflage, S. 138
[54] ZStW 17, S. 76ff.

Geisteskranke durch normale Motive motivierbar[55]. In der heutigen Zeit, in der die „sozialtherapeutische Anstalt" für seelisch Gestörte ebenso wie für Gewohnheitsverbrecher vorgesehen wird, also jeder Straftäter, ob gesund oder krank, die für ihn richtige und angemessene Behandlung erfahren soll, ist der richtige Kern des *von Liszt*schen Gedankens leichter zu begreifen als vor 70 Jahren.

Bedeutsam ist vor allem der Hinweis, daß die Grenzlinien zwischen Bestrafung Zurechnungsfähiger und Behandlung Kranker „zu verfließen drohen"[56], einerseits stehe die erziehliche, mithin bessernde Bedeutung der ganzen Gefängnishygiene, insbesondere in den Strafanstalten für Jugendliche, außer Zweifel; andererseits habe in der Heilkunst die „Einpflanzung motivierender Vorstellungen" steigend Anwendung gerade in jüngster Zeit gefunden[57].

Die mangelnde Bestimmtheit des Begriffes der „normalen Bestimmbarkeit" hat *von Liszt* selbst zugegeben[58]. Für diejenigen, die den Zweck der Strafe im wesentlichen in der Spezialprävention sahen, lag die Folgerung nahe, die Zurechnungsfähigkeit und die passive Straffähigkeit zu identifizieren[59]. Dagegen ließ sich freilich auch seitens der Anhänger des Determinismus der Einwand machen[59a], daß die Zurechnungsfähigkeit nicht an die Strafe, sondern an das Verbrechen zu knüpfen sei. Wenn lediglich gegen Zurechnungsfähige Strafen verhängt würden, so erkläre sich das daraus, daß bei ihnen bestimmte allgemeine Voraussetzungen der Persönlichkeit gegeben seien, die uns das Recht verleihen, ihnen ihre Taten zur Schuld zuzurechnen. Und in späteren Auflagen seines Lehrbuches hat *von Liszt*

[55] Gegen von Liszt *Binding*, Grundriß, 5. Aufl., S. 86 Anm. 1, sowie die Erwiderung *von Liszts* in ZStW 18, S. 219ff. mit weiteren Angaben, sowie den Briefwechsel *Löffler* — *von Liszt* ebenda, S. 242ff.

[56] ZStW 17, S. 81.

[57] Ob aus der Definition der Zurechnungsfähigkeit als Fähigkeit zu normalem Verhalten zwingend die Unmöglichkeit einer Differenzierung zwischen Gewohnheitsverbrechern und Geisteskranken folgt, ist hier nicht weiter zu untersuchen. Noch *E. Schmidt* in der 25. Auflage, S. 225 Anm. 3, bestreitet nur, daß die Nicht-Bestimmbarkeit für Gewohnheitsverbrecher schlechthin zutreffe; soweit aber der einzelne Gewohnheitsverbrecher nicht mehr die Fähigkeit habe, sich durch soziale Anforderungen motivieren zu lassen, sei nicht einzusehen, warum man ihn nicht als zurechnungsunfähig behandeln solle. Der entscheidende Einwand gegen *von Liszt* wird von *Mezger*, Persönlichkeit und strafrechtliche Zurechnung, S. 21, mit Recht in dem Versuch gesehen, „einen so ausgesprochen normativen Begriff wie den der Zurechnungsfähigkeit allein an tatsächlichen Verhältnissen, an der Seins-Norm, statt in irgendeiner Form an der Sollens-Norm selbst zu orientieren".

[58] ZStW 17, 76.

[59] *von Liszt*, ZStW 18, 253.

[59a] *Liepmann*, Einleitung in das Strafrecht, S. 196.

sich von der namentlich durch *Radbruch*[60] vertretenen Gleichsetzung von Schuldfähigkeit und Straffähigkeit distanziert (19. Aufl. § 36 Anm. 1) und unter Festhaltung an seiner Grundanschauung die Zurechnungsfähigkeit als „Fähigkeit zu sozialem Verhalten", d. h. ein Verhalten, das den Erfordernissen staatlichen Zusammenlebens der Menschen entspricht, definiert. Wo die soziale Anpassungsfähigkeit völlig und dauernd fehle, habe es keinen Sinn mehr, durch die in Strafdrohung und Strafvollzug enthaltene Motivsetzung motivieren zu wollen. *Von Liszt* hebt ferner hervor, daß das positive Gesetz in § 51 StGB den Begriff der Zurechnungsfähigkeit zwar nicht vollständig definiert habe, aber die Umstände erschöpfend aufzähle, durch welche sie ausgeschlossen werde. Der Ausschluß der „freien Willensbestimmung" in § 51 StGB bedeute auch hier nicht mehr als die normale Bestimmbarkeit durch Vorstellungen. Die Frage der Willensfreiheit habe mit der Anwendung des § 51 StGB nichts zu tun[61].

10. Wie bei der Rechtswidrigkeit, so versucht *von Liszt* auch bei der Schuld über eine rein formale Definition hinauszukommen. Hatte er früher Schuld lediglich als die „Verantwortlichkeit für die begangene rechtswidrige Handlung" bezeichnet, so definiert er später (seit der 14./15. Auflage, dann wiederholt verbessert), Schuld als „die aus der begangenen Tat (dem antisozialen Verhalten) erkennbare antisoziale Gesinnung des Täters". Hier hatten die zu Beginn des Jahrhunderts erschienenen Arbeiten von *Liepmann*, *Kohlrausch*, *M. E. Mayer*, *Radbruch* und anderen *von Liszt* beeinflußt. *M. E. Mayer* bemerkt in seiner Rezension der 14./15. Auflage[62], in das Lehrbuch sei eine neue Idee eingegangen, die in *von Liszts* Kriminalpolitik von jeher ein mächtiger Faktor gewesen und bisher schmerzlich vermißt worden sei. Freilich habe *von Liszt* die Folgerungen nur teilweise gezogen: wohl in der Lehre von der Zurechenbarkeit, nicht aber etwa bei der Lehre von der Strafzumessung. Auch in den folgenden Auflagen verweist *von Liszt* insofern nur kurz auf den Vorrang der Spezialpräven-

[60] *Radbruch*, ZStW 24, 333.

[61] Besonders klar in dieser Hinsicht *M. E. Mayer*, Allgemeiner Teil, S. 212; das Problem der Willensfreiheit könne nicht bei der Abgrenzung der Zurechnungsfähigkeit, sondern nur bei der philosophischen Rechtfertigung der Strafe auftreten. Daß das Problem der Willensfreiheit bis in die Gegenwart in der Erörterung der Zurechnungsfähigkeit und der verminderten Zurechnungsfähigkeit eine verhängnisvolle Rolle spielt, haben jüngst *Bockelmann*, ZStW 75, 372, *Haddenbrock*, JZ 69, 121 ff., früher Graf *zu Dohna*, ZStW 66, 505 und viele andere nachgewiesen. Aber das Mißverständnis ist „offenbar unausrottbar" (*Dohna*, a. a. O.).

[62] ZStW 26, 268.

tion; erst in der Bearbeitung von *E. Schmidt* (25. Aufl. § 68) findet sich unter Berücksichtigung der Entwürfe eine eingehende Darlegung der Strafzumessungslehre.

In der Lehre von den *Schuldarten* ist *von Liszt* in Wahrheit über einen gewissen Formalismus nicht hinausgekommen. In der 1. Auflage betont er zwar, daß Vorsatz und Fahrlässigkeit die beiden einzigen Schuldarten seien (S. 106), hält es aber nicht für möglich, einen gemeinsamen höheren Begriff zu finden, der beide Schuldarten zusammenfasse; der Vorsatz sei noch nicht Schuld, sondern finde sich in gleicher Weise bei dem normgemäßen wie bei dem normwidrigen Handeln; die Fahrlässigkeit sei dagegen an sich schon Schuld. In den folgenden Auflagen ändert zwar *von Liszt* die Definition mehrfach[63], begnügt sich aber mit der allgemeinen Formulierung, das Schuldurteil spreche die auf die begangene Tat gesetzte Unrechtsfolge aus und knüpfe diese an die Person des Unrechtstäters (19. Aufl. § 38 I 1). Er erkennt im Anschluß an *Kohlrausch*[64] an, die unbewußte Fahrlässigkeit bereite der Konstruktion als Schuldvorwurf fast unüberwindliche Schwierigkeiten (a. a. O., § 42 I). Daß *von Liszt* für den damals mit etwas scholastischen Argumenten geführten Kampf zwischen der Vorstellungs- und Willenstheorie nicht allzuviel Verständnis hatte, können wir heute gut begreifen; dagegen läßt sich wohl fragen, ob die materielle Definition des Schuldbegriffes, nach welcher derselbe erst durch seine Beziehung auf die antisoziale Bedeutung der Tat Bedeutung erhielt, mit dem Festhalten an der Vorstellungstheorie vereinbar war[65]. Eine Folge davon war, daß *von Liszt* es scharf ablehnte, das Bewußtsein der Rechtswidrigkeit (Normwidrigkeit, Pflichtwidrigkeit) zum Vorsatz zu rechnen, weil er sich insoweit durch § 59 StGB gebunden fühlte. Bezeichnend 19. Aufl., S. 62: Der Vorsatz könnte und sollte bestimmt werden als das Bewußtsein des Täters, durch seine Tat in rechtlich geschützte Interessen, sei es eines einzelnen, sei es der Gesamtheit, einzugreifen. Das geltende Recht, § 59 StGB, habe aber einen teilweise abweichenden Standpunkt eingenommen. Es zwinge zu der Begriffsbestimmung des Vorsatzes als Kenntnis der zum gesetzlichen Tatbestand gehörenden Tatumstände. Keinen Widerhall findet in *von Liszt*s Lehre der durch *Frank, Beling, Goldschmidt, Freudenthal*[66] entwickelte normative Schuldbegriff. *E. Schmidt* bemerkt in der Neubearbeitung 1927, S. 238 Anm. 3 mit

[63] Vgl. *Rosenfeld*, Schuld und Vorsatz in v. Liszt's Lehrbuch; ZStW 32, 474, 475.
[64] Reform des Strafgesetzbuches (1910) I, 208.
[65] Dazu *Rosenfeld*, a. a. O., S. 480.
[66] Vgl. *Welzel*, Lehrbuch, 10. Aufl., S. 134/135.

Recht, es sei durchaus verfehlt gewesen, daß *von Liszt* in seinem Lehrbuch sich immer wieder durch § 59 StGB abhalten ließ, einerseits den Psychologismus seiner Vorsatzlehre zu durchbrechen, andererseits die Lehre vom Subsumtionsirrtum aufzugeben.

Zum bedingten Vorsatz hat *von Liszt* sich in einem Gutachten für den Deutschen Juristentag 1898[67] geäußert; seit der 4. Auflage hatte er sich der *Frank*schen Formulierung angeschlossen: Bedingter Vorsatz liege vor, wenn die Voraussicht des Erfolges als eines gewissen den Handelnden nicht abgehalten hätte. Später fügte er hinzu, „wenn also der Täter in den Erfolg eingewilligt hat"[68]. Auch hier hat *von Liszt* eine geschickte, einprägsame Formulierung verwendet, die aber die wirklichen Schwierigkeiten mehr verdeckt als löst.

Auch die *von Liszt*sche Irrtumslehre ist durch die Überschätzung des § 59 StGB wesentlich verzerrt; daß zum Vorsatz die richtige Subsumtion der Tatsachen unter das Gesetz gehöre, konnte *von Liszt* nur aus dem Wortlaut des Strafgesetzbuches, nicht aus seinem Schuldbegriff entnehmen. Ebenso bleibt *von Liszt* am Wortlaut des Gesetzes hängen, wenn er annahm, daß das Bewußtsein der Rechtswidrigkeit überall dort dem Tatbestandsirrtum gleichstehe, wo der Gesetzgeber das Merkmal der Rechtswidrigkeit in den Tatbestand des Verbrechens aufgenommen habe. So konnte *E. Schmidt*[69] feststellen, daß *von Liszt* mit seiner Schuldlehre ganz isoliert dastand.

11. Seit Beginn des 19. Jahrhunderts wurde lebhaft darüber gestritten, ob der *untaugliche Versuch* strafbar sei[70]; *Mittermaier* hatte[71] zwischen absolut und relativ untauglichen Mitteln unterschieden. *Rubo* bezeichnet die Frage als eine der bedeutendsten des Strafrechts überhaupt, da in ihr die Anhänger des subjektiven Standpunktes denjenigen gegenüberträten, die nicht nur auf den Willen und die zur Verwirklichung unternommene Handlung sehen, sondern auch in Betracht ziehen, ob eine Tat wirklich vorhanden oder möglich gewesen sei. Auch *Berner* wies im gleichen Jahr wie *Rubo*[72] darauf hin, daß es sich „um den prinzipiellen Anfangspunkt der Strafbarkeit handele, um

[67] Aufsätze und Abhandlungen II, 251ff.

[68] Zur Dogmengeschichte vgl. *Engisch*, Untersuchungen über Vorsatz und Fahrlässigkeit, 1930.

[69] a. a. O., S. 238 Anm. 3.

[70] Vgl. die dogmengeschichtlichen Nachweise bei *Rubo*, Der Versuch mit untauglichen Mitteln oder an untauglichen Objekten, Gerichtssaal, Bd. 17 (1865), S. 1ff.; *Binding*, Normen III, S. 451 Anm. 21;

[71] Neues Archiv des Criminalrechts II, 1816, S. 183ff.

[72] Gerichtssaal, Bd. 17, S. 81ff.

eine Verschiedenheit des ganzen Standpunktes der Streitenden, um die Grundanschauung von Recht und Moral und um die Grenzen zwischen diesen beiden Gebieten". In der gemeinrechtlichen Wissenschaft entwickelte sich allmählich eine herrschende Lehrmeinung, die, im Anschluß an *Feuerbach*, hinsichtlich der Strafbarkeit des Versuchs auf die Gefährlichkeit abstellen wollte[73].

Von Liszt ging in der ersten Auflage des Lehrbuches von der *Binding*schen[74] Auffassung aus, der Versuch beruhe immer auf einem Irrtum über die Kausalität des Tuns (S. 136). Es sei daher eine „ganz schiefe Anwendung an sich nur relativer Begriffe", wenn man zwischen Versuch mit untauglichen Mitteln und Versuch mit untauglichem Objekt unterscheiden wolle. Nur die Tauglichkeit der Handlung als des Mittels zum Zwecke stehe in Frage. Wenn das Wesen des Versuchs in dem Irrtum über die Kausalität des Tuns bestehe, könne dieser Irrtum keinen Grund abgeben, einzelne Versuchsfälle nicht zu strafen. Aber *von Liszt* zog aus der Gleichwertigkeit aller Bedingungen nicht den Schluß, den *von Buri*[75] für zwingend hielt: Daß bei jedem Versuch der Grund des Nichteintritts des Erfolges darauf beruhe, daß der Täter das Ausbleiben desselben bewirkenden Umstandes bei seinem Plan zur Verwirklichung des gefaßten Entschlusses nicht richtig in Anschlag gebracht habe, also sich in einem Irrtum befunden habe; daß also das Wesen des Versuchs allein in dem geäußerten verbrecherischen Willen zu finden sei. Vielmehr sucht er den Anschluß an seine kriminalpolitischen Theorien: Die Lösung der Frage sei nicht aus dem Wortlaut des Gesetzes zu gewinnen, sondern man müsse „zurückkehren zu dem legislativen Grund der Strafbarkeit des Versuchs". Jede normwidrige Handlung bilde eine Gefahr für die Rechtsgüterwelt in sich; die Strafbarkeit entfalle daher, wenn eine solche Gefahr nicht herbeigeführt worden sei. Jeder Versuch könne bestraft werden, nicht jeder sei aber positiv-rechtlich strafbar. Man solle nicht sagen: Strafbar ist der gefährliche Versuch. In einer Besprechung eines Buches von *Cohn* (ZStW 1, 93 ff.) präzisiert *von Liszt:* Es sei eine nachträgliche Prognose erforderlich, bei der von all dem zu abstrahieren sei, was erst der kommende Verlauf gelehrt habe. In den späteren Auflagen[76] wird dies so gefaßt: Alle allgemein erkennbaren oder dem Täter bekannten Umstände seien zu berücksichtigen; straflos sei nur der Versuch, der unter Berücksichtigung solcher Umstände nicht zu dem Erfolg führen

[73] So besonders *Lammasch*, Das Moment objektiver Gefährlichkeit im Begriff des Verbrechensversuches, 1878.
[74] Grundriß, S. 73 ff.
[75] Über die sogenannten untauglichen Versuchshandlungen, ZStW 1, 185 ff.
[76] Z. B. 23. Aufl. § 47 II 2.

konnte. So bleibe der Versuch der Abtreibung durch eine Nichtschwangere strafbar, wenn das Vorhandensein der Schwangerschaft nicht völlig ausgeschlossen war im Augenblick der Tat. *Von Liszt* bemerkt selbst, daß er hier in den praktisch wichtigsten Fällen zu den gleichen Ergebnissen komme wie das Reichsgericht[77]. Bemerkenswert erscheint, daß *von Liszt* in der Folgezeit die Versuchslehre von der unglücklichen Verkoppelung mit der Irrtumslehre, wie sie sich namentlich bei *Binding*[78] fand, ganz distanzierte und daß er die logisch möglichen, aber kriminalpolitisch nicht gerechtfertigten Unterscheidungen zwischen Versuch und „Mangel am Tatbestand" *(Dohna, Frank, Finger, Lobe)*, zwischen ontologischem und nomologischem Irrtum entschieden ablehnte. Der Unterschied zwischen dem von *Rossi, Romagnosi, Cararra*[79] entwickelten Begriff des fehlgeschlagenen Delikts (Délit manquè) und dem des unvollendeten Verbrechens, den *von Liszt* ursprünglich für sehr bedeutsam gehalten hatte[80], spielt in den späteren Auflagen des Lehrbuchs keine Rolle mehr.

12. Die *Teilnahmelehre* ist von *von Liszt* immer etwas stiefmütterlich behandelt worden. Seit den Postglossatoren wurde in der italienischen Strafrechtswissenschaft und später allgemein im Gemeinen Recht unterschieden zwischen dem, der die Straftat persönlich ausführt, und dem, der sie durch einen anderen ausführen läßt[80a]; beide wurden als Urheber der Tat betrachtet. Seit *Feuerbach* stritt man über die Abgrenzung von Urheberschaft und bloßer Gehilfenschaft, wobei die überwiegende Ansicht objektiv abgrenzte[81]. Das Preußische Strafgesetzbuch von 1851 verwandte, dem Code Pénal folgend, eine abweichende Terminologie[82], indem es Täter und Teilnehmer unterschied. Der enge Zusammenhang zwischen den Teilnahmetheorien und dem Kausalproblem war frühzeitig erkannt worden[83]; seit 1860

[77] Dazu *M. E. Mayer*, Lehrbuch, S. 362: *von Liszt* nähere sich „schier bis zur vollen Anerkennung der subjektiven Theorie". Die *von Lisztsche* objektive Theorie mit Annäherung an die subjektive Versuchslehre kommt zu ähnlichen Ergebnissen wie etwa die italienische Versuchslehre, die bei völliger Ungefährlichkeit die Tat nicht bestraft. In die gleiche Richtung zielen neuestens die Einschränkungen der subjektiven Versuchslehre bei *Mezger-Blei*, Allgem. Teil, 13. Aufl., S. 245.

[78] Handbuch 1, S. 692, Normen III, S. 401ff.; Gerichtssaal 85, S. 178ff.

[79] Nähere Angaben bei *Berner*, Gerichtssaal, Bd. 17, 81ff.

[80] Lehrbuch, 3. Aufl., S. 190 Anm. 2: die Verwechslung der beiden Gegensätze sei Quelle der auf dem Gebiet der Versuchslehre herrschenden Streitfragen.

[80a] *Engelmann*, Festschrift für Binding II, S. 387ff.

[81] Nachweise bei *Birkmeyer*, Lehre von der Teilnahme, 1890, S. 6(7) mehr subjektive Grenzen, *Köstlin* und *Hälschner* auch.

[82] Vgl. *Hälschner*, Das Gemeine Deutsche Strafrecht I, S. 366.

[83] vgl. *Birkmeyer*, a. a. O., S. 5ff.

drang *von Buri* in zahlreichen Schriften[84] auf die aus der Gleichwertigkeit aller Bedingungen folgenden Unmöglichkeit einer objektiven Unterscheidung. *Von Liszt* folgte zwar der *Buri*schen Kausalitätslehre und erkannte auch in der 1. Auflage (§ 35, S. 146) an, daß bei konsequenter Durchführung des „theoretisch allein richtigen Satzes" jeder, der durch seine schuldhafte Handlung eine Bedingung für den Eintritt des Erfolges gesetzt habe, für diesen als „Ursacher" verantwortlich zu machen sei und daß dann die Lehre von der Teilnahme keine oder nur eine untergeordnete Stelle im System des Strafrechts habe, aber das positive Recht habe in den §§ 48/49 StGB den Grundsatz von der Gleichwertigkeit der Bedingungen durch eine „hochwichtige Ausnahme" durchbrochen: Liege zwischen einer Bedingung und dem eingetretenen Erfolge eine freie und vorsätzliche menschliche Handlung als Zwischenursache in der Mitte, so betrachte das positive Recht nur diese letzte Handlung als Ursache des Erfolges. Es liege also eine durch positives Recht angeordnete Unterbrechung des Kausalzusammenhangs, „wie man sich möglichst schief ausdrückt", vor[85]. Für die Abgrenzung von Täterschaft und Teilnahme geht *von Liszt* nicht von subjektiven Kriterien aus, sondern Täter sei, wer eine Ausführungshandlung begehe, Gehilfe, wer in anderer Weise mitwirke. Auch in späteren Auflagen hält *von Liszt* an der objektiven Theorie, nach welcher der Täter oder Mittäter eine Ausführungshandlung setzen müsse, fest. Das Wachestehen beim Diebstahl sei beispielsweise nie Ausführungshandlung[86]. Da die Unterscheidung zwischen Ursache und Bedingung unhaltbar sei, fehle es auch für die Unterscheidung von Täterschaft und Beihilfe an der festen objektiven Grundlage; es könne daher nicht Wunder nehmen, daß Wissenschaft und Rechtsprechung, um die Unterscheidung halten zu können, auf die Irrwege einer rein subjektiven Unterscheidung gedrängt seien[87]. Auch sonst hat *von Liszt* das Problem nirgends vertieft. Den namentlich von

[84] Zur Lehre von der Teilnahme an dem Verbrechen und der Begünstigung, 1860; ferner die von *Birkmeyer*, a. a. O., S. 7 Anm. 20 aufgezählten Aufsätze.

[85] a. a. O., § 20 III, S. 78.

[86] Vgl. 16./17. Aufl., § 49, S. 216.

[87] Mit Recht gegen *von Liszt*, *M. E. Mayer*, Lehrbuch, S. 339 Anm. 11, *von Liszt* teile den Ausgangspunkt des Reichsgerichts, daß alle Bedingungen gleichwertig seien, verlasse ihn aber sofort, weil das geltende Recht die objektive Unterscheidung fordere — ein völlig versagendes Kriterium, da in jedem problematischen Fall der Zweifel die Form annehme, ob die Handlung bloß als akzessorische strafbar sei. Mit anderen Worten, da die unselbständige Begehung von der selbständigen abzugrenzen sei, könne die Unselbständigkeit selbst nicht Unterscheidungsmerkmal sein.

Binding[88] entwickelten, auf Unterscheidungen der Postglossatoren zurückgehenden Begriff der „eigenhändig begehbaren Delikte" lehnt er kurzerhand ab und bemerkt nebenbei, der unrichtigen Ansicht verdanke § 160 StGB „sein wenig erfreuliches Dasein".

Das mangelnde Interesse *von Liszts* für die dogmatische Ausgestaltung der Teilnahmelehre erklärt sich aus seiner kriminalpolitischen Grundeinstellung: Wer die Strafe nach der Persönlichkeit des Täters und nicht der Schwere der Tat ausrichten will, kann in den verschiedenen Formen der Teilnahme nur Strafbemessungsgründe sehen. So schlug *von Liszt* gemeinsam mit *Garraud* und *van Hamel* auf dem Kongreß der IKV in Würzburg vor, unter Aufgabe jeder doktrinären Unterscheidung zwischen den Teilnehmern des Verbrechens lediglich diejenigen Teilnahmeformen zu bezeichnen, die es als solche betrachte[89]. Ähnlich lauteten die Vorschläge der Deutschen Landesgruppe der IKV 1903: Grundsätzlich soll jeden Teilnehmer die Täterstrafe treffen mit der Möglichkeit, bei geringer Schuld die Strafe zu mildern. Schon 1893 hatte *von Liszt* über Art. 16 des Schweizer Vorentwurfs geschrieben[90], es seien „alle die weitläufigen Bestimmungen der Gesetzbücher über Teilnahme praktisch unfruchtbar geblieben. Ungezählt sind die Streitfragen, welche die Fassung unseres Reichsstrafgesetzbuches veranlaßt hat; die ‚accessorische Natur' der Teilnahme ist bestritten wie die ganze Summe der aus ihr entwickelten Folgesätze; die ‚mittelbare Täterschaft' ist der Tummelplatz der verschiedensten Anschauungen; der Versuch, die Beihilfe von der Mittäterschaft begrifflich abzugrenzen, hat das deutsche Reichsgericht zu einer Reihe seiner bedenklichsten Entscheidungen geführt"[91].

12. Über die *Verbrechenskonkurrenz* gab es, als *von Liszt* die 1. Auflage seines Lehrbuches veröffentlichte, eine fast unübersehbare Literatur[92]. *Von Liszt* ging, wie bereits dargelegt, vom „nichtjuristi-

[88] Grundriß, 17./18. Aufl., S. 146; Strafrechtliche Abhandlungen, S. 265ff.

[89] Mitteilungen der IKV XI, 137; *Birkmeyer*, Vergleichende Darstellung II, S. 87.

[90] Abhandlungen, Bd. 2, S. 112.

[91] In der Festschrift der Juristischen Fakultät der Freien Universität Berlin zum 41. Deutschen Juristentag 1955, S. 96ff. habe ich nachzuweisen versucht, daß in Italien, wo die Gleichbehandlung von Tätern und Teilnehmern gesetzlich vorgesehen ist, gleichwohl deren Unterscheidung angesichts der Natur der Sache sich durchgesetzt hat; vgl. dazu neuerdings *Bettiol*, Diritto Penale, 6. Aufl., S. 505, der unter Berufung auf *Welzel* darauf hinweist, der Gesetzgeber habe die verschiedenartige Struktur von Täterschaft und Teilnahme nicht geschaffen, sondern vorgefunden, er sei nicht völlig frei in der Bewertung ontologischer Strukturen.

[92] Vgl. *Binding*, Grundriß, S. 517 Anm. 1.

schen" natürlichen Handlungsbegriff aus, der darum nicht „unjuristisch" zu sein brauche[93]. Aus dem Handlungsbegriff folgt: Mehrere Verbrechen bestehen notwendig aus mehreren Handlungen und eine einzige Handlung kann nicht mehrere Verbrechen im Gefolge haben[94]. Die entgegengesetzte Auffassung ist nach *von Liszt* „Ein Ergebnis der spekulativen deutschen Doktrin des 19. Jahrhunderts". Eine weitere Folge ist die Gegenüberstellung von natürlicher und juristischer Einheit der Handlung[95]. *Honig*[96] bezeichnet *von Liszt* als den Schöpfer der Antithese. Dadurch kam *von Liszt* zu einer folgerichtig aufgebauten, seinem Handlungsbegriff entsprechenden Konkurrenzlehre. Sie konnte sich gegenüber der Auffassung *von Buri*s (Einheit und Mehrheit des Verbrechens, 1879), der auf Einheit oder Mehrheit der Kausalitäten abstellte[97], und *Bindings*, der die Konkurrenzen als Verbrechensmehrheit behandelte[98], durch eine sich mehr an den Wortlaut der §§ 73ff. StGB anlehnende, durch ihre Klarheit bestechende Fassung durchsetzen und hatte auch auf die Rechtsprechung des Reichsgerichts erheblichen Einfluß.

Später wurde die Unvollkommenheit und Begrenztheit der *von Liszt*schen Konkurrenzlehre erkennbar. Sie folgt zunächst aus dem kausalen Handlungsbegriff. Gegen den scheinbar so einleuchtenden Satz, daß *eine* Handlung nur *ein* Verbrechen darstellen könne[99], wandte sich mit Recht *Honig*[100] unter dem Gesichtspunkt, daß, wer mehreren Strafdrohungen zuwiderhandele, indem er mehrere Rechtsgüter verletze oder gefährde, mehrere Verbrechen begehe, auch wenn das Mittel (die Handlung) ein und dasselbe sei. Auch kriminologisch ist es wenig überzeugend, wenn *von Liszt* meint, eine Handlung falle von jedem theoretischen Standpunkt aus leichter ins Gewicht als mehrere[101]. Die Folgerung, daß allein das schwerste Gesetz Anwendung finde ohne jede Berücksichtigung der Strafgesetze, die sonst noch verletzt sind, und ohne „Sperrwirkung" des milderen Gesetzes, erscheint uns heute verfehlt[102].

[93] ZStW 6, 694 gegen *Binding*.

[94] Vgl. die späteren Auflagen §§ 54/55; dazu *Merkel* in Vergleichende Darstellung, Allgem. Teil, Bd. 5, S. 272.

[95] 1. Aufl. § 39 S. 159.

[96] Studien zur juristischen und natürlichen Handlungseinheit, 1925, Vorwort S. VII.

[97] a. a. O., S. 3.

[98] Handbuch, S. 525.

[99] So noch *M. E. Mayer*, Allgem. Teil. S. 156, 507.

[100] a. a. O., S. 3.

[101] ZStW 30, 277.

[102] Im Sinne *von Liszts* noch *E. Schmidt* in der 25. Aufl., S. 345; erst in RGSt 73, 148 wurde der Übergang vom strengen Absorptionsprinzip zum Kombinationsprinzip vollzogen, dazu *Jescheck*, ZStW 67, 532.

Auch in der Lehre vom fortgesetzten Verbrechen führte die *von Liszt*sche Auffassung zu Schwierigkeiten; seine ursprüngliche Formel, die juristische Handlungseinheit sei bei „Einheit des Erfolgs trotz mehrerer Körperbewegungen" gegeben, wurde schließlich geändert in „Einheit des Schlußerfolges trotz mehrerer Willensbestätigungen" (23. Aufl., S. 233). Dabei stellt *von Liszt* wesentlich auf die objektive Seite ab[103].

Auffallend ist die an der Oberfläche bleibende Behandlung der Frage, ob wirklich vom kriminalpolitischen Gesichtspunkt aus die verschiedenartige Behandlung von Ideal- und Realkonkurrenz innerlich begründet ist. Auch hier knüpfte der Fortschritt eher an *Binding* an als an *von Liszt*[104], so anfechtbar die Begründung *Bindings* in mancher Hinsicht auch sein mochte. So konnte *Coenders* in seiner wichtigen Monographie über die Idealkonkurrenz (1921, S. 7) aussprechen: Es sei der Polemik *von Liszt*s (ZStW 6, 689ff.) gelungen, den Ausführungen *Bindings* die „werbende Kraft" zu nehmen; gerade dieser Polemik aber liege eine „verfehlte Grundauffassung", die Verkennung der verschiedenartigen Herrschaft, die dem Kausalitätsgesetz zukomme, zu Grunde. In anderen Worten: Die Folgerichtigkeit, mit der *von Liszt* von seinem kausalen Handlungsbegriff ausging und daraus auch für die Konkurrenzlehre die Konsequenzen zog, kam der Systembildung zugute, nicht aber der Behandlung der Konkurrenzen nach modernen kriminalpolitischen Gesichtspunkten. Erst später setzte sich die Einsicht durch, daß „fast immer die zufälligen Umstände des Lebens darüber entscheiden, welche der beiden Konkurrenzarten im einzelnen Falle vorliegt"[105]. Daß die unabweisbaren kriminalpolitischen Gesichtspunkte und die materielle Schuldlehre sich in der Behandlung der Idealkonkurrenz spät genug durchsetzten, ist von *Jescheck*[106] betont worden.

13. Werfen wir einen Blick zurück auf den Gang durch das *von Liszt*sche System des Allgemeinen Teils des Strafrechts, so ist unverkennbar, daß sich Licht- und Schattenseiten abzeichnen. In manchen Fragen mag *von Liszt* durch die Eigenart seiner Methodik verhindert worden sein, die Ansatzpunkte wichtiger und notwendiger Fortentwicklungen zu erkennen. In anderen dagegen schuf er die

[103] Vgl. *Honig*, a. a. O., S. 61ff.
[104] Vgl. *Geerds*, Lehre von der Konkurrenz im Strafrecht, S. 471.
[105] *Coenders*, a. a. O.,: in diesem Sinne bereits 1911 *Kantorowicz*, Der Strafgesetzentwurf und die Wissenschaft in Aschaffenburgs Monatszeitschrift 1910/1911, S. 327.
[106] a. a. O., ZStW 67, 533.

Voraussetzungen für den Fortschritt der Wissenschaft. Bedeutungsvoll sind, das sei nochmals betont, namentlich die Einfachheit, Klarheit und logische Geschlossenheit der Systembildung, die Lehre von der materiellen Rechtswidrigkeit, die Loslösung der Zurechnungsfähigkeit von dem philosophischen Problem der Willensfreiheit, der, wenn auch zögernde und nicht überall durchgeführte Einfluß kriminalpolitischer Erwägungen auf das logische System des geltenden Rechts. Hinzufügen ließen sich noch manche Problemkreise, denen hier nicht nachgegangen werden konnte: in der Dogmatik des Besonderen Teils, ferner die monographische Bearbeitung von Themen, wie denjenigen der Eidesdelikte (Meineid und falsches Zeugnis, 1876) und der Pressedelikte (Österreichisches Presserecht 1878), sein Aufsatz über die Deliktsobligationen im System des BGB 1898, Festschriftbeiträge, wie diejenige in der Festschrift für Martitz 1911 (Strafbare Handlungen gegen ausländische Staaten und Gesetzesentwürfe der Gegenwart) und in der Festschrift für Brunner (Begriff des militärischen Geheimnisses 1914). Die Themenkreise zeigen, daß *von Liszt* das Strafrecht nicht isoliert, sondern im Gesamtsystem der Rechtsordnung betrachtete, wofür auch sein Lehrbuch des Völkerrechts ein Beweis ist. Im reichen und fruchtbaren Lebenswerk *von Liszts* darf seine Bedeutung als Dogmatiker nicht übersehen werden.

Franz von Liszt und die kriminalpolitische Konzeption des allgemeinen Teils

Von Professor Dr. Paul *Bockelmann*, München

Fast genau 50 Jahre nach dem Tode Franz *von Liszt*s hat der Bundestag die Strafrechtsreform durch zwei in den Sitzungen vom 7. und vom 9. Mai 1969 beschlossene Gesetze ein gutes Stück vorangebracht. Von selbst stellt sich die Frage, welchen Einfluß die Ideen *Liszt*s auf die kriminalpolitische Konzeption der beiden Novellen zum Strafgesetzbuch gehabt haben. Denn es sind *Liszt* und die von ihm mitgegründete und -geleitete Internationale Kriminalistische Vereinigung gewesen, die der Strafrechtsreform in Deutschland (und nicht nur in Deutschland) den Anstoß gegeben und die Richtung gewiesen haben.

Nach den Einflüssen des kriminalpolitischen Programms Franz *von Liszt*s auf die neuen Gesetze zu forschen, wäre freilich gleichwohl ein absurdes Unternehmen, wenn jene Gesetze das wären, wofür sie sich in ihrer Überschrift ausgeben: das „erste" und das „zweite" Gesetz zur Reform des Strafrechts. Diese Bezeichnungen rufen den Eindruck hervor, daß das noch geltende Strafgesetzbuch vom 15. Mai 1871 vor dem Mai 1969 noch nie reformiert worden sei. Träfe das zu, so wäre die Möglichkeit, daß sich der Deutsche Bundestag der 5. Wahlperiode, wenn auch nicht allein, so doch jedenfalls auch vom Geiste *Liszt*s habe inspirieren lassen, bis zu dem Grade unwahrscheinlich, daß es nicht lohnte, sie überhaupt in Betracht zu ziehen. Zwar die Wahrheit wirkt ferne und lebt lange. Aber daß die Gedanken eines Kriminalisten, denen übrigens das Prädikat der Wahrheit zu keiner Zeit vorbehaltlos zuerkannt worden ist, noch und erst ein halbes Jahrhundert nach seinem Tode die Gesetzgebung beflügelt haben sollten, ist so schwer vorstellbar, daß man, wenn die Reform des Strafrechts wirklich nicht früher als mit den beiden neuen Gesetzen begonnen hätte, etwa feststellbare Übereinstimmungen gewisser in ihnen getroffener Neuregelungen mit bestimmten Forderungen *Liszt*s als zufällig betrachten und aus der allgemeinen Erfahrung erklären müßte, wonach verschiedene Personen sehr wohl gleiche Einfälle haben können.

Aber die Betitelungen der Novellen wollen sicherlich nicht wörtlich genommen werden. Jedenfalls sind sie, wörtlich genommen, nicht richtig. Das Strafgesetzbuch ist schon vor ihrem Erlaß vielfach geändert worden. Zählt man alle Eingriffe in seinen Text mit, auch die, welche durch die Entscheidung des Bundesverfassungsgerichts vom 21. 3. 1961 und durch die Fassungsbekanntmachung vom 25. 8. 1953 vorgenommen worden sind, so kommen den Gesetzen vom Mai 1969 in der Reihenfolge der Neuerungen nicht die Platznummern 1 und 2, sondern die Nummern 79 und 80 zu[1].

Nun sind gewiß nicht alle Umgestaltungen des Strafgesetzbuchs wirklich Reformen gewesen. Manche haben das Gesetz nicht verbessert, sondern verschlechtert, so daß nach der Wiederherstellung rechtsstaatlicher Verhältnisse eine Strafrechtsbereinigung vorgenommen werden mußte. Aber aufs Ganze gesehen, hat die mit dem ersten Jugendgerichtsgesetz von 1923 und der Verordnung über Vermögensstrafen und Bußen von 1924 einsetzende Gesetzgebung über das Gewohnheitsverbrechergesetz von 1933, die späteren Jugendgerichtsgesetze, das dritte Strafrechtsänderungsgesetz von 1953 und das Einführungsgesetz zum Ordnungswidrigkeitengesetz von 1968 — um nur die wichtigsten Marksteine der kriminalpolitischen Entwicklung zu bezeichnen — an die Stelle des ursprünglichen, allein an der Tatschuldvergeltung orientierten Strafrechts ein zweispuriges Kriminalrecht gesetzt, das mit dem repressiven Tatschuldsstrafrecht ein an der Gefährlichkeit des Täters ausgerichtetes, präventives Maßregelrecht kombiniert. Das ist geschehen in ständiger Auseinandersetzung mit den kriminalpolitischen Anregungen *Liszts*, die dabei zum großen Teil aufgenommen, wenn auch nicht immer ganz in seinem Sinne realisiert, zum anderen Teil aber entschieden zurückgewiesen worden sind. Von der damit festgelegten Generallinie der Reform weichen die neuen Gesetze, ungeachtet mancher Akzentverschiebungen, die sie vornehmen, im Grundsätzlichen keinen Deut ab[2]. Somit stehen sie völlig in der Tradition einer von *Liszt* inaugurierten und an ihm sich messenden Reformbewegung, und darum, d. h. eben deshalb, weil die Straf-

[1] Vorausgesetzt, daß die Zählung der „Änderungen des StGB" in der Textausgabe der C. H. Beck'schen Verlagsbuchhandlung, 38. Aufl. nach dem Stand vom 1. 10. 1968, richtig ist.

[2] Daher ist unerfindlich, was sich der Gesetzgeber von den mißverständlichen Überschriften der neuen Gesetze eigentlich verspricht. Die Kundigen täuschen zu können, kann seine Meinung, die Unkundigen irrezuführen, kann seine Absicht unmöglich gewesen sein. Sollte er die Hoffnung gehabt haben, durch modernistisch klingende Benennungen den progressivistischen Kritikern seiner Arbeit den Wind aus den Segeln nehmen zu können, so hat er sich betrogen. die Kritik, die in der 2. Aufl. des Alternativentwurfs eines Allgemeinen Teils, 1969, geübt wird; vgl. auch *Baumann* u. a. in: Mißlingt die Strafrechtsreform? Luchterhand-Texte 12, 1969.)

rechtsreform keineswegs erst mit ihnen ihren Anfang genommen hat, ist es angebracht zu prüfen, wieweit in dem Neuen, das sie bringen, das geistige Erbe nutzbar gemacht wird, welches Franz *von Liszt* hinterlassen hat.

Die kriminalpolitischen Ideen *Liszts* sind allgemein bekannt, übrigens auch oft genug dargestellt worden[3]. Für die Zwecke der vorliegenden Untersuchung genügt es daher, kurz an die Hauptgedanken *Liszts* zu erinnern.

Für *Liszt* besteht der Sinn der Strafe nicht in der Tatschuldvergeltung, sondern in der Verbrechensverhinderung. Prävention, nicht Repression ist ihre Aufgabe. Damit wird dem Vergeltungsprinzip nicht etwa jede Berechtigung abgesprochen. Aber seine Bedeutung erschöpft sich darin, demjenigen, den es danach verlangt, die Befriedigung seines Bedürfnisses nach metaphysischer Grundlegung der Strafe zu ermöglichen[4]. Darüber aber, nach welcher Richtlinie zu strafen ist, entscheidet nicht das Vergeltungsprinzip, sondern der Zweck der Verbrechensbekämpfung, den der Staat mit der Strafe verfolgt. Das Ziel des Kampfes gegen das Verbrechen ist der Rechtsgüterschutz, und das Mittel des Schutzes, das in der Strafe zur Verfügung steht, ist der „Angriff auf die Ursache der störenden Einwirkung", die im Verbrechen zutage tritt. Diese Ursache aber hat ihren Sitz in der Person des Verbrechers. Deshalb wendet sich die Strafe gegen ihn, um seinen Willen „zu brechen oder zu beugen", indem sie die Rechtsgüter verletzt oder vernichtet, deren Träger jener Wille ist. Somit ist sie „Rechtsgüterschutz durch Rechtsgüterverletzung"[5].

Solch einem Schutz bieten sich verschiedene Ansatzpunkte. Als gegen Menschen gerichtete Rechtsgüterverletzung ist die Strafe Zwang. Aber der Zwang ist entweder mittelbarer, indirekter, psychologischer Zwang, d. h.: Motivation — in dieser Funktion ist die Strafe „künstliche Anpassung des Verbrechers an die Gesellschaft" durch Besserung oder Abschreckung. Oder der Zwang ist unmittelbare, direkte, mechanische Gewalt — in dieser Rolle ist die Strafe „künstliche Selektion des sozial untauglichen Individuums" durch Unschädlichmachung in Form von dauernder oder vorübergehender Se-

[3] Vgl. z. B. *Eb. Schmidt*, Einführung in die Geschichte der deutschen Strafrechtspflege, 3 1965, §§ 304—344 (S. 353ff.), dazu die literarischen Nachweise S. 470f.; aus dem sonstigen Schrifttum etwa *Welzel*, Naturalismus und Wertphilosophie im Strafrecht, 1935, S. 1ff.; *Bockelmann*, Studien zum Täterstrafrecht, 1. Teil 1939 (= Abhandlungen des Kriminalistischen Instituts an der Universität Berlin, 4. Folge, 4. Bd., 4. Heft), S. 90ff.; neuerdings *Nedelmann* in *Nedelmann* u. a., Kritik der Strafrechtsreform, 1968, S. 15ff.

[4] *Liszt*, Strafrechtliche Aufsätze und Vorträge, 1. Bd. 1905, S. 133.

[5] a. a. O. S. 142.

questrierung[6]. „Besserung, Abschreckung, Unschädlichmachung: das sind demnach die unmittelbaren Wirkungen der Strafe . . .“[7].

Diesen drei Strafformen „müssen“ nun nach der Meinung *Liszt*s auch „drei Kategorien von Verbrechern“ entsprechen, „denn gegen diese, nicht aber gegen die Verbrechensbegriffe richtet sich die Strafe . . .“[8]. Er unterscheidet folgende Gruppen: erstens besserungsfähige und besserungsbedürftige, zweitens nicht besserungsfähige und drittens nicht besserungsbedürftige Verbrecher. Auf dieser Dreiteilung der Delinquenten in „besserungsfähige und unverbesserliche Zustandsverbrecher“ und in „Augenblickstäter“[9] fußt sein kriminalpolitisches Reformprogramm.

Es widmet den Unverbesserlichen die geringste Aufmerksamkeit. Zwar ist *Liszt* überzeugt, daß der Kampf gegen das Gewohnheitsverbrechertum „eine der dringendsten Aufgaben der Gegenwart“ ist[10]. Aber die Lösung dieser Aufgabe ist im Grunde einfach. Sie besteht („da wir köpfen und hängen nicht wollen und deportieren nicht können“) in der Einsperrung auf Lebenszeit oder auf unbestimmte Zeit; Freilassung soll nur ausnahmsweise und nur zur Korrektur einer Fehlentscheidung über die Besserungsunfähigkeit möglich sein[11]. Verläßliche Kriterien der Unverbesserlichkeit zu ermitteln, ist Sache der Moralstatistik, der Anthropologie und der Rückfallstatistik[12].

Beim Augenblickstäter oder Gelegenheitsverbrecher ist die Verhinderung nachteiliger Folgen der Bestrafung wichtiger als die Erzielung des Abschreckungseffektes. Diesen hervorzurufen, sind die im geltenden Recht angedrohten Strafen im allgemeinen imstande. Ihren schädlichen Wirkungen: der kriminellen Infizierung und der sozialen Diskriminierung, welche die Vollstreckung von Freiheitsstrafen regelmäßig bewirkt, läßt sich bei länger dauernden Strafen durch vernünftigen, eine Resozialisierung anstrebenden Vollzug, im übrigen

[6] a. a. O. S. 163f.

[7] a. a. O. S. 164. — Unter Abschreckung ist dabei nicht Generalprävention, sondern eine besondere Art der Spezialprävention zu verstehen: es sollen nicht etwa präsumtive Verbrecher durch das Exempel, das an dem Bestraften statuiert wird, vor der Versuchung zu delinquieren bewahrt werden, sondern dem Bestraften selbst soll durch den Akt der Bestrafung eine „handgreifliche Warnung“ erteilt, ein Denkzettel gegeben werden. Dadurch soll er für die Zukunft zu unsträflicher Lebensführung bestimmt werden, vgl. a. a. O. S. 172.

[8] a. a. O. S. 165.

[9] Aufsätze II, S. 194.

[10] Aufsätze I, S. 166.

[11] a. a. O. S. 166ff. — Später hat *Liszt* allerdings, um seinen kriminalpolitischen Gegnern aus der „klassischen“ Strafrechtsschule entgegenzukommen, für möglich erklärt, daß es bei zeitigem Zuchthaus „mit möglichst hoch gegriffenem Mindestmaß“ sein Bewenden haben könne, Aufsätze II, S. 326ff. S. 400ff.

[12] Aufsätze I, S. 167.

durch die Vermeidung kurzer Freiheitsstrafen begegnen. Die Mittel zur Verdrängung kurzzeitiger Freiheitsstrafen bestehen in der verstärkten Anwendung der Geldstrafe, an deren Stelle im Falle ihrer Uneinbringlichkeit aber nicht die Ersatzfreiheitsstrafe, sondern die Zwangsarbeit ohne Einsperrung zu treten hat[13], und in der Einführung der bedingten Verurteilung[14].

Das Hauptinteresse der Kriminalpolitik hat den besserungsfähigen Zustandsverbrechern zu gelten. Sie müssen durch „Gewöhnung an regelmäßige, ehrliche Arbeit"[15] vor dem kriminellen Rezidiv bewahrt werden. Dazu ist nötig (und nach Meinung *Liszt*s wohl auch ausreichend), daß sie einer gehörigen, unbedingt mit Arbeitszwang verbundenen Freiheitsentziehung unterworfen werden. Von selbst versteht sich, daß jene Gewöhnung nicht im Vollzug kurzzeitiger Freiheitsstrafen erreicht werden kann. Aber es ist auch nicht damit getan, daß anstelle von kurzen einfach lange Strafen gegen Zustandsverbrecher verhängt werden. Vielmehr muß auf feste Strafmaße überhaupt verzichtet werden. Das Strafurteil soll unbestimmt sein. An die Stelle der richterlichen Strafzumessung hat die Verurteilung zu einer nur durch Höchst- und Mindestmaß der Dauer bestimmten Freiheitsstrafe zu treten[16]. Endgültig ist die Strafe erst während des Strafvollzuges zu bemessen[17]. Denn nicht der äußere Erfolg der Tat, sondern Art und Maß der antisozialen Gesinnung des Täters müssen für Art und Maß der Strafe bestimmend sein[18]. Jene Gesinnung aber kann man erst im Vollzuge kennenlernen. Über die Entlassung des Verurteilten aus der Haft ist deshalb nach Maßgabe des im Vollzuge erzielten pädagogischen Erfolges zu entscheiden — und zwar nicht durch Gerichte, sondern durch besondere, mit einem „höheren Gefängnisbeamten, einem Staatsanwalt, einem Untersuchungsrichter und zwei oder drei Vertrauensmännern" besetzte Strafvollzugsämter[19] — wobei sowohl die Verkürzung wie auch die Verlängerung der zunächst ins Auge gefaßten Strafdauer möglich sein muß[20]. Übrigens dürfen Wort und Begriff „Gesinnung" nicht im moralischen (und erst recht nicht im politischen) Sinne verstanden werden. *Liszt* meint mit „Besserung" nicht die sittliche, sondern die rechtliche Besserung, also die Erziehung zu rechtlicher Lebensführung[21].

Zusammenfassend ist festzustellen, daß *Liszt* an die Stelle der nach dem Gewicht der Tatschuld zu bemessenden Vergeltungsstrafe

[13] Aufsätze I, S. 386ff., S. 407ff.
[14] Aufsätze I, S. 360ff., S. 411ff.
[15] Aufsätze II, S. 209.
[16] Aufsätze I, S. 392.
[17] Aufsätze I, S. 333.
[18] Aufsätze II, S. 377, S. 383.
[19] Aufsäze I, S. 335.
[20] a. a. O. S. 336f.
[21] Aufsätze II, S. 191ff., S. 209.

differenzierende, nach der menschlichen Eigenart des jeweiligen Täters auszuwählende, dem Zweck der Spezialprävention dienende Besserungs- oder Sicherungsstrafen setzen will. Dabei ist zu unterstreichen, daß seine kriminalpolitischen Forderungen so gut wie ausschließlich auf eine Reform der Strafmittel und der Strafzumessung zielen. Im Bereich der Strafvoraussetzungen kann dagegen nach seiner Meinung im grundsätzlichen alles beim alten bleiben. Er räumt zwar ein, daß es vielleicht in der Konsequenz seiner Anschauungen läge, die verbrecherische, d. h. die antisoziale Gesinnung nicht nur zum Maß, sondern auch zum Anlaß der Strafe zu nehmen, der für sich allein schon das Einschreiten des Staates gegen den Träger dieser Gesinnung rechtfertigt. Er ist aber überzeugt, daß diese Konsequenz nicht gezogen werden darf, weil die Strafe einen so tiefen Eingriff in die individuelle Freiheit des einzelnen bedeutet, daß es nicht zulässig ist, sie zu verhängen, „wenn nicht die Gewißheit, sondern bloß der Verdacht, nicht die Tat, sondern nur die verbrecherische Gesinnung gegeben ist“[22].

So das kriminalpolitische Programm *Liszts*. Freilich ist es im vorstehenden nur in groben Umrissen nachgezeichnet worden. Doch läßt gewiß schon diese verkürzende Darstellung erkennen, daß die Antwort auf die Frage, wieweit die neuen Gesetze zur Reform des Strafrechts durch die Ideen *Liszts* mitgeprägt sind, davon abhängt, ob und in welchem Umfang sie seiner Forderung nach dem Übergang zur reinen Spezialprävention Rechnung tragen.

Eingeleitet, ja weithin vollzogen ist die Wendung zur Spezialprävention längst. Die „Maßregeln der Sicherung und Besserung“ des Abschnitts 1a des noch geltenden Strafrechts sind (Spezial-) präventivmaßregeln. Das Jugendstrafrecht rückt Erziehungsmaßregeln und Zuchtmittel, die nicht die Rechtswirkungen einer Strafe haben (§ 13 Abs. 2 JGG), in den Vordergrund, gebraucht die Jugendstrafe nur im äußersten Fall (wenn Erziehungsmaßregeln oder Zuchtmittel zur Erziehung nicht ausreichen oder wenn wegen der Schwere der Schuld Strafe erforderlich ist, § 17 Abs. 2 JGG), es setzt dem Vollzug der Strafe ausdrücklich das (einzige) Ziel der Erziehung zu einem „rechtschaffenen und verantwortungsbewußten Lebenswandel“ (§ 91 JGG) sucht diesen Vollzug durch die Einrichtung der bedingten Verurteilung (sowohl in Form der Strafaussetzung zur Bewährung wie der Aussetzung der Verhängung der Jugendstrafe) soweit wie möglich entbehrlich zu machen, es kennt die — relativ — unbestimmte Verurteilung (§ 19 JGG) und es verlangt eine Strafzumessung, welche

[22] Aufsätze II, S. 16.

„die erforderliche erzieherische Einwirkung" ermöglicht. Damit sind auf dem Gebiet des Jugendstrafrechts die Forderungen *Liszts* nicht nur erfüllt — die Entwicklung der Gesetzgebung hat sie sogar überflügelt[23]. Aber auch das Strafrecht für Erwachsene ist kein bloßes Vergeltungsstrafrecht mehr. Es gestattet im Bereich der geringeren Kriminalität das Ausweichen von der Freiheits- auf die Geldstrafe, es läßt im Bereich der kleineren und der mittleren Kriminalität die Strafaussetzung zur Bewährung zu und es gestattet bei allen zeitigen Freiheitsstrafen die bedingte Entlassung. In zahlreichen Fällen erlaubt es dem Gericht, von Strafe abzusehen. (§ 153a StPO gewährt in diesen Fällen der Staatsanwaltschaft die Befugnis, mit Zustimmung des Gerichts schon von der Klageerhebung abzusehen.) Hinzu kommt die Möglichkeit, Bagatellsachen unverfolgt zu lassen oder das eingeleitete Verfahren einzustellen, § 153 StPO. Sie besteht selbst bei Vergehen, wenn die Schuld des Täters gering ist und kein öffentliches Interesse an der Verfolgung gegeben ist. Endlich hat das Einführungsgesetz zum Ordnungswidrigkeitengesetz vom 24. 5. 1968 zahlreiche Tatbestände von Bagatelldelikten in Tatbestände bloßer Ordnungswidrigkeiten umgewandelt und damit den Anwendungsbereich der Strafe in demjenigen Sachgebiet, in dem sie allenfalls repressive und generalpräventive, aber keine spezialpräventive Funktionen erfüllen kann, ganz wesentlich verengt. Den Tendenzen der Gesetzgebung folgt die Praxis des Strafvollzuges. Sie ist sicherlich unvollkommen genug. Zumeist angewiesen auf veraltete, unzweckmäßige Gebäude, immer an Geldmangel und am Mangel geeigneten Personals leidend, vielfach durch überholte Vorschriften, nicht selten auch durch vordringliche Sicherungsbedürfnisse an der Anwendung erfolgverheißender pädagogischer und therapeutischer Methoden gehindert, muß der Strafvollzug sich an Resozialisierungsversuchen abmühen, deren Vergeblichkeit oftmals von vornherein feststeht. Aber daß er solche Bemühungen jedenfalls anstellt und daß er seine Aufgabe nirgends mehr nur einfach darin sieht, durch die Zufügung des Strafübels dem einzelnen Täter seine Schuld zu vergelten, steht außer Frage. Die immer wieder aufgestellte und gedankenlos nachgebetete Behauptung, das geltende Strafrecht beharre auf der Schuldvergeltung und erschöpfe sich in ihr, stützt sich auf einer Klischeevorstellung, welche die Wirklichkeit der Strafrechtspflege vollkommen verfehlt. Das Strafgesetzbuch in seiner heutigen Gestalt räumt dem Prinzip der Spezialprävention, der Resozialisierung, nicht den alleinigen, aber einen sehr

[23] Über seine Vorstellungen zur Reform des Jugendstrafrechts im besonderen vgl. Aufsätze II, S. 331ff.

weitreichenden Einfluß auf die Entscheidung über das Ob und das Wie der Strafe ein. Es steht daher den Ideen *Liszts* nicht fern, sondern nah.

Doch fragt sich natürlich, ob es ihnen nahe genug ist, ob nicht die repressive Tatschuldstrafe viel weiter zurückgedrängt, die auf Spezialprävention zielenden Institutionen viel weiter ausgebaut werden sollten, als es im geltenden Recht geschieht. Damit sind die Gesichtspunkte bezeichnet, unter denen die neuen Gesetze kriminalpolitisch zu würdigen sind.

Auf den ersten Blick zeigt sich, daß die beiden Novellen jenen Weg, den die Reformbewegung von Anfang an eingeschlagen hat und der von der Repression zur Spezialprävention führt, entschlossen weitergehen[24].

Sie heben den Unterschied von Zuchthaus, Einschließung, Gefängnis und Haft auf und setzen an ihre Stelle eine einheitliche „Freiheitsstrafe". Die Hauptbedeutung dieser Änderung liegt in der Preisgabe des Zuchthauses. Sie wird ausdrücklich damit begründet, daß die Zuchthausstrafe ihrer diskriminierenden Wirkung wegen die Resozialisierung des Bestraften, statt sie zu erleichtern, vielmehr erschwert. Außerdem besteht die Hoffnung, daß die Einheitsstrafe eine „Trennung nach Tätergruppen in geeigneten Anstalten" ermöglichen werde[25]. Auch wird es nach dem Inkrafttreten des neuen Allgemeinen Teils „Freiheitsstrafe" nur noch für Verbrechen und Vergehen (§ 12 AT), aber es wird keine Übertretungen mehr geben, die Übertretungstatbestände des geltenden Rechts werden vielmehr zum kleineren (kleinsten) Teil in Tatbestände von Vergehen, zum größeren Teil in Tatbestände von Ordnungswidrigkeiten ungewandelt sein, womit die Bagatellstrafe für Bagatelldelikte, die keine resozialisierende Wirkung entfalten kann, verschwindet. In alledem wird die Tendenz zu verstärkter Spezialprävention erkennbar.

[24] Auf die Differenzen zwischen dem ersten und dem zweiten Reformgesetz wird im folgenden grundsätzlich nicht besonders hingewiesen. Der Text stellt vorwiegend auf den neuen Allgemeinen Teil ab, den das „zweite" Reformgesetz bringt. Zitate, welche auf diesen Allgemeinen Teil verweisen, werden mit dem Zusatz AT versehen.

[25] Erster schriftlicher Bericht des Sonderausschusses für die Strafrechtsreform, Deutscher Bundestag, Drucksache V/4094, S. 8. — Auf derselben Linie liegt die Abschaffung der Nebenstrafe des Verlustes der bürgerlichen Ehrenrechte. Den Verlust der Amtsfähigkeit, der Wählbarkeit und des Stimmrechts als teils obligatorische, teils fakultative Nebenfolge der Verurteilung zu erheblicher Freiheitsstrafe wird es aber auch in Zukunft geben, desgleichen wird es dabei bleiben, daß Vorschriften außerhalb des Strafgesetzbuchs (z. B. des Beamtenrechts) an bestimmte Verurteilungen automatisch eintretende Ehrenminderungen knüpfen.

Sie tritt erst recht in den Vorschriften zutage, welche auf die weitere Zurückdrängung der kurzzeitigen Freiheitsstrafe zielen. Nach § 38 Abs. II AT ist das Mindestmaß der zeitigen Freiheitsstrafe ein Monat. Aber nach § 47 AT[26] wird eine Freiheitsstrafe von weniger als sechs Monaten nur dann verhängt, wenn besondere Umstände, die in der Tat oder in der Persönlichkeit des Täters liegen, die Verhängung einer Freiheitsstrafe „zur Einwirkung auf den Täter oder zur Bewährung der Rechtsordnung unerläßlich machen". Fehlen diese Voraussetzungen, so verhängt das Gericht nur eine Geldstrafe, dies auch dann, wenn das Gesetz Geldstrafe nicht oder nur neben Freiheitsstrafe androht, § 47 Abs. 2 AT. Zugleich wird die Möglichkeit, Strafaussetzung zur Bewährung zu bewilligen, auf Freiheitsstrafen bis zu zwei Jahren ausgedehnt, § 56 Abs. 2 AT, und bei Verurteilung zu Freiheitsstrafe von nicht mehr als sechs Monaten wird die Aussetzung, soweit sie zulässig ist, zugleich obligatorisch, d. h. sie ist jedesmal zu bewilligen, wenn zu erwarten ist, daß der Verurteilte sich schon die Verurteilung zur Warnung dienen lassen und künftig auch ohne die Einwirkung des Strafvollzugs keine Straftaten mehr begehen wird.

Außer der Strafaussetzung zur Bewährung kennt das neue Recht die Verwarnung mit Strafvorbehalt, wo (nur) Geldstrafe bis zu 180 Tagessätzen verwirkt ist (§ 59 AT). Es verwendet somit die bedingte Verurteilung in ihren beiden möglichen Formen und leistet damit einen gründlichen Verzicht auf die Repression zugunsten der Spezialprävention[27].

Die weitgehende Ersetzung kurzzeitiger Freiheitsstrafen durch Geldstrafen müßte freilich ihren Zweck verfehlen, wenn die Geldstrafen so bemessen würden, daß der Arme sie doch nicht zahlen könnte und deshalb regelmäßig die Ersatzfreiheitsstrafe verbüßen müßte, die meistens nur eine kurzzeitige Strafe sein kann. Deshalb ordnet § 40 AT an, daß Geldstrafen in Tagessätzen (von mindestens zwei und höchstens tausend Deutsche Mark) zu verhängen sind, die das Gericht unter Berücksichtigung der persönlichen und wirtschaftlichen Verhältnisse des Täters bestimmt. Damit soll nicht nur erreicht werden, daß die Geldstrafe im Rahmen des Möglichen für reich und arm in gleicher Weise empfindlich wird, die Geldstrafe soll damit

[26] Dem § 14 StGB in der Fassung von Art. 1 Nr. 4 des ersten Reformgesetzes entspricht.

[27] Beim „Absehen von Strafe", das § 60 AT zuläßt, wenn die Folgen der Tat, die den Täter getroffen haben, so schwer sind, daß die Verhängung einer Strafe offensichtlich verfehlt wäre, bewendet es dagegen mit dem aus Billigkeitsgründen gewährten Verzicht auf Repression, ohne daß es auf die Verfolgung spezialpräventiver Ziele ankäme.

zugleich zu einem tauglichen Ersatzmittel für die kurzzeitige Freiheitsstrafe auch bei armen Tätern werden.

Spezialpräventive Züge weist ferner die Strafzumessungsregel des § 46 AT auf. Denn sie erklärt zwar die Schuld zur „Grundlage" für die Zumessung der Strafe — aber eben nur zur Grundlage. Dies bedeutet, daß von dem schuldangemessenen Maß der Strafe abgewichen werden darf, wenn das aus Gründen der Prävention angezeigt ist. Dabei kommt aber eine Überschreitung zum Zweck der Generalprävention nicht in Betracht — ihr stehen die verfassungsrechtlichen Schranken der Grundrechte und das Übermaßverbot entgegen — wohl aber eine Unterschreitung aus Rücksicht auf die Erfordernisse der Spezialprävention[28].

Endlich und vor allen Dingen ist das neue Maßregelrecht wesentlich stärker spezialpräventiv orientiert als das des noch geltenden Rechts. In diesem überwiegt der Sicherungszweck. Allein auf Sicherung zielen die wichtigsten (und die einzig effektiven) Maßregeln des Abschnitts 1a StGB: die Sicherungsverwahrung, die Unterbringung in der Heil- und Pflegeanstalt, die Untersagung der Berufsausübung und die Entziehung der Fahrerlaubnis. Im reformierten Recht dominiert der Besserungszweck. Ihm dienen (außer der Unterbringung in einer Entziehungsanstalt) die Unterbringung in einer sozialtherapeutischen Anstalt, die für Täter mit schwerer Persönlichkeitsstörung, für Triebtäter und für werdende Hangtäter vorgesehen ist[29], die Führungsaufsicht[30] und das Prinzip des Vikariierens: § 67 AT schreibt vor, daß die Unterbringung in einer Anstalt, die neben einer Freiheitsstrafe angeordnet ist, *vor* der Strafe vollzogen wird[31] (es sei denn, daß es sich um die Unterbringung in der Sicherungsverwahrung handelt) und daß die Zeit des Vollzuges der Maßregel auf die Strafe angerechnet wird.

Bei diesem Überblick über die wichtigsten kriminalpolitischen Reformen der beiden Novellen muß es sein Bewenden haben. Nur eines ergänzenden Hinweises bedarf es noch: Zu völliger Verdrängung der Schuldstrafe entschließt sich das neue Recht keineswegs. Nicht

[28] So jedenfalls die Meinung des Sonderausschusses für die Strafrechtsreform, vgl. den Ersten schriftlichen Bericht, Drucksache des Deutschen Bundestags V/4094, S. 5.

[29] Sie soll auch solche schuldunfähige und vermindert schuldfähige Täter aufnehmen, für die nach ihrem „Zustand" die besonderen therapeutischen Mittel und sozialen Hilfen dieser Anstalt besser geeignet sind als die Behandlung in einer psychiatrischen Krankenanstalt, § 65 Abs. 3 AT.

[30] Mit der freilich auch Sicherungszwecke verfolgt werden.

[31] Doch hat das Gericht zu bestimmen, daß die Strafe *vor* der Maßregel zu vollziehen ist, wenn der Zweck der Maßregel dadurch leichter erreicht wird.

nur daß es an dem System der Zweispurigkeit von Strafe und Maßregel festhält, aus dem sich von selbst ergibt, daß die Strafe in erster Linie repressive und nicht präventive Funktionen hat — es unterstreicht die Bedeutung des Schuldprinzips noch dadurch, daß es die Schuld ausdrücklich zur Grundlage für die Zumessung der Strafe erklärt. Denn wenn damit auch, wie eben dargelegt, Abweichungen des Strafmaßes vom Schuldmaß nicht ausgeschlossen werden sollen, so sind solchen Abweichungen doch Grenzen gesetzt: Sie dürfen nicht soweit gehen, daß die Strafe „aufhört, gerechter Ausgleich für die Schuld und damit in ihrem Kern Schuldstrafe zu sein"[32]. Von Einführung der unbestimmten Strafe ist deshalb keine Rede.

Dies alles scheint das Urteil zu rechtfertigen, daß das neue Recht den Forderungen *Liszts* zwar in größerem Maße als das bisherige, aber doch noch längst nicht ganz gerecht werde, daß es also für eine dem Geiste *Liszts* verpflichtete Strafrechtsreform nur eine Etappe auf dem Wege zu dem anzustrebenden Ziel des Übergangs zur ausschließlichen Spezialprävention bedeuten könne. Aber ganz so einfach, wie es hiernach aussieht, liegt es in Wahrheit nicht.

Zunächst darf man nicht übersehen, daß die kriminologischen und die kriminalpolitischen Vorstellungen *Liszts* sich im einzelnen von denen, worauf der neue Allgemeine Teil des Strafgesetzbuchs erkennbar fußt, an vielen Stellen merklich unterscheiden. An die Abschaffung der Zuchthausstrafe und des Ehrverlustes hat er nicht gedacht[33]. Für den Vollzug der „künstlichen Selektion" durch Einsperrung auf Lebenszeit oder auf unbestimmte Zeit hat er, jedenfalls in seinen Anfängen, Vorschläge gemacht, die heute undiskutabel wären: Diese Selektion sollte als „Strafknechtschaft" ausgestaltet werden, bei der, so meinte er, Prügelstrafe, Dunkelarrest und strenges Fasten als Disziplinarmittel unentbehrlich seien[34]. Wichtiger ist, daß seine Tätertypologie ganz anders ist als die des neuen Allgemeinen Teils. Zwar die Einteilung der Gesamtheit aller Delinquenten in die drei Gruppen der Augenblickstäter, der besserungsfähigen und der unverbesserlichen Zustandsverbrecher wird vom reformierten Recht übernommen, natürlich nicht in Form einer theoretischen kriminologischen Deklamation, für die in einem Gesetz kein Platz ist, wohl aber so, daß die Vorschriften über Bestrafung und Maßregelung auf jene Gruppen zugeschnitten werden. Strafaussetzung zur Bewährung darf nur dann bewilligt werden, wenn zu erwarten ist, daß der Täter sich

[32] Bundestagsdrucksache V/4094, S. 5. [33] Vgl. Aufsätze II, S. 396ff., S. 399f.

[34] Aufsätze I, S. 170. — Die Prügelstrafe in den allgemeinen Strafenkatalog aufzunehmen, hat er dagegen für ausgeschlossen erklärt, Aufsätze II, S. 209.

schon die bloße Verurteilung zur Warnung dienen lassen und künftig auch ohne die Einwirkung des Strafvollzuges keine Straftaten mehr begehen wird (§ 56 AT) — diese Erwartung ist allein bei solchen Personen gerechtfertigt, die man in der Sprache *Liszts* als Augenblickstäter bezeichnen müßte. Die Unterbringung in einer sozialtherapeutischen Anstalt setzt voraus, daß nach dem Zustand des Täters die besonderen therapeutischen Mittel und sozialen Hilfen einer solchen ärztlich geleiteten Anstalt zur Resozialisierung des Täters angezeigt sind (§ 65 Abs. 1 AT) — jener Zustand ist der des besserungsfähigen Zustandsverbrechers[35]. Sicherungsverwahrung schließlich ist Hangtätern vorbehalten, bei denen entschiedene Korrektionsversuche (wenigstens zweijähriger Vollzug einer Freiheitsstrafe oder einer mit Freiheitsentzug verbundenen Maßregel der Sicherung oder Besserung) vergeblich gewesen sind, die man also als unverbesserlich betrachten muß. Das alles paßt durchaus in das kriminalpolitische Programm *Liszts*. Wesentliche Differenzen aber bestehen zwischen den Kriterien, nach denen *Liszt* die Gruppe der Besserungsfähigen bestimmt, und denen, die § 65 AT für maßgeblich erklärt. *Liszt* glaubt, daß die Freiheitsstrafe[36] „erziehend nur insoweit zu wirken vermag, als es sich um Gewöhnung an regelmäßige Arbeit handelt", und er leitet daraus „eine wesentliche Einschränkung" seiner Gruppe der „besserungsfähigen Zustandsverbrecher" ab: „Nur soweit der sich entwickelnde, noch nicht völlig festgewurzelte, verbrecherische Hang auf *Arbeitsscheu* beruht, also innerhalb des gewerbsmäßigen Verbrechens, kann von Besserungsfähigkeit des Verbrechers, mithin von Anwendung der Besserungsstrafe die Rede sein"[37]. Das neue Recht dagegen sieht die Ursache der Besserungsbedürftigkeit, welche, ihrer Ausräumbarkeit wegen, zugleich die Aussicht auf Besserungsfähigkeit begründet, in „schwerer Persönlichkeitsstörung" oder in geschlechtlicher Triebhaftigkeit (vgl. § 65 Abs. 1 Nr. 1 und 2 AT). Daß die nach den Absichten des AT für die sozialtherapeutische Anstalt prädestinierten Delinquenten somit ganz andere Persönlichkeitstypen sind als die, denen *Liszt* die „Besserungsstrafe" zudenkt, liegt auf der Hand.

[35] Die Unterbringung eines jungen (d. h. noch nicht 27 Jahre alten) Täters in der sozialtherapeutischen Anstalt nach § 65 Abs. 2 AT soll seiner Entwicklung zum Hangtäter vorbeugen, setzt also gleichfalls seine Besserungsbedürftigkeit und -fähigkeit voraus.

[36] Dabei ist zu bedenken, daß *Liszt* zwischen Maßregeln und Strafen „im technischen Sinne des Wortes" keinen praktischen Unterschied sieht (Aufsätze II, S. 309), so daß, was er über die spezialpräventiven Möglichkeiten der *Strafe* sagt, auch für die Maßregel gilt.

[37] Aufsätze II, S. 209f.

Dazu kommt, daß *Liszt* „Besserung, im Sinne der bürgerlichen Besserung, also der Anpassung an die Forderungen des gesellschaftlichen Lebens" bei Tätern, die zur Zeit der Tatbegehung älter als 21 Jahre sind, für ausgeschlossen hält[38]. Der neue Allgemeine Teil ist nicht so skeptisch und sieht deshalb keine generellen Altersgrenzen für die Unterbringung in der sozialtherapeutischen Anstalt vor. Dafür macht er die Zulässigkeit sämtlicher Maßregeln der Besserung und Sicherung von der Wahrung des Grundsatzes der Verhältnismäßigkeit abhängig[39]: Nach § 62 AT dürfen solche Maßregeln nicht angeordnet werden, wenn die Anordnung zur Bedeutung der vom Täter begangenen und zu erwartenden Taten sowie zu dem Grad der von ihnen ausgehenden Gefahr außer Verhältnis steht. Ganz anders *Liszt:* Bedenken gegen die lebenslange Freiheitsstrafe für den gewerbsmäßigen Taschendieb oder Hochstapler, gegen die „Sicherheitshaft" für gewerbsmäßige Bettler und Landstreicher hält er für unbegründet[40].

An alledem zeigt sich, daß die Konkretisierung eines kriminalpolitischen Programms, dessen Grundtendenz den Forderungen *Liszts* nach Spezialprävention durchaus entspricht, im einzelnen zu Lösungen kommen kann, die sich von seinen Vorschlägen sehr erheblich unterscheiden.

Andererseits ist jene Differenz zwischen den Ideen *Liszts* und der kriminalpolitischen Konzeption des AT 1969, die darin besteht, daß das neue Gesetz am Prinzip der Schuldstrafe (mit der Konsequenz der Zweispurigkeit und der Ablehnung des unbestimmten Strafurteils) festhält, nicht so bedeutend, wie sie auf den ersten Blick zu sein scheint.

Denn in Wahrheit hat auch *Liszt* sich nicht zur völligen Verwerfung der Schuldstrafe durchgerungen. Wie sehr er an ihr festhält, beweist sein Beharren auf dem Prinzip, daß der Staat erst dann mit Maßnahmen der sozialen Anpassung gegen den einzelnen einschreiten dürfe, wenn der Betroffene sich zuvor durch eine strafbare Tat der Strafrechtspflege ausgeliefert hat. Damit wird nicht etwa nur behauptet, daß die Behandlungsbedürftigkeit des Täters lediglich durch das Indiz der Straftat genügend bewiesen werde. Es wird vielmehr der rechtsstaatliche Grundsatz verfochten, daß das Strafrecht „die unübersteigbare Schranke der Kriminalpolitik", das Strafgesetzbuch

[38] Aufsätze II, S. 400.

[39] Und legalisiert damit eine in Schrifttum und Rechtsprechung längst herrschend gewordene Lehre, vgl. *Schönke-Schröder*, 13 zu § 42b, mit Nachweisen.

[40] Aufsätze II, S. 401 und 404.

die „magna charta des Verbrechers“, „das Bollwerk des Staatsbürgers gegenüber staatlicher Allgewalt, gegenüber der rücksichtslosen Macht der Mehrheit, gegenüber dem ‚Leviathan‘“ ist[41]. Dies Bollwerk leistet nur dann, was es soll, wenn zu den Voraussetzungen der Bestrafung nicht allein gehört, daß der Täter etwas Verpöntes *getan*, sondern auch, daß er es *schuldhaft* getan hat. Dabei hat *Liszt* die Schuld zwar anfänglich nur als Symptom der antisozialen Gesinnung des Täters verstehen wollen. Aber damit stellte sich die Frage, ob jene Gesinnung sich nicht auch in anderen Symptomen manifestieren könne und weshalb die Strafe davon abhängen soll, daß sie sich gerade in einem Delikt offenbart. Die Antwort darauf aber konnte nur sein, daß die Schuld denn doch mehr als Gesinnungssymptom ist, daß sie in der Vorwerfbarkeit des im Verbrecher zutage tretenden antisozialen Verhaltens besteht. Damit war die *Tat*schuld zum unverzichtbaren Merkmal der Straftat deklariert und die Tatschuldstrafe wieder in ihre Rechte eingesetzt[42]. Somit braucht sich ein Strafgesetz, das seinerseits an der Tatschuldstrafe festhält, nicht nachsagen zu lassen, daß es sich gegen den Geist *Liszt*s versündige.

Freilich hat *Liszt* die Tatschuld nur als Voraussetzung dafür, daß überhaupt gestraft werden darf, nicht aber als Maßstab für die Berechnung der Strafe gelten lassen wollen: Diese sollte sich, jedenfalls bei den „Zustandsverbrechern“, allein nach der Eigenart der Täterpersönlichkeit richten. Hier scheint nun in der Tat eine große Differenz zwischen dem AT 1969, der die (Tat-)schuld zur „Grundlage“ der Bestrafung erklärt, und dem kriminalpolitischen Programm *Liszt*s zu bestehen. Aber bei näherem Zusehen verringert sie sich merklich. Einmal ist zu bedenken, daß *Liszt* mit Bezug auf die „Augenblickstäter“ nicht mehr verlangt, als daß sie durch die Zufügung des Strafübels nicht geradezu kriminalisiert werden dürfen. Das läuft auf die These hinaus, daß, wiewohl Strafe stets Schuld voraussetzt, Schuld nicht immer Strafe, jedenfalls aber nicht immer ein dem Schuldmaß entsprechendes Strafmaß fordert — diesem Satz genügt schon das geltende Recht, s. o., und das reformierte Recht folgt ihm erst recht, entschiedener vielleicht als *Liszt* selbst es billigen würde[43]. Zum anderen ist hervorzuheben, daß *Liszt*, wenn er die Strafe des habituellen Kriminellen nicht nach dem Maß seiner Tatschuld, sondern nach dem

[41] Aufsätze II, S. 80.

[42] Über die Wandlungen des *Liszt*schen Schuldbegriffs vgl. *Löffler* in ZStW 32, 466ff., und *Bockelmann*, Studien zum Täterstrafrecht, I, S. 113ff.

[43] Denn daß es das Strafrecht mildert, läßt sich schwerlich bestreiten, und einer Milderung des Strafrechts hat *Liszt* entschieden widersprochen, vgl. Aufsätze I, S. 383f.

der Behandlungsbedürftigkeit seiner Person auswerfen will, nur eben den Grundsätzen folgt, nach denen ein zweispuriges Recht die bessernden und sichernden Maßregeln bemißt, wobei aber *Liszt* keinen praktisch erheblichen Unterschied zwischen Strafe und Maßregel anerkennen will, so daß von seinem Standpunkt aus die Diskrepanz zwischen Ein- und Zweispurigkeit nicht darin besteht, daß die Strafe nach verschiedenem Maß, sondern darin, daß sie unter verschiedenen Bezeichnungen zugemessen wird[44].

Im ganzen ist festzustellen, daß die kriminalpolitische Konzeption des AT 1969 dort, wo sie fortschrittlich ist, dem Programm *Liszt*s nicht so sehr entspricht, wie man vielleicht erwartet, und umgekehrt dort, wo sie konservativ zu sein scheint, ihm nicht so sehr widerspricht, wie man vermuten könnte.

In zwei Punkten stimmen beide ganz überein: Sie schweigen sich darüber aus, inwiefern die Rechtsgemeinschaft überhaupt dazu berechtigt ist, den „Zustandsverbrecher" auf das Prokrustesbett der sozialen Anpassung zu spannen, und sie sagen nicht, worin die „Resozialisierung" (s. § 65 AT) oder die „bürgerliche Besserung" eigentlich bestehen soll. Für *Liszt* waren diese Fragen offensichtlich überhaupt nicht problematisch. Das Recht des Staates, denjenigen, der aus der Reihe tanzt, zu künftigem Wohlverhalten zu nötigen, konnte seiner Epoche, in der die bürgerliche Gesellschaft noch nicht ihr gutes Gewissen verloren hatte und deshalb glaubte, für ihre Lebensformen Allgemeingültigkeit in Anspruch nehmen zu dürfen, nicht zweifelhaft sein. Und die Beschränkung des durch den Strafvollzug zu verfolgenden Erziehungsziels auf die „bürgerliche Besserung" verstand sich für ein Zeitalter, in dem das Toleranzprinzip noch mächtig war, von selbst: Aus ihm folgte, daß die Gemeinschaft vom einzelnen nicht loyales, sondern nur legales Verhalten fordern durfte, dies freilich unbedingt. Die Lage des Gesetzgebers der Jetztzeit ist weniger glücklich. Bestand und Daseinsrecht der im Staat organisierten Gesellschaft sind in Frage gestellt. Der Toleranzgedanke ist zum Postulat der Anerkennung des Pluralismus der Weltanschauungen verblaßt. Es fußt nicht, wie die Idee der Toleranz, auf der Überzeugung, daß die Garantie der Gewissensfreiheit die Verwirklichung des Guten verbürgt, sondern auf dem Zweifel am Dasein, wenigstens an der Erkennbarkeit des Guten. In dieser Situation kann sich der Gesetzgeber, der über seine rechtspolitischen Tendenzen schweigt, nicht, wie *Liszt* es gekonnt hätte, darauf berufen, daß es einer Äußerung nicht bedürfe,

[44] S. o. Anm. 36.

weil sich das Rechtliche wie das Moralische immer von selbst verstehe. Es versteht sich leider nicht mehr von selbst. Darum wird der Gesetzgeber eines Tages Farbe bekennen müssen. Doch schlägt seine Stunde wohl erst bei der Erneuerung des Besonderen Teils — und des künftigen Strafvollzugsgesetzes.

Franz von Liszt und die kriminalpolitische Konzeption des Alternativentwurfs

Von Professor Dr. Claus *Roxin*, Göttingen

I.

Der Alternativentwurf als Fortsetzung der Lisztschen Reformtradition

Die Reform unseres Strafrechts, von der es den Anschein hat, daß sie jetzt endlich gelingen könnte, ist in ihrer letzten Phase durch den Alternativentwurf (AE)[1] nicht unerheblich beeinflußt worden[2]: Die Durchsetzung der Einheitsstrafe, die Einführung der sozialtherapeutischen Anstalt, die weitere Zurückdrängung der kurzfristigen Freiheitsstrafe, die Eliminierung des Schuldvorbehalts bei der Umwandlung von Freiheits- in Geldstrafe, die Erstreckung der Aussetzungsmöglichkeit auf Strafen bis zu zwei Jahren — um nur einige Hauptpunkte zu nennen — sind erst bei der zweiten Lesung im Sonderausschuß (SA) aus dem AE übernommen worden und in die neuen Strafrechtsreformgesetze eingegangen; und auch bei der ersten SA-Lesung des Allgemeinen Teils haben Gedanken, die dem Alternativentwurf zugrunde liegen, schon vor dessen Veröffentlichung auf den Regierungsentwurf eingewirkt[3]. Über die Gesamttendenz des AE und mit ihm der neueren Reformbewegung läßt sich sagen, daß sie durch ein immer stärkeres Hervortreten der Spezialprävention auf Kosten des Schuldausgleichsgedankens und der Generalprävention ausgezeichnet ist[4]. Damit drängt sich von selbst die Frage auf, ob Franz *von Liszt*, der unser größter Kriminalpolitiker und doch in der

[1] Alternativentwurf eines Strafgesetzbuches, Allgemeiner Teil, 1966, 2., erw. Aufl. 1969. Vom Besonderen Teil liegen bisher vor: Politisches Strafrecht, 1968; Sexualdelikte; Straftaten gegen Ehe, Familie und Personenstand; Straftaten gegen den religiösen Frieden und die Totenruhe, 1968.

[2] Das hat Bundesjustizminister *Heinemann* wiederholt betont; zuletzt auf dem 47. Dtsch. Juristentag 1968 in Nürnberg, vgl. Sitzungsberichte, Teil II/H der Verhandlungen, Eröffnungssitzung, S. 19. Auch *Güde*, der Vorsitzende des Sonderausschusses für die Strafrechtsreform, sagt: „Der AE ist von entscheidender Bedeutung", in: Strafvollzug in Deutschland, Fischer-Bücherei Nr. 841, 1967, S. 57.

[3] Und zwar durch den Aufsatz des AE-Mitautors Hans *Schultz* in JZ 1966, S. 113ff., der nach dem Zeugnis von *Jescheck* (ZStW, Bd. 80, 1968, S. 55, Anm. 5) „erheblichen Einfluß gehabt hat"; die dort von *Schultz* entwickelten Gedanken sind auch in den AE eingegangen.

[4] Vgl. *Eb. Schmidt*, NJW 1967, S. 1929.

Nachkriegszeit in die Gruft nur noch historischen Gedenkens verbannt war[5], nun — 50 Jahre nach seinem Tode — einen späten Sieg feiern kann, ob also die Reform, deren wissenschaftlichen Beginn man auf *Liszts* „Marburger Programm"[6] datieren muß, nach bald hundertjährigen verschlungenen Umwegen das ihr von *Liszt* vorgezeichnete Ziel doch noch erreicht hat. Vor 30 Jahren, als *Liszt* „unauferstehlich tot" schien, fragte *Radbruch* ahnungsvoll[7]: „Aber wird dieser unruhige Geist es ertragen, still im Grabe zu liegen unter der Grabplatte des historischen Ruhms, mit der man ihn sorglich zugedeckt hat? Wird er nicht eines Tages unversehens wieder auferstehen und in lebendiger Wirksamkeit unter uns wandeln?"

Wenn wir die Antwort zunächst noch vorsichtig in der Schwebe lassen, so ist doch eines sicher: Der AE steht in einer historischen Linie, die auf Franz *von Liszt* zurückführt. Es war ein bewegender Augenblick, als Eberhard *Schmidt*, dem *Liszt* sein Werk einst übergeben hatte, auf der Strafrechtslehrertagung in Münster (1967) sich zur kriminalpolitischen Konzeption des AE bekannte und so über 50 Jahre hinweg die Brücke zur *Liszt*schen Schule und zu den Anfängen seiner eigenen kriminalpolitischen Wirksamkeit schlug[8]. Und Gustav *Radbruch*, der *Liszt* seinen „unvergeßlichen Lehrer und Meister"[9] nannte, von dem er bekannte, daß er sein strafrechtliches Denken wie kein anderer bestimmt habe[10] — *Radbruch* hat, wie mehrfach[11] dargestellt worden ist, mit seinem Strafgesetzentwurf 1922 auf den AE nachhaltig gewirkt und so den Geist, der seine schöpferische Kraft inspirierte, in die Reformbewegung der jüngsten Zeit eingebracht.

Solche Querverbindungen gibt es noch mehr[12]. Hinter diesen historischen Vermittlungen aber ist es unverkennbar *Liszts* eigene Gestalt, deren prägender Einfluß die Verfasser des AE beflügelt hat. Das gilt zunächst jenseits aller einzelnen Übereinstimmungen und

[5] *Eb. Schmidt*, einer der letzten lebenden Schüler *Liszts*, hat auf diesen beklagenswerten Umstand ebenso unermüdlich wie zunächst vergeblich hingewiesen; vgl. zuletzt NJW 1967, S. 1931 mit weiteren Nachweisen in Anm. 23.

[6] ZStW, Bd. 3, 1882, S. 1ff.; später in: Strafrechtliche Aufsätze und Vorträge, Bd. I, 1905, S. 126ff.

[7] Elegantiae iuris criminalis, 2. Aufl., 1950, S. 232.

[8] Vgl. auch seinen Aufsatz in NJW 1967, S. 1929ff., wo es heißt: „Der kriminalpolitische Gehalt des AE erweckt lebhafte Erinnerungen an die Geschlossenheit und den Schwung der Reformbemühungen in den auf das Ende des 1. Weltkrieges folgenden Jahren."

[9] Elegantiae iuris criminalis, Vorwort zur 1. Aufl., 1938.

[10] So in seiner Selbstbiographie „Der innere Weg", 2. Aufl., 1961, S. 54.

[11] Durch Arthur *Kaufmann* und *Baumann* in der Gedächtnisschrift für Gustav Radbruch, 1968, S. 324ff., 337ff.

Abweichungen für sein wissenschaftliches Temperament und den Stil seines Arbeitens. Sich der gesellschaftspolitischen Aufgabe des Gelehrten zu stellen, die Kriminalpolitik als vordringlichen Gegenstand wissenschaftlicher Betätigung neu zu etablieren, die fachliche Diskussion über die Grenzen des eigenen Landes auszuweiten[13] und in gemeinsamer Arbeit fruchtbar zu machen, die „gesamte Strafrechtswissenschaft" einschließlich des Strafvollzuges zu einer auf unmittelbare legislatorische Verwirklichung abzielenden Konzeption zusammenzufassen — alle diese Bemühungen der Verfasser des Alternativentwurfs folgen den nie verlöschenden Spuren *Liszt*scher Wirksamkeit. Eine solche mehr oder minder bewußte Nachfolge, die als Vergegenwärtigung und zeitgerechte Transposition des Vorbildhaften das eigene Tun in einen leitenden Traditionszusammenhang stellt, im Heutigen das Vergangene wiedererkennt und aus seinen überdauernden Impulsen das Künftige legitimiert, hat eine schaffensfördernde Kraft, deren Bedeutung für den Prozeß wissenschaftlicher Produktion man nicht unterschätzen sollte.

Wenden wir von hier aus den Blick auf die Sachaussagen des *Liszt*schen Programms und des Alternativentwurfs, so fallen freilich neben den Gemeinsamkeiten auch erhebliche Unterschiede ins Auge. Gewiß war *Liszt* ein leidenschaftlicher Gegner der kurzfristigen Freiheitsstrafe; aber er wollte sie doch nur bis zur Dauer von sechs Wochen abschaffen[14] und nicht, wie der AE, bis zu sechs Monaten. Die Ein-

[12] Gesetzgebungshistorisch buchenswert ist, daß die Anfänge der Strafrechtsreform in der Nachkriegszeit im Zeichen der „modernen Schule" standen. Thomas *Dehler*, der damals Justizminister war, hat nicht nur die erste Veröffentlichung des Entwurfs Radbruch veranlaßt (1952), sondern auch *Eb. Schmidt* mit der Leitung der Reformarbeiten betrauen wollen (vgl. *Eb. Schmidt* in NWJ 1967, S. 1931). Als einige Mitverfasser des AE fünfzehn Jahre später (am 20. Juni 1967) der FDP-Bundestagsfraktion die kriminalpolitische Konzeption des Alternativentwurfs vortrugen (vgl. dazu meinen Beitrag in: Programm füre in neues Strafgesetzbuch, Fischer-Taschenbuch Nr. 952, 1968, S. 75ff.), war es wiederum *Dehler*, der in einem vermächtnishaften Schlußwort aussprach, daß die Strafrechtsreform sich leider ganz anders entwickelt habe, als es ihm ursprünglich vorschwebte, daß es nun aber an der Zeit sei, den Regierungsentwurf aufzugeben und den Alternativentwurf zur Grundlage des neuen Strafgesetzbuches zu machen. Sein Votum hat dazu geführt, daß die FDP den AE im Bundestag als Gesetzgebungsvorlage einbrachte. Die Linie, die über *Liszt* und *Radbruch* zum Alternativentwurf führt, tritt hier auch im gesetzgebungspolitischen Bereich klar hervor.

[13] Über den Zusammenhang des AE mit der (ihrerseits von *Liszt* wesentlich beeinflußten) internationalen Reformbewegung treffend *Jescheck*, ZStW, Bd. 80, 1968, S. 54.

[14] Kriminalpolitische Aufgaben, Aufsätze und Vorträge (A. u. V.), Bd. I, S. 382, 391; ferner: Die Reform der Freiheitsstrafe, A. u. V. I, S. 514ff.

heitsstrafe gar, deren Einführung eine der wichtigsten Forderungen des AE bildet, hielt *Liszt* für „gänzlich verkehrt"[15]; ja, er wollte den entehrenden Charakter der Zuchthausstrafe ausdrücklich beibehalten[16]. Die Sicherungsverwahrung, deren möglichst weitgehende Zurückdrängung der AE sich zum Ziel gesetzt hat, nimmt eine zentrale Stellung in der Konzeption *Liszts* ein[17]. Die unbestimmte Strafe, die der AE verpönt, hat *Liszt* zeitlebens befürwortet[18]. Kurz: Nutzen und Nachteile der einzelnen strafrechtlichen Sanktionen werden keineswegs einheitlich beurteilt. Aber das Verhältnis beider Konzeptionen zueinander läßt sich durch einen Übereinstimmungen und Abweichungen lediglich registrierenden Vergleich einzelner Regelungen von vornherein nicht klären. Denn auch bei gleichen Zielen kann man die Frage, welche Mittel zu ihrer Erreichung am geeignetsten seien, verschieden beantworten; bei einem zeitlichen Abstand von 50 bis 100 Jahren sind solche Divergenzen fast selbstverständlich. Es wird also darauf ankommen, die kriminalpolitischen Intentionen *Liszts* noch einmal von den Grundlagen her zu durchdenken und am heutigen Stande der Diskussion zu messen. Erst bei einer solchen Sichtung des „Lebendigen und Toten in Liszts Reformprogramm" wird sich zeigen, was er der Gegenwart noch geben kann. Wenn dabei die folgende Darstellung, wie es dem Thema unserer Untersuchung entspricht, immer nur auf die Aussagen *Liszts* zurückgreift, so darf das freilich nicht zu dem Mißverständnis verleiten, als hätten die Verfasser des AE ihre Vorschläge unmittelbar aus den Arbeiten *Liszts* gewonnen. Das ist fast nirgends der Fall gewesen. Vielmehr sind die Vorschläge des AE aus der deutschen und internationalen Reformdiskussion der jüngsten Gegenwart hervorgegangen. Gerade deshalb ist es aber lohnend zu untersuchen, inwieweit diese weitverzweigten Bemühungen im kriminalpolitischen Programm *Liszts* ihren gemeinsamen Ursprung haben.

II.

Liszts Strafzwecklehre und das kriminalpolitische Programm des AE

1. Die Ausschaltung des Vergeltungsgedankens

Ausgangspunkt jedes kriminalpolitischen Programms ist die Frage nach Funktion und Rechtfertigung der staatlichen Strafgewalt. *Liszt*

[15] Kriminalpolitische Aufgaben, A. u. V. I, S. 398.
[16] A. a. O., S. 402.
[17] Vgl. nur: Der Zweckgedanke im Strafrecht, A. u. V. I, S. 166ff.
[18] Kriminalpolitische Aufgaben, A. u. V. I, S. 333ff.; Die Reform der Freiheitsstrafe, A. u. V. I, S. 531ff.

nimmt diesen „Rechtstitel" einerseits „aus der Notwendigkeit der Strafe für die Aufrechterhaltung der Rechtsordnung und damit für die Sicherheit der Gesellschaft; andererseits aus der, wenn auch beschränkten, Eignung der Strafe für die Erreichung dieses Ziels"[19]. Die Stoßrichtung dieser Formulierung gegen die „klassische Schule', wird gleich darauf deutlich, wenn es heißt[20]: „War die ausreichende Rechtfertigung der staatlichen Strafgewalt mit der Notwendigkeit der Strafe für die Aufrechterhaltung der Rechtsordnung und mit ihrer Eignung für die Erreichung dieses Ziels mit einer allen Zweifel ausschließenden Sicherheit gegeben, so entfiel damit jeder Anlaß, die Strafe auf ein metaphysisches Prinzip zurückzuführen ... Als Aufgabe der Strafe erschien die der Eigenart des Verbrechers angepaßte Einwirkung auf ihn. So trat der Gedanke der Spezialprävention in den Vordergrund, ohne daß der der Generalprävention beseitigt werden sollte; und der Vergeltungsstrafe wurde die Schutzstrafe oder Zweckstrafe gegenübergestellt."

Damit ist der Standpunkt bezogen, auf dem auch der Alternativentwurf steht. Wenn Strafen und Maßregeln nach der programmatischen Richtlinie des § 2 I AE „dem Schutz der Rechtsgüter und der Wiedereingliederung des Täters in die Rechtsgemeinschaft" dienen, so sind damit Spezial- und Generalprävention als die beiden einzigen Zwecke staatlichen Strafens gekennzeichnet[21]. Der vergeltende Schuld-

[19] Lehrbuch des Deutschen Strafrechts, 21./22. Aufl., 1919, S. 6; nach dieser letzten von *Liszt* selbst noch betreuten Ausgabe wird auch im folgenden zitiert.

[20] Lehrbuch S. 21.

[21] Dabei hat der Terminus „Schutz der Rechtsgüter" mehrfache Bedeutung. Er umschreibt einerseits die Aufgabe der Strafe überhaupt, daß sie nämlich nicht „als Vergeltung begriffsnotwendige Folge des Verbrechens", sondern vielmehr „als Form des Rechtsgüterschutzes zweckbewußte Schöpfung und zielbewußte Funktion der staatlichen Gesellschaft ist" (*Liszt*, Der Zweckgedanke im Strafrecht, A. u. V. I, S. 126); insofern ist auch die Resozialisierung eine Form des Rechtsgüterschutzes. Andererseits umfaßt diese Wendung im engeren Sinne die Generalprävention mit ihren beiden Aspekten der „Warnung der Rechtsgenossen" und der „Bewährung der Rechtsordnung" sowie die spezialpräventive Abschreckung und Sicherung; insofern soll die Dichotomie „Schutz der Rechtsgüter" und „Wiedereingliederung des Täters" also ausdrücken, daß die Strafe unmittelbar und gleichrangig sowohl die Gesellschaft schützen wie dem Täter helfen soll. Der Umstand, daß dieser letzte Zweck mittelbar auch wieder der Gesellschaft zugutekommt, charakterisiert eben jene Dialektik (vgl. dazu *Roxin*, JuS 1966, S. 377ff.), die in der Doppelbedeutung des Rechtsgüterschutzbegriffes beschlossen liegt.

Müller-Dietz, der mit der Zielsetzung des AE einverstanden ist, kritisiert die Fassung des § 2 I und möchte stattdessen korrekter sagen: „Strafen dienen dem Schutz der Rechtsgüter durch Warnung der Allgemeinheit, Bewährung des Rechts oder Eingliederung des Täters in die Rechtsgemeinschaft"

ausgleich, der noch im E 1962 unter den Aufgaben der Strafe an erster Stelle genannt wird[22], ist also mit Vorbedacht als möglicher Strafgrund ausgeschaltet worden[23]. Vielmehr sichert das Strafrecht, wie die Begründung des AE ausführt[24], die „Bewährung der dem Menschen notwendigen Friedensordnung des Rechts ... Strafe zu verhängen ist kein metaphysischer Vorgang, sondern eine bittere Notwendigkeit in einer Gemeinschaft unvollkommener Wesen, wie sie die Menschen nun einmal sind". Wer könnte hier nicht fast bis in die Wortwahl die Stimme *Liszts* hindurchhören?

2. *Der Vorrang der Spezial- vor der Generalprävention*

Der AE verwirklicht die Konzeption *Liszts* aber nicht nur darin, daß er die Vergeltungs- durch die Zweckstrafe ersetzt. Er folgt ihm vor allem auch, indem er unter den beiden verbleibenden Strafzwecken

(Strafbegriff und Strafrechtspflege, 1968, S. 124). Aber das trifft nicht ganz die dem AE zugrundeliegende Intention. Denn die spezialpräventive Sicherungs- und Warnfunktion der Strafe bleibt hier ebenso unberücksichtigt wie der Gedanke, daß der Täter auch um seiner selbst willen und nicht nur zu Nutz und Frommen der Gesellschaft zu einem Leben in Freiheit ertüchtigt werden soll. (Zutreffend *Gallas*, ZStW, Bd. 80, 1968, S. 8/9, der mit seinem eigenen Gesetzgebungsvorschlag insoweit der Fassung des AE folgt: „Gegen die Koordinierung von Rechtsschutz und Resozialisierung bestehen keine logischen Bedenken, da die Wiedereingliederung des Täters nicht nur im Interesse der Gesellschaft, sondern auch um des Täters selbst willen angestrebt wird.")

Müller-Dietz beanstandet auch das Wörtchen „und", das in § 2 I AE zwischen Rechtsgüterschutz und Wiedereingliederung steht. Er meint, es müßten „die verschiedenen Straffunktionen alternativ und nicht kumulativ in die Strafzweckbestimmung eingeordnet werden, weil nicht immer alle Strafzwecke gleichmäßig verfolgt werden" (Strafbegriff und Strafrechtspflege, S. 123). Dem ist entgegenzuhalten, daß zwar Strafen bisweilen in der Tat nur um des Schutzes der Rechtsgüter willen (und nicht auch aus Gründen der Resozialisierung) verhängt werden müssen, daß aber das Partikel „und", wenn es bei *abstrakten* Zweckbestimmungen verwendet wird, sprachlogisch die alleinige Verwirklichung des einen oder des anderen Zweckes im *konkreten* Fall nicht ausschließt.

Darüber, daß mit dem Ausdruck „Schutz der Rechtsgüter" drittens einer Pönalisierung bloßer Moralwidrigkeiten abgeschworen werden soll, vgl. im Text unter II, 4.

[22] Begründung, S. 96.

[23] Darüber herrscht unter den Verfassern des AE volle Einigkeit, Arthur *Kaufmann* hat in seinem Göttinger Vortrag (JZ 1967, S. 553ff.) der Schuldvergeltung ausdrücklich den Abschied gegeben (a. a. O., S. 556f.: Die „Sühne" wird hier im Sinne einer den einzelnen und die Gemeinschaft versöhnenden Resozialisierung verstanden).

[24] AE, S. 29. Hier wie im folgenden wird nach der 1. Aufl., 1966, zitiert.

die Spezialprävention der Generalprävention überordnet[25]. Deshalb nennt § 59 II AE unter den für die Strafzumessung maßgeblichen Gesichtspunkten die „Wiedereingliederung des Täters" ausdrücklich *vor* dem „Schutz der Rechtsgüter"[26]. Es ist also irrig, wenn in der Kritik gelegentlich das Fehlen einer solchen Rangfolge bemängelt worden ist[27]. Im übrigen lassen sich aus dem Gesetzeszusammenhang auch konkrete Richtlinien für die Abwägung der beiden im Einzelfall divergierenden Strafzwecke gewinnen: Bei der Strafaussetzung zur Bewährung (§ 40 I), der bedingten Entlassung (§ 48 II), dem Ersatz der Freiheits- durch Geldstrafe (§ 50), der Zulässigkeit gemeinnütziger Arbeit (§ 52) und der Verwarnung unter Strafvorbehalt (§ 57 I) hängt die Gewährung dieser Vergünstigungen ausschließlich von der Beurteilung der spezialpräventiven Frage ab, ob der Täter sich künftig straffrei verhalten wird[28]; generalpräventive Gesichtspunkte können hier also niemals entscheidend sein. Daraus kann man entnehmen, daß im Bereich der durch diese Bestimmungen erfaßten kleineren und mittleren Kriminalität — das heißt beim größten Teil aller Straftaten überhaupt — die Spezialprävention insoweit den absoluten Vorrang beansprucht, als sie den Vollzug einer Freiheitsstrafe ausschließt[29].

Nur bei Kapitalverbrechen, insbesondere bei den Delikten gegen das Leben, gewinnen die generalpräventiven Bedürfnisse im Bereiche der Freiheitsstrafe in sorgfältig umgrenzter Weise die Oberhand (vgl.

[25] Vgl. AE, Begründung, S. 71. Danach wurden „die spezialpräventiven Gesichtspunkte den generalpräventiven durchweg vorgezogen".

[26] In der Begründung (AE, S. 109) heißt es dazu: „Im übrigen weicht die in § 59 Abs. 2 bei der Einzelbestrafung gewählte Reihenfolge der Gesichtspunkte nicht zufällig von § 2 Abs. 1 ab." Dabei steckt in dem Wort „Einzelbestrafung" der Grund, warum § 2 I AE den Schutz der Rechtsgüter zuerst nennt: Wo es um die vom Einzelfall gelöste, abstrakte Strafzweckbestimmung geht, stellt sich der Schutz der Rechtsgüter gleichzeitig als ein den Resozialisierungszweck mitumfassender Oberbegriff dar, der deshalb dort an den Anfang gehört. Vgl. dazu auch oben Anm. 21.

[27] Vgl. *Lackner*, JZ 1967, S. 515/16; *Gallas*, ZStW, Bd. 80, 1968, S. 5, wo aber die vorrangige Nennung der Spezialprävention immerhin erwähnt wird.

[28] Der Begriff „Strafzweck" in §§ 50, 52 AE ist allein auf die Resozialisierungsformel des § 40 I zu beziehen; vgl. die Begründung zu § 50 (AE, S. 97: „Wegfall des generalpräventiven Gedankens") und § 52 (AE, S. 99, Abs. 6: „Das Erfordernis, daß dadurch der Strafzweck erreicht werden kann, entspricht der Regelung in § 50 AE und nimmt auf § 40 Abs. 1 AE Bezug").

[29] Das generalpräventive Element wird hier auf Geldstrafe, gemeinnützige Arbeit und Fahrverbot zurückgedrängt. Auch bei diesen Strafen steht im übrigen die spezialpräventive Zielsetzung durchaus im Vordergrund.

§§ 36 II[30], 70 III,1 AE). Im Strafvollzug wiederum soll überhaupt nur der Resozialisierungszweck verfolgt werden (§ 37 I AE)[31]. Daraus erklären sich der Wegfall der Zuchthausstrafe und der Ehrenfolgen sowie die Richtlinien in den §§ 37ff. AE[32].

Die Beziehung der beiden Strafzwecke zueinander ist also nicht nur so weitgehend geklärt, wie es gesetzgeberisch überhaupt möglich erscheint; der AE folgt auch haargenau der Anregung *Liszts*[33], daß der Gesetzgeber sich entschließen möge, „von dem einen der beiden Grundgedanken auszugehen, diesen aber nicht bis in seine letzten Folgesätze durchzuführen, sondern daneben auch den aus dem anderen Grundgedanken sich ergebenden Folgerungen Rechnung zu tragen".

3. *Die Prinzipien der Subsidiarität und Effektivität als Rechtfertigungsvoraussetzungen der Strafe*

Die Strafzwecklehre *Liszts*, wie sie oben durch wenige programmatische Lehrbuchsätze umrissen wurde, enthält aber noch ein sehr wesentliches Charakteristikum, das in den Merkmalen der „Notwendigkeit" und „Eignung" steckt: Wo andere sozialpolitische Maßnahmen oder eigene, freiwillige Leistungen des Täters einen ausreichenden Rechtsgüterschutz gewährleisten können, darf — mangels *Notwendigkeit* — nicht bestraft werden; und auch wenn mildere Möglichkeiten nicht zur Verfügung stehen, ist auf die Strafe — mangels *Eignung* — zu verzichten, wo sie kriminalpolitisch wirkungslos oder gar schädlich ist. Diese Postulate entsprechen den Prinzipien der Subsidiarität und Effektivität der staatlichen Strafe, die auch zu den Grundlagen des Alternativentwurfs gehören. Sie sind zwar in die Richtlinie des § 2 I AE nicht im Wortlaut aufgenommen worden,

30 Die lebenslängliche Freiheitsstrafe läßt sich nur generalpräventiv rechtfertigen. Immerhin ist auch hier — anders als im E 1962 — ein spezialpräventives Korrektiv eingebaut (§ 48 II, III AE).

31 Der fehlende Hinweis auf den Rechtsgüterschutz in § 37 I AE ist nicht etwa, wie Arthur *Kaufmann*, JZ 1967, S. 555, Anm. 15, irrtümlich annimmt, ein Redaktionsversehen. Die 2. Aufl. des AE hat die Fassung der Erstauflage zu Recht unverändert übernommen. Darüber, daß ein Resozialisierungsstrafvollzug auch bei Tätern schwerster Delikte (etwa NS-Gewaltverbrechen) sinnvoll und notwendig ist, vgl. die treffenden Ausführungen, die *Eb. Schmidt*, NJW 1967, S. 1934, im Anschluß an Walter *Herrmann* macht.

32 Eine wesentliche Akzentverschiebung gegenüber den Vorstellungen *Liszts*, die sich gerade in der Einstellung zur Zuchthausstrafe und zum Vollzuge widerspiegelt, liegt allerdings darin, daß der AE die Spezialprävention ganz überwiegend durch Resozialisierung erstrebt, während *Liszt* hier mehr auf Sicherung und Unschädlichmachung abstellt. Darauf wird (unten IV) noch eingehend zurückzukommen sein.

33 Lehrbuch, S. 24.

lassen sich aber aus dem Grundgedanken der Zweckstrafe unmittelbar ableiten; außerdem liegen sie zahlreichen Einzelregelungen des AE zugrunde.

Das *Subsidiaritätsprinzip* wirkt sich im Allgemeinen Teil in einem weitgehenden Rückgriff auf strafersetzende Eigenleistungen des Täters aus (vgl. etwa §§ 41 III, 42 IV, 47 II, 50, 52, AE)[34]. Aber auch etwa die Straffreistellung des geringfügig fahrlässigen Verhaltens (§ 16 II AE) gehört in diesen Zusammenhang und findet ihr unmittelbares Vorbild bei *Liszt*[35], der meinte, es werde sich bei genauer Betrachtung „fast überall" ergeben, „daß gegen fahrlässige Eingriffe in fremde Rechtsgüter die zivilrechtliche Ersatzpflicht in ihrer heutigen Regelung durch das bürgerliche Gesetzbuch und die Zivilprozeßordnung ausreicht".

Im Besonderen Teil ist das Subsidiaritätsprinzip ein maßgebendes Kriterium bei der Reduzierung der Tatbestände. Für das politische Strafrecht hat schon frühzeitig *Eb. Schmidt*[36] auf die Bedeutung des *Liszt*schen Notwendigkeitsmaßstabes hingewiesen, der dem Staat verbiete, „Freiheitsbeschränkungen aufzuerlegen um irgendwelcher macht- oder staatspolitischer Zwecke willen, die ihm seine Staatsraison nahelegen könnte". Die Verfasser des AE haben mit ihren Vorschlägen zum Staatsschutzrecht diesen Grundsatz konsequent durchzuhalten versucht. Auch die Begründung des Abschnitts über Sexualdelikte im AE beginnt nicht von ungefähr mit dem Satz[37]: „Entsprechend seiner Tendenz, das Strafrecht als äußerstes Mittel der Sozialpolitik zu verstehen, beschränkt der AE die im 2. Abschnitt des E 1962 unter Strafe gestellten Tatbestände so weit, daß er auf ihre Zusammenfassung unter der strafrechtlich farblosen Bezeichnung ‚Straftaten gegen die Sittenordnung' verzichten kann."

Wenn wir bei *Liszt*[38] lesen: „Ungleich tieferdringend und ungleich sicherer als die Strafe und jede ihr verwandte Maßregel wirkt die Sozialpolitik als Mittel zur Bekämpfung des Verbrechens . . .", so verstehen sich die Verfasser des AE ohne Frage als seine Testamentsvollstrecker. Sobald der Besondere Teil des AE fertiggestellt ist, wird sich in vollem Umfange zeigen, welch gewaltige Arbeit hier noch vor dem Gesetzgeber liegt: Die „Flucht in das Strafrecht" bedeutet oft

[34] Vgl. dazu Arthur *Kaufmann*, JZ 1967, S. 557/58. Zum ganzen auch *Roxin*, JuS 1966, S. 382f., wo der Subsidiaritätsgedanke unmittelbar aus dem Strafzweck abgeleitet wird.

[35] A. u. V. II, S. 392.

[36] Franz v. Liszt und die heutige Problematik des Strafrechts, in: Festschrift für J. von Gierke, 1950, S. 223.

[37] Begründung, S. 9.

[38] Lehrbuch, S. 12.

nur ein Ausweichen der Gesellschaft vor ihren sozialpolitischen Gestaltungsaufgaben. Sie darauf hinzuweisen und die Grenzen der eigenen Wirkungsmöglichkeit selbstkritisch abzustecken, ist die Pflicht auch der Strafrechtswissenschaft.

Dies alles gilt ebenso für das nah verwandte *Effektivitätsprinzip*. Die Abschaffung der kurzfristigen Freiheitsstrafe beispielsweise ist unabhängig von der Frage nach anderen wirksamen Sanktionen jedenfalls deshalb unausweichlich, weil ein Freiheitsentzug dieser Art anerkanntermaßen zur Verbrechensbekämpfung ungeeignet und daher durch die Strafzwecklehre *Liszts* wie des Alternativentwurfs nicht zu rechtfertigen ist. Aber auch für den Besonderen Teil hat das Effektivitätsprinzip große Bedeutung. Leerlaufende Bestimmungen (wie etwa die Strafdrohung gegen den Ehebruch) sind zum Schutze auch schützenswerter Rechtsgüter (wie der Ehe) schlechterdings nicht geeignet. Ein derartiges Verhalten um eines staatlichen „Bekenntnisses" zur Ehe willen dennoch zu bestrafen, lehnt der AE in konsequenter Verfolgung des *Liszt*schen Ausgangspunktes[39] ab. Auch sonst ergeben sich aus dem Effektivitätsprinzip weitreichende Folgerungen, die z. B. für die Regelung der Abtreibung im AE ganz neue Konzeptionen erzwingen werden.

4. Die Begrenzung der Strafe auf den Rechtsgüterschutz

Schließlich soll die Verwendung des Rechtsgutsbegriffes in der Strafzweckdefinition des AE noch einen weiteren kriminalpolitischen Programmsatz ausdrücken: die These nämlich, daß nicht die moralische Verwerflichkeit eines Verhaltens, sondern allein seine Qualität als Störungsfaktor für die äußere Friedensordnung — deren gewährleistende Elemente als Rechtsgüter bezeichnet werden — staatliche Strafe nach sich ziehen darf[40]. Daraus folgt die bekannte Reformforderung, daß außerhalb der Öffentlichkeit unter erwachsenen Personen sich abspielende, in niemandes Rechte eingreifende Handlungen (einfache Homosexualität, Sodomie, Kuppelei usw.) nicht in die Regelungssphäre des Strafgesetzgebers fallen[41]. Das ist altes aufklärerisches

[39] Bemerkenswert ist, daß auch *Liszt* (Lehrbuch, S. 378) meint, der Bestrafung des Ehebruchs stünden schwere Bedenken entgegen.

[40] Richtig gesehen bei *Gallas*, ZStW, Bd. 80, 1968, S. 8; *Nowakowski*, Österreichische Richterzeitung 1967, S. 172.

[41] Außerdem ergibt sich daraus die Perhorreszierung eines Gesinnungsstrafrechts, dem beispielsweise unsere bis zum Sommer 1968 geltenden Staatsschutzvorschriften in der extensiven Interpretation, die die Rechtsprechung ihnen gegeben hatte, bedenklich nahe kamen. Auch die Ausscheidung bagatellarischen Ordnungsunrechtes gehört in den Zusammenhang dieses Rechts-

Gedankengut, wie es schon der große *Hommel*, einer unserer bedeutendsten Kriminalpolitiker des 18. Jahrhunderts, treffend formuliert hat[42]: „Allein der selbst denkende Jurist und Staatskundige muß durchaus durch moralische Plauderei und betäubende Wörter sich nicht irre machen lassen, die Größe des Verbrechens in etwas anderem als einzig und allein in dem Schaden zu suchen, welcher daraus der Gesellschaft erwächst ... Unsere Regel ist diese: Je trauriger der Erfolg ist, den eine Tat dem gemeinen Wesen verursacht, desto straffälliger ist sie. Hat sie aber keinen nachteiligen Erfolg im gemeinen Wesen, so ist sie gleichgültig, allerwenigstens kein Gegenstand der bürgerlichen Strafgesetze." Oder, noch präziser[43]: „Missetat oder Unrecht ist nur dasjenige, wodurch ich entweder meinem einzelnen Nächsten oder ... dem gemeinen Wesen etwas unmittelbar entziehe." Nichts anderes ist gemeint, wenn der AE nur „Rechtsgüter" und nicht die Sittlichkeit als solche zum Schutzobjekt des Strafrechts erklärt[44]. Natürlich ist der Rechtsgutsbegriff kein Zauberhut, mit Hilfe dessen im Wege der Subsumtion und Ableitung das pönalisierbare vom straf-

gutsbegriffes. Dagegen soll die Verweisung auf den Rechtsgutsbegriff im AE nicht etwa, wie es *Gallas* (ZStW, Bd. 80, 1968, S. 8) erwägt, eine Absage an das „personale Unrecht" bedeuten. Nur eine Bestrafung von „Handlungsunwerten", deren Verwirklichung keine Rechtsgüter beeinträchtigt, widerspricht der Konzeption des AE.

[42] „Hommelische Vorrede" zu „Des Herrn Marquis von Beccaria unsterbliches Werk von Verbrechen und Strafen", 1778; Neuausgabe Ost-Berlin 1966, S. 15.

[43] *Hommels* Anmerkungen zum Text Beccarias, S. 49 der Neuausgabe. *Hommel* schaltet hier durch das Kriterium der „Unmittelbarkeit" sehr scharfsichtig die nur gemutmaßten „Fernwirkungen" durch sich selbst nicht schädlicher Handlungen, die noch heute immer wieder ins Feld geführt werden (vgl. dazu nur die AE-Begründung zur Straffreistellung der einfachen Homosexualität, Sexualdelikte usw., S. 33), als Legitimierungsgründe für eine Pönalisierung aus.

[44] Der Terminus „Rechtsgut" entstammt zwar bekanntlich erst dem 19. Jahrhundert. Doch kann nicht zweifelhaft sein, „daß von den freiheitlichen Gedanken der Aufklärung eine direkte Linie zum Begriff des Rechtsgutes führte" (*Sina*, Die Dogmengeschichte des strafrechtlichen Begriffs „Rechtsgut", 1962, S. 89). *Sina* erwähnt den im Text zitierten *Hommel* im übrigen nicht.

In der Nachkriegszeit hat zuerst wieder Herbert *Jäger*, Strafgesetzgebung und Rechtsgüterschutz bei Sittlichkeitsdelikten, 1957, die liberale Funktion des Rechtsgutsbegriffes zur Geltung gebracht; an ihn habe ich in „Täterschaft und Tatherrschaft", S. 412ff., ausdrücklich angeknüpft. Merkwürdigerweise hat *Sina*, der in seiner dogmengeschichtlichen Darstellung eingehende Betrachtungen zum Rechtsgutsbegriff in der Nachkriegszeit vermißt (a. a. O. S. 96), das *Jäger*'sche Buch gänzlich übersehen, so wie andererseits *Jäger* keine Verbindung mit den kriminalpolitischen Forderungen der Aufklärung hergestellt hat. Hier bleibt also noch manches zu erarbeiten.

los zu lassenden Verhalten ohne weiteres trennbar wäre[45]; er ist nur eine Bezeichnung dessen, was *von den Aufgaben des Strafrechts her* als allein schützbar angesehen werden darf. Aus der Festlegung der Strafzwecke muß sich also ergeben, was als Rechtsgut in Betracht kommt[46]; eben daraus versteht sich in der „allgemeinen Richtlinie"[47] des § 2 AE der dezidiert „liberale Gehalt" des Wortes „Rechtsgut", den *Sina*[48] einen „der wichtigsten Aspekte des Rechtsgutsbegriffes überhaupt" genannt hat. Seine Konkretisierung bei Ausformung der Tatbestände des Besonderen Teils demonstrieren die beiden dazu bisher erschienenen Bände des AE in exemplarischer Weise.

Aus diesem Zusammenhang mit der Strafzwecklehre erklärt es sich, daß die Thematik eines solchen materiellen Rechtsgutsbegriffes bei *Liszt* schon in den Eingangssätzen des Marburger Programms bedeutungsschwer aufklingt: „Ob die Strafe als Vergeltung begriffsnotwendige Folge des Verbrechens oder ob sie als Form des Rechtsgüterschutzes zweckbewußte Schöpfung und zielbewußte Funktion der staatlichen Gesellschaft ist", das ist für *Liszt* kein müßiger Schulenstreit; in der Beantwortung dieser Frage liegt für ihn „vielmehr die *Umgrenzung der vom Staate mit Strafe zu bedrohenden Handlungen* . ."[49]. Anders kann es auch nicht sein. Denn da bloße Moralwidrigkeiten die „Sicherheit der Gesellschaft" nicht bedrohen, die Strafe folgeweise zu ihrer Bekämpfung weder „notwendig" noch „geeignet" ist, müssen sie auch für *Liszt* als „Rechtsgüter" von vornherein ausscheiden. Er dringt damit über die Deutung des Rechtsgutes als einer bloßen ratio legis zu einem materiellen Verständnis des Rechtsgutsbegriffes[50]

[45] Das Mißverständnis, als ob dies versucht würde, ist in der jüngsten Diskussion wiederholt aufgetreten. Vgl. etwa *Hanack*, ZStW, Bd. 77, 1965, S. 405; Gutachten A zum 47. Deutschen Juristentag, 1968, S. 31ff., der sich in der Sache dann aber doch an *Jäger* und an meine Darlegungen anschließt; ferner *Bockelmann*, ZStW, Bd. 74, 1962, S. 311ff. und neuestens Radbruch-Gedächtnisschrift, 1968, S. 257, Anm. 22.

[46] Vgl. dazu meinen Aufsatz in JuS 1966, S. 377ff., wo das Rechtsgut ausdrücklich im Sinne einer „aus dem Zweck des Strafrechts abgeleiteten Begriffsbestimmung" gedeutet wird.

[47] So die Begründung zu § 2 AE, S. 29.

[48] Die Dogmengeschichte des strafrechtlichen Begriffes „Rechtsgut", S. 89ff.

[49] A. u. V. I, S. 126; die Sperrung im Text stammt von *Liszt*.

[50] Vgl. dazu *Sina*, a. a. O. S. 53, demzufolge *Liszt* mit der Bestimmung des Rechtsgutes „als Lebensbeziehungen, die zur Aufrechterhaltung der staatlichen Ordnung notwendig sind.. . .. zu einem weitgehend materiellen Rechtsgutsbegriff (gelangte), indem er den Inhalt aus den vorpositiven Fakten einer um ihre Erhaltung besorgten Staats- und Gesellschaftsordnung bezog." Im einzelnen bedürfte die komplizierte Rechtsgutsproblematik einer vertieften Behandlung, die hier nicht gegeben werden kann.

vor, das der Konzeption des AE sehr nahesteht, wie denn ja auch *Liszt* sich wiederholt zur Gedankenwelt der Aufklärung ausdrücklich bekannt hat[51].

So nimmt es nicht wunder, daß *Liszt* bei Behandlung der Sittlichkeitsdelikte klarstellt[52], die „geschlechtliche Sittlichkeit sei kein um ihrer selbst willen geschütztes Rechtsgut der Gesamtheit"; vielmehr werde dem außerehelichen Geschlechtsleben vom Staat Aufmerksamkeit nur gewidmet, „soweit es in den Rechtskreis *einzelner* verletzend eingreift". Tadelnd stellt er fest, der Gesetzgeber sei mehrfach über diesen Standpunkt hinausgegangen[53]; es sei „insbesondere die Behandlung sowohl der widernatürlichen Unzucht als auch der Kuppelei in dem RStGB sehr wenig befriedigend"[54], und auf dieser „falschen Bahn" sei die lex Heinze vom 25. Juni 1900 noch weiter gegangen. Es kann danach kein Zweifel sein, wie *Liszt* die auf dieser „falschen Bahn" rüstig fortschreitende Ausdehnung der Sittlichkeitsdelikte im E 1962 beurteilt hätte. Erst der Alternativentwurf, dessen Zugrundelegung bei der weiteren Beratung zur Reform des Sexualstrafrechts der Juristentag 1968 dem Gesetzgeber empfohlen hat[55], hat der kriminalpolitischen Linie *Liszts* in diesem Bereich wieder zum Durchbruch verholfen.

5. *Liszt und der AE als gemeinsame Opponenten gegen den Regierungsentwurf*

Zusammenfassend läßt sich also die nicht nur programmatisch ausgesprochene, sondern bei der Ausgestaltung des Gesetzes bis in die Einzelheiten durchgehaltene Strafzwecklehre des AE durch folgende Stichworte kennzeichnen: die Ausschaltung des Vergeltungsgedankens (1), den Vorrang der Spezial- vor der Generalprävention (2), die Prinzipien der Subsidiarität und Effektivität als Rechtfertigungsvoraussetzungen der Strafe (3) und die Begrenzung der Strafgewalt auf die Funktion des Rechtsgüterschutzes (4). Dabei handelt es sich nicht um unzusammenhängende Postulate, sondern um Konkretisierungen des *einen* Leitgedankens der Zweckstrafe, um Folgerungen, die sich,

[51] Vgl. nur etwa A. u. V. II, S. 61: „Ich halte an jener Überlieferung des Zeitalters der Aufklärung grundsätzlich fest." Freilich beziehen sich diese Worte nicht auf den *Liszt*schen Rechtsgutsbegriff, sondern auf die liberale Komponente seiner kriminalpolitischen Arbeit überhaupt.

[52] Lehrbuch, S. 374.

[53] Lehrbuch, S. 347, Anm. 1.

[54] Lehrbuch, S. 350; vgl. auch S. 369, wo er für die Streichung der Strafvorschrift gegen die einfache Homosexualität eintritt.

[55] Sitzungsbericht K zum 47. Deutschen Juristentag, S. 178.

wie ich deutlich zu machen versucht habe, mindestens im Ansatz sämtlich schon bei *Liszt* aufweisen lassen. *Liszt*s heute wieder unvermindert wirksame Aktualität könnte durch nichts schlagender bewiesen werden als durch die Ausstrahlungskraft, die seine in Gesetzesform gegossene Konzeption seit der Veröffentlichung des AE bewiesen hat. Freilich: Eine spezifische Nähe des AE zu *Liszt* würde sich daraus nicht herleiten lassen, wenn die geschilderten Grundgedanken im Laufe der Jahrzehnte zu kriminalpolitischen Gemeinplätzen geworden wären, die jeder denkbaren Reform die Basis geben müßten. So verhält es sich jedoch nicht. Vielmehr liegt der *Alternativ*charakter des hier zu *Liszt* in Beziehung gesetzten Entwurfs gerade darin begründet, daß der E 1962 in allen Punkten anders entschieden hat[56].

a) Das beginnt mit der Dominanz des schuldausgleichenden Vergeltungsgedankens im Regierungsentwurf. Für ihn ist die Strafe „im wesentlichen auf den Ausgleich der Schuld beschränkt"[57]. Dabei wird die Vergeltung nicht etwa in den Dienst der Generalprävention gestellt und auf diese Weise dem Prinzip einer (freilich repressiven) Zweckstrafe untergeordnet[58]; vielmehr soll sie um ihrer selbst willen eine Sanktion auch dann rechtfertigen können, wenn „die Aufgabe der Strafe, Straftaten entgegenzuwirken", das nicht erfordern würde[59]. Das ist die Strafverhängung als „metaphysischer Vorgang", von der die Begründung zu § 2 AE spricht. Als *Eb. Schmidt* im Jahre 1957 Franz *v. Liszt* in der „Deutschen Biographie" würdigte[60], sprach er[61] im Zusammenhang mit der Strafrechtsreform von der „seltsamen Restauration des Vergeltungsgedankens" und meinte, daß allein die Rückbesinnung auf *Liszt* hier eine Wende bringen könne: „Entweder

[56] Ungeachtet dessen, daß auch das Maßregelsystem des E 1962 schon mancherlei spezialpräventive Neuerungen enthält. Die Veränderungen, die der SA dem Regierungsentwurf hat angedeihen lassen und die in das vom Bundestag am 9. Mai verabschiedete zweite Gesetz zur Reform des Strafrechts eingegangen sind, haben mittlerweile die kriminalpolitischen Gegensätze zwischen ihm und dem AE zwar nicht beseitigt, aber immerhin abgemildert. Gleichwohl wird die historische Situation, die den AE und die Rückwendung zu *Liszt* hervorgerufen hat, nur durch eine kontrastierende Gegenüberstellung, wie sie der folgende Text gibt, voll verständlich.

[57] Begründung, S. 94; vgl. auch Begründung S. 96/97.

[58] So will z. B. *Gallas*, ZStW, Bd. 80, 1968, S. 4 „den starren Vergeltungsgedanken alter Observanz" relativieren.

[59] Vgl. etwa §§ 53 I, 72 I E 1962. Ich habe die praktischen Auswirkungen des Vergeltungsgedankens in meinem Aufsatz „Strafzweck und Strafrechtsreform" (in: Programm für ein neues Strafgesetzbuch, Fischer-Taschenbuch, Nr. 952, 1968, S. 75 ff.) im einzelnen dargelegt. Darauf darf ich hier verweisen.

[60] Die Großen Deutschen. Deutsche Biographie, Fünfter Band, 1957, S. 407 ff.

[61] a. a. O. S. 413/14.

wird das, was dieser Geist uns ... für eine Strafrechtsreform rechtsstaatlich-sozialen Gepräges gewiesen hat, in einer herzhaften kriminalpolitischen Neuorientierung ... verwirklicht, oder die deutsche Strafrechtspflege wird in der stickigen Luft trüben Vergeltungsdenkens rückständig und erfolglos bleiben." Der AE hat dieser Mahnung gedacht, und er war damit nicht ganz erfolglos: Der Sonderausschuß für die Strafrechtsreform hat in zweiter Lesung wenigstens in einigen Fällen (§§ 47, 56, 57 2. StrRG) unter dem Eindruck der Kritik die Schuldvergeltung gegenüber dem Präventionszweck der Strafe völlig ausgeschaltet[62].

b) Man kann auch nicht davon sprechen, daß — wenn man von der Vergeltung einmal absieht — die Spezialprävention im Regierungsentwurf wenigstens vor der Allgemeinabschreckung rangiere. Während der AE in zahlreichen Fällen primär spezialpräventive Belange berücksichtigt (vgl. dazu oben II, 2), erklärt der E 1962[63]: „Den Widerstreit der Strafzwecke im Einzelfall zu lösen, ist eine Aufgabe der Strafzumessung, die ihrem Wesen nach der Rechtsprechung zukommt." Diese Selbstabdankung des Gesetzgebers vor seiner kriminalpolitischen Aufgabe ist deshalb so bedauerlich, weil eine spezialpräventive Strafrechtspflege dadurch dem natürlich sehr uneinheitlich ausgeübten Ermessen der Praxis ausgeliefert wird, weil die heterogenen Zielsetzungen der verschiedenen Gerichte den Rechtsfrieden und der Wirkung der Strafe abträglich sein müssen und weil vor allem in generalpräventiver Verkleidung die Vergeltung triumphierend ihren Wiedereinzug in die Gerichtssäle halten könnte. Auch die Fassung, die der Entwurf in der zweiten Lesung des Sonderausschusses erhalten hat, ist dieser Kritik ausgesetzt: Selbst im Bereiche der kleineren Kriminalität müssen danach spezialpräventiv wünschenswerte Maßnahmen (Vermeidung von Freiheitsstrafen unter sechs Monaten, Strafaussetzung zur Bewährung[64], Verwarnung unter Strafvorbehalt) unterbleiben, wenn die fast beliebiger Deutung zugängliche „Verteidigung" der Rechtsordnung das nach Meinung des Richters erfordert (§§ 47 I, 56 III, 59 I 2. StrRG)[65]. *Liszt* und der AE harren also in diesem Punkte noch heute der Durchsetzung.

c) Auch die Prinzipien der Subsidiarität und Effektivität liegen dem Entwurf 1962 nicht durchgehend zugrunde. Sein Besonderer Teil

[62] Auf einem anderen Blatt steht es, daß die Gesamtkonzeption des Regierungsentwurfes dadurch noch uneinheitlicher wird.

[63] Begründung, S. 204.

[64] Soweit es sich um sechs Monate übersteigende Freiheitsstrafen handelt, § 56 2. StrRG.

[65] Anders jetzt der neue § 57 für die Aussetzung des Strafrestes.

ist im wesentlichen eine Kodifikation der Rechtsprechung, die im Laufe der Jahrzehnte — nicht ohne Mithilfe durch die Wissenschaft — in weiten Bereichen immer extensiver judiziert hat. Die Beispiele, die schon oben (II, 3) für die abweichende Regelung des AE angeführt worden sind und die sich durch andere Vorschriften, die seit Jahren einen bevorzugten Gegenstand der öffentlichen Kritik bilden, leicht ergänzen ließen, bedürfen hier keiner Detailerörterung. Sie sind nur Symptome für das dahinterstehende Grundgebrechen, daß nämlich wissenschaftliche Kriterien für die Abgrenzung strafbedürftigen und straflosen Verhaltens weder angewendet noch auch nur gesucht worden sind[66]. Das gilt auch für die Vorschriften des Allgemeinen Teils, deren Auswirkungen eine Überprüfung an den Maßstäben der Strafzwecklehre niemals erfahren haben[67]. Demgegenüber versucht der AE — soweit ich sehe, erstmals — die Möglichkeit einer Strafeinschränkung unter dem Gesichtspunkt der Strafbedürftigkeit bei jeder einzelnen Vorschrift zum Gegenstand selbständiger Überlegungen zu machen. Das alles entspricht den Grundsätzen des *Liszt*schen Programms, das sich auch insoweit als Alternative zum Regierungsentwurf darstellt.

d) Bei der Beschränkung des Strafrechts auf den Rechtsgüterschutz schließlich nimmt der E 1962 ebenfalls die Gegenposition zu *Liszt* und zum Alternativentwurf ein. Es heißt dort ausdrücklich[68]: „Der Standpunkt, daß eine Strafdrohung nur da berechtigt sei, wo der Schutz eines bestimmten Rechtsgutes in Frage stehe, ist weder in der strafrechtlichen Dogmatik allgemein anerkannt, noch ist er bisher für die Gesetzgebung auf dem Gebiet des Strafrechts ausschließlich Richtschnur gewesen. Zwar dienen die strafrechtlichen Normen weitaus überwiegend dem Rechtsgüterschutz; das schließt

[66] Es ist das Verdienst Herbert *Jägers*, das zuerst aufgewiesen und wesentliche Grundlagen für eine rationale Gesetzgebungslehre geschaffen zu haben; vgl. „Der Normanspruch des Staates" (mit Karl S. *Bader*), in: Psychopathologie der Sexualität, hgg. von Giese, 1959, S. 163ff.; „Motive des neuen Strafrechts", im Sammelband „Strafrechtspflege und Strafrechtsreform" des Bundeskriminalamts, 1961; „Strafrechtspolitik und Wissenschaft", in: Sexualität und Verbrechen, Fischer-Bücherei, Nr. 518/19, S. 273ff. Vgl. weiter im selben Taschenbuch, S. 27ff., *Klug* über „Rechtsphilosophische und rechtspolitische Probleme des Sexualstrafrechts". Zur Strafbeschränkung bei Sittlichkeitsdelikten sagt im Hinblick auf den Regierungsentwurf *Hanack* im Gutachten A zum 47. Deutschen Juristentag: „Eine irgendwie geartete Konzeption gegenüber dieser Kardinalfrage, ein Bemühen um einheitliche Kriterien, ist überhaupt nicht erkennbar."

[67] In ZStW, Bd. 76, 1964, S. 582ff. habe ich das am Beispiel der Irrtumsregelung im E 1962 zu demonstrieren versucht.

[68] Begründung, S. 376.

aber nicht aus, bestimmte Fälle ethisch besonders verwerflichen und nach der allgemeinen Überzeugung schändlichen Verhaltens auch dann mit Strafe zu bedrohen, wenn durch die einzelne Tat kein unmittelbar bestimmbares Rechtsgut verletzt wird." Man muß den Rechtsgutsbegriff des AE auf dem Hintergrund dieses Programmsatzes sehen, um seine Bedeutung richtig zu interpretieren.

e) Die kurze Gegenüberstellung mit dem Regierungsentwurf, im Widerspruch zu dem der AE geschaffen wurde, ist auch zum Verständnis der heutigen Situation *Liszt*schen Strafrechtsdenkens notwendig. Sie legt zugleich die Frage nahe, ob das Resümee, das *Jescheck*, eines der *Liszt* und der internationalen Reformbewegung am nächsten stehenden Mitglieder der großen Strafrechtskommission, bei einem Vergleich beider Entwürfe gezogen hat, nicht doch einer Revision bedarf. *Jescheck* schreibt[69]: „Der AE enthält eine Reihe von wichtigen Anregungen . . . , aber von einer Überlegenheit seiner kriminalpolitischen Konzeption, die einen radikalen Frontwechsel des Gesetzgebers rechtfertigen würde, habe ich mich nicht überzeugen können." *Jescheck* sieht also selbst die kriminalpolitische Position des AE als eine Alternative an, die einen radikalen „Frontwechsel" verlangt. Ein solcher Umschwung bahnt sich heute an. Sollte es nicht doch eher so sein, daß die Durchschlagskraft, die der AE seit seinem Erscheinen bewiesen hat, weniger auf diesen oder jenen Einzelheiten, als vielmehr auf der Geschlossenheit und Vorzugswürdigkeit seiner Gesamtkonzeption beruht? Und sollte nicht der werbende Einfluß, den er unvermindert entfaltet, der bezwingenden Macht des wiedererweckten *Liszt*schen Geistes zuzuschreiben sein?

III.

Schuld, Strafen und Maßnahmen bei Liszt und im Alternativentwurf

1. Schuld, Willensfreiheit und Strafe

Liszt war Determinist und hat sich ein über das andere Mal gegen alle diejenigen gewendet, „welche das Dogma der Willensfreiheit zur Grundlage des Strafrechts machen wollen"[70]. Die „Schuld" hatte für ihn nichts mit der Freiheit des Andershandelnkönnens zu tun[71], sondern war „gleichbedeutend mit der Verantwortlichkeit für den Erfolg"[72]. Verantwortlichkeit aber bedeutete nach seiner Lehre „nicht mehr als die Tatsache, daß wir den geistesgesunden Verbrecher für

[69] ZStW, Bd. 80, 1968, S. 87.

[70] Die Zukunft des Strafrechts, A. u. V. II, S. 4; vgl. im selben Band z. B. noch S. 39, 47, 85.

[71] Vgl. A. u. V. II, S. 47.

[72] A. u. V. II, S. 48.

seine Tat ... zur Verantwortung ziehen"[73], und die danach für die Schuld immerhin erforderliche geistige Gesundheit (= Zurechnungsfähigkeit) verstand er als „normale Bestimmbarkeit durch Motive"[74]. „Wer in anormaler Weise, d. h. anders als der normale Durchschnittsmensch, auf Motive reagiert, der ist nicht zurechnungsfähig und kann daher nicht bestraft werden"[75]. Die praktische Funktion dieser Lehren lag für *Liszt* in der Rechtfertigung der Zweckstrafe. „Mit dem Begriff der Schuld (scil. im herkömmlichen Sinne) fällt aber auch der Begriff der Vergeltung... Die Vergeltung setzt voraus, daß der Täter auch anders hätte handeln können. Ohne Wahlfreiheit weder Schuld noch Vergeltung. Für den folgerichtigen Determinismus bleibt einzig und allein die Zweckstrafe übrig ... Die Vergeltung auf deterministischer Grundlage ist nicht nur eine Versündigung des Herzens, sondern auch eine Verirrung des Verstandes"[76]. *Liszt* war andererseits nicht der Ansicht, daß die strafrechtlichen Auswirkungen seiner Lehre für Indeterministen unannehmbar seien, sondern er meinte: „Für die strafrechtliche Zurechnungsfähigkeit muß eine Fassung gefunden werden, die weder der Sieg noch die Niederlage der indeterministischen Weltanschauung zu berühren vermag"[77], und er stellte fest, „daß alle die praktischen Folgerungen, zu welchen wir vom deterministischen Standpunkt aus gelangen, auch von überzeugungstreuen und folgerichtigen Indeterministen gezogen worden sind"[78].

Der Alternativentwurf enthält sich so dezidierter Aussagen zum Schuldbegriff; denn ein Gesetzestext kann sich nicht nach Art einer wissenschaftlichen Abhandlung äußern. Der AE trifft sich aber, wenn ich recht sehe, mit *Liszt* darin, daß er ein Bekenntnis zur Willensfreiheit im indeterministischen Sinne nicht voraussetzt[79]. Auch für ein am Schuldprinzip und damit an der Zweispurigkeit festhaltendes Strafrecht besteht dazu keine Notwendigkeit. Denn der materielle Inhalt der Schuldfähigkeit läßt sich in einer der gerichtlichen Fest-

[73] A. u. V. II, S. 45.
[74] A. u. V. II, S. 43, 85, 219 und öfter.
[75] A. u. V. II, S. 48; ebenso im selben Bande S. 86.
[76] A. u. V. II, S. 43/44. Daß neben der Zurechnungsfähigkeit noch die „Zurechenbarkeit des Erfolges" in Gestalt von Vorsatz oder Fahrlässigkeit erforderlich ist, verstand sich natürlich auch für *Liszt* von selbst; vgl. A. u. V. II, S. 48.
[77] A. u. V. II, S. 218.
[78] A. u. V. II, S. 86/87.
[79] Daß das Freiheitsproblem unter den einzelnen Verfassern des AE verschieden beurteilt wird, läßt sich aus ihren Veröffentlichungen leicht belegen. Aber diese Frage ist, soweit sie überhaupt lösbar sein sollte, durch einen gesetzgeberischen Machtanspruch jedenfalls nicht zu entscheiden. Darum muß ein Gesetz sich auf Prämissen beschränken, die für die Vertreter beider Standpunkte gleichermaßen akzeptabel sind.

stellung zugänglichen Weise ohnehin nur durch empirische Merkmale umschreiben, die vom Streit um die Willensfreiheit unabhängig sind[80]. Wir sind auch über die Formulierung *Liszts* nicht wesentlich hinausgekommen. Denn wenn *Bockelmann* jetzt[81] — richtigerweise, wie ich glaube[82] — die Intaktheit oder Zerstörtheit der „Sinngesetzlichkeit" menschlichen Handelns zum entscheidenden Kriterium erhebt und darauf abstellt, daß der in dieser Hinsicht Normale sich durch die Imperative der Rechtsprechung in der Regel motivieren lasse, während beim Gestörten eine solche Erwartung nicht begründet sei, so ist das nur eine Verfeinerung des *Liszt*schen Gedankens. Ob man sich diese „normale Motivierbarkeit" als auf der Fähigkeit zu freien Willensentschlüssen beruhend oder als ihrerseits determiniert vorstellt, ist für die gerichtliche Ermittlung ihres Bestehens unerheblich[83]. In entsprechender Weise impliziert auch die Ermittlung des Vorsatzes, der Fahrlässigkeit oder der Schuldausschließungsgründe keine Stellungnahme zur theoretischen Problematik der Willensfreiheit.

Etwas anderes ist es freilich, daß der Alternativentwurf davon ausgeht, der im geschilderten Sinne zurechnungsfähige Mensch sei auf dem Felde seiner privaten und gesellschaftlichen Betätigung als eine zu freiem und verantwortlichem Verhalten fähige Person zu behandeln[84]. Das entspricht nicht nur den Forderungen des Grundge-

[80] Den Versuch, das Vorliegen der Willensfreiheit in einem konkreten Fall unmittelbar feststellen zu wollen, nennt *Bockelmann* nicht zu Unrecht „baren Unsinn" (ZStW, Bd. 75, 1963, S. 380); vgl. jetzt auch *Welzel*, Festschrift für Engisch, 1969, S. 101.

[81] Willensfreiheit und Zurechnungsfähigkeit, in: ZStW, Bd. 75, 1963, S. 372ff., 377.

[82] Auch Arthur *Kaufmann* sagt von indeterministischer Grundlage aus (JZ 1967, S. 560): „Ob sich ein Mensch in einer bestimmten Situation frei entschieden hat, können wir nur durch einen Vergleich ermitteln, indem wir sein Verhalten mit dem erfahrungsgemäßen Verhalten solcher Menschen konfrontieren, die sich in der gleichen, d. h. ganz ähnlichen inneren und äußeren Situation befanden."

[83] Ebenso *Bockelmann* a. a. O., S. 584 und jüngst *Haddenbrock*, JZ 1969, S. 121ff. Auf Einzelheiten einzugehen, ist in diesem Zusammenhang nicht möglich. Die wichtigste neuere Monographie liefert *Engisch:* Die Lehre von der Willensfreiheit in der strafrechtsphilosophischen Doktrin der Gegenwart, 1963, 2. Aufl. 1965. Die fesselnde Arbeit von *Danner:* „Gibt es einen freien Willen?", 1967, zeigt, daß die Begriffe Gewissen, Verantwortung und Schuld auch in deterministischer Sicht ihre Gültigkeit behalten.

[84] Entsprechend schreibt *Liszt:* „Nach welchen Grundsätzen ist die Revision des Strafgesetzbuches in Aussicht zu nehmen?", in A. u. V. II, S. 370: „Für den Strafgesetzgeber genügt es völlig, daß von indeterministischer wie von deterministischer Seite die Verantwortlichkeit anerkannt wird; ob und wie diese von dem einen oder dem anderen Standpunkte aus wissenschaftlich begründet werden kann, das kümmert den Gesetzgeber nicht."

setzes und dem menschlichen Freiheitsbewußtsein als einer unbestreitbaren psychischen und sozialen Realität; es wird überhaupt keine Rechtsordnung, welche die Menschenwürde und den Gleichheitsgrundsatz anerkennt, anders beschaffen sein können. Doch ist das eine normative Entscheidung, d. h. ein gesellschaftspolitisches Regelungsprinzip, das von der erkenntnistheoretischen und naturwissenschaftlichen Begründbarkeit des Indeterminismus gänzlich unabhängig ist. Eine solche rechtliche Freiheitsprämisse ist kriminalpolitisch durchaus unanfechtbar, soweit sie die Entfaltungsmöglichkeiten des einzelnen ohne Schaden für die Gesamtheit verbessert. Fragwürdig kann sie erst werden, sobald aus ihr zum *Nachteil* der gesellschaftlichen Freiheit des Staatsbürgers Folgerungen gezogen werden, die richtigerweise nur aus den unumgänglichen Erfordernissen gesellschaftlichen Zusammenlebens hergeleitet werden dürften.

Hier liegt der entscheidende Einwand gegen das Prinzip der Schuldvergeltung, das eben deshalb vom AE in Übereinstimmung mit *Liszt* völlig beseitigt worden ist. An den beiden Stellen, wo der AE von der „Schuld" spricht[85], hat dieser Begriff eine ausschließlich freiheitsfördernde, die staatliche Strafgewalt einschränkende Funktion; er dient aber nirgends als Grundlage für einen Schuldausgleich repressiven Zwecken. Nur auf diese Weise bleibt es außerdem möglich, das Problem der Willensfreiheit auszuklammern. Denn eine von präventiven Zwecken gelöste Vergeltung ist — darin hatte *Liszt* durchaus recht — ohne Bekenntnis zum Indeterminismus schlechthin sinnlos. Im Begriff der Vergeltung schlägt das Postulat gesellschaftlicher Freiheit in die Statuierung metaphysischer Freiheit um und verkehrt sich gleichzeitig in seltsamer Paradoxie zu einem Mittel gesellschaftlicher Freiheitseinschränkung. Eben diese Konsequenz vermeidet der AE. Er legt damit, wie es *Liszt* vorschwebte, ein Fundament, auf dem Deterministen wie Indeterministen gleichzeitig bauen können.

2. *Schuld und Strafzumessung*

Die Strafzumessung zeigt das Spannungsfeld von Kriminalpolitik und Schuldprinzip in einem besonders wichtigen Ausschnitt. *Liszt* erklärte kategorisch[86]: „Für die Strafzumessung verlangen wir ... die Herrschaft kriminalpolitischer Erwägungen." Er zog damit unbeirrt die Konsequenz aus dem Prinzip der Zweckstrafe: Ihr Maß sollte allein durch präventive Gesichtspunkte bestimmt und durch

[85] „Die Strafe darf das Maß der Tatschuld nicht überschreiten", heißt es in § 2 II, und § 59 I, 1 sagt: „Die Tatschuld bestimmt das Höchstmaß der Strafe."
[86] A. u. V. II, S. 71.

keine Schulderwägungen nach oben oder unten begrenzt werden. Der AE folgt dem insofern, als er eine schuldinadäquate Strafmilderung ausdrücklich gestattet: „Das durch die Tatschuld bestimmte Maß ist nur insoweit auszuschöpfen, wie es die Wiedereingliederung des Täters in die Rechtsgemeinschaft erfordert" (§ 59 II).

Diese an *Liszt* anschließende Regelung hat in der wissenschaftlichen Kritik mehrfach Widerspruch gefunden. *Gallas* hat „stärkste Bedenken" gegen sie angemeldet, weil darin ein „Freibrief zur Strafmilderung" liege, „der in seinen Wirkungen unberechenbar" sei[87]. Aber die Wirkungen sollen doch gerade nach kriminalpolitischen Gesichtspunkten sehr nüchtern berechnet werden! Und die Ausstellung jenes „Freibriefes" dürfte nur dann Tadel verdienen, wenn man einen Wert an sich darin sähe, daß die Strafe dem Schuldmaß auch gegen eine bessere kriminalpolitische Einsicht entspreche. Von einer solchen Annahme ist aber *Gallas* weit entfernt. Er selbst hält die Gesellschaft für „verpflichtet, darüber zu wachen, daß nicht, wo nicht zwingende Gründe des Rechtsschutzes es erfordern, die Behandlung des Täters nach Verdienst mit der Gefahr seiner Desozialisierung erkauft wird"[88]. Er meint nur: „Das bedeutet indessen nicht, daß in solchen Fällen die Strafe nicht mehr nach der Schuld, sondern nach ihrem Präventionseffekt bemessen wird; es wird vielmehr, um spezialpräventiv schädliche Folgen zu vermeiden, auf die an sich verdiente Strafe zum Teil verzichtet." Ich muß gestehen, daß ich weder den Unterschied der beiden im Ergebnis übereinstimmenden Verfahrensweisen recht erkennen noch sehen kann, wieso § 59 II AE der von *Gallas* empfohlenen Methode untreu wird[89]. Freilich glaubt *Gallas*, es werde, „um die

[87] ZStW, Bd. 80, 1968, S. 4/5; ebenso S. 6: „Freibrief zu einer vom Schuldgedanken nicht mehr kontrollierten Strafmilderung."

[88] Hier und im folgenden: a. a. O., S. 4.

[89] *Gallas* meint, nach dem AE habe der Richter „nicht etwa von der schuldangemessenen Strafe auszugehen und diese zu mildern, wenn sie in ihrem vollen Ausmaß zu spezialpräventiv schädlichen Folgen für den Täter zu führen droht und der Milderung nicht zwingende Erwägungen der Generalprävention entgegenstehen; er hat sich vielmehr unmittelbar die Frage zu stellen, welche Strafgröße einerseits zur Resozialisierung des Täters, andererseits zur Erreichung des generalpräventiven Strafziels erforderlich ist. Damit ist das Prinzip der Schuldstrafe... aufgegeben." Aber dieses Prinzip wird — richtigerweise! — auch durch den Vorschlag von *Gallas* nicht mehr gewahrt; und außerdem nötigt der Wortlaut des § 59 II AE („das . . . Maß ist nur insoweit auszuschöpfen") sehr wohl zu einer Feststellung der nach präventiven Gesichtspunkten gegebenenfalls zu mildernden Schuldstrafe, entspricht also durchaus den Forderungen von *Gallas*. Auch *Lackner* hat den AE in diesem Sinne gedeutet, bezweifelt aber gerade die Praktikabilität eines solchen Vorgehens (JZ 1968, S. 516).

Gefahr einer allmählichen Aushöhlung des Strafgedankens zu vermeiden, grundsätzlich dem Gesetzgeber vorbehalten bleiben müssen, Modalitäten und Voraussetzungen eines Verzichts auf die Strafe oder ihre volle Härte festzulegen und zu institutionalisieren — wie dies etwa in Gestalt der Strafaussetzung zur Bewährung, der Verwarnung unter Strafvorbehalt, der Umwandlung der Freiheits- in eine Geldstrafe oder des Absehens von Strafe bereits geschehen oder geplant ist". Aber dabei wird übersehen, daß alle diese Regelungen den *Richter* zur Bevorzugung der Spezialprävention im Rahmen des generalpräventiv Möglichen in genau derselben Weise anhalten, wie dies § 59 II AE auch tut! Es wäre kriminalpolitisch schwer verständlich, wenn bei der Verhängung der Sanktionen ausgerechnet die Strafzumessung von der im übrigen vorgezeichneten Linie völlig abweichen würde.

Ähnlich steht es mit den kritischen Einwendungen *Jeschecks*. Zwar will auch *Jescheck* eine Unterschreitung der durch das Schuldmaß bestimmten Strafobergrenze aus spezialpräventiven Gründen zulassen; doch müsse „die Strafe auch immer von der Tatschuld her vertretbar sein"[90]. Als Beispiele nennt er die auch von *Gallas* aufgezählten Möglichkeiten, den Täter mit der Freiheitsstrafe zu verschonen, „obwohl er sie an sich verdient hätte". Wenn aber *Jescheck* sogar einen völligen Verzicht auf den Vollzug einer „verdienten" Strafe „von der Tatschuld her" für vertretbar hält, dann scheint es mir nicht folgerichtig, die spezialpräventiv motivierte Milderungsmöglichkeit des § 59 II AE, die doch weniger weit geht, für „höchst problematisch" zu erklären.

Freilich bemängeln *Lackner*[91], *Gallas*[92] und *Jescheck*[93] außerdem, daß die Generalprävention als Untergrenze der Strafe kein Maßprinzip abgeben könne, weil über die zur Allgemeinabschreckung erforderliche Strafhöhe zu wenig bekannt sei. Aber wenn das richtig wäre, dürfte man die zahlreichen Regelungen des geltenden Rechtes und des Regierungsentwurfes, die (meist sogar überflüssigerweise) unter dem generalpräventiven Vorbehalt stehen, ebenfalls nicht akzeptieren. Vor allem aber gibt es, wenn man über die sozialpsychologischen Auswirkungen der Strafhöhe endlich einmal Klarheit gewinnen will, kein besseres Mittel, als in der Praxis zu erproben, ob spezialpräventive Milderungen zu einem Ansteigen der Deliktskurve führen. Eben dies wird durch § 59 II AE ermöglicht, während ein starres Fest-

[90] ZStW, Bd. 80, 1968, S. 60.
[91] JZ 1967, S. 515/16.
[92] ZStW, Bd. 80, 1968, S. 5.
[93] ZStW, Bd. 80, 1968, S. 61.

halten an der Schuldäquivalenz uns über den bescheidenen Stand unserer Kenntnisse von den generalpräventiven Wirkungsmechanismen niemals hinausbringen wird. Im übrigen sprechen alle bisherigen Erfahrungen — wenigstens im Bereich der kleineren und mittleren Kriminalität — gegen die Annahme, daß die Gewährung spezialpräventiv erwünschter Milderungen durch generalpräventive Nachteile erkauft werden müßte[94].

Den Versuch des Alternativentwurfs, die *Liszt*sche Zweckstrafe auch bei Bestimmung der Strafuntergrenze zu verwirklichen, wird man daher getrost wagen dürfen. Eine Abweichung des AE vom *Liszt*schen Vorbilde liegt freilich darin, daß er das Schuldmaß zur Bestimmung der Strafobergrenze verwendet, in diesem Punkte also den präventiven Bedürfnissen, die durchaus eine längere Strafdauer indizieren können, eine Absage erteilt. Soweit darin eine Akzentverlagerung zu erblicken ist, wird darauf bei Erörterung der rechts- und sozialstaatlichen Komponenten *Liszt*scher Kriminalpolitik (unten IV) noch zurückzukommen sein. Hier genügt der Hinweis, daß darin jedenfalls nicht, wie man auf den ersten Blick annehmen könnte, eine dezidierte Gegenposition zu *Liszt* bezogen wird. Denn daß es rechtsstaatlich unübersteigbare Schranken der Kriminalpolitik gebe, war ein *Liszt*scher Fundamentalsatz. Für seine Konkretisierung im einzelnen fehlt aber zwischen *Liszt* und dem AE deshalb die rechte Vergleichsbasis, weil Maßnahmen mit schuldunabhängigen, am Resozialisierungszweck orientierten Einwirkungsmöglichkeiten damals noch nicht existierten. Wer mehrfach rückfällig wird und durch schuldadäquate Freiheitsstrafen nicht zu resozialisieren ist, wird ja nach dem AE (§ 69 III) einer sozialtherapeutischen Behandlung unterzogen, die dem spezialpräventiv Wünschbaren ohne Beschränkung durch das Schuldmaß im höchsten erreichbaren Grade Rechnung trägt. Insofern hält sich also auch diese Konzeption im Rahmen der Lisztschen Grundgedanken.

3. *Strafen und Maßnahmen*

Die Zweispurigkeit von Strafen und Maßnahmen wird durch den Gedanken der Zweckstrafe problematisch. Denn wenn die Strafe nicht primär den vergeltenden Schuldausgleich, sondern stattdessen ausschließlich präventive Ziele verfolgt, kann sie von den Maßnahmen, die denselben Zwecken dienen, mit Hilfe eines solchen Kriteriums

[94] Ein wenig anders mag es sich bei der Verkehrskriminalität verhalten. Aber gerade hier versprechen Geldstrafen und Fahrverbot viel nachhaltigere Erfolge als die nutzlose und kostspielige Freiheitsstrafe.

jedenfalls nicht mehr abgegrenzt werden. Bei *Liszt* finden wir denn auch nur eine zweckunabhängige Unterscheidung nach dem schon erwähnten Merkmal der „normalen Bestimmbarkeit durch Motive". Er sagt[95]: „Nur der Zurechnungsfähige, also der normale Durchschnittsmensch, wird gestraft; dem abnorm auf Motive Reagierenden gegenüber, mag er geistig noch nicht reif oder geistig nicht gesund sein oder sonst in einem anormalen Zustande sich befinden — treten andere Schutzmaßregeln in Anwendung." Aber grundsätzliche Bedeutung hatten die „altehrwürdigen Etiketten"[96] für ihn nicht. Er meinte, es solle ihm „auf den Namen nicht ankommen, den man dem Kinde geben will"; und in seinen „progressivsten" Äußerungen, die der bekannte Vortrag über „Die strafrechtliche Zurechnungsfähigkeit" (1896) wiedergibt, hat er „die begriffliche Scheidewand zwischen Verbrechen und Wahnsinn" und damit den Begriff der Strafe überhaupt fallen lassen[97].

Auch der AE verfährt in der Eliminierung des Vergeltungsgedankens konsequent, indem er den kriminalpolitischen Zweck von Strafen und Maßnahmen einheitlich bestimmt. Beide dienen „dem Schutz der Rechtsgüter und der Wiedereingliederung des Täters" gleichermaßen (§ 2 I)[98]. Das ist im Verein mit dem Vikariierungsgebot des § 77 ein entschiedener Schritt in Richtung auf die Einspurigkeit, der aber durchaus sachentsprechend ist. Der Strafvollzug und die Einweisung in eine sozialtherapeutische Anstalt etwa unterscheiden sich im Resozialisierungsziel nicht im geringsten. Das klarzustellen sollte der Gesetzgeber sich nicht scheuen. Zwar beanstandet *Jescheck* „die betonte Gleichstellung der Zwecke von Strafe und Maßregel in § 2 I, wo in auffallender Weise der Hinweis darauf fehlt, daß die Strafe einen sozialethischen Unwertakzent trägt, den die Maßregel nicht hat"[99]. Aber darin liegt wohl ein Mißverständnis. Denn den „sozialethischen Unwertakzent" trägt doch die Tat und nicht die Strafe. An diesem Mißbilligungsurteil ändert sich nichts dadurch, daß neben oder anstelle der Strafe eine Maßregel der Besserung und Sicherung verhängt wird, die ja keineswegs nur Geisteskranke betrifft[100]. Sollte jedoch die Äußerung *Jeschecks* so gemeint sein, daß der

[95] A. u. V. II, S. 85/86.
[96] Hier und im folgenden A. u. V. II, S. 72.
[97] A. u. V. II, S. 229.
[98] Sehr ähnlich insoweit *Gallas*, ZStW, Bd. 80, 1968, S. 9.
[99] ZStW, Bd. 80, 1968, S. 59.
[100] Deshalb ist auch das oben geschilderte, an die Zurechnungsfähigkeit anknüpfende Unterscheidungsmerkmal *Liszts* heute nicht mehr zutreffend. Die sozialtherapeutische Anstalt wäre danach eine Art von „unbestimmter Strafe."

Strafverbüßung anders als dem Maßnahmenvollzug ein diskriminierender Effekt beigelegt werden müsse, so wäre dem zu widersprechen. Denn darin läge ein Rückfall in das Vergeltungsdenken, der die Erreichung des Resozialisierungsziels ohne Grund beeinträchtigen würde. Abgesehen davon: Wenn wirklich die Sanktion und nicht die Tat das Unwertprädikat trüge, müßte eine Maßnahme wie die sozialtherapeutische Anstalt, die ja in der Regel gerade gegen die schwerer Kriminellen verhängt wird, diesen „Akzent" in mindestens demselben Grade tragen. Hier kann also der Unterschied nicht liegen.

Somit bleibt es dabei: Die der Prävention dienende Sanktionierung sozial unerträglichen Verhaltens nennen wir Strafe, soweit sie durch das Schuldprinzip, Maßnahme, soweit sie durch das Prinzip der Verhältnismäßigkeit begrenzt wird. Der Unterschied liegt also nur in der Art der Begrenzung und damit auf einer etwas abweichenden Schwerpunktverteilung bei der Abwägung der liberalen und sozialen Komponenten des Rechtsfolgesystems. Damit stehen wir vor einem zentralen Thema auch der *Liszt*schen Kriminalpolitik, dem wir uns im abschließenden Teil der Untersuchung zuzuwenden haben.

IV.

Rechts- und sozialstaatliche Zielsetzungen bei Liszt und im Alternativentwurf

1. Die Problemstellung Liszts und der Lösungsversuch des AE

Das Strafrecht dient der Begrenzung staatlicher Eingriffsmacht und der Verbrechensbekämpfung zugleich. Es sichert also den einzelnen vor unbeschränkter Repression durch den Staat, ebenso aber die Gesellschaft und ihre Mitglieder vor den Übergriffen des einzelnen. Diese beiden Komponenten — die rechtsstaatliche, die individuelle Freiheit schützende, und die sozialstaatliche, das gesellschaftliche Interesse auch auf Kosten der Freiheit des einzelnen wahrende — tragen, wenn man sie zum Gegenstand gedanklicher Abstraktion macht, antinomische Züge. Wer sie, wie es die Natur der Sache erfordert, in *eine* kriminalpolitische Konzeption verschmelzen will, muß die Kraft zur Integration gegenläufiger Tendenzen haben und auf die geradlinige Durchführung nur eines einzigen begrifflichen Ansatzes verzichten. Es ist ein bleibendes Verdienst *Liszts*, der Versuchung zur Einseitigkeit, der so viele kleinere Geister erlegen sind, standgehalten zu haben: Er sah die Doppelaufgabe des Strafrechts klarer als viele seiner Nachfolger. Er erkannte, daß die ausschließliche Verfolgung des von ihm so machtvoll zur Geltung gebrachten Zweckgedankens im Strafrecht die Abdankung des Juristen zugunsten des „sozialen Hygienikers"[101] nach sich ziehen müßte; und obwohl er erwog, daß auf diese Weise „ohne all den Formel-Krimskrams der klassischen Kriminalisten ... im Einzelfall die Entscheidung gefällt werden" könne, „die der Gesamtheit frommt", erteilte er solchen Bemühungen eine klare Absage in Sätzen, die klassischen Rang haben und heute jedem Juristen geläufig sind: „Nach meiner Meinung ist, so paradox es klingen mag, das Strafgesetzbuch die magna charta des Verbrechers. Es schützt ... nicht die Gesamtheit, sondern den gegen diese sich auflehnenden einzelnen. Es verbrieft ihm das Recht, nur unter den gesetzlichen Voraussetzungen und nur innerhalb der gesetzlichen Grenzen ... bestraft zu werden ... Das Strafrecht ist die unübersteigbare Schranke der Kriminalpolitik."

Es handelt sich hier trotz der zugespitzten Form nicht um beiläufige Aperçus, sondern um ein kriminalpolitisches Credo, das *Liszt* nicht müde geworden ist zu wiederholen[102]. Er stellte diese Lehre „in den großen Zusammenhang der politischen Entwicklung"[103], die er im Sinne einer (heute unvermindert notwendigen) Synthese aufklärerisch-liberaler und sozialistischer Strömungen interpretierte: „Ich halte an jener Überlieferung des Zeitalters der Aufklärung grundsätzlich fest[104]. Und soweit die Zukunft sich weissagen läßt, behaupte ich, daß auch die Umgestaltung der Gesetzgebung an ihnen festhalten wird. Die Strafgewalt auch des sozialistischen Staates wird gesetzlich begrenzt bleiben nach Voraussetzung und Inhalt ... Das glaube ich, das hoffe ich im Interesse der persönlichen Freiheit, die ich nicht schutzlos der ‚sozialen Hygiene' preisgeben mag; das habe ich auch stets auf die Gefahr hin und mit dem Erfolge öffentlich gefordert, von

[101] Hier und im folgenden A. u. V. II, S. 80.

[102] Vgl. dazu etwa A. u. V. II, S. 59—62, S. 102. So wenig die Kriminalsoziologie bisher den ihr gebührenden Platz errungen hat, so sehr mehren sich doch die Anzeichen, daß die Warnung *Liszts* vor einer gänzlichen Abdankung der Jurisprudenz zugunsten der Soziologie eines Tages aktuell werden könnte: „Ausdrücklich möchte ich es zur Vermeidung von Mißverständnissen aussprechen: Ich halte die Behauptung für einen folgenschweren Irrtum, daß die Kriminalsoziologie berufen sei, an die Stelle des Strafrechts zu treten. Solange wir bestrebt sind, die Freiheit des einzelnen Staatsbürgers vor der schrankenlosen Willkür der Staatsgewalt zu schützen, solange wir an dem Satz nullum crimen, nulla poena sine lege festhalten, ebenso lange wird auch die strenge Kunst einer nach festen wissenschaftlichen Grundsätzen operierenden Gesetzesauslegung ihre hochpolitische Bedeutung behalten." (A. u. V. II, S. 434).

[103] A. u. V. II, S. 80.

[104] A. u. V. II, S. 61; der Satz ist von *Liszt* gesperrt gedruckt.

den Stimmführern beider Heerlager des Eklektizismus geziehen zu werden"[105].

Diese Überzeugung bildet auch die Grundlage des Alternativentwurfs. Freilich: Der Notwendigkeit eines Ausgleichs zwischen den rechtsstaatlichen und präventiven Aufgaben des Strafrechts wird sich heute kein Strafgesetzentwurf verschließen können, der einige Aussicht auf Verwirklichung haben will. Die Besonderheit des AE liegt aber darin, daß er dieses Ziel auf andere Weise verfolgt, als es bisher und auch im E 1962 geschehen ist. Es wird nämlich nicht dadurch ein Kompromiß gesucht, daß teils an den rechtsstaatlichen, teils an den präventiven Erfordernissen Abstriche vorgenommen werden, so daß sich schließlich eine „gemäßigte" mittlere Linie ergibt. Das Neuartige des AE liegt vielmehr darin, daß er beide Tendenzen, anstatt sie abzuschwächen, auf die Spitze treibt: Der AE ist gleichzeitig extrem rechtsstaatlich und extrem spezialpräventiv orientiert und geht in beiden Richtungen weit über den E 1962 hinaus. Er verwirklicht einerseits die Zweckstrafe unter gänzlicher Lösung vom Vergeltungsgedanken, legt die Grundsätze eines reinen Resozialisierungsstrafvollzuges fest und schafft mit der sozialtherapeutischen Anstalt ein neues und schuldunabhängiges Medium heilender Behandlung und sozialisierender Lernprozesse. Er begrenzt aber andererseits die Strafe streng durch das Prinzip der Tatschuld, hat Maßnahmen wie das Arbeitshaus und die Sicherungsaufsicht gerade deshalb abgeschafft, weil sie die staatliche Eingriffsgewalt in rechtsstaatlich unerträglicher Weise überdehnen und hat auch die Maßregeln programmatisch unter den Proportionalitätsvorbehalt gestellt. Nichts davon findet sich im E 1962; (während der Sonderausschuß jetzt weitgehend dem AE folgt). Der AE versucht aber nicht nur die aufklärerisch-liberalen und die sozialstaatlich-präventiven Traditionsströme je für sich zu verstärken, sondern sie auch auf ein gemeinsames Ziel hin zu vereinen und dadurch die beiden Grundmotive der Lisztschen Konzeption unverkürzt zu verwirklichen. Mit Recht sagt *Güde*[106]: „In der unbefangenen Verschränkung von Grundgedanken, die bisher als schwer vereinbar angesehen wurden, liegen die eigene Prägung des AE und sein Neuland." Der AE schlägt hier einen Weg ein, den in der konkreten Ausgestaltung weder *Liszt* noch der Regierungsentwurf gegangen sind. Warum er nach Meinung seiner Verfasser zum Ziele führt, bedarf erläuternder Auseinandersetzung.

[105] A. u. V. II, S. 62.

[106] Kriminalpolitische Zielsetzung in der Strafrechts- und Strafvollzugsreform, in: Strafvollzug in Deutschland, Fischer-Taschenbuch Nr. 841, 1967, S. 57.

2. Der Lisztsche Dualismus von Strafrecht und Kriminalpolitik

Liszt versuchte, der von ihm beschriebenen Antinomie dadurch Herr zu werden, daß er seine Wissenschaft in „zwei Reiche" zerlegte: Die Voraussetzungen der Strafbarkeit sollten nach liberal-rechtsstaatlichen Grundsätzen bestimmt werden, ganz so, wie es die klassische Schule von jeher vertrat. Wenn aber die Strafbarkeit nach „juristischer Methode" ermittelt war, sollte die Sanktion allein nach den sozialen Bedürfnissen bemessen werden[107]. *Liszt* faßte diese beiden Tendenzen in den Begriffen des „Strafrechts" und der „Kriminalpolitik", die er als Gegensätze sah. Nur so ist der oben zitierte Satz vom Strafrecht als der „unübersteigbaren Schranke der Kriminalpolitik" zu verstehen. Das Strafrecht ist der absolute Herrscher über das Ob, die Kriminalpolitik die alleinige Regentin über das Wie der Strafe.

Diese Trennung der Sphären besticht durch ihre Einfachheit; aber sie löst das Problem nicht. „Ich muß zugeben", sagte *Liszt*, in dem er sich auf den Standpunkt der Zweckstrafe stellte, „daß es vielleicht in der Konsequenz unserer Anschauung wäre, nur auf die Gesinnung Rücksicht zu nehmen und nicht erst die Tat abzuwarten; wie ja auch der Hausarzt nicht wartet, bis ein Leiden zum Ausbruche kommt, sondern demselben vorzubeugen trachtet"[108]; aber um der Freiheit des einzelnen willen zog er diese Konsequenz dann doch nicht und gab in der Strafrechtsdogmatik sogar den objektiven, tatbezogenen vor den subjektiven, täterbezogenen Kriterien den Vorzug[109]. Folgt man andererseits dem Standpunkt des Verfechters rechtsstaatlicher Garantien gegenüber dem obrigkeitlichen „Leviathan"[110], dann befriedigt es nicht, daß dieses so hoch bewertete Freiheitsinteresse mit dem Schuldurteil plötzlich erlöschen und durch das alleinige Kriterium sozialer Nützlichkeit ersetzt werden soll. Denn der von *Liszt* beschworene „Leviathan" entfaltet seine ganze Macht erst nach dem Schuldspruch und bedarf — wenn überhaupt — der Zügelung jetzt in demselben Maße wie vorher. Dem hat sich auch *Liszt* nicht ganz verschlossen, wenn es um die gesetzliche Ausgestaltung seiner Vorschläge ging. Das von ihm befürwortete „unbestimmte Strafurteil", bei dem sich die Dauer der Strafe nicht nach der Tat, sondern allein „nach der Erreichung oder Nichterreichung des im Einzelfalle

[107] Vgl. dazu im einzelnen etwa A. u. V. II, S. 71.
[108] A. u. V. II, S. 16.
[109] Vgl. dazu etwa *Radbruch*, Franz v. Liszt — Anlage und Umwelt, in: Elegantiae iuris criminalis, 2. Aufl., 1950, S. 231/2 und *Eb. Schmidt*, Einführung in die Geschichte der deutschen Strafrechtspflege, 3. Aufl., 1965, S. 381ff.
[110] A. u. V. II, S. 80.

verfolgten Strafzweckes, also nach der Wirkung des Strafvollzuges"[111] richten sollte, entspricht zwar in der Konzeption durchaus seiner Maxime, daß mit dem Einsetzen des Strafvollzuges „die Funktion des Strafrechts zu Ende"[112] sei; aber die Entscheidung über die Erreichung des Strafzweckes wollte er durchaus „mit denselben Bürgschaften umkleidet" sehen wie den Schuldspruch — weil sie „für die Freiheit des einzelnen" ebenso wichtig sei wie dieser! Ein solcher Widerspruch zeigt, daß *Liszt* selbst an seiner Zweiteilung kein Genüge fand, so daß die Verfasser des AE in seinem Geiste handeln, wenn sie die *Liszt*sche Antinomie in einer über ihn hinausführenden Weise aufzulösen trachten.

Die Verfasser des AE stimmen allerdings mit *Liszt* durchaus darin überein, daß die zu seiner Zeit vorherrschende (und noch im E 1962 wirksame) Tendenz, die Domänen von „Strafrecht" und „Kriminalpolitik" (im Sinne der *Liszt*schen Terminologie) auf die „Strafen" und „Maßnahmen" zu verteilen, ebensowenig weiterführt. „Das ist ja die liebenswürdigste Seite in dem Verhalten unserer Gegner", meint ironisch *Liszt*[113], „daß sie zufrieden sind, wenn die altehrwürdigen Etiketten geschont werden. In der ‚Bestrafung' des Gewohnheitsverbrechers darf das ‚Gleichmaß zwischen Schuld und Sühne' nicht überschritten werden; aber gegen lebenslange oder doch sehr langwierige ‚Sicherheitsmaßregeln' nach verbüßter Strafe haben die Gegner nichts einzuwenden. Zwei Jahre Gefängnis gegen den unverbesserlichen Landstreicher gestattet die ‚vergeltende' Gerechtigkeit nicht; aber fünf Jahre des wesentlich empfindlicheren Arbeitshauses würden uns die Gegner wohl zugestehen. Laßt es uns also Sicherungsmaßregel und Arbeitshaus nennen; laßt uns nehmen, was wir bekommen können." *Liszt* hat hier im Jahre 1893 fast genau die Regelung als „lächerlichen Widersinn" gekennzeichnet, die sich noch 70 Jahre später im E 1962 wiederfindet. Er wollte freilich diese mit Recht kritisierte Art von Zweispurigkeit seiner Zweckstrafe zunutze machen. Was aber gegen seine Lösung einzuwenden war, gilt gegen eine Deklarierung als Maßregel entsprechend. Wenn man mit dem Rechtsstaatsprinzip ernst machen will, darf man es weder auf das Ob der Strafe reduzieren noch durch rein begriffliche Konstruktionen umgehen. „Ein Schuldstrafrecht wird unglaubwürdig, wenn es langdauernde Einsperrungen durch die bloße Etikettierung als ‚Maßnahme'

[111] Hier und im folgenden A. u. V. II, S. 92.
[112] A. u. V II, S. 70.
[113] A. u. V. II, S. 72.

beliebig aus den rechtsstaatlichen Schranken löst, um deretwillen das Schuldprinzip allein der Bewahrung wert ist"[114].

3. Der Standpunkt des Alternativentwurfs

a) Die Grundposition des AE wurde schon oben umrissen: Rechts- und sozialstaatliche Forderungen, Freiheitswahrung und Prävention, sollen nicht, wie es bisher meist versucht wurde, bestimmten Stadien der Strafrechtsverwirklichung oder bestimmt gearteten Sanktionen einseitig zugeteilt, sondern immer gleichzeitig verwirklicht werden. Die Annahme, daß ein solches Verfahren möglich und kriminalpolitisch fruchtbar sei, gründet sich auf folgende Überlegungen:

Wenn man den Delinquenten bald als ein mündiges, voller Personautonomie teilhaftiges und obrigkeitlich bevormundender Behandlung sich zu Recht erwehrendes Mitglied der Gesellschaft, bald als ein zur Selbstbehauptung unfähiges, sozialisierenden Lernprozessen und sichernden Vorkehrungen zu unterwerfendes Objekt staatlicher Fürsorge ansieht, wenn man also, um es schlagwortartig zuzuspitzen, der Kriminalpolitik wechselnd hier ein idealistisches und dort ein realistisches Menschenbild zugrundelegt, dann ist das (hegelianisch gesprochen) eine abstrakte Betrachtungsweise, welche die beiden erst zusammen die conditio humana ausmachenden Seiten desselben Phänomens fälschlich voneinander isoliert und je für sich verabsolutiert. So, wie man volkstümlich sagt, man müsse „im Verbrecher den Menschen sehen", kommt es darauf an, über der empirischen Erscheinung des kümmerlichen Asozialen den gleichberechtigten Staatsbürger nicht zu vergessen, der er doch ebenfalls ist und den wir zur Wahrung seiner ihm in dieser Rolle zustehenden Rechte und zur Erfüllung seiner Pflichten gerade in den Stand setzen wollen[115]. Die Notwendigkeit, im Straffälligen trotz seiner sozialen Unzulänglichkeit den auf die freie Entfaltung seiner Persönlichkeit angelegten Menschen zu respektieren, besteht vor wie nach dem Urteilsspruch und gilt in einer durch die Bezogenheit auf das wechselnde Maß der Antisozialität modifizierten Form für Strafen und Maßnahmen gemeinsam. Kriminalpolitisch bedeutet das: Der Gefangene soll keine Ehrenstrafen erleiden; er soll lernen, in beruflicher Arbeit seinen gesellschaftlichen

[114] *Roxin*, in: Programm für ein neues Strafgesetzbuch, Fischer-Taschenbuch Nr. 952, 1968, S. 90. Näher zu dieser Problematik *Grünwald*, ZStW, Bd. 76, 1964, S. 633 ff.

[115] Ich habe diese Gedankengänge in einer auf die strafrechtstheoretische Problematik zielenden Wendung in JuS 1966 S. 384, näher entwickelt und darf auf diese Darlegungen hier verweisen.

Platz zu finden wie andere, freie Menschen, und er soll dafür entlohnt werden wie diese (§ 39 I, II AE). Er ist dabei stets „auf seine Selbstverantwortung anzusprechen" (§ 37 II, 1 AE) und soll eben deshalb nicht über das Maß seiner Verantwortlichkeit hinaus zur Rechenschaft gezogen werden (§ 2 II AE).

Im Lichte dieser Betrachtungsweise ist die strafbegrenzende Funktion des Schuldprinzips keine bloß rechtsstaatliche, sondern auch eine spezialpräventiv-kriminalpolitische Forderung[116]. Das gilt nicht nur wegen der geschilderten Verknüpfung von Selbstverantwortung und Schuldmaß. Wir verteidigen auch mit Hilfe des Schuldprinzips die Resozialisierung gegen die Generalprävention[117]. Denn Urteile, die um der Allgemeinabschreckung willen das Maß der individuellen Verantwortlichkeit überschreiten, sind gegenüber dem Betroffenen ungerecht und können deshalb leicht desozialisierende Wirkungen haben. Schließlich folgt die Begrenzung der Strafe auf das Schuldmaß nach der Konzeption des AE auch aus dem Notwendigkeitsprinzip[118]: Wir müssen, wenn nicht eine günstige Prognose sogar eine geringere Sanktion als ausreichend erscheinen läßt, zunächst davon ausgehen, daß eine Vollzugsdauer genügt, die dem Ausmaß und der Schwere der Verfehlungen (also der Schuld) entspricht. Diese Orientierung an der „Tat" — deshalb spricht der AE ausdrücklich von der *Tat*schuld im Gegensatz zur Charakter- und Lebensführungsschuld — braucht erst dann zugunsten einer tatgelösten, auf die Persönlichkeit des Täters und die Behandlungsdauer abstellenden Therapie aufgegeben zu werden, wenn sicher ist, daß der Täter anders auf den Weg der Legali-

[116] Über die kriminalpolitische Funktion des Schuldprinzips vgl. auch Arthur *Kaufmann*, JZ 1967, S. 556ff.

[117] Man sollte dem nicht, wie es oft geschieht, entgegenhalten, daß dies unmöglich sei. Gewiß waren sich auch die Verfasser des Alternativentwurfs „darüber klar, daß eine exakte Quantifizierung der Tatschuld nicht möglich ist" (Begründung zu § 2 AE, S. 29). Abschreckungsurteile, die geringfügige Delikte mit weit überhöhten Strafen ahnden, sind aber trotzdem sehr wohl als solche erkennbar und durch die strafbegrenzende Funktion des Schuldprinzips zu verhindern. Das Prinzip des „überwiegenden öffentlichen Interesses", das die Befürworter eines einspurigen Maßnahmenrechtes immer wieder an die Stelle des Schuldprinzips setzen wollen, leistet gegenüber generalpräventiver Strafzumessung überhaupt nichts, weil Abschreckungsurteile gerade im Namen des öffentlichen Interesses verhängt zu werden pflegen.

[118] Insofern haben auch andere klassische Postulate des Rechtsstaates keineswegs nur eine „strafrechtliche", sondern auch eine „kriminalpolitische" Funktion im Sinne *Liszts:* Die Tatbestandsbestimmtheit etwa dient nicht nur der Sicherung des einzelnen, sondern sie soll auch gewährleisten, daß nur Verhaltensweisen sanktioniert werden, bei denen die Notwendigkeit dazu durch ein gesetzliches Verfahren auf das gründlichste geprüft worden ist.

tät nicht zurückgeführt werden kann. Das ist bei seelischen Krankheiten und tiefgreifenden Persönlichkeitsstörungen, aber auch dann der Fall, wenn frühere Strafverbüßungen von längerer Dauer den Rückfall nicht verhindert haben und auch für die Zukunft keine Besserung versprechen.

Der Resozialisierung solcher Täter dient die sozialtherapeutische Anstalt des AE. Sie soll das leisten, was bei *Liszt*, wenn solche Behandlungsmethoden damals bekannt gewesen wären, die unbestimmte Strafe günstigstenfalls hätte tun können. Aber auch die sozialtherapeutische Anstalt ist weit entfernt, auf rechtsstaatliche Sicherungen zu verzichten oder den Delinquenten gegen seinen Willen zum Behandlungsobjekt zu degradieren. Im Gegenteil: Die Sozialtherapie ist nicht nur zeitlich begrenzt (auf vier bzw. acht Jahre), sondern in ihrem Funktionieren auch weitgehend von der Zustimmung und freiwilligen Mitwirkung des Täters abhängig. So heißt es ausdrücklich: „Erstmals zu Strafe verurteilte Täter dürfen dieser Maßregel nicht gegen ihren Willen unterworfen werden" (§ 69 II, 1 AE), und: „Ärztliche Eingriffe und psychiatrische Behandlung sind als sozialtherapeutische Maßnahmen nur mit Zustimmung des Eingewiesenen zulässig" (§ 67 VII AE). Außerdem wird bei allen Maßnahmen „auf die aktive Mitwirkung des Eingewiesenen abgestellt" (§ 69 II, 2 AE). Da alle psychiatrischen, psychologischen und pädagogischen Hilfen nur durch die freiwillige Mitarbeit des Eingewiesenen fruchtbar werden können, bilden Resozialisierung und Freiheitswahrung demnach nicht mehr Gegensätze, sondern Ziele, die einander wechselseitig fördern: Die Resozialisierung soll die Entfaltung der Persönlichkeit des Delinquenten ermöglichen und ihn aus den Verstrickungen seiner sozialen Fehlleistungen befreien, so wie umgekehrt die Wahrung der Entschlußfreiheit des Eingewiesenen und sein eigener Beitrag zur therapeutischen Arbeit die Resozialisierungsbemühungen überhaupt erst fruchtbar werden lassen.

Was hier gezeigt wurde, ließe sich auch anhand anderer Regelungen des AE, wie etwa der Ausgestaltung der Auflagen und Weisungen (§§ 41, 42), im einzelnen darlegen. Doch kommt es hier nur auf den Grundgedanken an, daß Resozialisierung und rechtsstaatlichliberaler Freiheitsschutz einander nicht im Wege stehen, sondern bedingen. Ein klassisches Vergeltungsstrafrecht ist nicht nur resozialisierungsfeindlich, sondern infolge seiner repressiven Struktur auch der individuellen Freiheit und ihrer Entfaltung abträglich; und ein reines, rechtsstaatlich ungesichertes Maßnahmenrecht vergewaltigt nicht nur den ihm Unterworfenen, sondern kann durch seine Methode schrankenloser Zwangsanpassung auch einer demokratischen und freiheitlichen Gesellschaft nicht nützen. Die Dialektik von Individuum und Gesellschaft, die in den rechts- und sozialstaatlichen Komponenten des Strafrechts wirksam ist, läßt sich überhaupt nur durch eine beide Pole menschlicher Existenz unverzerrt bewährende Synthese aufheben. Ein „Rechtsstaat", der den einzelnen sich selbst (oder einer abstrakten Vergeltung) überläßt, anstatt dem Bedürftigen zu helfen, führt zur Ausstoßung und Unterdrückung des Schwachen; und ein „Sozialstaat", der die Freiheit des einzelnen mißachtet, benutzt das Strafrecht in sehr ähnlicher Weise zu manipulierender Gängelung anstatt zu fördernder Persönlichkeitsentwicklung. Die grundgesetzliche Formel vom „sozialen Rechtsstaat" bedeutet also nicht eine Zusammenleimung heterogener Prinzipien. Sie bezeichnet vielmehr zwei Seiten eines richtigerweise nicht trennbaren Ganzen. In dem Versuch, diese Erkenntnis im Bereiche des Strafrechts gesetzgeberisch möglichst rein zu verwirklichen, liegt für mein Verständnis die Zeitgemäßheit und die eigentliche „Botschaft" des AE beschlossen[119]. Gewiß ist diese Konzeption ein Entwurf in die Zukunft; aber es handelt sich dabei nicht um wirklichkeitsferne Phantasterei, sondern um eine „konkrete" Utopie im Sinne Ernst *Blochs*, die das Bestehende im Hinblick auf eine heute schon mögliche bessere Wirklichkeit überschreitet[120].

b) Wenn wir von hier aus den Blick noch einmal auf die Konzeption *Liszt*s werfen, dann läßt sich der Grund, warum der AE hier einen neuen, bei *Liszt* noch nicht vorgezeichneten Weg einschlagen mußte, sehr leicht aufzeigen. Der Antagonismus von Persönlichkeitsschutz und Spezialprävention läßt sich nämlich in der geschilderten Weise nur aufheben, wenn man das Präventionsziel im Wege der Resozialisierung und die Resozialisierung nicht durch dressierende Anpassung, sondern durch Persönlichkeitsentwicklung erreichen will. *Liszt* glaubte aber nicht, daß dies möglich sei; und er konnte es wohl auch nach dem damaligen Stande der Erkenntnis nicht annehmen. Er zweifelte überhaupt an der Resozialisierungsfähigkeit Erwachsener und hat seine Vorschläge für einen Erziehungsstrafvollzug im wesentlichen auf Jugendliche beschränkt. So heißt es in seinem Juristentagsgutachten von 1902, in dem er seine Grundsätze für die Revision des

[119] Man vergleiche dazu auch den programmatischen Schlußabschnitt meines Aufsatzes in JuS 1966, S. 387.

[120] Ein Mitverfasser des AE, Werner *Maihofer*, hat Legitimität und Notwendigkeit eines so verstandenen utopischen Denkens im Bereiche der Rechtsphilosophie in seinen neueren Arbeiten mit besonderem Nachdruck hervorgehoben; zuletzt im Sammelband „Ideologie und Recht", 1969, S. 22ff., 135ff.

Strafgesetzbuches aufstellte[121]: „Wir verlangen in erster Linie die erziehende Behandlung des Besserungsfähigen; und da die erziehende Umgestaltung des Charakters durch körperliche und geistige Ausbildung wie durch Gewöhnung an regelmäßige Lebensweise, insbesondere an regelmäßige Arbeit, nur bis zu einem gewissen Lebensalter überhaupt möglich ist, können wir wohl sagen: die erziehende Behandlung der Jugendlichen." Über die erwachsenen Hangtäter meinte er dagegen[122]: „An eine Besserung der asozialen Elemente ist nicht mehr zu denken." Von diesem Standpunkt aus kann die Spezialprävention gegenüber habituellen Delinquenten natürlich nur in ihrer „Unschädlichmachung" bestehen, die denn auch seit dem Marburger Programm bei *Liszt* eine erhebliche und nicht sehr glückliche Rolle spielt[123]: „Sie besteht in ‚Strafknechtschaft' mit strengstem Arbeitszwang und möglicher Ausnutzung der Arbeitskraft; als Disziplinarstrafe wäre die Prügelstrafe kaum zu entbehren; obligatorischer und dauernder Verlust der bürgerlichen Ehrenrechte müßte den unbedingt entehrenden Charakter der Strafe scharf kennzeichnen"[124]. Aus dieser Wurzel stammt auch *Liszt*s Plädoyer für das Zuchthaus, dessen Unterscheidung vom Gefängnis er „wieder belebt und so weit als irgend möglich durchgeführt" wissen wollte[125], und zwar vor allem durch die „Festhaltung des entehrenden Charakters der ersteren"[126].

Diese und ähnliche Details des *Liszt*schen Programms entstammen der bis heute fortwirkenden, in unvermindert populären Vorurteilen befangenen und durch sozialdarwinistische Anschauungen zusätzlich genährten Vorstellung einer „Kampfsituation" zwischen der Gesellschaft und ihren Verbrechern, die keine Ansatzpunkte für eine Milderung des schroffen Antagonismus von gesellschaftlicher Notwendigkeit und individueller Freiheit bietet. Daß sie im Alternativentwurf kein Echo finden konnte, ist klar. Schon im Jahre 1879, also vor dem Marburger Programm, schrieb ein aus langer Haft entlassener Zuchthäusler, der nachmals literarisch sehr bekannt geworden

[121] A. u. V. II, S. 397.

[122] A. u. V. II, S. 401.

[123] A. u. V. I, S. 170.

[124] Noch viel schrecklicher ist, was *Radbruch* in seinen Elegantiae iuris criminalis, S. 229, aus einem Briefe *Liszts* an *Dochow* vom 21.11.1880 mitteilt, wo für die „Gewohnheitsverbrecher" eine Behandlung „mit militärischer Strenge ohne viel Federlesen und so billig wie möglich, wenn auch die Kerle zugrundegehen" empfohlen wird. Ihnen „Nahrung, Luft, Bewegung usw. nach rationellen Grundsätzen" zuzumessen, wird dort „Mißbrauch der Steuerzahler" genannt. Das ist fast ein Modell für grundgesetzwidrige KZ-Praktiken und zeigt, wohin der Gedanke einer rechtsstaatlich ungesicherten Zweckstrafe führen kann.

[125] A. u. V. I, S. 399.

[126] A. u. V. I, S. 402.

ist: „Dem gewöhnlichen Mann mangelt die Bildung, die sich zu der menschlichen Anschauung erhebt, daß das Vergehen die äußere Folge einer inneren moralischen Krankheit ist, an der der Verbrecher selbst zuweilen die geringere Schuld trägt, die ihn aber auch im schlimmsten Falle nicht aus der Reihe der menschlichen Wesen scheidet und eher Mitleid als Verachtung erwecken sollte." Die hier beschworene Anschauung des „gewöhnlichen Mannes", die der gesellschaftlichen Reintegration auch des entlassenen Strafgefangenen so verhängnisvoll im Wege steht und die fast jeder mit den Einflüssen seiner Umwelt in sich aufnimmt, hat ihren Schatten auch über manche Vorschläge des jungen *Liszt* geworfen. Sie sollten heute, obwohl sich Zuchthaus und Ehrenstrafen bis in den E 1962 hinein erhalten haben, endgültig der Vergangenheit angehören.

Für die zukünftige Bedeutung *Liszt*s wichtiger ist der Umstand, daß er sich von dem archaischen und repressiven Rigorismus seiner jüngeren Jahre verhältnismäßig früh gelöst hat. „Wer hat heute noch den Mut, die Mitschuld der Gesellschaft zu leugnen?" heißt es bei ihm schon im Jahre 1893[127]. „Es ist nicht unser ‚Verdienst', daß wir nicht längst schon vor den Strafrichter gekommen sind; und es ist nicht seine (scil. des Verbrechers) ‚Schuld', daß ihn die Verhältnisse auf die Bahn des Verbrechens getrieben haben"[128]. Es klingt wie ein Widerruf früherer Anschauungen, wenn *Liszt* im Lehrbuch[129] unter Berufung auf die „Kollektivschuld der Gesellschaft" schreibt: „Aber auch die Erkenntnis, daß das Verbrechen in den gesellschaftlichen Verhältnissen seine tiefe Wurzel hat, wird vor Übertreibungen des Zweckgedankens schützen." Diese Einsicht in die Interdependenz individuellen Schicksals und gesellschaftlicher Verhältnisse birgt den Keim für jene Verschmelzung rechts- und sozialstaatlicher Tendenzen, die ich oben als die Konzeption des AE geschildert habe. „Ihr laßt den Armen schuldig werden, dann überlaßt ihr ihn der Pein" — das ist die Kriminalpolitik der Unschädlichmachung, die den Straffälligen als Feind der Gesellschaft durch Ausstoßung bekämpft. Im selben Augenblick aber, da die Verantwortung der Gesellschaft für das, was aus ihren Mitgliedern geworden ist, anerkannt wird — und das ist keine Sache philantropischer Verschwärmtheit, sondern eine sehr nüchterne sozialwissenschaftliche Einsicht — muß die Gesellschaft auch ihre Pflicht akzeptieren, an ihm das wiedergutzumachen, was sie an ihm verdorben hat, d. h. ihn nicht zu „bekämpfen" und zu desozialisieren, sondern ihn als zu sich gehörig anzunehmen und ihm zu helfen, das zu werden, was aus ihm unter günstigeren Bedingungen auch ohne

[127] A. u. V. II, S. 66.
[128] A. u. V. II, S. 45.
[129] S. 19.

Strafvollzug hätte werden können. Es ist deshalb kein Zufall, daß der Versuch Peter *Nolls*, „die Strafe ethisch am Gedanken der Mitverantwortung zu orientieren"[130], in die Grundkonzeption des von ihm mitverfaßten Alternativentwurfs eingegangen ist. Eine einseitige Entlastung des Straftäters bedeutet das deshalb nicht, weil die Resozialisierung ja gerade darauf abzielt, ihn die Sorge für sich und das Gemeinwohl übernehmen zu lehren. „So, wie *er* die Verantwortung für das Wohlergehen der Rechtsgemeinschaft mitträgt, darf *sie* die Verantwortung für sein Schicksal nicht von sich tun"[131]. Im Ansatz findet sich das, wie gesagt, schon im Mitschuld-Gedanken *Liszts*, der denn auch in seinem bekannten Vortrag über die Zurechnungsfähigkeit (1896) den „Unverbesserlichen", mit dem er ehedem nicht viel „Federlesen" hatte machen wollen, dem Geiste „wohlwollender Milde, fürsorgender Pflege" anempfahl und anders als früher meinte: „Aber das Brandmal werden wir ihm nicht mehr auf die Stirne brennen"[132].

Auch für den Willen zur Resozialisierung des als unverbesserlich Angesehenen könnten wir uns (entgegen seiner eigenen Skepsis) auf *Liszt* selbst berufen. Er sah seine gefährlichsten Gegner nicht in den Anhängern der klassischen Schule, „sondern in den radikalen Naturalisten, die an die Möglichkeit der Erziehung des Menschen nicht glauben"[133], und erklärte in seinem Vortrag über „Die Zukunft des Strafrechts" (1892)[134]: „Die Kriminalpolitik, so wie wir sie verstehen, ist bedingt durch den Glauben an die Verbesserungsfähigkeit des Menschen, des einzelnen, wie der Gesellschaft." Das hellere Licht der Aufklärung, zu dem er sich ausdrücklich bekannte[135], überstrahlte hier die dunkleren, kulturpessimistischen Töne, die dem Ende des 19. Jahrhunderts eigen waren.

Gewiß: *Liszt* hat das nicht alles mehr in kriminalpolitische Vorschläge umsetzen können; teils, weil ein wirksamer (bis heute kaum praktizierter) Resozialisierungsstrafvollzug oder gar sozialtherapeutische Anstalten damals am Horizont praktischer Möglichkeiten noch nicht aufgedämmert waren[136]; teils aber auch, weil der Widerstand

[130] Die ethische Begründung der Strafe, 1962, S. 14ff.; zum „Mitschuld"-Gedanken jüngst eindrucksvoll auch *Naegeli*, Die Gesellschaft und die Kriminellen, in: Verbrechen — Schuld oder Schicksal? hrsg. von Bitter, 1969, S. 40ff.

[131] *Roxin*, JuS 1966, S. 386.

[132] A. u. V. II, S. 229.

[133] A. u. V. II, S. 11/12.

[134] A. u. V. II, S. 22.

[135] Und zwar in unmittelbarem Zusammenhang mit der eben zitierten Stelle, A. u. V. II, S. 23/24.

[136] „Und nicht was wir gewußt, sondern wie wir gewollt haben, sichert uns die Anerkennung der Gegenwart und der Zukunft", schreibt *Liszt* in selbstkritischer Bescheidenheit (A. u. V. II, S. 24).

seiner Zeit ihn zur Zurückhaltung nötigte[137]. Um so wichtiger ist es, sein Werk dort fortzusetzen, wo *Liszt* es abbrechen mußte. Das versucht der AE. Er lebt aus dem reformerischen Geiste *Liszts*, der, wenn nicht alles trügt, in der Zukunft noch fruchtbarere Wirkungen hervorbringen wird, als es ihm zu seinen Lebzeiten und in den ersten 50 Jahren nach seinem Tode vergönnt war.

[137] So meinte *Radbruch* (Drei Strafrechtslehrbücher des 19. Jahrhunderts, in: Festschrift für E. H. Rosenfeld, 1949, S. 18) von dem erwähnten Vortrag über die Zurechnungsfähigkeit, er sei „lange Zeit ein Stein im Wege der strafrechtlichen Reformbewegung gewesen. Darin mag es seinen Grund haben, daß *Liszt* die Gedanken dieses Vortrages, ohne sie gerade zu verleugnen, doch auch nicht weiter verfolgt hat, obgleich es wohl sein könnte, daß der Vortrag von 1896 zwar wenig Diplomatie zeigte, aber um so mehr Wahrheitsgehalt besaß."

Franz von Liszt und die Reform des Strafvollzuges

Von Professor Dr. Rudolf *Sieverts*, Hamburg

Franz *v. Liszt* hat in seinem kriminalpolitischen Programm auch dem Vollzug der Freiheitsstrafe und der kriminalpolitisch spezialpräventiven internierenden Maßregeln einen neuen Stellenwert gegeben.

Zunächst dadurch, daß er die Verhängung kurzfristiger Freiheitsstrafen so weit wie möglich durch nichtinternierende Kriminalstrafen und andere Institutionen ersetzt wissen wollte, weil er — belehrt durch Strafvollzugsfachleute wie *Krohne* u. a. — davon überzeugt war, daß der Vollzug dieser Freiheitsstrafe eben wegen dieser Kurzfristigkeit kriminalpräventiv nicht sinnvoll zu gestalten ist, sondern den Gefangenen für Rückfall anfälliger macht, als er bei Antritt dieses Vollzuges war. Er sah schon 1887, daß die drastische Einschränkung wenigstens des Vollzuges der kurzfristigen Freiheitsstrafe eine Voraussetzung „für die Regelung des gänzlich verwahrlosten Gefängniswesens im Bereich des Deutschen Reiches sei" (I, 263)[1]. „Alle Reformbestrebungen müssen erfolglos bleiben, solange die Gesetzgebung nicht einsieht, daß die vielgerühmten Vorzüge der Freiheitsstrafe, vor allem die Möglichkeit einer intensiven Einwirkung auf den Verbrecher, *nur der länger dauernden Freiheitsstrafe zukommen, der kurzzeitigen dagegen gänzlich fehlen.* Wenn es demnach geboten erscheint, Freiheitsstrafen von weniger als 6 Wochen (ich würde am liebsten noch weitergehen) völlig auszuschließen, so wird jeder Schritt, der uns diesem Ziel näherführt, mit der größten und dankbarsten Freude begrüßt werden müssen" (I, 267).

Im Jahre 1892 heißt es in der Aufsatzreihe „Kriminalpolitische Aufgaben" darüber hinaus: „Die Kriminalpolitik, wie ich sie verstehe, hat die Aufgabe, die Freiheitsstrafe in ihre Schranken zurückzuweisen und die Gefängnisreform als einen Teil des Ganzen ins Auge zu fassen" (I, 296). „Die Freiheitsstrafe ist nur *ein* Glied in der Kette der Strafmittel, und die Bewohner einer Strafanstalt sind keine selbständige Gruppe der Verbrecherwelt" (I, 295). In diesem Sinne bestritt

[1] Es wird zitiert nach *F.* v. *Liszt*, Strafrechtliche Aufsätze und Vorträge. Bd. I (1875—1891), Bd. II (1892—1904), Berlin 1905.

v. Liszt, „daß es eine Gefängniswissenschaft gibt. Was man so nennt, ist ein Teil entweder des Strafrechts im engeren Sinne oder der Kriminalpolitik" (I, 295).

v. Liszt betonte ferner, „*daß Strafrechtspflege und Strafvollzug verschiedene Entwicklungsstufen in derselben strafenden Tätigkeit sind*, daß ihre dem heutigen Strafrecht eigentümliche Auseinanderreißung ebenso unrichtig wie zweckwidrig ist. Auf die Verständigung über die Tragweite dieses Satzes lege ich das größte Gewicht" (I, 326). „Das Strafurteil gewinnt erst durch seinen Vollzug Inhalt und Bedeutung, und drei Jahre Gefängnis haben je nach der Anstalt, in welcher sie vollstreckt werden, eine ganz verschiedene Bedeutung, sie sind wesentlich verschiedene Strafen trotz der gleichen Bezeichnung. Nicht der Richter, sondern der Leiter der Strafanstalt bestimmt Bedeutung und Inhalt des richterlichen Urteils, und der Leiter der Strafanstalt, nicht der Gesetzgeber verleiht den leeren Strafdrohungen des Gesetzgebers Leben und Kraft. Die Fülle der gesetzgebenden und der richterlichen Gewalt ist in seiner Person vereinigt" (I, 328). *v. Liszt* beklagt sodann, daß in die Kommission, die damals den Entwurf eines Reichsgesetzes über den Vollzug der Freiheitsstrafen ausarbeiten sollte, „nicht *ein* Vertreter der deutschen Strafrechtspflege, kein Richter, kein Staatsanwalt, kein Verteidiger" berufen wurde. „Bezeichnender als durch den Ausschluß aller theoretischen und praktischen Kriminalisten konnte doch die Anschauung unserer maßgebenden Kreise, *daß der Strafvollzug mit dem Strafrecht nichts zu schaffen habe*, nicht zum Ausdruck gebracht werden. Diese Ansicht ist aber grundfalsch." Der Vollstreckung der Strafurteile müsse dieselbe Bedeutung beigelegt werden wie ihrer Findung (I, 329).

„Die Grundgedanken des Strafvollzuges (aber) müssen sich den Zwecken anpassen, welche der Gesetzgeber mit der Strafe überhaupt verfolgt. Wir können uns solange nicht für und nicht gegen die Zellenhaft entscheiden, ehe wir nicht wissen, was wir denn durch die Zellenhaft erreichen sollen und wollen. Wie wir den Strafvollzug zu gestalten haben . . . , darüber werden wir ohne den Beirat jener Personen kaum urteilen können, welche ihr ganzes Leben der Vollstreckung der Freiheitsstrafe gewidmet und in täglicher Berührung mit Verbrechern aller Art unschätzbare Erfahrungen gesammelt haben. Aber welches die anzustrebenden Ziele sind, das muß der Gesetzgeber wissen, *ehe* er jenen Beirat zuzieht. Der Leiter einer Strafanstalt hat eine bestimmte ihm vorgezeichnete Aufgabe zu erfüllen; es wäre ebenso verkehrt wie unbillig, ihm zumuten zu wollen, daß er sich selbst diese Aufgabe stelle" (I, 330).

v. Liszt kommt sodann auf das Dilemma einer nur an Vergeltung schuldhafter Tat orientierten richterlichen Strafzumessung und auf die in der Zumessungsstatistik bewiesene Ungleichheit der richterlichen Strafzumessung in den einzelnen Gerichtsbezirken, ja zwischen den Abteilungen eines Strafgerichts zu sprechen. Der Richter „kennt den Verbrecher gar nicht, den er bestrafen soll; und auf den *Menschen*, nicht auf die doch nicht von ihm loszulösende *Tat* kommt es uns an. Den Menschen aber lernen wir wenn überhaupt erst während des Vollzuges einer nicht bloß nach Tagen und Wochen bestimmten Freiheitsstrafe kennen. Mit dieser Erkenntnis ist uns die Richtung vorgezeichnet, in welcher wir vorzugehen haben. Die zu lösende Aufgabe kann nur dahin gehen, *die endgültige Strafzumessung erst während des Strafvollzuges eintreten zu lassen.* Mit der Lösung dieser Aufgabe wäre auch die Verbindung zwischen Strafrechtspflege und Strafvollzug hergestellt, in deren Mangel wir eine der wichtigsten Ursachen der heute herrschenden Übelstände erblickt haben. *Die wenigstens teilweise Beseitigung der richterlichen Strafzumessung* ist demnach eine der wichtigsten Aufgaben, welche die Kriminalpolitik unserer Tage uns stellt. Ihre Lösung würde eine tiefgreifende und segensreiche Umwälzung auf allen Gebieten des Strafrechtes zur Folge haben, die siegreiche Bekämpfung des Verbrechens fördern und verbürgen. *Aber ist die Lösung dieser Aufgabe denkbar?* Kann die richterliche Strafzumessung entbehrt werden? Wer soll an die Stelle des Richters treten? Ich würde die Frage nicht aufgeworfen haben, wenn ich ihre Lösung nicht für möglich hielte. Es sei mir gestattet, die Grundgedanken zu entwickeln, welche meiner Meinung nach bei der Lösung dieser Aufgabe festzuhalten wären. In erster Linie wird es sich darum handeln, das geeignete Organ zu finden oder zu schaffen, welchem die Nachprüfung des richterlichen Urteils und die endgültige Strafzumessung übertragen werden könnte. Nur wenn es gelingt, diese Vorfrage in befriedigender Weise zu erledigen, ist weitere Erörterung überhaupt möglich. *Meine Ansicht geht nun dahin, daß zweckentsprechend zusammengesetzte Aufsichtsräte oder Strafvollzugsämter diejenige Behörde wären, welche zur endgültigen Festsetzung der Strafdauer berufen werden könnte*" (I, 333f.).

Unter Hinweis auf schon bestehende ähnliche Einrichtungen in Österreich, Frankreich, Belgien, England, Holland, aber auch in einigen deutschen Bundesstaaten soll die Hauptaufgabe dieser *Strafvollzugsämter* in der Überwachung des Strafvollzuges bestehen, d. h. Gefängnisse zu untersuchen, wahrgenommene Übelstände zu beseitigen, Beschwerden der Gefangenen zu entscheiden, Disziplinarstrafen zu verhängen, Anträge auf Begnadigung zu stellen usw.

„Ich denke mir die Zusammensetzung der Ämter in folgender Weise: 5 Mitglieder: der Leiter der Strafanstalt (vorausgesetzt, daß die Forderung nach fachmännischer Ausbildung der höheren Gefängnisbeamten erfüllt ist), der Staatsanwalt, der Untersuchungsrichter und 2 von der Regierung auf die Dauer von drei (oder fünf) Jahren ernannte Vertrauensmänner. Bei Ernennung der letzteren wäre besonders Rücksicht einerseits auf die Leiter der Schutzfürsorgevereine, andererseits auf die Vertreter der Selbstverwaltungskörper[2] zu nehmen. Auch die Zuziehung der strafrechtlichen Theoretiker wäre ins Auge zu fassen; sie würde diesen die für ihre wissenschaftliche wie lehramtliche Tätigkeit äußerst wertvolle Gelegenheit geben, stets mit dem Leben Fühlung zu behalten, Rechtsprechung und Strafvollzug kennenzulernen, die Verbrechen an den Verbrechern zu studieren ... Einem auf diese oder ähnliche Weise aus 5 Fachmännern zusammengesetzten Strafvollzugsamte könnte m. E. mit vollster Beruhigung die endgültige Bestimmung der Strafdauer, also die entscheidende Strafzumessung übertragen werden. Wochen, Monate, Jahre hindurch können die Mitglieder des Amtes durch wiederholten persönlichen Verkehr mit jedem einzelnen Sträfling sich die Grundlage ihres Urteils bilden. Hat eine Entscheidung auf dieser Grundlage nicht mehr, unendlich viel mehr Wert als die summarische Strafzumessung durch unsere heutigen Schöffengerichte oder durch die mit Arbeit überladenen Strafkammern? Die Nachprüfung des richterlichen Urteils in Beziehung auf die Strafzumessung ist in verschiedener Weise möglich. Unüberwindliche Schwierigkeiten begegnen uns nirgends. Wir können zunächst an dem auf eine bestimmte Strafe lautenden Urteile festhalten, aber eine nachträgliche Verkürzung oder Verlängerung der urteilsmäßig erkannten Strafdauer durch das Strafvollzugsamt zulassen" (I, 335f.).

v. Liszt wies darauf hin, daß die Verkürzung der urteilsmäßig erkannten Strafdauer „bereits annähernd" in der bedingten Entlassung vorhanden sei. „Die Strafvollzugsämter in der von mir vorgeschlagenen Zusammensetzung werden besser geeignet sein, über die bedingte Entlassung zu entscheiden als die oberste Justizaufsichtsbehörde, welche ihre Entscheidung doch nur auf das Gutachten der Gefängnisverwaltung stützen kann" (I, 336). Die Möglichkeit einer nachträglichen Verlängerung der urteilsmäßig erkannten Strafe wollte *v. Liszt* nur auf diejenigen Delikte beschränkt wissen, welche erfahrungsmäßig dem Gebiete des gewerbs- oder gewohnheitsmäßigen Verbrechertums anzugehören pflegen, sowie auf solche Gefangenen, deren

[2] Als Träger der Sozialhilfe von *v. Liszt* gemeint.

Führung zeigt, daß der Strafvollzug bei ihnen wirkungslos geblieben ist.

„Derselbe Gedanke kann aber auch auf andere Weise als durch die *nachträgliche* Verkürzung oder Verlängerung der *urteilsmäßig erkannten* Strafdauer verwirklicht werden: nämlich dadurch, daß gänzlich oder teilweise Verzicht auf die richterliche Strafzumessung überhaupt geleistet wird. Es liegt mir sehr viel daran, gerade hier die Fragestellung möglichst zu begrenzen, nämlich auf Urteile mit einer nur durch Mindest- und Höchstmaß bestimmten Strafdauer" (I, 338f.). Diesem System gab *v. Liszt* den Vorzug.

An diese Gedanken Franz *v. Liszt*s knüpft die heutige Diskussion um die Einführung eines „Vollstreckungsgerichts" (nach dem Vorbild des richterlichen Vollstreckungsleiters im Jugendstrafvollzug seit (dem RJGG von 1943) in das künftige Bundesstrafvollzugsgesetz wieder an, ebenso wie die Erörterungen um Einführung bzw. Wiedereinführung von „Anstaltsbeiräten".

Welches System von Freiheitsstrafen schlug *v. Liszt* vor, wobei er die Behandlung der Jugendlichen und die Bestrafung der wiederholt Rückfälligen sowie „die ganze Reihe der Vorbeugungsmittel" zunächst außer Betracht ließ?

Durch die Heraufsetzung des Mindestmaßes der Freiheitsstrafe auf 6 Wochen erklärte *v. Liszt* die besondere Strafe der Haft für überflüssig. Übertretungen sollen ausschließlich mit Geldstrafe bedroht werden, und an die Stelle der uneinbringlichen Geldstrafe soll Strafarbeit ohne Einsperrung treten. „Für diejenigen strafbaren Handlungen, welche wir gegenwärtig als *Vergehen* bezeichnen, ist das Mindestmaß von 6 Wochen nicht zu hoch gegriffen, denn hier soll nach meinem Vorschlage die Aussetzung der Strafvollstreckung dem erstmals Verurteilten gegenüber nach richterlichem Ermessen eintreten. Zur Freiheitsstrafe kommt es daher überhaupt nur, wenn entweder erstens die Tat eine milde Beurteilung überhaupt nicht verdient, die Aussicht auf gute Führung des Verurteilten eine geringe ist; oder aber zweitens, wenn wir es mit einem bereits rückfälligen Täter zu tun haben, welcher das in ihn gesetzte Vertrauen mißbraucht, durch das der Verurteilung nachfolgende Verhalten die Entschiedenheit seines verbrecherischen Willens bewiesen hat. In beiden Fällen empfiehlt sich eine Freiheitsstrafe von einiger Empfindlichkeit von selbst. Welch große Entlastung unserer Strafgerichte, welche Vereinfachung des Strafvollzuges, welche finanziellen Ersparnisse die Durchführung dieses Gedankens zur Folge hätte, bedarf keiner Auseinandersetzung" (I, 391f.).

v. Liszt hielt ferner daran fest, „daß an die Stelle der richterlichen Strafzumessung die Verurteilung zu einer nur durch Höchst- und Mindestmaß der Dauer bestimmten Freiheitsstrafe zu treten hätte, Maße, die im Gesetz für die einzelnen strafbaren Handlungen zu bestimmen wären. Diese gesetzlichen Strafrahmen würden sich von denjenigen des geltenden Rechts nur dadurch unterscheiden, daß sie keine so große Spannweite hätten. Daneben könnte dem Richter gestattet werden, bei Vorliegen besonderer, in den Urteilsgründen anzugebender Milderungsumstände an Stelle des im Gesetz angedrohten den nächstniederen Strafrahmen zur Anwendung zu bringen" (I, 392).

v. Liszt schlug für die Freiheitsstrafen des künftigen Gesetzbuchs Gefängnisstrafe und Zuchthausstrafe vor. „Mit beiden ist Arbeitszwang verbunden, jedoch kann der Richter in den im Gesetz vorgesehenen Fällen (politische Delikte, Zweikampf) den Verurteilten von der Verpflichtung zur Arbeit entbinden. So wird die Festungshaft überflüssig, ohne daß der ihr zugrunde liegende Gedanke verlorengeht. Von dem ihnen gemeinsamen Arbeitszwang abgesehen sind die beiden Arten der Freiheitsstrafe so viel als möglich voneinander zu unterscheiden: a) Für jede der beiden Strafen sind besondere Strafanstalten einzurichten; Gefängnisse einerseits, Zuchthäuser andererseits. In den ersteren darf Zuchthaus-, in den letzten Gefängnisstrafe unter keinen Umständen vollstreckt werden. Wenn irgend möglich, sind auch die verschiedenen Abstufungen der Zuchthausstrafe in getrennten Anstalten zu vollstrecken; b) Das Mindestmaß der Zuchthausstrafe schließt sich an das Höchstmaß der Gefängnisstrafe unmittelbar an. Die Gefängnisstrafe ist ausschließlich eine zeitige. Sie reicht von 6 Wochen bis zu 2 Jahren. Die Zuchthausstrafe ist entweder eine lebenslängliche oder eine zeitige. Die letzte beträgt 2 bis 5, 5 bis 10 oder 10 bis 15 Jahre; c) Die Gefängnisstrafe wird in Einzelhaft verbüßt, die Zuchthausstrafe beginnt mit einjähriger Einzelhaft; der noch übrige Teil der Strafzeit wird in fortschreitender (progressiver) Gemeinschaftshaft mit nächtlicher Trennung vollstreckt; d) In Beziehung auf die Hausordnung in den Strafanstalten, die Disziplinarstrafen, die Gewährung von Vergünstigungen, auf Art der Arbeit, Arbeitsaufgaben, Arbeitsverdienstanteil, Verkehr mit der Außenwelt usw. sind Gefängnisstrafe und Zuchthausstrafe möglichst voneinander zu unterscheiden; e) Die Verurteilung zu Gefängnisstrafe hat niemals, die zu Zuchthausstrafe stets den Verlust der bürgerlichen Ehrenrechte zur Folge. Doch kann der Richter in den durch das Gesetz vorgesehenen Fällen dem Verurteilten die Ehrenrechte vorbehalten, wenn festgestellt wird, daß die für strafbar befundene Handlung *nicht* aus einer ehrlosen Gesinnung entsprungen ist; f) Der aus dem Gefängnis Entlassene ist niemals, der aus dem Zuchthaus Entlassene stets unter Polizeiaufsicht zu stellen. Die Dauer der Polizeiaufsicht ist der in dem Zuchthaus tatsächlich verbüßten Strafzeit gleich. Das Strafvollzugsamt kann die Befreiung des Entlassenen von der Polizeiaufsicht verfügen, wenn sich derselbe der Aufsicht eines staatlich anerkannten Schutzfürsorgevereins unterwirft" (I, 396f.).

v. Liszt lehnte ausdrücklich die Bestrebungen ab, eine einzige, nur in ihrer Dauer verschiedene Freiheitsstrafe einzuführen. „Ich halte den Gedanken der einheitlichen Freiheitsstrafe für gänzlich verkehrt. Er steht und fällt mit seinen Voraussetzungen: der Besserungstheorie und dem Glauben an die Allmacht der 30 Kubikmeter Rauminhalt unserer Musterzellen. Sowie wir anerkennen, daß es Unverbesserliche gibt, kann die Besserungstheorie nicht mehr die alleinige Grundlage unseres Strafensystems abgeben" (I, 398). Schon aus Gründen der verschiedenen Schwere der strafbaren Handlungen müsse man zwei Arten der Freiheitsstrafe unterscheiden. „Wollten wir Totschlag, Notzucht, Brandstiftung, Raub mit derselben Strafe belegen, mit welcher wir Beleidigung, Hausfriedensbruch, Sachbeschädigung bedrohen, so würden wir das Rechtsbewußtsein unserer Bevölkerung auf das tiefste erschüttern. Wir haben es ja bereits unzweifelhaft getan, in dem wir den Unterschied zwischen Zuchthaus und Gefängnis, welchen das Gesetz verlangt, in der tatsächlichen Handhabung so gut wie gänzlich verwischten und an seine Stelle den Unterschied der Strafanstalten setzten. Der unserem heutigen Recht verlorengegangene Unterschied von Gefängnis und Zuchthaus muß wieder belebt und so weit als möglich durchgeführt werden. Darin erblicke ich eine der wichtigsten und dringendsten Forderungen der Kriminalpolitik" (I, 398f.). Wenn auch im Arbeitszwang kein Unterschied zwischen beiden Anstaltsarten gemacht werden könne, so versprach sich *v. Liszt* von der radikalen Trennung der Strafanstalten eine erhöhte allgemeine rechtserzieherische Wirkung. „Nichts prägt sich dem Gedächtnis der Menschen leichter und tiefer ein, als was an bestimmte Örtlichkeiten geknüpft ist" (I, 400). Ferner dürfe das Mindestmaß der Zuchthausstrafe nicht unter das Höchstmaß der Gefängnisstrafe hinuntergreifen. „Wenn der Gefängnissträfling 5 Jahre sitzen muß, während der Zuchthäusler nach einem Jahr wieder nach Hause kommt, so kann man es den Leuten nicht übelnehmen, daß sie nicht begreifen wollen, der erstere habe die leichtere Strafe erlitten" (I, 401). Er schlug vor, die Gefängnisstrafe mit 2 Jahren im Höchstmaß zu schließen, die Zuchthausstrafe aber mit 2 Jahren im Mindestmaß zu beginnen. Das Höchstmaß für die Gefängnisstrafe entspreche der Übung der Gerichte, die nur in relativ wenigen Fällen zu einer höheren Gefängnisstrafe verurteilten.

Dem Einwand der Resozialisierungswidrigkeit gegen seinen Vorschlag, der Zuchthausstrafe weiterhin ihren entehrenden Charakter zu belassen, wollte *v. Liszt* dadurch begegnen, daß dem Richter die Möglichkeit gewährt werden solle, bei einer Verurteilung zu Zuchthaus ausnahmsweise die Ehrenrechte vorzubehalten, wenn die Tat *nicht* aus ehrloser Gesinnung entsprungen ist. Damit werde die individualisierende Beurteilung des Einzelfalles gesichert. Dagegen wollte er bei einem zu Gefängnis Verurteilten von dem Verlust der bürgerlichen Ehrenrechte gänzlich absehen. „Dem Gefängnissträfling gegenüber haben wir immer noch Besserung zu erhoffen und zu erstreben. Diese gefährden wir durch die Aberkennung der Ehrenrechte. Um diesen Preis ist mir die Individualisierung zu teuer erkauft" (I, 403). Auch die Polizeiaufsicht wollte er dem entlassenen Gefängnissträfling gegenüber gänzlich ausschließen, während der entlassene Zuchthäusler grundsätzlich unter Polizeiaufsicht zu stellen wäre, es sei denn, daß im Einzelfall die erfolgte Besserung des Entlassenen festzustellen ist und deshalb an Stelle der Polizeiaufsicht die „Schutzfürsorge" angeordnet wird.

Die Frage, ob die lebenslange sowie die über 10 Jahre hinausgehende zeitige Zuchthausstrafe beizubehalten seien, beantwortete *v. Liszt* dahin, daß beide vom Standpunkt des Besserungszweckes wie der Abschreckung nicht zu rechtfertigen seien, wohl aber trage diese Strafen der Gedanke der Sicherung gegen „unverbesserliche Gewohnheitsverbrecher", vor denen die Gesellschaft nachhaltig geschützt werden müsse. „Aus diesen Gründen kann ich mich nicht entschließen, den Wegfall der 10 bis 15jährigen so wie der lebenslänglichen Zuchthausstrafe zu befürworten" (I, 405).

In den folgenden Jahren hat *v. Liszt* diese Ansichten zur Reform des Systems der Freiheitsstrafe und ihres Vollzuges in seiner Analyse der „Gutachten der Präsidenten der Oberlandesgerichte und der Oberstaatsanwälte (Preußens) über die sog. bedingte Verurteilung" (1890, I, 469ff.) und in seinem Aufsatz „Die Reform der Freiheitsstrafe. Eine Entgegnung auf Adolf Wachs gleichnamige Schrift" (1890, I, 511ff.) weiter unterbaut. Aber auch in den Aufsätzen, die im Band II der „Strafrechtlichen Aufsätze und Vorträge" gesammelt sind, verfaßt von 1892 bis 1904, hat er dieses Programm durchgehalten und nur in wenigen Einzelheiten modifiziert. Die letzte Darstellung findet sich in der 21. und 22., „völlig durchgearbeiteten" Auflage des „Lehrbuch des deutschen Strafrechts" von Franz *v. Liszt*, das kurz vor seinem Tode 1919 erschien, und zwar im § 4 „Die kriminalpolitischen Forderungen der Gegenwart".

Es fällt auf, daß seine Vorstellungen über den Vollzug der Freiheitsstrafe immer nur in ganz groben Zügen von ihm skizziert worden sind. Es gibt keine Arbeit von ihm, die sich darüber ausgelassen hätte, wie etwa das Strafvollzugsgesetz, das er neben dem Strafgesetzbuch und der Strafprozeßordnung forderte, im Aufbau und Inhalt aussehen sollte. Seine wenigen Bemerkungen über die Ausgestaltung des Vollzuges der Gefängnisstrafe und der Zuchthausstrafe wirken sogar ausgesprochen altmodisch und überholt.

Der Vorschlag, die höchstens zweijährige Gefängnisstrafe nur in Einzelhaft zu vollstrecken, enthielt eine Überschätzung der positiven Wirkungsmöglichkeiten dieser Haftform, wie die Erfahrung seither gezeigt hat. Der von *v. Liszt* skizzierte Vollzug der Zuchthausstrafe aber, die von ihm für den „unverbesserlichen Zustandsverbrecher" gedacht war, enthielt alle Elemente, die nach inzwischen gewonnener Erkenntnis eine Resozialisierung des Zuchthäuslers einfach unmöglich machen.

Dieses Gebiet ist also von der sonst so konstruktiven legislatorischen Phantasie Franz *v. Liszts* kaum erfaßt worden. Dabei kannte er die Reformen und die Reformpläne auf dem Gebiete des Strafvollzuges in ausländischen Staaten und in Deutschland sowie ihre Geschichte sehr genau, wie viele Aufsätze zeigen. Sie zeigen aber auch, daß er sehr vielen dieser Reformen und Pläne skeptisch gegenüberstand, weil er nicht zu Unrecht auch hier ideologischen Dogmatismus am Werke sah und zu wenig gesicherte wissenschaftliche Erfahrung. Das war für seine Zeit richtig gesehen. Es gab z. B. noch nicht eine durchgearbeitete Wissenschaft von der Haftpsychologie und Haftsoziologie; eine Kriminologie der Täterpersönlichkeiten war erst ganz im Anfang, wie *v. Liszt* selbst immer wieder betont hat. Infolgedessen war auch die Frage, wie im Vollzug der Freiheitsstrafe die Insassen zweckmäßig auf das Ziel ihrer Sozialisation hin zu behandeln sind, damals noch gar nicht beantwortbar. Die Sozialpädagogik an Verwahrlosten und Rechtsbrechern — insoweit auch Kriminalpädagogik genannt — hatte zwar einige Vorläufer, wie z. B. in *Pestalozzi*, entstand aber als Wissenschaft, die auf die Praxis einwirkte, erst nach dem ersten Weltkrieg. Das, was *v. Liszt* hinsichtlich der Gestaltung des Vollzuges der Freiheitsstrafe offenlassen mußte, haben erst seine Schüler Moritz *Liepmann*, Berthold *Freudenthal*, Ernst *Delaquis*, Gustav *Radbruch*, Wolfgang *Mittermaier* nach seinem Tode für Deutschland in Angriff genommen, unterstützt von der sozialpädagogischen Schule des Erziehungswissenschaftlers Hermann *Nohl*, die auch die Anregungen der aufkommenden psychoanalytischen Lehren von *Freud*, *Jung* und *Adler* aufgriff. Wenn sie und ihre Schüler das Gebiet des Vollzuges der Freiheitsstrafe inzwischen rechtlich, ökonomisch, betriebswirtschaftlich, ärztlich, psychologisch und sozialpädagogisch in der Grundlage und im Detail haben weitgehend klären können, so war aber diese Arbeit nur möglich, weil Franz *v. Liszt* wissenschaftlich die moderne kriminalpolitische Grundlage für die Strafrechtspflege so befreiend dafür geschaffen hatte.

Nicht von ungefähr haben aber seine Schüler, die das Programm der Strafvollzugsreform nach seinem Tode ausgearbeitet haben, den Begriff der „Unverbesserlichkeit" auch gegenüber dem „Zustandsverbrecher" bewußt fallen lassen, weil sie die kriminalpolitische Sterilität dieses Begriffes erkannten. Damit war der Weg frei für die Aufgabe, auch den hartnäckig Rückfälligen doch noch zu resozialisieren und damit die Gesellschaft am zuverlässigsten vor ihnen zu schützen. Man darf sicher sein, daß *v. Liszt* die Erfolge, die auf diesem Gebiet der dänische und der holländische Strafvollzug in ihren „Sozialtherapeutischen Anstalten" — um den heute bei uns üblich gewordenen Ausdruck für diese stationäre Behandlung zu gebrauchen — erzielt haben, vorbehaltlos begrüßt hätte, sich der besseren wissenschaftlichen Einsicht freudig beugend, daß ein „treatment of the 'untreatable'"[3] doch in vielen Fällen noch möglich geworden ist und vielleicht noch weiter individualpräventiv ausgedehnt werden kann.

[3] Titel des neuesten Buches des Leiters der dänischen Spezialanstalt Herstedvester, Chefarzt Dr. Georg K. *Stürup*, über diese sozialtherapeutische Behandlung, Baltimore, 1968, 266 S.

Franz von Liszt als Österreicher

Von Assessor Dr. Reinhard *Moos*

Wissenschaftlicher Assistent am Max-Planck-Institut
für ausländisches und internationales Strafrecht in Freiburg i. Br.

Der Ruhm des deutschen Strafrechtslehrers Franz *v. Liszt* hat die Erinnerung daran verdrängt, daß *v. Liszt* von Geburt und Ausbildung Österreicher gewesen ist. Er hatte bereits jahrelang als Privatdozent in Graz gewirkt, als er einem Ruf nach Deutschland folgte. Die Grundlagen für das, was er uns später geworden ist, sind in Österreich gelegt worden. Mehrfach angebahnte Versuche, ihn in seine Heimat und alte Laufbahn zurückzuholen, sind gescheitert.

Franz *v. Liszts* Trennung von Österreich spiegelt Züge der österreichischen Zeit- und Wissenschaftsgeschichte der zweiten Hälfte des 19. Jahrhunderts wider. Beim ersten Blick erinnert sie an das Schicksal anderer hervorragender Männer, die damals in Österreich nicht willkommen waren oder sich in seinen Geist nicht einfügen mochten. Es sei der große Heidelberger Staatsrechtler Georg *Jellinek* genannt, der ein Jahrzehnt lang als Privatdozent und außerordentlicher Professor in Wien gelehrt hatte, aber 1889 demissionierte und sich in die Schweiz und nach Deutschland begab, weil man ihm die Anerkennung versagte und ein Vorwärtskommen unmöglich gemacht hatte[1]. Es sei an den in Wien geadelten Rudolf *v. Jhering* erinnert, der 1872 nach kurzer triumphaler Lehrtätigkeit Wien verließ, weil er es „geistig und körperlich . . . hier nicht lange mehr gemacht" hätte, wie er damals an Ludwig Lange schrieb[2], oder es sei das Schicksal Adolf *Merkels* ins Gedächtnis zurückgerufen, der 1868 nach Prag, dann 1872 nach Wien gekommen war, es aber 1874 schon wieder verließ, weil ihm die Anfeindungen wegen seiner deutschnationalen Gesinnung zuviel geworden waren[3].

[1] Siehe die Biographie von seiner Gattin Camilla *Jellinek:* Georg Jellinek. Sein Leben, in: Neue österreichische Biographie 1815—1918, Abt. 1, Bd. VII, Zürich, Leipzig, Wien 1931, S. 136ff., 141.

[2] Rudolf von Jhering in Briefen an seine Freunde, hrsg. von Helene Ehrenberg, Leipzig 1913, S. 273; in ähnlichem Sinne auch S. 227, 247, 254, 267, 271, 272.

[3] Siehe Moritz *Liepmann,* Die Bedeutung Adolf Merkels für Strafrecht und Rechtsphilosophie, ZStW Bd. 17 (1897), S. 638ff., 642.

Bei genauem Zusehen fragt es sich jedoch, ob *v. Liszt* in die Reihe dieser Schicksale eingeordnet werden darf oder ob sein Weggang aus Österreich sich nicht vielmehr ebenso natürlich vollzog wie etwa 1872 und 1879 der August *Geyer*s oder Emanuel *Ullmann*s nach München. Allzu schnell wird Altösterreich als mittelmäßig und konservativ apostrophiert, da es die unruhigen und fortschrittlichsten Männer des Landes vertrieben habe oder sie nicht habe ertragen können.

Das Ergebnis wird zum einen zeigen, daß aus *v. Liszt*s Rückkehr nichts wurde, weil er in der Tat nicht mehr in jenes Österreich paßte und weil er ihm unbequem war. Es soll aber auch zum andern bewußt machen, daß er das Erblühen der österreichischen Rechtswissenschaft in der zweiten Hälfte des 19. Jahrhunderts auf glänzende Weise sichtbar gemacht hat. Franz *v. Liszt*s Berufung nach Deutschland ehrte seine Heimat, sein Verbleiben zeigte die Schwierigkeiten und Grenzen, die ihr damals gesetzt waren.

Die väterlichen Vorfahren *v. Liszt*s waren Deutsche aus dem ungarischen Burgenland, über die seiner Mutter ist nichts bekannt[4]. Sein Vater Eduard ist mit besten Zeugnissen als Staatsanwalt, Richter und hoher Ministerialbeamter im Justizministerium in Wien bis zum Generalprokurator am Obersten Gerichtshof aufgestiegen[5]. Er war Franz Vorbild und Lehrer und hat das Talent des Sohnes sicher ebenso geweckt und gefördert wie später die Wahl des Faches mitbestimmt.

Franz *v. Liszt* wurde am 2. März 1851 in Wien geboren. Seine Mutter Karoline geb. Pickart starb drei Jahre nach seiner Geburt. 1859 heiratete Eduard *v. Liszt* erneut, und seine zweite Frau Henriette geb. Wolf hat den beiden Kindern aus erster Ehe, Franz und Marie, die fehlende mütterliche Liebe vollkommen ersetzt. Der aus der Ehe

[4] Vgl. Heinrich E. *Wamser*, Abstammung und Familie Franz Liszts, Burgenländische Heimatblätter, 5. Jg. (1936), S. 24ff. und Nachkommentafeln „List". 1 u. 3 nach S. 36; Eduard Ritter *v. Liszt* (jun.), Franz Liszt. Abstammung, Familie, Begebenheiten, Wien, Leipzig 1937, S. 1ff., 12ff., 57.

[5] Zur Familiengeschichte, den Vorfahren Franz *v. Liszts*, dem Leben und Wirken seines Vaters und zu seinen Geschwistern, siehe meine bald erscheinende Veröffentlichung über Franz *v. Liszt* mit Abbildungen. Darin werden auch *v. Liszt*s Leben und besonders sein Werk in Österreich auf ihrem geschichtlichen Hintergrund wesentlich eingehender dargestellt und die Literatur vollständiger nachgewiesen.

Bereits an dieser Stelle sage ich meinen besten Dank für die Überlassung des Materials und die freundliche Hilfsbereitschaft, die mir durch den Nachlaßverwalter Eduard v. Liszt jun., Herrn Oberadministrationsrat Dr. Harry *Oster* in Wien sowie durch das Staatsarchiv Wien, die Universitätsarchive in Wien und Graz und das Schottengymnasium in Wien zuteil geworden sind.

mit Henriette *v. Liszt* hervorgegangene zweite Sohn Eduard jun. ist wie sein Bruder Franz Strafrechtsprofessor in Graz geworden. Er hat in Wien gelebt und ist erst 1961 verstorben.

Der Pate und Vetter Franz *v. Liszt*s war der Komponist Franz Liszt. Von ihm hat er nicht nur in der Taufe den Vornamen, sondern seine Familie fünfzehn Jahre später auch das Adelsprädikat mit dem Zusatz „Ritter" erhalten. Franz Liszt war 1859 als hochverdienter österreichischer Musiker in den adligen Ritterstand erhoben worden. Diese Standeserhöhung hatte er 1867 auf seinen Onkel Eduard, den Vater unseres Franz, übertragen, da er selbst keine männlichen Erben hatte, in den geistlichen Stand eingetreten war und mit Eduard Liszt und dessen Familie in herzlicher Freundschaft verbunden war[6].

Der Vater und der Pate waren zunächst übereingekommen, den Neigungen des heranwachsenden Jungen zum Soldatenberuf nachzugeben und ihn mit elf Jahren auf die Militärakademie zu schicken. Als es soweit war, ließ man Franz jedoch, dem Zuspruch der Mutter folgend, das Gymnasium besuchen[7]. Er absolvierte in der von österreichischen Adelshäusern bevorzugten Schule des Benediktinerstiftes „Unsere liebe Frau zu den Schotten" bis 1869 alle acht Klassen. Die Schule hatte er im Hause, da seine Eltern seit 1863 in dem zum Stift gehörenden Schottenhof wohnten. Das Abschlußzeugnis *v. Liszt*s vom Juli 1869 wies ihn mit den Noten „musterhaft", „ausgezeichnet" und „vorzüglich" als ungewöhnlich begabten Schüler aus. Er war der Erste seiner Klasse.

Im Oktober 1869 schrieb sich Franz *v. Liszt* an der Universität Wien als Student der Rechts- und Staatswissenschaftlichen Fakultät ein. In den zu Beginn der siebziger Jahre aufkommenden heftigen innenpolitischen Auseinandersetzungen wegen der tschechischen Nationalitätsfrage gehörte der junge Student zu den Führern des „Deutschen Lesevereins", der sich den böhmischen Selbständigkeitsbestrebungen energisch entgegenstellte[7a]. Vor allem die studentische Jugend und viele fortschrittlich und liberal denkende Politiker waren deutschnational eingestellt. Österreich war nach der Revolution von

[6] Siehe die Nobilitierungsakten Franz Liszts im Staatsarchiv Wien, Ministerium des Innern, Nr. 20701 und 22616 aus 1859, Fasc. IV D 1 Ritterstand sowie 131 A, 165 A, 169 A aus 1867; Heinrich *Kunert*, Der Ritterstand Franz Liszts, Burgenl. Heimatbl. 1936, S. 50, 51. — Zu den Verbindungen des Komponisten zu Eduard v. Liszt sen. siehe *Ed. v. Liszt*, S. 48ff. und Georg *Eichinger*, Die Nobilitierung der Familie Liszts, Österr. Illustr. Rundschau, 4. Jg. Heft 22. v. 23. Februar 1917, S. 618, 619.

[7] Vgl. *Ed. v. Liszt*, S. 62, 98, 100.

[7a] Siehe den anonymen Nachruf in JBl. 1919, S. 206.

1848 erneut in den Absolutismus zurückgefallen, der sich erst ab 1860 aufzulösen begann. An dieser Liberalisierung hatten die deutschnationalen Kräfte wesentlichen Anteil. Ihr Interesse galt nach dem endgültigen Scheitern des Deutschen Bundes 1866 weniger der Frage des staatlichen Zusammenschlusses als den inneren Kräften, die sie mit dem nationalen Bekenntnis verbanden und in Österreich vermißten: der Kraft, Zielstrebigkeit, Schaffensenergie und dem freiheitlichen Denken, die aus dem Reich für sie imponierend herüberleuchteten[8]. Der kurze, heftige Krieg von 1866 gegen Preußen war um die Vorherrschaft in Deutschland und nicht gegen Deutschland geführt worden. Sein Verlust stellte das Deutschtum in Österreich auf sich selbst, erzeugte dort bei den meisten aber weder Verbitterung noch Neid. Der Sieg Preußens und der deutschen Völker 1870/71 gegen Napoleon erfüllte statt dessen viele, und vor allem die Studenten, mit Jubel und Stolz.

Das politische Engagement war ein Wesenszug Franz *v. Liszts*[9]. In seiner Zugehörigkeit zum Preußischen Abgeordnetenhaus ab 1908 und ab 1912 zum Deutschen Reichstag als Abgeordneter der „Freisinnigen Volkspartei" hat es später seinen stärksten Ausdruck gefunden. Für einen jungen Professor, der in Österreich eine hervorragende Stellung einnehmen wollte, bedeutete es in jenen unruhigen Jahrzehnten freilich ein Spiel mit dem Feuer. Die politischen Strömungen wechselten unter Kaiser Franz Joseph und dem Zwang außenpolitischer Verhältnisse oder den Einflüssen von Macht- oder Volksgruppen oft bis ins Gegensätzliche. Das sollte auch *v. Liszt* zu spüren bekommen. Seine aktive politische Rolle als Student und seine als deutscher Professor unverhohlen geäußerte Meinung sollten „höheren Orts" unvergessen bleiben.

Franz *v. Liszt* studierte die vorgeschriebenen acht Semester an der Universität Wien. Die Staatsprüfungen legte er mit Auszeichnung ab. Seine Studienfächer und die Reihenfolge der Vorlesungen waren durch die Studienordnung vorgeschrieben. Fast die einzige Wahlmöglichkeit für den Studenten war die zwischen verschiedenen Professoren, die gleichzeitig dasselbe Gebiet vortrugen[10]. Außerhalb ihres Studien-

[8] Vgl. *Jhering*, Briefe, S. 254 (247).

[9] Vgl. *Eb. Schmidt*, Einführung in die Geschichte der deutschen Strafrechtspflege, 3. Aufl., Göttingen 1965, S. 358. *ders.*, Franz von Liszt 1851-1919, in: Die Großen Deutschen. Deutsche Biographie. 5. Bd., Berlin 1958, S. 409, 410; Gustav *Radbruch*, Franz v. Liszt-Anlage und Umwelt, in: Elegantiae juris criminalis, 2. Aufl., Basel 1950, S. 211, 212.

[10] Vgl. Geschichte der Wiener Universität von 1848 bis 1898, Huldigungsschrift für Kaiser Franz Josef, hrsg. vom Akad. Senat, Wien 1898, S. 115.

faches war ihnen in gewissem Umfang zusätzlich die Wahl anderer Fächer möglich. Während *v. Liszt*s Belegscheine nicht allzu viel Individualität verraten, zeigen sie aber, daß er das Glück nutzte, Rudolf *v. Jhering* zu hören, der gerade in Wien lehrte, als *v. Liszt* während seines ersten Studienabschnitts römisches Recht zu lernen hatte. Bei *Jhering* belegte er vom ersten bis zum dritten und im fünften Semester[11] fast die meisten Stunden seiner Studienzeit.

Jhering war im Wintersemester 1868 aus Gießen einem Ruf nach Wien gefolgt und bereits zum Wintersemester 1872 nach Göttingen zurückgekehrt. Seine Wiener Vorlesungen waren von Studenten und erwachsenen Hörern überfüllt[12]. Nicht nur die fesselnde Art seines Vortrags und sein großer Name zogen sie an, sondern auch die neuen Lehren vom Interessenausgleich und Zweckgedanken im Recht, die in *Jhering* in jenen Jahren Gestalt gewannen und 1872 mit seinem später in vielen Auflagen und Übersetzungen verbreiteten populären Abschiedsvortrag über den „Kampf ums Recht" ihren ersten bleibenden Ausdruck fanden. „Der Begriff des Rechts ist ein praktischer, d. h. ein Zweckbegriff", lauteten dort seine ersten Worte, mit denen er sich programmatisch sowohl von der Philosophie naturrechtlicher oder spekulativer Art als auch vom Historismus und vom Gesetzespositivismus löste. Sie fielen bei *v. Liszt* auf fruchtbaren Boden. 1877 folgte *Jhering*s erster Band des „Zwecks im Recht" mit dem Motto „der Zweck ist der Schöpfer des ganzen Rechts". Damit war der Positivismus mit einem lebensnaheren, kraftvolleren und systematischeren Rechtsverständnis, als es der Historismus zu vermitteln vermocht hatte, erfüllt worden, das vor allem die *sozialen* Zusammenhänge und den praktischen Sinn oder Unsinn gesetzlicher Vorschriften deutlich machte. Hierin erkannte der junge Professor *v. Liszt* das wieder, was er gesucht und was ihm *Jhering* in seiner Wiener Studienzeit mitgegeben hatte.

*v. Liszt*s Gesamtdarstellung des „Allgemeinen und Besonderen Teils des deutschen Strafrechts", die er ein Jahr nach seinem Weggang aus Österreich abschloß und die 1881 erschien, war bereits auf den *Zweckgedanken* ausgerichtet[13]. Er übernahm darin wörtlich *Jhering*s

[11] Siehe unten S. 677 die Wiedergabe des Belegscheins Franz *v. Liszt*s vom Wintersemester 1872 aus den Belegverzeichnissen im Universitätsarchiv Wien.

[12] Vgl. *Jhering*, Briefe, z. B. S. 232, 235, 246, 261, 279.

[13] Vgl. Franz *v. Liszt*, Das deutsche Reichsstrafrecht, (1. Aufl.) Berlin u. Leipzig 1881 (Zit. Lehrbuch), S. 4: „. . . die scharfe Betonung des Zweckmomentes im Recht überhaupt und in der Strafe insbesondere findet immer zahlreichere und immer bedeutendere Anhänger." Siehe auch S. 24 zu den Strafzwecken.

Definition des Verbrechens als einer von der Gesetzgebung konstatierten „Gefährdung der Lebensbedingungen der Gesellschaft"[14]. Der Zweckgedanke als Wesen des Rechts war dann der Leitstern, an dem sich sein 1882 in Marburg entfaltetes kriminalpolitisches Programm der Strafzwecke orientierte[15] und der ihn 1886 gegen *Binding* den Rechtsgutsbegriff mit Leben erfüllen ließ[16].

In einem Brief an seinen früheren Lehrer *Jhering* äußerte *v. Liszt* 1882 seine Zustimmung zu dessen Rechtslehre, und *Jhering* antwortete ihm, diese aus „Herzensdrang" geschriebenen Zeilen ließen ihn in *v. Liszt* seinen berufenen Interpreten und Nachfolger auf dem Gebiet des Strafrechts erkennen[17].

Die Philosophie hatte nach 1850 in Deutschland mit dem Niedergang des Hegelianismus und in Österreich mit dem des Naturrechts ihre Rolle ausgespielt. Der Historismus, den vor allem Joseph *Unger* in Wien in Übereinstimmung mit der Unterrichtsreform des Grafen *v. Thun* erst 1855 aufgegriffen hatte, war hier sofort zu einer kraftvollen Quelle des Rechtsstudiums und bei *Unger* zum Ausgangspunkt neuen systematischen Rechtsverständnisses geworden. Franz *v. Liszt* hat ihm noch in seiner ersten Veröffentlichung, seiner Habilitationsschrift über den Meineid, gänzlich gehuldigt.

Was *Jhering* für *v. Liszts* „Grundanschauung und Richtung"[18] gewesen ist, war ihm Adolf *Merkel* für die Rechtsphilosophie. *v. Liszt* hatte in Wien zwar keine Vorlesungen *Merkels* mehr belegt, dieser hatte aber noch während seiner Studienzeit dort gelesen, und er war sein Prüfer im staatswissenschaftlichen Rigorosum vom 25. Februar 1874. Bei *Merkel* schnitt er mit „ausgezeichnet" ab[19]. *Merkel* leugnete die Philosophie alten Stils und formte sie in jenen Jahren zu einer

[14] *v. Liszt*, a. a. O., S. 12, auch S. 14; *v. Jhering*, Zweck im Recht, Bd. I, 4. Aufl. Leipzig 1904, S. 339ff., 345: Das Recht ist „die Form der durch die Zwangsgewalt des Staates beschafften Sicherung der Lebensbedingungen der Gesellschaft", S. 377ff. zum Verbrechen.

[15] Vgl. *v. Liszt*, Der Zweckgedanke im Strafrecht, ZStW Bd. 3 (1883), S. 16, auch S. 22, 31 und 43.

[16] *v. Liszt*, Rechtsgut und Handlungsbegriff im Bindingschen Handbuche, in: Strafrechtl. Aufsätze u. Vorträge, Bd. I, Berlin 1905, S. 212ff., 223. Vgl. dazu näher Reinhard *Moos*, Der Verbrechensbegriff in Österreich im 18. und 19. Jahrhundert. Sinn- und Strukturwandel, Bonn 1968, S. 441ff., 444.

[17] Siehe Ernst *Lohsing*, Ein Brief Jherings an Liszt, JBl. 1919, S. 219, 220.

[18] *Jhering* in dem eben genannten Brief.

[19] Vgl. Franz *v. Liszts* Prüfungsprotokoll im Universitätsarchiv Wien, Rigorosen-Protocolle 1872—1879 der Juridischen Fakultät, S. 96.

allgemeinen Rechtslehre des Positivismus um[20]. Ganz in seinem Sinne erklärte *v. Liszt* in seinem Vorlesungsprogramm von 1875 und dann in der ersten Auflage seines Lehrbuchs die Philosophie für tot und die allgemeine Rechtslehre für berufen, an ihre Stelle zu treten[21]. *Jhering*s Interessenjurisprudenz lieferte dieser Philosophie des „Gegebenen“[22] die Erklärungen für die soziologischen und psychologischen Entwicklungs- und Lebenszusammenhänge. Der *soziale Positivismus*, wie er besonders auch durch Georg *Jellinek*s Wiener Erstschrift über die sozialethische Bedeutung von Recht, Unrecht und Strafe (1878) zum Ausdruck kam, ist für die Wiener Rechtslehre zur Zeit *v. Liszt*s kennzeichnend gewesen[23]. Franz *v. Liszt* tritt uns als ein Schüler dieser Wiener Schule und darum in seiner geistigen Grundlage als Österreicher entgegen.

Repräsentanten dieser Richtung waren auch die zu den größten österreichischen Juristen gehörenden Professoren Joseph *Unger*, Julius *Glaser*, Emil Wilhelm *Wahlberg* und der 1855 aus Kiel hinzugekommene Lorenz *v. Stein*, die alle *v. Liszt*s Lehrer während seiner Wiener Studienjahre gewesen sind. Sie waren nach 1855 berufen worden und mehr oder weniger noch einem praktischen Historismus verpflichtet. In der Ablehnung der Philosophie und der Erkenntnis der sozialen Bedeutung des Rechts waren sie sich einig. Das enge Band persönlicher Freundschaft, das *Jhering*, *Glaser*, *Unger* und auch *Merkel* verband, umschloß auch ihre Geistesverwandtschaft[24].

Bei *Glaser* hörte *v. Liszt* materielles Strafrecht, bei *Wahlberg* Strafprozeßrecht[25]. Zusätzlich arbeitete er aus freien Stücken während des letzten Semesters in *Wahlberg*s neu eingerichtetem Seminar für kriminalistische Praxis über Gefängniskunde[26] und gab damit die

[20] Siehe Adolf *Merkel*, Über das Verhältnis der Rechtsphilosophie zur ‚positiven‘ Rechtswissenschaft und zum allgemeinen Theil derselben, Zeitschrift für das Privat- und Öffentliche Recht der Gegenwart, hrsg. von C. S. Grünhut, Bd. I (1874), S. 1—10 und 402—421.

[21] Zum Vorlesungsprogramm *v. Liszt*s siehe dessen Habilitierungsakte im Staatsarchiv Wien, Ministerium f. Kultus u. Unterricht Nr. 17257 aus 1875, Aktenseite 6 Randbemerkung. *v. Liszt*, Lehrbuch, 1. Aufl., S. 16.

[22] *Merkel*, S. 418.

[23] Siehe hierzu eingehend *Moos*, S. 365, 417ff., 485ff.

[24] Vgl. *Moos*, S. 362ff., 366, 367, 418; zu Merkel auch *Jhering*, Briefe, S. 225, 283.

[25] Siehe die Belegscheine *v. Liszt*s im Universitätsarchiv Wien, zu *Glaser* besonders den unten S. 677 wiedergegebenen Belegschein.

[26] *Wahlberg*s Interesse für den Strafvollzug hat besonders in seiner umfangreichen Abhandlung über „Die Gebrechen und die Verbesserung des Gefängniswesens in Oesterreich“ in: Gesammelte kleinere Schriften und Bruchstücke über Strafrecht, Strafprozeß usw., Bd. III, Wien 1882, S. 115ff. ihren Niederschlag gefunden.

Richtung an, in der er sich später bewegen wollte. Hierdurch bekam er zu *Wahlberg* engeren persönlichen Kontakt. *Wahlberg* brachte in verschiedenen Veröffentlichungen, besonders deutlich in seiner Rektoratsrede von 1874, seine innere Anteilnahme an der Befreiung der österreichischen Rechtswissenschaft zum Ausdruck und er ließ erkennen, wie sehr er die klerikale Ausrichtung der Hochschule ablehnte, die noch 1855 ausdrücklich zum Grundpfeiler des Studiensystems erklärt worden war[27]. Diese Aufrichtigkeit verschaffte ihm Feinde. In seiner Geradlinigkeit und Denkfreiheit stand ihm jedoch *v. Liszt* nahe.

Wahlberg hat auf das kriminalpolitische System *v. Liszts* großen Einfluß ausgeübt. Bereits 1859 fragte er nach dem Schuldgrund der strengeren Bestrafung eines Gewohnheitsdiebes[28] und erklärte allgemein die Gewohnheitsmäßigkeit in ausdrücklicher Anlehnung an die Psychologie Johann Friedrich *Herbarts* damit, daß durch häufiges Zusammentreffen gleicher Vorstellungsgruppen der Wille eines Täters das Vermögen verliere, sich *aktuell* auf Grund eines motivierten Willensentschlusses zu entscheiden. Dem Gewohnheitstäter werde die gesetzwidrige Entscheidung vielmehr zu seiner zweiten Natur, seine „Willensstimmung" werde eine „*zuständliche*". Damit legte er die Grundlage für sein späteres System fester „Schuldstufen", das er 1878 in Verbindung mit Untersuchungen über die Prinzipien der Individualisierung und der Schematisierung im Strafrecht[29] entwickelte[30]: Gelegenheits- und Gewohnheitstäter stehen auf verschiedenen Sprossen einer Stufenleiter des bösen Willens, sie lassen sich zu „Verbrechensklassen" typisieren, innerhalb derer erst die Individualisierung nach der persönlichen Schuld einsetzt[31]. Dem Täter, der sich

[27] Siehe *Wahlberg*, Ges. kl. Schriften, Bd. I (1875), Rede beim Antritte des Rectorats, S. 225ff., 237; Bd. II (1877), Die Reform der Rechtslehre an der Wiener Hochschule . . . , S. 1ff., 4, 7, 51; Die Entwicklung der neueren österr. Strafgesetzgebung, S. 163ff., 170. Siehe ferner Hans *Lentze*, Die Universitätsreform des Ministers Graf Leo Thun-Hohenstein, Graz, Wien, Köln 1962, S. 79ff., 88, 207ff.

[28] Vgl. *Wahlberg*, Das gewohnheitsmäßige Verbrechen mit besonderer Rücksicht auf den Gewohnheitsdiebstahl, Allg.österr.GerZ. 1859, S. 161—163.

[29] *Wahlberg*, Das Prinzip der Individualisierung in der Strafrechtspflege, Wien 1869; *ders.*, Das Maß und der mittlere Mensch im Strafrecht, Grünhuts Zeitschrift Bd. 5 (1878), S. 465ff.

[30] *Wahlberg*, Das Gelegenheitsverbrechen, Allg.österr.GerZ. 1878, S. 345, 346; 349, 350; 353, 354; *ders.*, Grünhuts Zeitschrift Bd. 5, bes. S. 475ff., 479ff., 483ff.; *ders.*, Das Maß und die Werthsberechnung im Strafrechte, in: Ges. kl. Schriften, Bd. III, S. 101ff., 105ff. Vgl. dazu auch *Moos*, S. 463ff., 482/483.

[31] *Wahlberg*, Allg. Österr. GerZ. 1878, S. 346.

unvermittelt einer verlockenden Gelegenheit zu verbotenem Tun gegenübersieht, bleibt die Wahl des ersten Schrittes auf die schiefe Ebene des Verbrechers erspart, weil er von dem Übergewicht der Motivation erdrückt wird[32]. Er betritt die unterste Sprosse. Darüber befindet sich der mit reiflicher Überlegung handelnde Verbrecher und an der Spitze der Leiter der Gewohnheitstäter.

v. Liszt hat diese Einteilung bei der Erarbeitung seines Verbrechensbegriffes zwar nicht in die Dogmatik aufgenommen[33], wohl aber in die Kriminalpolitik, an der auch *Wahlberg* gelegen war[34] und in der heute noch der Nutzen jener Klassifikation liegt[35]. *v. Liszt*s Marburger Programm (1882) unterschied drei Verbrechertypen und ihnen angepaßt drei Strafzwecke: den abschreckungsbedürftigen, den besserungsbedürftigen und den unschädlich zu machenden Täter[36]. Dabei anerkannte er, es sei ein „großes und bleibendes Verdienst Wahlbergs" gewesen, diese fundamentalen Unterschiede energisch betont zu haben[37]. Die Einteilung in Verbrecherklassen hielt er für „eine der wichtigsten Aufgaben der Kriminalsoziologie"[38].

Wir nennen heute in Verbindung hiermit nur *v. Liszt* oder die in gewisser inhaltlicher und zeitlicher Parallele dazu stehenden Italiener der kriminalanthropologischen Schule Cesare *Lombroso*, Enrico *Ferri*, Raffaele *Garofalo*[39], gedenken aber viel zu wenig oder zu beiläufig[40] des österreichischen Erbes, das *v. Liszt* als junger deutscher

[32] *Wahlberg*, a. a. O., S. 353.

[33] Vgl. *v. Liszt*, Lehrbuch, 1. Aufl. Den Gelegenheitstäter erwähnte er nur kurz, als er beanstandete, daß die moderne Strafgesetzgebung den „unverbesserlichen Gewohnheitsdieb und den reuezerknirschten Gelegenheitsverbrecher nach derselben Schablone" behandelten (S. 4). Die Schuldstufen tauchten bei ihm nicht auf, den Begriff des Gewohnheitstäters definierte er kurz bei den Verbrechenskonkurrenzen (S. 162).

[34] Vgl. *Wahlberg*, Allg.österr.GerZ. 1878, S. 354 und bes. *ders.*, Grünhuts Zeitschrift 1878, S. 487ff., 499.

[35] Vgl. Hans-Heinrich *Jescheck*, Lehrbuch des Strafrechts. Allg. Teil, Berlin 1969, S. 3, 47.

[36] *v. Liszt*, Strafrechtl. Aufsätze u. Vorträge, Bd. I, S. 163ff. (166). Der Gelegenheitstäter sei abzuschrecken; die Gewohnheitstäter unterteilte *v. Liszt* in die besserungsbedürftigen (erworbene Gewohnheit) und die nicht besserungsfähigen (angeborene Gewohnheit), vgl. auch *v. Liszt*, Lehrbuch, 2. Aufl. (1884), S. 4.

[37] *v. Liszt*, a. a. O., Bd. I, S. 166 Anm. 1; *ders.*, Lehrbuch, 2. Aufl., S. 5 Anm. 5.

[38] *v. Liszt*, Lehrbuch, 2. Aufl., S. 5 Anm. 5.

[39] Vgl. zu den Verbrecherkategorien bei diesen etwa Karl-Heinz *Hering*, Der Weg der Kriminologie zur selbständigen Wissenschaft, Hamburg 1966, S. 51, 65, 78/79.

[40] Auf den Einfluß *Wahlberg*s verweisen z. B. *Eb. Schmidt*, Einführung in die Geschichte, S. 377 und *Jescheck*, S. 47 Anm. 45.

Professor von seinem früheren Lehrer aufgriff und durch die ihm eigene kriminalpolitische Zielsetzung, verschmolzen mit *Jherings* Zweckprinzip, bekanntmachte.

Völlig in Vergessenheit geraten ist die philosophische Wurzel dieser Entwicklung: die psychologisch-pädagogischen Lehren des Königsberger und Göttinger Philosophen *Herbart*, der in Österreich nach 1848 auf Grund einer dort vorherrschenden geistesgeschichtlichen und politischen Grundstimmung größten Anklang gefunden hatte[41]. *Wahlberg* übernahm für seine Zurechnungslehre die wesentlichsten Elemente aus *Herbarts* Psychologie. Jeder Willensentschluß war danach durch das jeweils vorwiegende Motiv bedingt und dieses war von den stärksten Vorstellungsmassen und den auslösenden Reizen abhängig. Der Charakter war als Sitz miteinander kollidierender Vorstellungskreise erziehbar. Die Willensfreiheit bestand in der Möglichkeit der Herausbildung einer bestimmten allgemein vorherrschenden Motivationslage[42]. *Wahlbergs* Begründung der Schuldstufen oder Verbrechenstypen stützte sich unmittelbar hierauf. *v. Liszt* ist der Lehre vom „Determinismus des vorwiegenden Motivs"[43] gefolgt. Schon in der ersten Auflage seines Lehrbuchs[44] entrückte er das Strafrecht dem Streit um die Willensfreiheit, da bei der Schuld nur „Bestimmbarkeit durch Motive" verlangt werden könne. Eine Handlung erfolge, „dem Kräfteparallelogramme gemäß, notwendig in der Richtung des stärksten Motives"[45]. Dieselbe an *Herbart* und *Wahlberg* erinnernde Psychologie legte *v. Liszt* auch dem Besserungszweck der Strafe zugrunde, indem er vom Kampf der Motive und der Stärkung der vorhandenen guten Motive sprach, um den Täter dadurch psychisch zu rechtstreuem Verhalten zu zwingen[46]. Vielleicht war sich

[41] Siehe näher *Moos*, S. 361, 362, 369ff. (373).

[42] Vgl. *Wahlberg*, Grundzüge der strafrechtlichen Zurechnungslehre, in: Ges. kl. Schriften, Bd. I, S. 15ff.; *ders.*, Das Prinzip der Individualisierung, S. 61ff., bes. 68ff., 69, 75 immer mit ausdrücklichem Bezug auf *Herbart*. Zu dessen Lehre siehe *Moos*, S. 370, 373/374; S. 386 zu seinem Schüler *Geyer*; S. 448, 449 zu *Wahlberg*.

[43] *Wahlberg*, Das Prinzip der Individualisierung, S. 75.

[44] *v. Liszt*, Lehrbuch, 1. Aufl., S. 5.

[45] *v. Liszt*, a. a. O., S. 5; vgl. auch S. 105 zur Schuld und dort Anm. 5: „Übrigens kann dem Juristen das Studium psychiatrischer Werke nicht dringend genug ans Herz gelegt werden."

[46] *v. Liszt*, ZStW Bd. 3, S. 33/34; *ders.*, Lehrbuch, 1. Aufl., S. 3. Siehe auch dort (S. 162) die von *Wahlberg* etwas abweichende Definition des Gewohnheitstäters: „Zustand des labilen psychischen Gleichgewichtes, in welchem ein dem Durchschnittsmenschen gegenüber nicht motivierender Reiz die Kraft eines Motives erlangt."

v. Liszt der philosophischen Herkunft seiner Thesen bei der Schuld so wenig bewußt wie bei der Strafe und seinen Verbrecherkategorien. Es ist aber an uns, den Einfluß *Herbarts* über *Wahlberg* auf *v. Liszt* im Blick zu behalten. Carl *Stooß* hat 1894 noch um *Herbarts* Bedeutung gewußt, als er ihn zusammen mit Kant und Hegel „die Philosophen des Strafrechts" nannte[47]. — Hier wird erneut an einer entscheidenden Stelle die Bedeutung Franz *v. Liszts* als Österreicher deutlich und ebenso die stete Wechselwirkung zwischen Deutschland und Österreich.

Nachdem *v. Liszt* mit dem Sommersemester 1873 sein Studium erfolgreich beendet hatte, steckte er sich zwei Nahziele seiner weiteren Berufsausbildung, die er beide innerhalb des folgenden Jahres erreichte. Das erste war das Doktorat. Eine Dissertation wurde dafür in Österreich so wenig wie heute verlangt. Es bestand aus drei mündlichen Prüfungen über alle Studienfächer, wobei auf wissenschaftliches Denken größerer Wert gelegt wurde als in der sonst gleichartigen Staatsprüfung. In den drei Rigorosen vom November 1873 bis Mai 1874 erreichte *v. Liszt* allerdings nicht die bei ihm gewohnten Noten. Seine Leistungen im österreichischen Recht und im gemeinen Recht waren nur „ausreichend". Auch der im November 1873 an erster Stelle stehende *Wahlberg* konnte ihm keine bessere Note geben. Lediglich im staatswissenschaftlichen Fach lautete die Gesamtnote wieder „ausgezeichnet"[48].

Das zweite Ziel war die Richteramtsprüfung. Obwohl sich *v. Liszt* vermutlich schon sehr bald für die wissenschaftliche Laufbahn entschieden hatte, trat er zunächst am 1. September 1873 als Rechtspraktikant in den Staatsdienst ein und legte nach Ablauf eines Jahres die erstrebte Richteramtsprüfung mit Auszeichnung ab. Danach gehörte er der Staatsanwaltschaft Wien als Rechtsauskultant (Referendar) formal für ein weiteres Jahr an. Noch vor Ablegung der Richteramtsprüfung wurde ihm im Sommer 1874 ein Reisestipendium an eine ausländische Universität gewährt, damit er sich auf das Lehrfach vorbereite. Vom Justizdienst wurde er für ein Jahr beurlaubt.

Herbart wollte zwar den Strafvollzug pädagogisch gestaltet wissen, vertrat jedoch auf Grund seiner ästhetischen Rechtsbegründung eine Straftheorie der absoluten Vergeltung, die seine nützlichen psychologischen Lehren verdeckte, siehe *Moos*, S. 371ff. und S. 373 Anm. 148. — *v. Liszt* lehnte *Herbarts* Straftheorie wie alle Vergeltungstheorien ab oder billigte ihr nur bei der Strafentstehung aus Rache, die er sich als Anfang einer langen historischen Entwicklung bis zur Zweckstrafe vorstellte, eine Berechtigung zu, vgl. *v. Liszt*, Lehrbuch, 1. Aufl., S. 20ff. (22).

[47] Vgl. Carl *Stooß*, Die ethischen und die socialen Grundlagen des Strafrechts, ZStrR Bd. 7 (1894), S. 269ff., 272.

[48] Siehe *v. Liszts* Prüfungsprotokoll im Universitätsarchiv Wien (oben Anm. 19).

Damit begann seine Arbeit an seinem eigentlichen Ziel, der Habilitation. Während dieses einen Urlaubsjahres hielt er sich an den Universitäten Göttingen und Heidelberg auf, wo er mit aller Kraft an der Fertigstellung seiner schon erwähnten rechtsgeschichtlichen Studie über den Meineid arbeitete. Gleichzeitig sammelte er Material für den zweiten Teil dieses Werkes, der sich mit der gegenwärtigen Dogmatik der Aussagedelikte befassen sollte.

In Göttingen hörte er bei Heinrich Albert *Zachariae* Strafprozeßrecht und arbeitete im strafrechtlichen Seminar Karl *Ziebarths*. In Heidelberg besuchte er die Strafrechtsvorlesung von Rudolf *Heinze* und Kollegs über gerichtliche Medizin bei *Knauff* sowie über Strafvollzug bei Karl David August *Röder*. *Röder* trat mit seiner Besserungstheorie für einen psychologisch fundierten Erziehungsstrafvollzug und für die Reform der Gefängnisse ein und damit den herrschenden absoluten Straftheorien entgegen. *v. Liszt* hat später den in dieser Lehre liegenden Zweckgedanken begrüßt, wenn er ihn auch nicht in dieser einseitigen Form durchgeführt wissen wollte, sondern ihn als bloßen Rechtsgüterschutz verstand, dem noch andere Ziele zukamen[49]. Schließlich nahm der junge Stipendiat noch die Gelegenheit wahr, verschiedene Strafanstalten zu besichtigen wie die in Bruchsal, Nürnberg und St. Gallen.

Im Juni 1875 hatte *v. Liszt* den historischen Teil seiner Arbeit über die Aussagedelikte zu Papier gebracht. Er verließ Deutschland noch vor dem Ablauf seines Urlaubs und legte den fertigen Teil seiner Schrift, die 1876 unter dem Titel „Meineid und falsches Zeugnis" mit 144 Seiten im Druck erschien, sogleich dem Professorenkollegium der Juristischen Fakultät der Universität Graz als Habilitationsschrift vor. Nach der Begutachtung durch die beiden Grazer Strafrechtler Franz *Weiß* und Ignaz *Neubauer* sowie durch die Grazer Rechtshistoriker entschied die Fakultät, daß die Arbeit genügend sei, um *v. Liszt* „nur rücksichtlich des materiellen Strafrechts" zum Kolloquium zuzulassen[50]. Das Kolloquium fiel zufriedenstellend aus.

[49] Vgl. *v. Liszt*, Lehrbuch, 1. Aufl., S. 3ff., 171ff.; S. 18 speziell zu *Röder*, dessen Besserungstheorie und Verdienste um die Vollzugsreform er als besten Ausdruck der Zwecktheorie bei der Strafe hervorhob; *ders.*, ZStW Bd. 3, S. 33ff.: Besserung, Abschreckung, Unschädlichmachung. — *Landsberg* verzeichnet bei *Röder* unter anderem eine „gewisse Wirksamkeit der Philosophien von Herbart . . .", vgl. *Stintzing-Landsberg*, Geschichte der deutschen Rechtswissenschaft, Abt. 3, Halbbd. 2, Text, München u. Berlin 1910, S. 657.

[50] Siehe Akten der Juristischen Fakultät der Universität Graz im Universitätsarchiv Graz, Dekanatsschreiben vom 22. Oktober 1875, Z. 146; dazu den entsprechenden Vorgang im Staatsarchiv Wien, Ministerium f. Kultus u. Unterricht, Habil.akten v. Liszt ad 17257 aus 1875.

Franz *v. Liszt*s Probevortrag vom 22. Oktober 1875, dessen Thema leider nicht überliefert ist, befriedigte jedoch nicht. Da die Mängel vor allem in der Vortragsweise bestanden, glaubte man indessen, sie würden sich im Laufe der Zeit von selbst beheben, und beantragte am 22. Oktober 1875 beim Ministerium für Kultus und Unterricht seine Zulassung zum Privatdozenten des materiellen österreichischen Strafrechts. Diese Zulassung wurde am 31. Oktober 1875 erteilt[51]. Eine handschriftliche Aktennotiz des Referenten im Kultusministerium besagte, daß *v. Liszt* aber nicht ohne Bedenken ernannt wurde. Das von ihm vorgelegte Vorlesungsprogramm — es ist ebenfalls nicht überliefert, sein Umfang wird üblicherweise etwa zwei Seiten betragen haben — zeige, daß der Kandidat „noch ziemlich unreif" denke. Was er gegen die Philosophie schreibe, sei „geradezu lächerlich". Auch seine historische Habilitationsschrift gestatte „kaum ein Urtheil über die Leistungsfähigkeit des Authors". Der Referent begnügte sich mit dem Trost: „der gesetzlichen Vorschrift ist genügt und was Candidat sonst zu leisten vermag, wird sich ja zeigen". — Er sollte nicht enttäuscht werden.

Franz *v. Liszt* hatte freilich auch das Glück, daß seine Person genehm war. Weit weniger großzügig hatte man sich vergleichsweise 1878 bei der Habilitation des gleichaltrigen, bereits auf Grund einer philosophischen Dissertation über Leibniz und Schopenhauer promovierten Juristen Georg *Jellinek* in Wien gezeigt. Dessen bereits erwähnte, heute zu den Standardwerken der Rechtswissenschaft zählende Schrift über „Die sozialethische Bedeutung von Recht, Unrecht und Strafe", die er 1878 als Habilitationsarbeit einreichte, wurde von der Wiener Fakultät als ungenügend zurückgewiesen. Erst als er 1879 eine weitere Arbeit über das Thema „Die Klassifikation des Unrechts" vorlegte, ließ man ihn zu. Während hinter *v. Liszt*, der eine neutrale und relativ unbedeutende Habilitationsschrift gefertigt hatte, seine hoch angesehene Familie stand, war *Jellinek* Jude, der bereits als freisinnig aufgetreten war und sich mit dem Bekenntnis zu seiner empirisch-sozialen Rechtsauffassung in den schwierigeren Verhältnissen der Hauptstadt exponierte. Die Gegenkräfte mußten sich bei ihm auf den Plan gerufen fühlen[52].

Um auch die venia legendi für das Strafprozeßrecht zu erlangen, reichte *v. Liszt* im März 1876 einen Aufsatz über die Privatklage ein[53],

[51] Staatsarchiv Wien, Ministerium f. Kultus u. Unterricht, Nr. 17257 aus 1875.
[52] Siehe zu Jellineks Habilitation Camilla *Jellinek*, (oben Anm. 1), S. 138ff.
[53] *v. Liszt*, Die Privatklage in Oesterreich, Der Gerichtssaal Bd. 29 (1878), S. 187—214.

in welchem er sich entschieden gegen die damals viel diskutierte und auch vom österreichischen Strafgesetzentwurf in weitem Rahmen vorgesehene prinzipale Privatklage wandte. Daraufhin wurde ihm die Erweiterung der Lehrbefugnis unter Nachlaß eines neuerlichen Kolloquiums und einer Probevorlesung erteilt[54].

Franz *v. Liszt* hatte seinen Antrag mit „Dozent des Strafrechts ... u. Verteidiger in Strafsachen" unterzeichnet. Die Tätigkeit als Verteidiger, zu der es keiner Zulassung als Rechtsanwalt bedurfte, hat er aber vermutlich nur selten ausgeübt. Sein Arbeitspensum konnte ihm kaum Zeit für Nebenverdienste gelassen haben. Er hatte sich seine Vorlesungen und Repetitorien über Strafrecht und Strafprozeßrecht zu erarbeiten, und deren ungewöhnlicher Erfolg verriet den geistigen Aufwand, den er hineingesteckt hatte, wobei ihm freilich auch seine sehr klare, frische und natürliche Darstellungsweise zugute kam. Im Sommersemester 1878 konnte er die für einen Dozenten in Graz sehr beachtliche Anzahl von 59 Hörern verzeichnen. Einen Antrag *v. Liszt*s auf höhere Dotierung unterstützte das Grazer Professorenkollegium im November 1878 mit den anerkennenden Worten, seine Leistungen müßten „als sehr tüchtig, ja als ganz außergewöhnlich bezeichnet werden"[55].

Schon 1877 erschien aus seiner Feder in Fortsetzung seiner Habilitationsschrift eine umfangreiche Abhandlung über „Die falsche Aussage", die das österreichische und deutsche Recht systematisch darstellte. *v. Liszt* vertrat hier die Ansicht, der Meineid sei nur ein Angriff auf die Rechtspflege, der Eid sei kein strafbegründender, sondern nur -erhöhender Umstand, der Glaube an seine Heiligkeit nur eine „fable convenue"[56]. Im Jahre 1878 folgte als seine dritte Monographie das „Lehrbuch des österreichischen Preßrechts", in dem er dieses Rechtsgebiet systematisch und erschöpfend und vor allem auch kritisch darstellte und Vorschläge für ein neues österreichisches Preßrecht anfügte. Neben diesen drei Büchern und dem schon genannten Aufsatz über die Privatklage brachte *v. Liszt* in seiner Grazer Zeit noch verschiedene kleinere Aufsätze in der Allgemeinen österreichischen Gerichts-Zeitung heraus. So 1875 eine Betrachtung über „Das ‚amerikanische Duell' im Strafgesetzentwurfe"[57], 1876 über „Die ver-

[54] Staatsarchiv Wien, Erlaß des Ministeriums f. Kultus u. Unterricht vom 1. April 1876, Nr. 5539 aus 1876; Universitätsarchiv Graz, Dekanatsakten 1876, Z. 243, 263.

[55] Universitätsarchiv Graz, Dekanatsakten 1878, Z. 107/122.

[56] *v. Liszt*, Die falsche Aussage vor Gericht oder öffentlicher Behörde nach deutschem und österreichischem Recht, Graz 1877, S. 14/15.

[57] *v. Liszt*, Allg.österr.GerZ. 1875, S. 405, 406; 409, 410.

suchte Verleitung zur Beihilfe"[58] und 1877 über Fragen der Ausdehnung des Betrugstatbestandes[59]. Hinzu kam am 27. März 1877 ein für den gerade 26 Jahre alt gewordenen Dozenten sehr ehrenvoller Vortrag vor der Wiener Juristischen Gesellschaft und den Spitzen der österreichischen Justiz und Strafrechtswissenschaft. Hatte doch vom selben Rednerpult aus im März 1872 *Jhering* seinen denkwürdigen Abschiedsvortrag gehalten und das große Ansehen der Gesellschaft damit noch erhöht[60]. *v. Liszt*, der über „Das Prinzip der Strafverfolgung nach dem österreichischen Strafgesetzentwurfe" sprach[61], setzte sich energisch für eine Beschränkung der Antragsdelikte und die vollständige Streichung der Privatklage im Entwurf ein. Schon allein die Art, wie er sein Thema anpackte, die Klarheit, Entschiedenheit der Aussagen und die stilvolle und lebendige Sprache müssen einen großen Eindruck hinterlassen haben. Endlich erschienen von ihm ab 1877 noch eine Vielzahl teilweise recht ausführlicher Buchbesprechungen in der Allgemeinen österreichischen Gerichts-Zeitung und in Grünhuts Zeitschrift.

Trotz dieser schnellen Folge wissenschaftlicher Leistungen hatte sich *v. Liszt* nicht hinter den Schreibtisch verschanzt. Mitten in diese Schaffenszeit fiel seine Heirat mit Rudolfine Freiin *v. Friedenfels*, mit der er sich schon im Sommer 1875 nach seiner Rückkehr von seinem Studienaufenthalt in Deutschland verlobt hatte. Die Trauung fand am 12. Juli 1877 statt. Ihr erstes Kind Elsa kam im Sommer 1878 zur Welt.

Rudolfine *v. Friedenfels* stammte aus einer höheren Beamtenfamilie und ähnlichen gesellschaftlichen Verhältnissen wie Franz[62]. Ihr Vater hatte sich als Jurist bis zum Ministerialrat im Finanzministerium emporgearbeitet, ihre Vorfahren kamen väterlicherseits aus Hermannstadt in Siebenbürgen, sie waren deutschstämmige Ungarn wie die Franz *v. Liszt*s. Die Abstammung Rudolfines aus Siebenbürgen erklärt ihr protestantisches Bekenntnis. Eine solche bekenntnisverschiedene Eheschließung stellte, zumal im alten Öster-

[58] *v. Liszt*, Allg.österr.GerZ. 1876, S. 261, 262.

[59] *v. Liszt*, Allg.österr.GerZ. 1877, S. 357, 358; 361, 362.

[60] Siehe Werner *Ogris*, 100 Jahre Wiener Juristische Gesellschaft (1867 bis 1967), JBl. 1969, S. 246ff., 247.

[61] Der in den Aprilheften der JBl. 1877 abgedruckte Vortrag ist wiedergegeben in *v. Liszt*, Strafrechtl. Aufsätze u. Vorträge, Bd. I, S. 8ff.

[62] Siehe zu Rudolfine *v. Liszt* im Staatsarchiv Wien die Nobilitierungsakten Drotleff v. Friedenfels, Ministerium d. Innern, Fasc. IV D 1 aus 1854; ferner Gothaisches genealogisches Taschenbuch der freiherrlichen Häuser, 6. Jg., Gotha 1856, S. 186; 28. Jg. (1878), S. 225, 226; *Ed. v. Liszt*, S. 63.

reich mit seiner gleichmäßig katholischen Struktur, keine Selbstverständlichkeit dar und darf als Bestätigung für die innere Ungebundenheit *v. Liszts* gewertet werden.

Nach einjähriger Tätigkeit wurden *v. Liszt* für das Studienjahr 1876/77 „in Anerkennung seiner ersprießlichen Thätigkeit im Lehramte und in der Wissenschaft" 600 Gulden bewilligt. Dieser Betrag wurde im Folgejahr um 200 Gulden erhöht, womit wiederum die Zufriedenheit mit seinem Wirken zum Ausdruck kam. Ein im Oktober 1878 gestelltes Gesuch um eine weitere Erhöhung blieb indessen erfolglos, obwohl er nun besondere wissenschaftliche Erfolge vorzuweisen und eine Familie zu ernähren hatte[63].

Die auch anderen gegenüber zu beobachtende Sparsamkeit des Ministeriums sollte *v. Liszt* nicht länger belasten. Mit Genugtuung teilte er dem Dekanat in Graz am 14. März 1879 mit, er stelle mit dem Ablauf dieses Wintersemesters seine Vorlesungen an der dortigen Universität ein, weil er zum Professor der Rechte in Gießen ernannt worden sei[64]. Das trug ihm allerdings eine ministerielle Ordnungsrüge ein, weil er sich anläßlich seines Reisestipendiums nach Deutschland im Jahre 1874 verpflichtet hatte, einen allfälligen Ruf an eine ausländische Universität innerhalb von sechs Jahren nach seiner Habilitation nicht anzunehmen, widrigenfalls er das Geld — es waren 800 Gulden — zurückzuzahlen habe. Von der Rückzahlungsverpflichtung wurde zwar abgesehen, *v. Liszt* aber doch darauf hingewiesen, daß er um die Enthebung von dieser Verbindlichkeit hätte bitten sollen[65].

Österreich hat mit *v. Liszt* großzügig einen Teil des geistigen Kapitals zurückerstattet, das seit der Übernahme des Historismus und der Berufung deutscher Professoren ab 1855 nach dort geflossen war. In *v. Liszt* zeigte sich die Frucht der Bemühungen um die Anhebung der österreichischen Rechtswissenschaft nach 1848. Bis dahin war sie aus Gründen ängstlicher Staatsräson niedrig gehalten worden, da von ordentlichen Beamten und Gesetzeskennern dem ruhig gehaltenen Staatsgefüge am wenigsten Gefahr drohte. Unter der Herr-

[63] Universitätsarchiv Graz, Dekanatsakten 1877, Z. 208, 487, 544; 1878, Z. 107, 122; Erlaß des Ministeriums f. Kultus u. Unterricht vom 24. Juli 1877, Nr. 11489 und vom 19. November 1878, Nr. 18329.

[64] Siehe die auf S. 678 folgende Wiedergabe dieses Schreibens aus dem Universitätsarchiv Graz. Ferner im Staatsarchiv Wien die Habil.akten v. Liszts, Z. 274 ad 3968 aus 1879.

[65] Staatsarchiv Wien, Ministerium f. Kultus u. Unterricht, Habil.akten v. Liszts, Erlaß vom 4. April 1879, Nr. 3968; im Universitätsarchiv Graz unter Nr. 313 aus 1879.

schaft Metternichs war sie vom übrigen Deutschland abgekapselt worden und ausgetrocknet. In *v. Liszt* zeigte sich, wie fruchtbar die Gewährung geistiger Freiheit im Nachmärz gewirkt hatte, wie segensreich sich die zu freier Geistesarbeit anfeuernde Tätigkeit von Männern wie *Jhering*, *Merkel*, *Unger*, *Glaser* und *Wahlberg* auf die Studenten übertragen hatte und wie schnell der Glanz der Wissenschaft sich bezahlt macht.

Nach seinem Weggang von Graz bot sich der Gedanke einer Rückkehr *v. Liszt*s nach Wien zunächst von selbst an. *v. Liszt* hatte Österreich nicht verlassen, weil es ihm dort nicht gefallen oder man ihn nicht gewollt hätte, sondern weil sich ihm woanders eine Chance geboten hatte. Gießen war sein erster Ruf, und seine Vaterstadt Wien konnte nur Ordinarien brauchen, die sich bereits besonders hervorgetan hatten.

Bei aller Ehre und allem Erfolg, die der Ruf eines Österreichers nach Deutschland damals bedeuteten, sollte für *v. Liszt* indessen jetzt der konservative Akzent spürbar werden, der in Österreich auch während der fortschrittlichen „geistigen Revolution"[66] der sechziger und siebziger Jahre auf der nicht von allen als voraussetzungslos betrachteten Wissenschaft gelastet hatte und nach 1879 wieder stärker betont wurde. Unter den für ihn günstigen Verhältnissen zur Zeit des liberalen Kabinetts *Auersperg* hatte *v. Liszt* schnell aufsteigen können. 1879 löste der konservative Graf *v. Taaffe* Auersperg ab. Der Umschwung sollte *v. Liszt* die Rückkehr nach Österreich erschweren oder unmöglich machen, so sehr man auch seine geistige Leistung bewunderte.

Von Anfang an ist Franz *v. Liszt* auch wissenschaftlich einen geraden Weg gegangen, der gekennzeichnet war von der „gründlichen und rücksichtslosen Revision der Elementarbegriffe", von der alleinigen „Autorität der Gründe, nicht aber ... der Namen" und der schonungslosen sachlichen Polemik, wie er es 1877 im Vorwort seines Buches über die Falschaussage ankündigte. Dabei ist ihm die selbstbewußte Unbekümmertheit eines jungen Menschen zu Hilfe gekommen, und seine Energie und Aufrichtigkeit, wie sie auch aus seinen schönen, schwungvollen und ausgeglichenen Schriftzügen sprachen, haben ihn begleitet.

In Gießen erwarb sich *v. Liszt* noch weit schneller und mehr als in Graz das Ansehen seiner Kollegen. 1880 legte er eine systematische Darstellung des deutschen Reichspreßrechts vor und erstattete dem

[66] Hugo *Hantsch*, Die Geschichte Österreichs, Bd. II, Graz, Wien o. J. [um 1960], S. 400ff. (401).

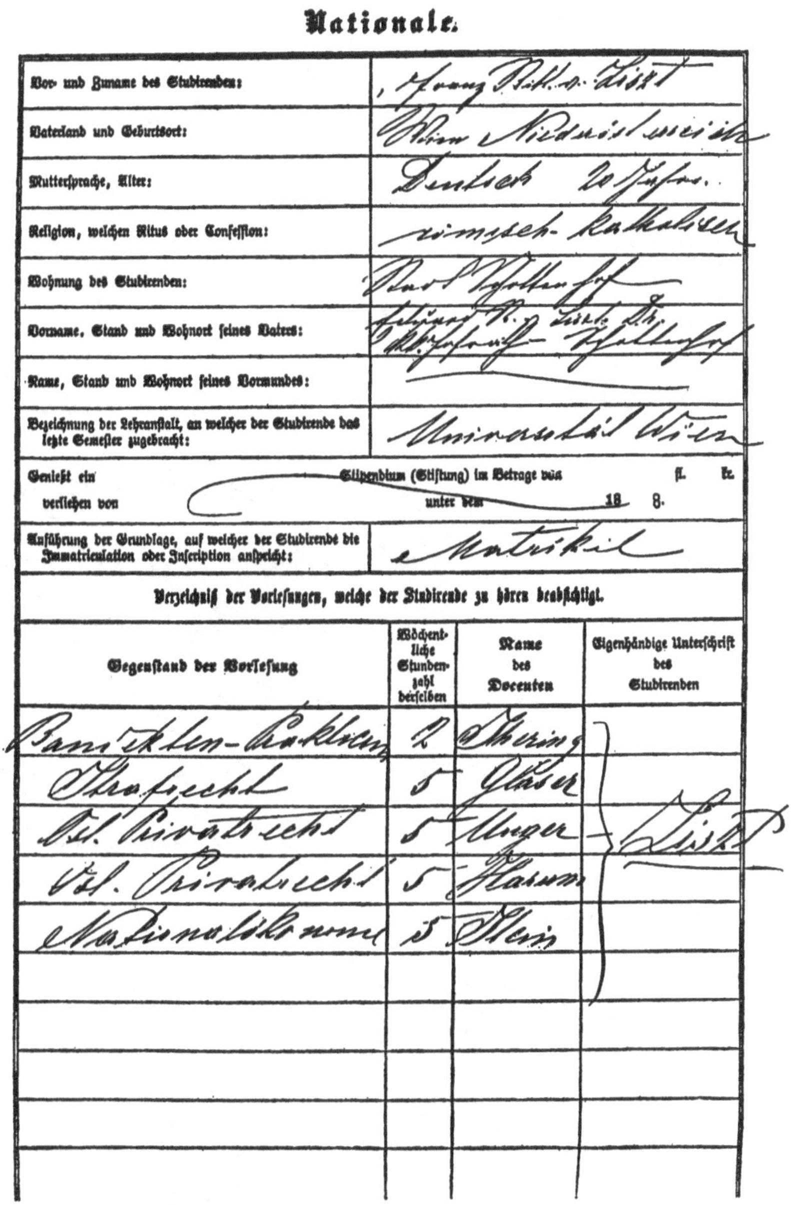

Nationale.

Vor- und Zuname des Studirenden:	Franz Ritt. v. Liszt
Vaterland und Geburtsort:	Wien Niederösterreich
Muttersprache, Alter:	Deutsch 20 Jahre.
Religion, welchen Ritus oder Confession:	römisch-katholisch
Wohnung des Studirenden:	[illegible] Schottenhof
Vorname, Stand und Wohnort seines Vaters:	Eduard R. v. Liszt Dr. [illegible] Schottenhof
Name, Stand und Wohnort seines Vormundes:	
Bezeichnung der Lehranstalt, an welcher der Studirende das letzte Semester zugebracht:	Universität Wien
Genießt ein Stipendium (Stiftung) im Betrage von fl. kr. verliehen von unter dem 18 8.	
Anführung der Grundlage, auf welcher der Studirende die Immatriculation oder Inscription anspricht:	Matrikel

Verzeichniß der Vorlesungen, welche der Studirende zu hören beabsichtigt.

Gegenstand der Vorlesung	Wöchentliche Stundenzahl derselben	Name des Docenten	Eigenhändige Unterschrift des Studirenden
Pandekten-Praktikum	2	Ihering	Liszt
Strafrecht	5	Glaser	
Öst. Privatrecht	5	Unger	
Öst. Privatrecht	5	Harum	
Nationalökonomie	5	Stein	

Belegschein Franz *v. Liszt*s vom Wintersemester 1872
(Universitätsarchiv Wien)

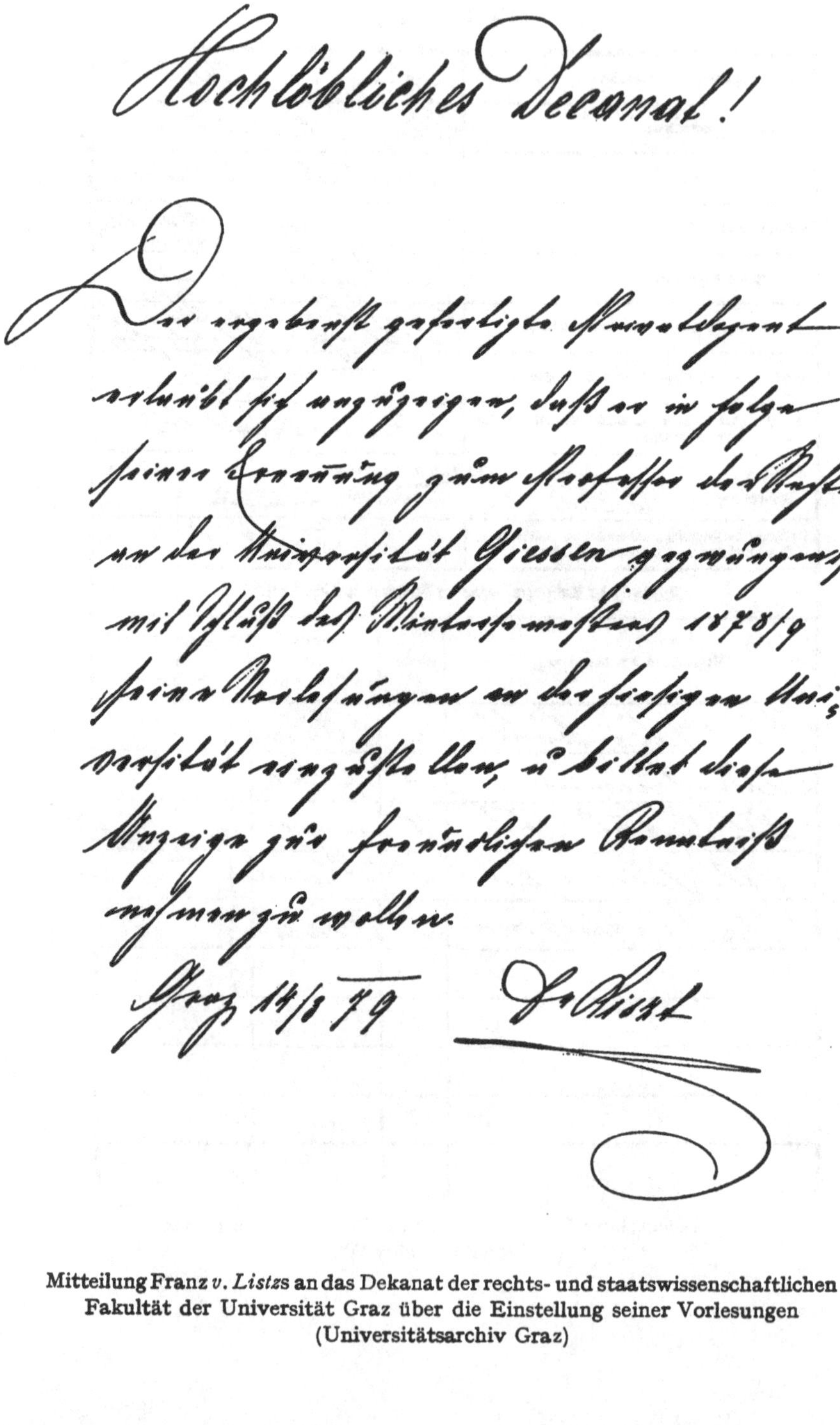

Hochlöbliches Decanat!

Der ergebenst gefertigte Privatdozent erlaubt sich anzuzeigen, daß er in Folge seiner Ernennung zum Professor der Rechte an der Universität Giessen gezwungen ist, mit Schluß des Wintersemesters 1878/9 seine Vorlesungen an der hiesigen Universität einzustellen, u. bittet diese Anzeige zur freundlichen Kenntniß nehmen zu wollen.

Graz 14/3 79 Dr Liszt

Mitteilung Franz *v. Liszts* an das Dekanat der rechts- und staatswissenschaftlichen Fakultät der Universität Graz über die Einstellung seiner Vorlesungen (Universitätsarchiv Graz)

15. Deutschen Juristentag ein Gutachten über den Begehungsort bei Preßdelikten. 1881 brachte er sein Lehrbuch des deutschen Reichsstrafrechts heraus, das die „tiefgehende Verschiedenheit" seines wissenschaftlichen Standpunkts von dem der herrschenden Lehre offenbarte[67]. Bereits 1884 kam die zweite von den insgesamt 22 zu seinen Lebzeiten erschienenen Auflagen dieses Werkes heraus. Im selben Jahr erschien der erste Band der von ihm zusammen mit *Dochow* (Halle) gegründeten Zeitschrift für die gesamte Strafrechtswissenschaft, in dem auch eigene Beiträge von ihm enthalten waren. 1882 folgte seine weltberühmt gewordene Marburger Antrittsvorlesung über den Zweckgedanken im Strafrecht und ein Gutachten für den 16. Deutschen Juristentag über die „Grundsätze des internationalen Strafrechts für die europäischen Staaten"[68].

Schon längst hatte man in Wien im Ministerium für Kultus und Unterricht diesen glanzvollen Aufstieg verfolgt, sich aber doch erst Mitte des Jahres 1883 entschlossen, an Franz *v. Liszt* heranzutreten. Dabei war seit dem Weggang *Merkels* aus Wien im Jahre 1874 die zweite Lehrkanzel des Strafrechts, die von 1860 bis 1871 *Glaser* innegehabt hatte, verwaist. Der Lehrbetrieb wurde durch *Wahlberg* und verschiedene Privatdozenten aufrechterhalten. Wie aus den Akten des Kultusministeriums hervorgeht, lag der Grund für die lange Vakanz darin, daß es nicht gelungen war, einen sowohl sehr guten wie auch nicht zu teueren Professor zu finden. Das Ministerium hatte besonders Rudolf *Heinze* in Heidelberg zu gewinnen versucht, aber von dessen Berufung abgesehen, als die badische Regierung *Heinze* mehr bezahlte, als man ihm glaubte geben zu sollen[69].

Nach Aufforderung durch den Kultusminister stimmte die Rechts- und Staatswissenschaftliche Fakultät Wien am 13. Juli 1883 über die Neubesetzung des zweiten Strafrechtsordinariats ab und schlug auf Antrag *Wahlbergs* einstimmig vor, an erster Stelle *v. Liszt* aus Marburg zu berufen, an zweiter Stelle den außerordentlichen Wiener Professor Heinrich *Lammasch* und an dritter Stelle Professor Emanuel *Ullmann* aus Innsbruck. Minister Freiherr *v. Eybesfeld* anerkannte in einem Bericht an den Kaiser[70], daß *v. Liszt* eine „ausgezeichnete Kraft" sei, „die die beiden anderen an literarischen Leistun-

[67] *v. Liszt*, Lehrbuch, Vorwort zur 2. Aufl., S. III.

[68] Die genannten Abhandlungen sind enthalten in *v. Liszt*, Strafrechtl. Aufs. u. Vorträge, Bd. I, S. 64ff., 90ff., 126ff.

[69] Staatsarchiv Wien, Ministerium f. Kultus u. Unterricht, Habil.akten Ullmann/Lammasch, Nr. 3164 aus 1885.

[70] Alleruntertḧänigster Vortrag vom 12. Februar 1883, Ministerium f. Kultus u. Unterricht, Nr. 3164 aus 1885, Staatsarchiv Wien.

gen und wissenschaftlicher Bedeutung entschieden überragt". Da *v. Liszt* überdies wie die beiden anderen seiner Heimat nach Österreicher sei und hier gewirkt habe, habe er Verhandlungen mit ihm eingeleitet. Diese seien jedoch ergebnislos verlaufen, weil es der deutschen Regierung gelungen sei, *v. Liszt* „durch bedeutende financielle Zugeständnisse an der Universität Marburg festzuhalten".

1884 nahm das Ministerium im geheimen nochmals Verhandlungen mit *v. Liszt* auf, der geneigt war, den Ruf anzunehmen. Einen Anfang März jenes Jahres für ihn angekündigten großen Fackelzug der Marburger Studenten sagte er schweren Herzens ab, da sein „Hierbleiben doch wieder sehr zweifelhaft geworden ist", wie er in einem Brief an seine Mutter berichtete[71]. Die Aussichten zerschlugen sich jedoch im Herbst 1884 anläßlich seines Besuches in Wien.

Nach diesen Fehlschlägen berief das Ministerium schließlich am 19. Februar 1885 den verdienten, genehmen und durch einen Ruf nach Wien hoch geehrten Emanuel *Ullmann* aus Innsbruck auf die elf Jahre lang unbesetzte Lehrkanzel[72].

Alexander *Löffler* hat glaubhaft den wahren Grund für das Verbleiben Franz *v. Liszt*s in Deutschland und die Sparsamkeit der österreichischen Regierung genannt, als er 1919 im Nachruf auf *v. Liszt* in den Juristischen Blättern schrieb, seine „nationale und freie Gesinnung" habe seine Wiedergewinnung für Österreich verhindert, die Berufung auf Grund des Fakultätsvorschlages sei „an dem Einspruche konservativer Mächte" gescheitert[73].

Zur selben Zeit schrieb sich Franz *v. Liszt* in einem Brief an seine Mutter vom 6. Februar 1885 seinen Verdruß vom Herzen. Er werde demnächst einen Vortrag halten, „der die ‚Frommen' im Lande, Protestanten u. Katholiken, recht ärgern soll, wie ich hoffe. . . . In der richtigen Stimmung dazu bin ich."

Noch war aber die Chance einer Rückkehr *v. Liszt*s offen, denn 1889 stand die Emeritierung seines Lehrers *Wahlberg* bevor, der ohne den sonst üblichen „allerhöchsten" Beweis der Anerkennung und Dankbarkeit aus dem Amte schied, obwohl ein solcher gerade ihm als ehrlichem Streiter für eine unabhängige, nur der eigenen Erkenntnis verpflichtete Wissenschaft in reichem Maße gebührt hätte. Der Zufall wollte es, daß zur selben Zeit Emanuel *Ullmann* einen Ruf nach München annahm, also beide Wiener Ordinariate für Strafrecht neu zu besetzen waren.

[71] Brief vom 3. 7. 1884 aus Marburg im Nachlaß *Ed. v. Liszt*s jun.
[72] Vgl. die in Anm. 69/70 genannten Akten im Staatsarchiv Wien.
[73] Alexander *Löffler*, Franz v. Liszt. Ein Nachruf. JBl. 1919, S. 222.

Das Professorenkollegium der Juristischen Fakultät schlug für die beiden Lehrkanzeln in der Reihenfolge der abgegebenen Stimmen vor[74]: *v. Bar*, *Lammasch*, *v. Liszt*, *Löning*, *Merkel*, Hugo *v. Meyer*. Die beiden Erstgenannten wurden einstimmig mit 16 Stimmen gewählt, *v. Liszt* erhielt 13 gegen 3 Stimmen, die anderen wesentlich weniger. Der Kultusminister — es war Handelsminister Olivier Marquis *de Bacquehem* in dessen Vertretung — war mit *Lammasch* ohne weiteres einverstanden. Die anderen waren alle Ausländer, die nicht in Frage kämen, wie es in seinem Vortrag an den Kaiser vom 11. Juli 1889 hieß. Bei *H. v. Meyer*, *v. Bar* und *Merkel* befürchtete er zu hohe Forderungen, *Löning* hielt er für weniger geeignet. Dann fuhr er mit folgenden Worten fort: „Bei Liszt hingegen, der übrigens so wie Merkel bereits einmal in Oesterreich als Lehrer thätig war und einen Ruf ins Ausland angenommen hat, ist zu sorgen, daß sein schon früher und auch dermalen bethätigtes Interesse am öffentlichen Leben ihn gerade in Österreich als seinem eigentlichen Heimatlande zu einer regeren Betheiligung am politischen Leben verleiten würde, als dies mit Rücksicht auf die dem Professor obliegende Lehrthätigkeit wünschenswert sein kann." *De Bacquehem* schlug an Stelle *v. Liszt*s den Professor für Strafrechtsgeschichte Emil *Brunnenmeister* vor, der sich 1879 in Halle habilitiert hatte, dann in Zürich und Halle lehrte und Gutes leiste. Auch die persönlichen Informationen über ihn seien gut. Der Kaiser nahm diese Vorschläge an. Er unterzeichnete am 22. Juli 1889 die Akte mit der Ernennung *Lammasch*s und *Brunnenmeister*s[75].

Trotz der einmaligen Gelegenheit für eine Rückkehr *v. Liszt*s konnte diese Entscheidung so wenig wie die von 1883/84 überraschen. Wie sollte in die Bemühungen des von den Deutschnationalen bekämpften Grafen *v. Taaffe* um einen inneren Ausgleich ein *Liszt* hineinpassen, der schon 1870 als Deutschnationaler in Wien ungut aufgefallen war und seitdem aus seiner Auffassung kein Hehl gemacht hatte? Wie sollte ein so freiheitlicher, unkonformistisch und kritisch denkender, in Deutschland hoch angesehener und gutbezahlter Mann einer konservativen österreichischen Regierung die Mühen und Kosten einer Wiedergewinnung wert sein?

Franz *v. Liszt* selbst hätte unter diesen Umständen einen Ruf nach Wien auch gar nicht angenommen. Am 10. März 1888 schrieb

[74] Siehe den Bericht der Fakultät in den Beilagen zu den Habil.akten Lammasch/Brunnenmeister, Ministerium f. Kultus u. Unterricht, Nr. 15231 aus 1889 im Staatsarchiv Wien.

[75] Siehe die in Anm. 74 genannten Akten.

er an seine Mutter mit dem Blick auf *Wahlbergs* Emeritierung: „Ich selbst ginge keinesfalls nach Wien“[76]. Er beklagte sich bitter über den Einfluß der fremdsprachigen Volksteile und des Klerus in Österreich. Er konnte die Wiener nicht verstehen, die sich nicht darauf besännen, „daß sie Deutsche sind“. Er spürte, daß er nicht mehr da hineinpasse.

Was ihn so schreiben ließ, war nicht nur die Entfremdung zu Österreich oder die innere Bindung an Deutschland, in die er inzwischen ganz hineingewachsen war, sondern auch die enttäuschte Liebe zu Österreich, das ihm bis ins reife Mannesalter Heimat gewesen war und es durch Mutter und Bruder, Frau und Kind, das Grab des Vaters und den Schatz der Erinnerungen auch geblieben ist.

Für wehmütige Erinnerungen oder Ressentiments war er nicht geschaffen. Bei aller Profiliertheit und dem Sturm und Drang seiner Jugend suchte er einen ausgleichenden oder übergeordneten Standpunkt zu gewinnen[77]. Der gerade damals zum Blick über die Grenzen und zum Verständnis fremder Kulturkreise angelegte Österreicher[78] hat wesentlich in ihm dazu beigetragen, ihn als Strafrechtler und Völkerrechtler seine nationalen Grenzen wie selbstverständlich überwinden und zum Vorkämpfer der internationalen Vereinigung und der Rechtsvergleichung werden zu lassen. Nie, auch nicht während des ersten Weltkriegs als nationalliberaler Abgeordneter des Deutschen Reichstags, hat er sich das Deutschtum als Binde um die Augen gebunden wie viele andere, sondern vielmehr in Anerkennung der Grenzen dem internationalen Zusammenschluß und der Verständigung das Wort geredet. Den Kern eines künftigen mitteleuropäischen Staatenverbandes sah er wie sein Parteifreund Friedrich *Naumann* im Zusammenschluß Deutschlands mit Österreich-Ungarn[79].

[76] Brief aus Marburg im Nachlaß *Ed. v. Liszts* jun.

[77] Vgl. *Eb. Schmidt*, Einführung in die Geschichte, S. 360 mit charakteristischem Zitat *v. Liszts*; auch Jannis A. *Georgakis*, Geistesgeschichtliche Studien zur Kriminalpolitik und Dogmatik Franz v. Liszts, Leipzig 1940, S. 4.

[78] Siehe auch *Löffler*, JBl. 1919, S. 222.

[79] Vgl. *v. Liszt*, Ein mitteleuropäischer Staatenverband, Leipzig 1914, S. 27ff.; *ders.*, Vom Staatenverband zur Völkergemeinschaft, München u. Berlin o. J. [um 1917], S. 49ff.; Friedrich *Naumann*, Mitteleuropa, Berlin 1915, bes. S. 49ff., 54ff.

BEITRÄGE
AUS DEM AUSLAND

„Corsi e ricorsi"

Die Wiederkehr Franz von Liszts

Von Professor Dr. Luis *Jiménez de Asúa*, Buenos Aires*

1. Alles kehrt wieder. Die Krise des Positivismus

Nicht die Taten wiederholen sich, sondern die Zyklen. Und in unserem Bereich, dem Strafrecht, kommt es in regelmäßigen Zeitabständen zu Krisen. Ich meine damit nicht die *Neue Revision* von *Köstlin*[1], die sich als Gegenstück zu der *Feuerbach*s versteht[2], sondern tiefergehende Krisen. Die sogenannte „Scuola positiva" (Positivistische Schule) führte zu einer besonders heftigen Krise in unserem Fach: Man versuchte, im Strafrecht mit den den Naturwissenschaften eigenen experimentellen Methoden zu arbeiten. Bernardino *Alimena*, der zu früh verstorbene Professor von Modena, kennzeichnete diese Krise im Jahre 1910 mit literarisch vornehmen Worten. Er begann das sehr schöne Vorwort seiner „Prinzipien" folgendermaßen[3]:

„Ogni scrittore è, prima di tutto e sopra tutto, un temperamento; onde, non è possibile giudicare un libro, in maniera equa, se non ci si mette, in un certo senso, dal punto di vista di chi lo ha scritto. Questo, che sempre è vero, è vero, a maggior ragione, per la scienza nostra, che, in quest'ora, attraversa la crisi più intensa"[4].

* Übersetzt im Max-Planck-Institut für ausländisches und internationales Strafrecht, Freiburg i. Br.

1 Neue Revision der Grundbegriffe des Criminalrechts, Tübingen, 1845. Dieses Werk, das den Höhepunkt des Hegelianismus in unserem Rechtsgebiet darstellt (einer Richtung, der auch die Lehrbücher von *Abegg* und *Berner* verpflichtet sind), wird für so wichtig gehalten, daß es jetzt, ebenso wie eine Reihe anderer älterer Werke, nachgedruckt worden ist.

2 Revision der Grundsätze und Grundbegriffe des positiven peinlichen Rechts, 2 Teile, Erfurt, 1799, und Chemnitz, 1800. Das Werk ist jetzt ebenfalls nachgedruckt worden.

3 Principii di Diritto penale, Bd. 1, Neapel, 1910, S. XV.

4 „Jeder Schriftsteller hat zunächst und vor allem seinen eigenen Charakter; daher kann man ein Buch nur dann gerecht beurteilen, wenn man sich gewissermaßen auf den Standpunkt dessen stellt, der es geschrieben hat. Diese allgemeine Wahrheit gilt in erhöhtem Maße für unsere Wissenschaft, die sich in diesem Augenblick in einer äußerst heftigen Krise befindet."

2. *Die heutige Krise*

Seit 1930 weist unsere Dogmatik eine andere Krise auf. Hans *Welzel* hat sie eingeleitet. Sie besteht, wie jedenfalls *Bockelmann* dartut[5], in einer echten Umwandlung des Systems. Wir sprechen von der finalen Handlungslehre. Sie herrscht auch bei den jüngeren Strafrechtswissenschaftlern Italiens (*Santamaria*)[6], Spaniens (*Cerezo Mir*, der bis jetzt der genaueste Übersetzer Welzels ist)[7] und Iberoamerikas (Enrique *Bacigalupo* in Argentinien[8] oder Juan *Bustos* in Chile, der Welzels „Strafrecht" nach der 10. Auflage ins Spanische übertragen hat)[9]. Die finale Handlungslehre bezieht sich nicht nur, wie der Name andeutet, auf den finalen Begriff der verbrecherischen Handlung, sondern bildet das System unseres Fachgebietes von Grund aus um: Sie verlegt alle objektiven und subjektiven Merkmale des Verbrechens in das tatbestandliche Unrecht, unterteilt dabei den Tatbestand in einen objektiven und einen subjektiven und fügt dem letzten den Vorsatz ein; die Schuld verbannt sie in ein späteres Kapitel, das von allen lediglich psychologischen Merkmalen entleert ist; und nicht nur die fahrlässigen Taten, sondern auch die Unterlassungsdelikte, über die Armin *Kaufmann* geschrieben hat[10], verweist sie als „besondere Verbrechen" in weitere spätere Kapitel, mit dem Ergebnis, daß Handlungs- und Unterlassungsdelikte vollständig getrennt sind, wie es viel früher schon Gustav *Radbruch* wollte[11].

3. *Eine neue Krise?*

Es ist immerhin einigermaßen verblüffend, daß bei den philosophisch so bewanderten heutigen deutschen Strafrechtswissenschaftlern innere Antinomien bestehen. Ein Autor wie Hans *Welzel*, von dem wir bei aller Zurückhaltung doch zu sagen wagen, daß er sozial und politisch konservativ ist, zeigt sich im wissenschaftlichen Bereich eher

[5] Über das Verhältnis von Täterschaft und Teilnahme, Göttingen, 1949, S. 20ff. („Strafrechtliche Untersuchungen", Göttingen, 1957, S. 49ff.).

[6] Prospettive del concetto finalistico di azione, Neapel, 1955.

[7] Er hat „Das neue Bild des Strafrechtssystems" von Hans *Welzel* ins Spanische übersetzt (El nuevo sistema del Derecho penal, Barcelona, 1964).

[8] Vgl. seine beiden Arbeiten La noción de autor en el Código penal (Der Begriff des Täters im Strafgesetzbuch), Buenos Aires, 1965 und Culpabilidad, dolo y participación (Schuld, Vorsatz und Teilnahme), Buenos Aires, 1966.

[9] In allem, was er geschrieben hat, offenbart sich seine Überzeugung als Finalist; vgl. besonders Culpa y finalidad (Los delitos culposos y la teoría final de la acción) [Fahrlässigkeit und Finalität (Die fahrlässigen Delikte und die finale Handlungslehre)], Santiago, 1967.

[10] Die Dogmatik der Unterlassungsdelikte, Göttingen, 1959.

[11] Der Handlungsbegriff in seiner Bedeutung für das Strafrechtssystem, Berlin, 1904 (Nachdruck Darmstadt, 1967), S. 76, 131ff., 140ff.

als Rationalist, während der kürzlich verstorbene *Bauer*, der politisch liberal war, einen irrationalistischen Hintergrund gehabt zu haben schien (mit seinen Annäherungen an Schopenhauer, Nietzsche usw.).

Wie man sehen wird, findet heute eine Rückkehr zu den naturwissenschaftlichen Methoden statt. Die Vergeltungsstrafe wird verworfen, womit auch der normative Schuldbegriff in Verruf gerät. Man blickt auf *von Liszt* und sein „Marburger Programm" zurück. Mit ihm will ich mich jetzt befassen.

4. Erinnerung an von Liszt

Vor fünfzig Jahren starb Franz *von Liszt*. Er war Professor in Berlin und Direktor des *Kriminalistischen Instituts*, wie er das im Jahre 1888 in Marburg gegründete *Kriminalistische Seminar* später nannte. In ihm erhielten außer einer beträchtlichen Anzahl Deutscher, die später Professoren wurden, eine große Schar von Ausländern ihre strafrechtliche Bildung. Der Belgier *Brackfort*, der von den Nationalsozialisten beim Einmarsch in Belgien getötet wurde, der Italiener *Grispigni*, die Spanier Faustino *Ballvé*, Quintiliano *Saldaña* und der Verfasser dieses Beitrags, ferner die Schweizer Ernst *Hafter* und Ernst *Delaquis*[12] — der letzte, ein getreuer Schüler von *von Liszt*.

[12] *Delaquis* wurde als Sproß einer Genfer Familie am 13. November 1878 in Ägypten geboren, aber seine gesamte Ausbildung war deutsch und recht eigentlich lisztisch. Allein das Erscheinen Hitlers ließ ihn das Land, das er als das seine ansah, und den Lehrstuhl, den er in Hamburg innehatte, verlassen. Ich kannte ihn aus den Jahren 1913 und 1914, als ich Student im Berliner Institut und er Privatdozent war. Viele Jahre später (1933) führte uns der Zufall in einem Eisenbahnwagen wieder zusammen. Ernst *Delaquis* begab sich in seine Heimat zurück. Wir sprachen über vieles, und er machte mich mit dem kleinen Buch von Georg *Dahm* und Friedrich *Schaffstein*, Liberales oder autoritäres Strafrecht? Hamburg, 1933, bekannt. In Bern hatte er hervorragende amtliche Stellungen inne. Wir sahen uns dann in Genf wieder, als wir an den Beratungen der Internationalen Konferenz zur Bekämpfung des Terrorismus („Conférence internationale pour la répression du terrorisme") im Jahre 1937 teilnahmen, er als Delegierter der Schweiz und ich als solcher der Spanischen Republik. Wir erreichten, daß der Ausdruck „öffentliche Ordnung", der politischen Machenschaften ja besonders ausgesetzt ist, in den Wortlaut der „Konvention zur Verhütung und Bekämpfung des Terrorismus" („Convention pour la prévention et la répression du terrorisme") vom 16. November 1937, die der Völkerbund 1938 veröffentlichte (Société des Nations, Actes de la Conférence Internationale pour la Répression du Terrorisme, Genf, 1938, S. 4ff.), nicht aufgenommen wurde. Später war Ernst *Delaquis* Sekretär der „Commission internationale pénale et pénitentiaire". Er starb am 1. September 1951 in seinem demokratischen Helvetien. Wir haben in dieser Anmerkung Ernst *Delaquis*' etwas ausführlicher gedacht, weil es uns unmöglich zu sein scheint, über Franz *von Liszt* zu schreiben, ohne den Mann zu erwähnen, der ihm sein liebster Schüler war.

Ich gebe hier keine Lebensbeschreibung *von Liszt*s und auch keine Zusammenstellung seiner Arbeiten; damit werden sich auf diesen Seiten andere Juristen befassen, die hierzu befähigter sind als ich. Aber es ist mir wichtig, daran zu erinnern, daß Franz *von Liszt*, von ungarischer Abstammung und in Wien geboren, ein Vetter des berühmten Komponisten gleichen Namens war. Die Liebe zur Musik erbte die Tochter des großen Strafrechtslehrers, die wir zu wiederholten Malen Meisterwerke ihres Onkels auf dem Piano spielen hörten. Aber es war nicht nur dieses Erbe mehr rezessiver Art, sondern ein unmittelbareres, aus dem meinem Lehrer Franz *von Liszt* die bewunderte Musikalität der Rede und die höchst elegante Harmonie seiner Schriften zufloß, deren Schönheit Edmund *Mezger* in seinem Lehrbuch gedenkt[13].

5. *Die Wiederkehr Franz von Liszts*

Man schrieb schon zu Lebzeiten des vortrefflichen Strafrechtslehrers mit höchstem Lob über Franz *von Liszt*[14]. Nach seinem Tod wurden zahlreiche Nachrufe veröffentlicht, die seine Lehren würdigten[15]. Bei der Mehrzahl der Juristen und Professoren erlischt am Ende ihres Lebens das Interesse der Fachgenossen und Schüler an ihnen, mögen auch ihre Bücher weiterhin aus Zwecken der Gelehrsamkeit zu Rate gezogen werden. Bei Franz *von Liszt* jedoch war es anders. Es ist nicht nur sein Lehrbuch in verschiedene Sprachen, darunter ins Kastilische[16], übertragen und von seinem Schüler Eberhard *Schmidt*

[13] Strafrecht. Ein Lehrbuch, München und Leipzig, 2. Aufl., 1933, S. 36ff.

[14] Vgl. *Prjwalski*, Le Prof. Franz von Liszt et ses opinions fondamentales sur le crime et le châtiment, 1896; Emile S. *Rappaport*, La lutte autour de la réforme du Droit pénal en Allemagne et les transformations du Droit pénal moderne, Paris, 1910, mit Anhang S. 97—103: Le Professeur von Liszt (in diesem Anhang wird eine Bibliographie von Liszt bis 1910 gegeben); Luis *Jiménez de Asúa*, Franz von Liszt. „Renovación española" vom 30. April 1918 (später aufgenommen in die Sammlung El Criminalista, Primera serie, Band VIII, Buenos Aires, 1948, S. 252—260).

[15] Die bedeutendsten Gedächtnisartikel waren die von Reinhard *von Hippel*, Franz von Liszt †, ZStW 40 (1919), S. 529—534; Karl *von Lilienthal*, ZStW 40 (1919), S. 535—545; James *Goldschmidt*, Franz von Liszt, Archiv für Kriminologie, Band 73 (1921), S. 81ff. Außerhalb Deutschlands wurden ebenfalls aufrichtige Nachrufe geschrieben: Ernst *Hafter*, † Franz von Liszt, Schweizerische Zeitschrift für Strafrecht, Revue Pénale Suisse 32 (1919) S. 274—275; ohne Verfasserangabe in der Rivista penale, Band XC, August—Oktober 1919, S. 404—405; Filippo *Grispigni*, Rivista internazionale di Filosofia del Diritto 1923, April—Juni, S. 94 (dieser Beitrag des bekannten italienischen Strafrechtlers wurde viele Jahre später ins Spanische übersetzt und in der Revista de Derecho penal, Buenos Aires, Band I, 2. Teil, S. 105—110, veröffentlicht).

[16] Die Übersetzung enthält nur den Allgemeinen Teil und umfaßt drei Bände.

neu herausgegeben worden — freilich unter Veränderung vieler seiner Lehren in der Absicht, das Werk auf den letzten Stand zu bringen[17]. Man kann darüber hinaus feststellen, daß die Auseinandersetzung mit seinen Vorstellungen niemals aufgehört hat[18] — bis in unsere Tage nicht, in denen sie, wie schon gesagt, durch die ewigen „corsi e ricorsi" erneute Aktualität erlangt zu haben scheinen[19].

6. *Die gesamte Strafrechtswissenschaft*

Schon lange bevor Franz *von Liszt* in seiner Berliner Antrittsrede vom 27. Oktober 1899[20] den Begriff der gesamten Strafrechtswissenschaft erläuterte, hatte er diesen Gedanken bereits ausgebildet. Die Zeitschrift, die er mit *Dochow* im Jahre 1881 gründete, trägt den bis heute beibehaltenen Namen „Zeitschrift für die gesamte Strafrechtswissenschaft". Bevor wir auf *von Liszts* Absicht zu sprechen kommen, den Inhalt des Strafrechts zu erweitern, erscheint uns ein Blick auf die Epoche notwendig, in der der große Lehrmeister seine Schriften ver-

Den ersten übersetzte Quintiliano *Saldaña* nach der 18. deutschen Auflage, ich die beiden anderen nach der 20. Auflage; zu allen drei Bänden hat *Saldaña* zahlreiche „Adiciones" (Zusätze) über das spanische Recht verfaßt: Franz von Liszt, Tratado de Derecho penal, Madrid, 1914, 1916, 1917. Der internationale Ruhm *von Liszts* war so groß, daß sein Lehrbuch auch ins Portugiesische (von *Duarte Pereira*), ins Griechische (von *Kypriades*), Serbische (von *Wesnitsch*), Russische (von *Eliaschewitz*), Japanische (von *Okada, Abico, Suni*) und Französische (von *Lobstein*) übersetzt wurde.

[17] Eberhard *Schmidt* betreute das Werk von der 23. Auflage an; zuletzt erschienen die 25. Auflage 1927 und die 26., die nur den Band „Einleitung und Allgemeiner Teil" umfaßt, im Jahre 1932.

[18] *H. von Wedel*, Franz von Liszts geschichtliche Bedeutung als Überwinder des strafrechtlichen Positivismus, SchZStR 47 (1933), S. 324ff.; Arthur *Baumgarten*, Die Lisztsche Strafrechtsschule und ihre Bedeutung für die Gegenwart, SchZStR 51 (1937), S. 1—14; *Georgakis*, Geistesgeschichtliche Studien zur Kriminalpolitik und Dogmatik Franz von Liszts, Leipzig, 1940 (Leipziger rechtswissenschaftliche Studien, Heft 123); Gerhard *Simson*, Franz von Liszt und die schwedische Kriminalpolitik. Festskrift tillägnad Karl Schlyter, S. 308ff., Stockholm 1949; *G. Radbruch*, Franz von Liszt. Anlage und Umwelt. Elegantiae iuris criminalis, 2. Aufl., Basel, 1950, S. 208ff.; Eberhard *Schmidt*, Franz von Liszt und die heutige Problematik des Strafrechts. Festschrift für Julius von Gierke, Berlin, 1950, S. 201ff., sowie viele Seiten seiner ausgezeichneten Einführung in die Geschichte der deutschen Strafrechtspflege, 3. Aufl., Göttingen, 1965; Jean *Graven*, Franz von Liszt et le nouveau Droit pénal suisse, Revue Internationale de Droit pénal, 1951, S. 209ff.

[19] Vgl. die weiter unten angeführten Schriften von Fritz *Bauer*, *J. Baumann* und *C. Roxin* sowie die „Introduzione" (Einführung) von Alessandro Alberto *Calvi* (s. u. Anm. 28, 30, 33, 44, 46, 47).

[20] Die Aufgaben und die Methode der Strafrechtswissenschaft. Die Antrittsrede wurde später in *von Liszts* Strafrechtliche Aufsätze und Vorträge, Bd. 2, Berlin, 1905, S. 284ff., aufgenommen.

faßte. Im kulturellen Bereich herrschte die Auffassung, daß nur die Naturwissenschaften Wissenschaften seien und daß das Recht unwissenschaftlich sei. Die positivistische Philosophie von *Comte* und *Spencer* drang bis in Abhandlungen über Moral oder Politik ein, und insbesondere die „Scuola positiva" siegte auf der ganzen Linie. Ihr hat *von Liszt* mehr zu verdanken, als er selbst einräumte. Er erwähnte in seinem Lehrbuch die Dreiteilung der Verbrecher (in Augenblicksverbrecher und Zustandsverbrecher mit der Untergliederung der letztgenannten in besserungsfähige und unverbesserliche), unterstrich aber zugleich, daß er damit an seinen Wiener Lehrer *E. Wahlberg* und „nicht an die Italiener" anknüpfe; außerdem behauptete er sogar, die Lehre von den Sicherungsmaßnahmen sei in den Werken von *E. F. Klein*, *Stübel* und *Grolmann* aufgestellt worden. Wir können weiterhin anführen, daß *von Liszt* die Existenz des „geborenen Verbrechers" leugnete, so wenig wie möglich *Ferri* zitierte und in einem seiner Aufsätze sogar schrieb: „Nicht in den Anhängern der klassischen Schule, nicht in jenen, die festhalten wollen an den bestehenden Ansichten, haben wir die gefährlichsten Gegner, sondern in den radikalen Naturalisten, die an die Möglichkeit der Erziehung des Menschen nicht glauben"[21].

Aus diesen Gründen, meinte *Georgakis*, sei *von Liszt* weniger ein „idealer Positivist" als ein „positivistischer Idealist" gewesen[22]. Filippo *Grispigni*, der sein Schüler (oder vielleicht eher einer seiner Studenten) war, hob in seinen Vorlesungen hervor, *von Liszt* verdanke alles den italienischen Positivisten, diese dem deutsch-österreichischen Lehrmeister aber nichts. Als Unparteiischer möchte ich sagen, daß *Grispigni* selbst in seinem Diritto penale[23] das Strafrecht, obwohl er sich weiterhin Positivist nennt, nach verschiedenen Gesichtspunkten unterteilt und in seinem Werk sich um die Dogmatik bemüht. Mehr noch, als *Ferri* sich an gesetzgeberische Aufgaben heranmachte, entsagte er seinen ausgeprägtesten Überzeugungen. Sein Entwurf von 1921 ist der deutlichste Widerruf seiner liebsten Vorstellungen. Schließlich ist zu erwähnen, daß *Ferri* in seiner letzten Zeit behauptete, daß der Positivismus sich nicht in der Comteschen Philosophie, sondern in der experimentellen Methode darstelle, die er auf Galilei zurückführt. Wir können also sagen, daß *Ferri* in seiner letzten Zeit und *Grispigni*

[21] Die Zukunft des Strafrechts, Strafrechtliche Aufsätze und Vorträge, Band 2, S. 1, 11f.

[22] A. a. O. (o. Anm. 18), S. 8.

[23] In der ersten Auflage hieß Band I Corso di Diritto penale (Padua, 1935); Band II trug schon den Titel Diritto penale. In der zweiten Auflage wurde der erste Band (Mailand, 1947) wie im Text angegeben genannt.

in seinem Lehrbuch *von Liszt* am Ende näher stehen als ihrem ehemaligen aggressiven Positivismus; damit geben sie dem Lehrmeister recht, dessen wir heute aus Anlaß seines fünfzigjährigen Todestages gedenken.

Kehren wir nun zu dem zurück, was Franz *von Liszt* mit seinem Begriff der *gesamten Strafrechtswissenschaft* ausdrücken wollte. Er meinte vor allem eine Erweiterung der Strafrechtslehre, die nicht mehr bloß Dogmatik, sondern eine zusammengesetzte Disziplin sein sollte, die noch andere, heterogene Kenntnisse rechtlicher und kriminologischer Art umfassen sollte. Diese trachtete er zu jener „Wissenschaft" zu verschmelzen, mit der er die Unwissenschaftlichkeit des Rechts überwinden zu können glaubte. Der Strafrechtswissenschaft wies er folgende Aufgaben zu: a) die Ausbildung der Strafrechtsjuristen in rechtlicher und kriminalistischer Hinsicht; b) die kausale Erklärung des Verbrechens und der Strafe, die er als Kriminologie (Ätiologie der Kriminalität), als Lehre von der Strafe und als geschichtliche Erforschung der Entwicklung des Verbrechens und der Strafrechtssysteme verstand; c) die Ausarbeitung einer Kriminalpolitik als System von Grundsätzen, die durch empirische Beobachtung gefunden werden müssen und auf die gestützt man zu einer Kritik und zur Reform der Strafgesetzgebung gelangen könnte. In seinem Lehrbuch wird dieser Begriff der Kriminalpolitik zusammenfassend wiedergegeben; er ist alles andere als „rationalistisch" wie in den Zeiten *Beccarias* und gründet sich auf die Erforschung der Somatologie und Psychologie (Anthropologie) sowie auf die Statistik (Kriminalsoziologie).

Interessant ist immerhin das Fortleben Lisztscher Gedanken, soweit sie seinen Begriff der Kriminalpolitik und deren Grundlagen betreffen. Edmund *Mezger*, der die psychologischen und psychiatrischen Untersuchungen in München in einer Weise Wirklichkeit werden ließ, die seine Ernennung zum Ehrendoktor der Medizin zur Folge hatte, gab einem seiner Bücher den Titel „Kriminalpolitik auf kriminologischer Grundlage"[24]. Es wurde von *Rodríguez Muñoz* unter dem Namen „Criminología" ins Kastilische übersetzt. Allerdings hat *Mezger* später, als er seine „Studienbücher" veröffentlichte, dem dritten dieser „Kurzlehrbücher" die Bezeichnung „Kriminologie"[25] gegeben.

Diese Erweiterung des Strafrechts ist indessen nicht ungerügt geblieben, und zwar weder von rechts noch von links. Die Konser-

[24] Stuttgart, 1933.

[25] München und Berlin, 1951.

vativen, von denen einige Franz *von Liszt* beschuldigten, Marxist zu sein, glaubten, wie etwa *Birkmeyer*, daß er vom Strafrecht nicht viel übriglasse[26]; andere warfen ihm vor, es „aufgeweicht" zu haben[27], und die Linksgerichteten meinten, er sei auf der Hälfte des Weges stehengeblieben[28]. Niemals verlor er angesichts der Kritiken des erstgenannten seinen Humor. Auf jedem „Kommers", bei dem er mit seiner großen Schlagfertigkeit den Vorsitz führte, gab es ironische Anspielungen auf *Birkmeyer*, die jedoch niemals ins Unehrerbietige gingen. Seine Objektivität war so groß, daß er sich nicht scheute, dem bei ihm in Berlin studierenden Faustino *Ballvé*, wie dieser uns selbst erzählte, *Belings* Buch „Die Lehre vom Verbrechen" zu empfehlen, das von Anfang an auf der Kritik des Lisztschen Verbrechensbegriffs aufgebaut ist.

In seiner Kompromißbereitschaft, die ihm so übelgenommen wurde, liegt indessen mehr als nur eine Inkongruenz. *Von Liszt* war in der Tat der Auffassung, daß eine wissenschaftliche Fachrichtung sich weniger durch den Gegenstand als vielmehr durch die Methode der Forschung auszeichne. Ist es folglich die Methode, die eine Wissenschaft unterscheidet, so ist das, was sie wahrhaft zu einer solchen macht, die „kausale Erklärung, d. h. die Erkenntnis einer Erscheinung in den sie bestimmenden Ursachen"[29]. Seine „gesamte Strafrechtswissenschaft" wird immer einen Widerspruch in sich tragen, da er mit ihr sowohl das herkömmlich als Rechtsdogmatik verstandene Strafrecht als auch die Kriminologie zu erfassen beansprucht. Die Methoden zum Aufbau jener und die zur Erfassung dieser sind aber nicht dieselben.

Es ist uns daran gelegen, vor dem Übergang zum wichtigsten Thema noch hervorzuheben, daß jene „gesamte Strafrechtswissenschaft", wenn auch ohne die von *von Liszt* zur Verwissenschaftlichung des Strafrechts erstrebte anspruchsvolle Vereinheitlichung, in der bewußten Mannigfaltigkeit der von uns so genannten „Ciencias penales" („Strafrechtswissenschaften") fortlebt. Hier wären zu nennen:

[26] Was läßt von Liszt vom Strafrecht übrig? München, 1907.

[27] *Dahm* und *Schaffstein*, Liberales oder autoritäres Strafrecht? Hamburg, 1933.

[28] In Italien meint auch *Calvi* in seiner „Einführung" (s. u. Anm. 30), daß „Franz von Liszt nicht den Mut hatte, den letzten Schritt zu tun: Er wagte nicht, die Strafen vollständig durch ein System von Maßnahmen unbestimmter Dauer, das Strafverfahren durch eine kriminal-anthropologische Untersuchung, den Verbrechenstatbestand durch einen subjektiven Tatbestand der Gefährlichkeit, bei dem zwischen vollendetem und versuchtem Verbrechen nicht unterschieden werden darf, zu ersetzen" (S. XXI).

[29] Die Aufgaben und die Methode, a. a. O., (o. Anm. 20), S. 289.

das chilenische Institut für Strafrechtswissenschaften, die von uns gegründeten Fortbildungslehrgänge (der erste 1932 in Madrid; 1962 in der Universität von Buenos Aires) sowie die ruhmreiche spanische Zeitschrift Anuario de Derecho penal y Ciencias penales (Jahrbuch für Strafrecht und Strafrechtswissenschaften).

6. *Die Zweckstrafe*

Wir erwähnten schon, daß das sog. „Marburger Programm" den Titel führte: „Der Zweckgedanke im Strafrecht"[30]. Die Zweckstrafe war Franz *von Liszt*s große Entdeckung, aber er kam zu ihr nicht ohne eine geschichtliche Analyse zur Aufhellung der behaupteten Antinomien zwischen dem „punitur quia peccatum est" und dem „punitur ne peccetur". Ist die Strafe eine Vergeltung als notwendige Folge des Verbrechens, oder muß sie einen Zweck haben, der dieses Wesen der Strafe auf die Zukunft hin übersteigt (ne peccetur)? Wurde nicht sogar unter den Klassikern dadurch ein Zweck anerkannt, daß man im Strafrecht den Schutz von rechtlichen Interessen oder Gütern sah?

Aus einer naturgeschichtlichen Betrachtung glaubte Franz *von Liszt* schließen zu können, daß die Strafe nicht einfach und ausschließlich Vergeltung sein könne. Aus der instinktiven Reaktion gegen den Täter dürfe man nicht ableiten, daß die Strafe vergeltenden Charakter habe, denn man habe es mit einer lediglich objektiven, auf die Ursächlichkeit und nicht auf die Schuld gegründeten Reaktion zu tun. Nach *von Liszt*s Meinung hatte selbst in den frühesten Zeitaltern die Strafe den Zweck des Rechtsgüterschutzes. Nach und nach erlangte der Mensch die Vorstellung, das Bewußtsein dieses Zweckes. Vielleicht hat niemand den Unterschied zwischen der ursprünglichen Rache und dem soziologischen Strafbegriff besser gesehen als Mieczyslaw *Szerer*[31].

Als *von Liszt* sein „Marburger Programm" bekanntmachte, herrschte die Meinung, daß die Strafe vergeltend sein müsse und die Gerechtigkeit der Strafe in deren sittlicher Natur wurzele. Der große

[30] Unter demselben Titel mit einigen Änderungen abgedruckt in der ZStW, Bd. 3 (1883), S. 1ff. Später nahm der Verfasser es in seine Sammlung „Strafrechtliche Aufsätze und Vorträge" auf (Bd. 1, Berlin, 1905, S. 126ff.). Erik *Wolf* gab die außerordentlich wichtige Arbeit als Heft 11 der Sammlung „Deutsches Rechtsdenken", 2. Aufl., Frankfurt, 1948, heraus, ließ aber den polemischen Teil des Originals fort. Kürzlich ist es von Alessandro Alberto *Calvi* ins Italienische übersetzt worden: Franz von Liszt, La teoria dello scopo nel Diritto penale, Mailand, 1962. Der Übersetzung hat *Calvi* eine meisterhafte Introduzione (Einführung) vorangestellt.

[31] La conception sociologique de la peine; übersetzt aus dem Polnischen von *Duval*, Paris, 1914.

Lehrmeister teilte diese Ansicht nicht, als er von Marburg aus seine neue Lehre verkündete. Nach seiner Auffassung ist die Strafe durch die Ethik weder zu rechtfertigen noch zu begründen. Allein ihr *Zweck* kann sie rechtfertigen, und die gerechte Strafe soll die sein, welche die Rechtsgüter am besten schützt. Für *von Liszt* ist die gerechte Strafe die *notwendige Strafe*. Dadurch sollen die generalpräventiven Zwecke der Strafe nicht aufgegeben werden, *von Liszt* zeigt gerade den Widersinn der Gegenüberstellung des „quia peccatum est" und des „ne peccetur" auf, d. h. er leugnet den Gegensatz von Vergeltung und Prävention und begreift die Strafe als „Schutzstrafe". Die Strafe, so schließt er, ist durch Vergeltung bewirkte Prävention. Er meinte, das Reichsstrafgesetzbuch beruhe auf dem Vergeltungsgedanken, da es aus dem Preußischen Strafgesetzbuch von 1851 hervorging; er tadelte es deshalb streng und hielt seine Ablösung durch ein anderes Gesetz für notwendig, in dem die verschiedenen Arten der Verbrecher anerkannt und Sicherungsmaßnahmen eingeführt werden sollten.

7. Die Wiederkunft von v. Liszt

In Italien hat *Calvi* das Werk des vortrefflichen Meisters in seinem vollen Wert gewürdigt und sein Suchen nach einer Synthese anerkannt. In seiner „Einführung"[32] legt er nicht nur den „Zweckgedanken im Strafrecht" dar, sondern zeigt auch die Widersprüche bei *von Liszt* auf.

Indessen scheint das Bemühen um das „Marburger Programm" heute bei einem Teil der deutschen Strafrechtler — unter ihnen die jüngeren — wiederaufzuleben. Beginnen wir mit Fritz *Bauer*[33]. Er lehnt ebenso wie *von Liszt* das Strafgesetzbuch von 1871 ab, weil es weltanschaulich auf der Vorstellungswelt *Kants* und *Hegels* und soziologisch auf einem dem ancien régime Deutschlands entsprechenden Staatsbegriff beruhe, d. h. auf Vergeltungsdenken und autoritären Vorstellungen. Es sei bekannt, daß *Kant* in seiner „Grundlegung zur Metaphysik der Sitten" (1785) ein System strenger Vergeltung als Ausdruck der Gerechtigkeit errichtet habe, obwohl schon das Alte Testament die Vergeltung im Bericht über die Ermordung Abels durch Kain verworfen habe: „Gerechtigkeit und Recht geschehen um ihrer selbst willen; sie sind frei von allen realen Überlegungen und frei von realen Zwecken und Zielen"[34]. *Hegel* seinerseits biete uns nur die Summierung zweier Negationen: „Auf den Affekt des Täters

[32] S. o. Anm. 30.

[33] Das Strafrecht und das heutige Bild vom Menschen. Die deutsche Strafrechtsreform, herausgegeben von Leonhard *Reinisch*, München, 1967, S. 11—23.

[34] A. a. O., S. 12.

folgt ein Affekt der Gesellschaft, was ... nicht ohne weiteres Gerechtigkeit ist"[35]. Ganz im Einklang mit *von Liszt* legt er dar, daß nicht nur das Reichsstrafgesetzbuch das heutige Strafrecht auf den Vergeltungsgedanken gründe, sondern auch die Novellen, deren Zahl jetzt 70 übersteigt, weiterhin auf diesem Gedanken beharrten. Selbst die jüngsten Entwürfe hielten an ihm fest, wenn auch der Vergeltungsgedanke mit dem Ausdruck, „Schuldstrafrecht" bemäntelt werde; sie berücksichtigten nicht, daß ihr Menschenbild schon über ein Jahrhundert alt sei. Dabei habe bereits *Protagoras* im alten Griechenland eine rationale, von religiösen und moralischen Begriffen befreite Grundlage in der Idee der Sicherung der Gesellschaft gesucht[36]. Eigentlich müßten auf das geltende Recht und seine Dogmatiker außer den naturalistischen Wissenschaften der Soziologie, Psychologie, Biologie und Psychoanalyse vor allem die Einflüsse der Lehren *Schopenhauer*s und *Nietzsche*s sowie anderer Denker, denen die reale Existenz des Menschen am Herzen lag, gewirkt haben[37]. Solche Einflüsse seien zwar im allgemeinen nicht bemerkbar, aber zuweilen träten sie in Schriften und Reden zutage. *Schopenhauer* verwarf den Gedanken der Vergeltung, denn dem Unrecht noch einen Schmerz hinzuzufügen, sei nichts als Haß („Die Welt als Wille und Vorstellung"). Fritz *Bauer* übernimmt von ihm die Worte: „Kein Mensch hat die Befugnis, sich zum rein moralischen Richter und Vergelter aufzuwerfen"[38]. Er erinnert weiterhin daran[39], daß *Nietzsche* wohl schon unter dem Eindruck der Kenntnis von den neuen kriminologischen Lehren *Lombrosos* gestanden habe und deshalb gleichzeitig mit der modernen Kriminalsoziologie *Ferri*s und *von Liszt*s ein revolutionär neues Recht gefordert habe (in seiner „Morgenröte", 1881); er habe sogar geglaubt, „schuldig" und „krank" gleichsetzen zu können. Daher behauptet *Bauer*, der Idealtypus des Menschen, von dem die klassische Philosophie ausgegangen sei und der die Gesetzgebung und Rechtsprechung weitgehend bestimmt habe, sei von den Natur- und Sozialwissenschaften in Frage gestellt worden. Das Bewußtsein des Menschen werde durch die soziale Manipulation, durch die Produktionsverhältnisse, „das gesellschaftliche Tun der kleinen Welt, in der er lebt", beeinflußt[40]. Die Strafrechtsreform in Deutschland nehme mehr formale Änderungen als eine totale Erneuerung des Rechts vor, und deshalb könne sie keine Antworten auf die sich stellenden Fragen enthalten[41]. Für

[35] A. a. O., S. 12.
[36] A. a. O., S. 14.
[37] A. a. O., S. 15.
[38] A. a. O., S. 15.
[39] A. a. O., S. 15f.
[40] A. a. O., S. 18.
[41] A. a. O., S. 22.

Bauer muß die „uralte Vorstellung von einer Schuld, sofern damit mehr als die Unterscheidung von Vorsatz und Fahrlässigkeit gemeint ist, ... durch den Begriff der Ursache ersetzt werden", was die Entmythologisierung des Strafrechts bedeutet. Die Kriminaltherapie müsse als Versuch der Programmierung einer neuen menschlichen Würde begriffen werden[42]. *Bauer* schließt ganz sarkastisch mit Worten, die *von Liszt* unterschrieben haben würde: Unsere Entwürfe gäben vor, christlich zu sein, aber sie seien es nicht. Das biblische „Mein ist die Rache" setze dem Schuld-Sühne-Gedanken eine Grenze und ebenso jedem alten oder neuen Kantianismus oder Hegelianismus. Der heilige *Thomas von Aquin* habe das „Mein ist die Rache" ernst genommen und die Strafe eine *poena medicinalis* genannt, einen medizinischen Eingriff zur Besserung des Täters und zum öffentlichen Wohl. Die moderne Wissenschaft gelange zu denselben Ergebnissen[43].

Klarer noch nimmt Jürgen *Baumann* auf *von Liszt* Bezug und macht ihn dadurch wieder aktuell[44]. „Die Reformbestrebungen", so führt er im Vorwort des von ihm herausgegebenen Programms für ein neues Strafgesetzbuch aus, „haben eigentlich schon 1882 begonnen, mit dem berühmten ‚Marburger Programm' des großen Strafrechtslehrers Franz *von Liszt*. Seit dieser Zeit tobt der Streit zwischen der Vergeltungskonzeption, die dem Strafgesetzbuch von 1871 zugrunde lag und einer ‚modernen', auf die Erziehung und Besserung des Täters abzielenden Konzeption". Wie *Bauer* hebt auch er hervor, daß die Änderungsgesetze, die sich, wie schon erwähnt, insgesamt auf über 70 belaufen, kaum dazu gedient haben, dem alten Gesetz preußischen Ursprungs eine andere geistige Grundlage zu geben. Mit vollem Recht sagt *Baumann*, daß der Entwurf 1962 der Bundesrepublik ein konservatives Strafrecht bescheren würde. Deshalb hat sich eine Gruppe deutschsprachiger Professoren vorgenommen, einen anderen Entwurf zu erarbeiten, den sie „Alternativentwurf" nennen[45]. In einem neueren Aufsatz schreibt *Baumann* indessen, daß „die Zweckhaftigkeit der Strafe dem Schuld-Sühne-Grundsatz nicht wider-

[42] A. a. O., S. 22.

[43] A. a. O., S. 23.

[44] Im „Vorwort" des von ihm herausgegebenen und Beiträge verschiedener Autoren enthaltenden Sammelbandes „Programm für ein neues Strafgesetzbuch", Frankfurt a. M., 1968.

[45] Vgl. meine Aufsätze El estado de la reforma jurídico-penal en Alemania Occidental y sus perspectivas (Der Stand der Strafrechtsreform in Westdeutschland und seine Aussichten), Revista Juridica Argentina La Ley, (Buenos Aires), 1967, Bd. 123, (Juli—September 1966), S. 1107—1116; Proyectos de reforma del Código penal alemán (Entwürfe zur Reform des deutschen Strafgesetzbuches), Revista de Derecho penal y Criminología (Buenos Aires), Nr. 2 (April—Juni) 1968, S. 133—145.

spreche"[46]; diese letzten Worte scheinen uns jedoch, wie weiter unten auszuführen sein wird, nicht zutreffend zu sein.

Abschließend nehmen wir noch Bezug auf eine Arbeit von Claus *Roxin* in dem vorgenannten, von *Baumann* herausgegebenen und mit einem Vorwort versehenen Bande, in deren Überschrift bereits vom „Strafzweck" die Rede ist[47]. Zurückhaltender als *Bauer* schreibt *Roxin*, daß die Grenze des staatlichen Eingreifens mit der Strafe durch das Verschulden des Täters bestimmt werde, auf das deshalb auch der Alternativentwurf unzweifelhaft nicht verzichte. Die Behandlung des Menschen als frei, verantwortlich und infolgedessen schuldfähig, so sagt *Roxin*, „ist die Prämisse, auf welcher der Rechtsstaat und unser Grundgesetz beruhen"[48]. Der Schuldgrundsatz, wie ihn der Alternativentwurf verstehe, schütze den Freiheitsraum des einzelnen gegenüber dem Eingriff des Staates. Es gehe darum, Zulässigkeit und Ausmaß der Sanktionen nicht durch den „gesellschaftlichen Nutzen", der mißbräuchlich ausgelegt werden könne, sondern durch den Rückgriff auf die Schuld des Täters zu bestimmen. Mit einer gewissen Übertreibung der Vorzüge des Alternativentwurfs, der eine heterogene Arbeit ist, in die jeder Mitverfasser einen Teil seiner wissenschaftlichen Überzeugungen eingebracht hat, bemerkt *Roxin*, die vierfache Zielsetzung dieses Entwurfs bestehe aus a) der *Entmetaphysizierung des Strafrechts:* die strafrechtliche Sanktion werde nicht durch die rational unauflösbare Idee der Vergeltung, sondern durch die Notwendigkeit des Eingriffs zum Schutz der Gesellschaft, der auf andere Weise nicht erreichbar sei, gerechtfertigt; b) der *Entmoralisierung des Strafrechts:* Strafe dürfe nur eingreifen wegen unmittelbarer Störung des sozialen Friedens und nicht wegen Widerspruchs zur Moral; c) der *Liberalisierung des Strafrechts:* die gegen den Täter verhängte Strafe dürfe nicht zur Abschreckung anderer dienen, sondern müsse in ihrem Ausmaß der Schuld entsprechen (wir können nicht umhin, hier auf die Gefahr hinzuweisen, daß die generalpräventive Wirkung zunichte gemacht wird, die wir Strafrechtler, wie James *Goldschmidt* sagte, bisher allein sicherzustellen vermocht haben); d) der *Humanisierung des Strafrechts:* der Strafvollzug müsse im allgemeinen der Resozialisierung des Verbrechers dienen, soweit eine solche möglich sei[49].

[46] ¿Culpa y expiación como los más importantes problemas del Derecho penal actual? Übersetzt von Gladys *Romero*, Revista de Derecho penal y Criminología (Buenos Aires), Nr. 1 (Januar—März) 1969.

[47] Strafzweck und Strafrechtsreform. Programm für ein neues Strafgesetzbuch (s. o. Anm. 44), S. 75—92.

[48] A. a. O., S. 76.

[49] A. a. O., S. 77.

8. Schluß

Franz *von Liszt* war philosophisch — mag auch *Radbruch* bestritten haben, daß unser großer Strafrechtslehrer hier kundig gewesen sei — ein Positivist, und er wollte es auch in der Methode sein. Auf streng rechtlichem Gebiet war er, wie *Jescheck* ihn kennzeichnet, ein Anhänger des gesetzlichen und rechtlichen Positivismus[50]. Unseres Erachtens war er trotz seiner Spötteleien über die Dogmatik ein vortrefflicher Jurist. Sein Gesetzespositivismus wird z. B. dadurch deutlich, daß er zwar in den ersten Auflagen seines Lehrbuchs die Beseitigung der Auswüchse, zu denen die genaue Anwendung der Vorschriften über die erfolgsqualifizierten Delikte führen mußte, durch das Erfordernis eines Schuldelementes hinsichtlich des schweren Erfolges verlangte, später aber doch meinte, daß diese Lösung de lege lata nicht möglich sei, obgleich er mit der Kritik *Seufferts* übereinstimme. Kurz, die objektive Verantwortlichkeit, zu der diese Delikte führten, könne nur de lege ferenda beseitigt werden, wie es schließlich auch geschehen ist. Den Ausgleich zwischen Prävention und Vergeltung suchte er mit besseren Worten als heute *Baumann* zu erreichen (der den Strafzweck mit der Schuldsühne in Übereinstimmung zu bringen sich bemüht). In der Tat ist es, wenn wir die doppelte Funktion der Strafe als General- und als Spezialprävention sowie den normativen Schuldbegriff aufrechterhalten wollen, unumgänglich, die *Vergeltung* als das *Wesen der Strafe* anzuerkennen und davon den *Zweck* zu unterscheiden, den wir mit ihr erstreben. Diesen Zweck hat *von Liszt* aufgezeigt, und zwar nach den Arten der Verbrecher, auf die die Sanktionen angewendet werden sollen, unterteilt in Abschreckung, Besserung und Unschädlichmachung, was heute noch ebenso gültig ist wie damals, als der große Lehrmeister es formulierte.

Aus persönlichen Gründen liegt mir daran, auf die politischen Anschauungen Franz *von Liszt*s einzugehen. Er war sicherlich ein linker Liberaler und kein Marxist. Welcher Universitätsprofessor würde es gewagt haben, dies zu verkünden, da die Sozialistengesetze noch immer so nahe waren? Aber in seinen kriminalpolitischen Zielsetzungen steht er dem Sozialismus näher als dem Liberalismus seiner Zeit. Weil ich sein Schüler war und weil ich Sozialist bin, hatte ich in einer Periode meiner geistigen Entwicklung eine Neigung zum Positivismus, und ich glaubte sogar, im Denken *Ferris*, des sog. „Sozialisten", die Zukunft des Strafrechts sehen zu können, ähnlich wie die Sowjets mit ihrem Strafgesetzbuch von 1922, auch wenn sie später

[50] Die Entwicklung des Verbrechensbegriffes in Deutschland seit Beling im Vergleich mit der österreichischen Lehre, ZStW 73 (1961), S. 179,183f.

den Glauben an die Aufrichtigkeit des Hauptes der „Positiven Schule" verloren und das heutige russische Strafgesetzbuch von 1960 trotz der leichten Änderungen von 1964 eher einem westlichen Gesetzbuch als einem sozialistischen Gesetz gleicht[51].

Längst haben wir unsere Illusionen begraben; wir haben unsere Zuflucht zur Dogmatik genommen und unsere ganz fernen und fast aussichtslosen Hoffnungen allein auf eine Kriminologie gerichtet, die in einer uns allerdings jeden Tag weiter entrückt erscheinenden Zukunft vielleicht das Strafrecht ersetzt. Es handelt sich nicht um eine „Neigung" zum kriminologischen Positivismus à la italiana, um eine Art von Phantasterei, die einige uns beilegten, sondern um kriminalpolitische Überzeugungen, denen ich niemals abgeschworen habe[52], denen aber viele andere unglücklicherweise die Treue brachen.

[51] Marc *Ancel* zeigt sich über die Wendung der sowjetischen Gesetzgebung enttäuscht, aber keineswegs deshalb, weil diese nicht den Sozialismus, sondern weil sie nicht die „neue" soziale Verteidigung durchführt, von der er seit langen Jahren träumt. Vgl. seine „Introduction" (Einführung) zu dem von ihm herausgegebenen Band „La réforme pénale soviétique" (Die Sowjetische Strafrechtsreform), Paris, 1962, S. LIXff.

[52] Ich möchte nicht auf jemand Bezug nehmen, der es nicht verdient, von mir genannt zu werden, sondern nur *Antón Oneca* zitieren, der in einem der letzten Hefte der Zeitschrift für die gesamte Strafrechtswissenschaft (Bd. 80, S. 455/456) schrieb: „Jiménez de Asúa war in seiner ersten Zeit Schüler von *v. Liszt*, später neigte er zum kriminologischen Positivismus. Heute ist er wieder zu einer gemäßigteren Anschauung gekommen. Denn nach den politischen Erfahrungen der letzten Jahrzehnte legt er ein großes Gewicht auf die Strafrechtsgarantien und betrachtet die Vergeltung als Wesensmerkmal der Strafe." Der Verfasser dieser Sätze war zwar nicht mein Schüler, aber auf Grund seines langen Umgangs mit mir während zwanzig Jahren in der Zeit vor dem spanischen Bürgerkrieg hätte ich gedacht, daß er meine strafrechtlichen, politischen und sozialen Vorstellungen genauer kennt — vor allem aber die Geradlinigkeit meines Denkweges.

Franz von Liszt
und die positive Strafrechtsschule in Italien*

Von Professor Dr. Silvio *Ranieri*, Mailand

1. Dem ehrenden Gedenken des großen Kriminalisten Franz *von Liszt* aus Anlaß seines 50. Todestages wäre es angemessen, den Beziehungen zwischen der deutschen kriminologischen Schule, an deren Entstehung und Entwicklung *von Liszt* entscheidend beteiligt war, und der italienischen positiven Strafrechtsschule nachzugehen. Zu Beginn einer solchen Untersuchung wäre die Frage zu behandeln, ob jene geistigen Strömungen in Deutschland und in Italien zunächst unabhängig voneinander entstanden sind und sich auch selbständig weiterentwickelt haben oder ob und in welchem Umfang und aus welchen Gründen die eine von der anderen beeinflußt worden ist, oder ob sich beide ununterscheidbar gegenseitig beeinflußt haben. Schließlich bliebe noch festzustellen, welche Auswirkungen diese Beeinflussung besaß und welche Folgen bis in die Gegenwart fortdauern.

Zur Bewältigung einer solchen Aufgabe bedarf es jedoch eingehender Kenntnisse über den Zeitpunkt und die Ursachen der Entstehung dieser Schulen wie auch über die Art und den Hintergrund ihrer Entwicklung. Es wäre nachzuprüfen, durch welche Einflüsse sie gefördert wurden, und ob es sich dabei tatsächlich um ursprüngliche Beiträge gehandelt hat. Solche Untersuchungen setzen eine gründliche Kenntnis des Schrifttums und der Gesetzgebung voraus und erfordern eine ausreichende Zeit der Bearbeitung. Obwohl ich weder über das eine noch das andere verfüge, möchte ich mich an der Ehrung Franz *von Liszts* beteiligen, in der Hoffnung, daß mein Beitrag trotzdem für den Leser von Interesse sein wird[1].

2. In der italienischen Literatur wird der Zeitpunkt der Entstehung der positiven Schule oftmals mit dem Erscheinen der be-

* Übersetzt von Assessorin Johanna *Bosch*, Referentin am Max-Planck-Institut für ausländisches und internationales Strafrecht in Freiburg i. Br.

[1] Im Rahmen der vorliegenden Arbeit war es leider nicht möglich, der wissenschaftlichen Bewegung, die in Deutschland auf Franz *von Liszt* zurückgeht und in Italien auf die drei Gründer der positiven Schule, in ihrem vollen Umfang Rechnung zu tragen. Die Beschränkung auf die führenden Vertreter bedeutet keineswegs eine Unterschätzung des Beitrages der anderen Mitarbeiter.

rühmten Abhandlung Cesare *Beccarias* in Zusammenhang gebracht und häufiger noch mit dem großartigen Werk *G. D. Romagnosis*[2]. Eine solche Verknüpfung könnte aber m. E. überhaupt nur dann eine gewisse Begründung finden, wenn man die positive Schule als eine allgemeine, nicht näher bestimmte Bewegung zur Reform der Strafgesetzgebung deutet. Diese Meinung ist verschiedentlich auch vertreten worden.

Dagegen ist zunächst einzuwenden, daß eine solche Definition schließlich dazu berechtigt, zeitlich noch weiter zurückzugehen. Damit wäre eine genaue Abgrenzung der Untersuchung aber nicht mehr möglich. Eine eingehende Nachprüfung führt auch zu der Feststellung, daß die italienische positive Schule mit den Werken *Beccarias* und *Romagnosis* nur die theoretische Bestimmung der Strafzwecke gemeinsam hat. An den Vorstellungen über die Art der im einzelnen durchzuführenden Gesetzesreformen zeigt sich dann der Unterschied, der die positive Schule in ihrer Eigenständigkeit deutlich von ihren Vorgängern abhebt, denen die abschreckende Wirkung der Strafe als die hauptsächliche Funktion im Rahmen des Gesellschaftsschutzes erschien. Das besondere Anliegen der positiven Schule war aber nicht auf die Aussage über die verschiedenen Funktionen der Strafe beschränkt, sondern betraf auch andere grundsätzliche Lehren, die die Voraussetzung der erst daraus abzuleitenden Straffunktion darstellen.

So erweist sich eine Untersuchung über den Zeitpunkt der Entstehung der positiven Schule als äußerst schwierig und bedarf einer anderen Methode. Geht man davon aus, daß die Lehre der positiven Schule nicht durch eine einzige, sondern durch mehrere grundsätzliche Theorien gekennzeichnet ist, die sich mit der Natur der Strafe als Mittel der sozialen Verteidigung, der Natur des Verbrechers und seiner Gefährlichkeit, aber auch mit dem Verbrechen als solchem befassen, dann kann eine Feststellung über die Geburtsstunde dieser Strafrechtsschule nur im Hinblick auf alle diese Lehren getroffen werden. Zwar ist die Behauptung möglich, daß mit dem Werk dieses oder jenes Schriftstellers der Weg eröffnet worden sei, der schließlich zu der Entstehung der positiven Schule geführt habe; von einem bestimmten Zeitpunkt als deren Geburtsstunde kann man aber nicht sprechen. Die Darstellung der verschiedenen Lehren, die den Weg zu einer genauen Fixierung kennzeichnen, ist wegen der nicht immer einheitlich verfolgten Richtung erschwert; der Einfluß zahlreicher philosophischer, politischer und sozialer Lehren versagt der Forschung

[2] *Pessina*, Il diritto penale in Italia da Cesare Beccaria sino alla promulgazione del codice penale vigente, in Enciclopedia del diritto penale, Bd. II, S. 731.

oftmals eindeutige Ergebnisse. In Anbetracht dieser Schwierigkeiten erschien es mir deshalb richtiger, dem Leser Tatsachen zu vermitteln, und zwar einige Daten, um mit Hilfe der ihnen innewohnenden Überzeugungskraft wenigstens einen Teil der Fragen zu beantworten. Auf dem Wege der Wissenschaft stellen solche Daten Meilensteine dar, wie jene, die den Weg des Wanderers kennzeichnen und messen.

3. Geht man zurück auf die wissenschaftliche Diskussion, der die positive Schule ihre Entstehung verdankt, so zeigt sich, daß die Unterschiede in der Denkweise der einzelnen Schriftsteller zunächst noch nicht Ausdruck des Kampfes zwischen verschiedenen Schulen waren. Dieser Kampf wurde erst zu einem späteren Zeitpunkt ausgetragen. Zunächst handelte es sich nur um unterschiedliche Lehrpositionen innerhalb einer und derselben Schule, der einzigen bis dahin bestehenden: der sogenannten *Klassischen Schule.*

Eine Uneinigkeit innerhalb dieser Schule läßt sich in Italien erstmals im Jahre 1858 feststellen. Den Anlaß dazu gab eine Arbeit von Pietro *Ellero*, der in seiner Abhandlung „Über die Todesstrafe" die Behauptung aufstellte, daß „der Hauptzweck der Strafe die Verhütung von Verbrechen sei"[3]. Deshalb habe die Strafe den Verbrecher zu bessern und der Gesellschaft einen guten Bürger zu verschaffen. Eine sittliche Wirkung auszuüben sei eine der humansten und edelsten Aufgaben des Gesetzes.

Diese von *Ellero* erstmals vertretene Ansicht blieb zunächst unbeachtet, da er bis dahin noch keine offizielle Stellung unter den italienischen Strafrechtlern bekleidet hatte. Jedoch wiederholte er im Jahre 1861 — inzwischen Inhaber des Lehrstuhls für Strafrecht an der Universität Bologna — seine Meinung zunächst in der Arbeit „Von der Verhütung der Verbrechen"[4], in der er seine Gedanken ausführlicher begründete und ein System von polizeilichen Maßnahmen entwarf, um verbrecherische Tendenzen abzufangen. Ebenso verfuhr er, wenn auch nur in indirekten Hinweisen, in seiner Bologneser Antrittsvorlesung[5]. Darauf antwortete unverzüglich *Carrara*, der seit dem Jahre 1859 in Pisa lehrte, in seiner 1861 gehaltenen Antrittsvorlesung[6], die er 1866 noch erweiterte und in der er die Grundlagen der klassischen Schule darlegte, die von ihm mit großer Autorität und

[3] *Ellero*, Della pena capitale, in Trattati criminali, Bologna, 1875, S. 28.

[4] *Ellero*, Della prevenzione dei crimini, in Opuscoli criminali, Bologna, 1874, S. 41.

[5] *Ellero*, Delle origini storiche del diritto di punire, in Opuscoli criminali, Bologna, 1874, S. 5.

[6] *Carrara*, Dottrina fondamentale della tutela giuridica, in Opuscoli criminali, 6. Aufl., Florenz, Bd. I, S. 239.

höchstem Ansehen vertreten wurde. Diese Grundprinzipien waren folgende:

1. die metaphysische Begründung des Rechts, unabhängig von Zeit und Raum;
2. die dem Verbrechen proportionale Strafe, deren Zweck die ethische Vergeltung ist;
3. der formell-juristische Verbrechensbegriff;
4. die Gleichstellung des normalen Täters mit den übrigen Menschen;
5. die auf der Willensfreiheit beruhende und danach abgestufte Zurechnungsfähigkeit.

Dieselben Grundsätze, wie sie *Carrara* aufgestellt hatte, vertrat in den wesentlichen Zügen auch Enrico *Pessina*, seit 1881 Inhaber des Lehrstuhls in Neapel, jedoch sah er die theoretische Grundlage der Strafe nicht in der ethisch begründeten Vergeltung, sondern in der rechtlich begründeten Sühne[7].

Trotz solcher angesehenen Gegner beharrte *Ellero* auf seiner ursprünglichen Meinung.

4. Die Diskussion unter den Vertretern derselben Schule wäre wohl fortgesetzt worden, ohne neue Ergebnisse zu zeitigen, wenn nicht im Jahre 1864 ein bis dahin völlig unbekannter junger Arzt mit Namen Cesare *Lombroso* ganz unerwartet Verwirrung gestiftet hätte. Auf Grund von Beobachtungen an Soldaten des Militärkrankenhauses Turin[8] stellte er die Behauptung auf, daß zwischen dem Äußeren eines Menschen und seinen Handlungen ein Zusammenhang bestünde. Wegen dieses Zusammenhanges erschienen ihm die Handlungen eines Verbrechers als das Ergebnis seiner besonderen Natur. *Lombroso* vertrat seine Theorie auf der Grundlage weiterer Forschungen noch in verschiedenen späteren, im Jahre 1871 veröffentlichten wissenschaftlichen Abhandlungen[9].

Die Arbeiten *Lombrosos* kennzeichnen den Beginn eines Kampfes gegen die klassische Schule, die sich gegenüber Vermittlungsversuchen

[7] *Pessina*, Dello svolgimento storico della Dottrina della Espiazione come fondamento del Diritto penale, in Discorsi varii, Bd. VII, S. 95.

[8] *Zerboglio*, Cesare Lombroso, in Dizionario di criminologia, Bd. I, S. 513.

[9] *Lombroso*, Circonvoluzione cerebrale soprannumeraria di un omicida e satiriaco, in Arch. it. delle malattie nervose, Mailand, 1871; derselbe, Osservazioni di psicologia patologica, in Morgagni, Neapel, 1871; derselbe, Esistenza di una fossetta cerebellare mediana nel cranio di un delinquente, in Rendiconti dell'Istituto Lombardo, Mailand, 1871, Bd. V, Heft 18; derselbe, L'uomo bianco e l'uomo di colore, Padua, 1871, usw.

sogar aus den eigenen Reihen verschlossen zeigte. Hier ist besonders Giovanni *Bovio* zu nennen, der 1872 in einer umfangreichen Veröffentlichung versuchte, eine Bresche in die von ihm selbst vertretene Lehre über die Natur des Verbrechens und den Grundsatz der Verhältnismäßigkeit zwischen Verbrechen und Strafe zu schlagen. Er stellte seine Überzeugung mit einer großen Sicherheit der Zukunft anheim[10].

In diesem Zusammenhang verdient außerdem ein anderer großer, heute fast vergessener Jurist Erwähnung: Luigi *Lucchini*. Er wandte sich 1873 gegen die klassische Schule, indem er eine Strafrechtslehre aufstellte, die die Darwinschen Lehren auf die Rechtswissenschaft anwendete und in diese eine induktive und experimentelle Methode einführte[11], die von *Ferri* später „galiläisch" genannt wurde.

Die Arbeit *Lucchinis* blieb wiederum nicht isoliert, denn noch 1873 und in den darauf folgenden Jahren 1874 und 1875 veröffentlichte Cesare *Lombroso* in den „Rendiconti dell' Istituto Lombardo di Scienze e Lettere" verschiedene Arbeiten, die er schließlich 1876 als die erste Auflage des „Uomo delinquente" auf 252 Seiten zusammenfaßte[12]. Dieser ersten, schnell vergriffenen Auflage folgte 1878 eine zweite[13], ebenfalls noch in einem Band, aber mit einem bemerkenswert angewachsenem Umfang von 740 Seiten. In den wesentlichen Aussagen entsprach sie jedoch völlig der ersten Auflage.

In den beiden ersten Auflagen seines gefeierten Werkes stellt *Lombroso* den Verbrecher als ein Wesen dar, das zwar gewisse, nicht näher bestimmte Ähnlichkeiten mit einem Irren aufweist, sich von diesem aber doch so unterscheidet, daß es eine besondere anthropologische Gruppe mit körperlichen und seelischen Merkmalen bildet, die an niederere Stufen und primitivere Stadien der menschlichen Entwicklung erinnern. Von diesem allgemeinen Typus des Verbrechers unterschied er den „Täter aus Leidenschaft", der mehr durch starke seelische Antriebe zum Verbrechen getrieben wird als durch die ihm von Natur aus angeborenen Neigungen. Die zu jener Zeit von *Virgilio* vertretene These vom „krankhaften Ursprung" des Verbrechens[14] hat *Lombroso* aber weder in der ersten noch in der zweiten Auflage übernommen.

[10] Giovanni *Bovio*, Saggio critico del diritto penale e del fondamento etico, Neapel, 1872, S. 191.

[11] *Lucchini*, Filosofia del diritto e della politica sulle basi della evoluzione cosmica, Verona, 1873.

[12] *Lombroso*, L'uomo delinquente, 1. Aufl., Mailand, Hoepli 1876.

[13] *Lombroso*, L'uomo delinquente, 2. Aufl., Turin, Bocca 1878.

[14] *Virgilio*, Sulla natura morbosa del delitto, in Riv. carc., 1874, S. 335.

Im Vorwort zur dritten Auflage[15], die 1884 in zwei umfangreichen Bänden erschien, erklärt *Lombroso* offen und ehrlich, daß in den ersten Auflagen des „Uomo delinquente" mehr Lücken als Entdeckungen und nur unsichere Statistiken zu finden seien (S. V); der häufigsten Form der Kriminalität, die sich nämlich dem normalen Typus annähere, habe er zu wenig Aufmerksamkeit gewidmet (S. VI). Im ganzen gesehen vermittelt das Werk *Lombrosos* in der ersten wie in der zweiten Auflage *positive Kenntnisse vom Verbrecher*, und zwar von einem ganz bestimmten Verbrechertyp. Es ist der *unverbesserliche*, auf Grund einer zwingenden organischen Konstitution *gewohnheitsmäßig* handelnde Täter, der Erbe seiner Vorfahren. Gegenstand der Untersuchungen ist also zunächst nur eine Gruppe von Tätern gewesen. Für diese Gruppe der Unverbesserlichen schlägt *Lombroso* besondere Anstalten vor, wie auch besondere Heilanstalten für die Geisteskranken.

5. Die Frage, ob man nun das Erscheinen der ersten und zweiten Auflage des „Uomo delinquente" als die Geburtsstunde der positiven Schule betrachten könne, ist m. E. zu verneinen. Die Arbeiten *Lombrosos* wie auch die seiner Mitarbeiter und Anhänger gehören in das Gebiet der *Kriminalanthropologie* und haben sicherlich die Entstehung der positiven Schule vorbereitet. Diese ist aber keine kriminalanthropologische Schule, sondern —wie Raffaele *Garofalo* ausdrücklich festgestellt hat — eine *juristische Schule*[16]. Sie ist eine Bewegung, die die Reform des Strafrechts zum Ziele hat. Als solche zählt zu ihren Grundlagen nicht nur die Kriminalanthropologie, sondern auch die Kriminalsoziologie und die Kriminalpsychologie, die alle die Vorschriften des von dieser Schule propagierten neuen Strafrechts beeinflußt haben, das sich an ihren Fortschritten streng orientierte, um einen wirksamen Schutz der Gesellschaft vor dem Verbrechen zu garantieren.

Von einer Geburtsstunde der positiven Schule kann man daher mit Recht nur dann sprechen, wenn man den kriminalanthropologischen Untersuchungen die Arbeiten Raffaele *Garofalos*[17] hinzufügt,

[15] *Lombroso*, L'uomo delinquente in rapporto all'antropologia, alla giurisprudenza ed alle discipline carcerarie, 3. Aufl., Turin, Bocca, 1884, 2 Bände.

[16] *Garofalo*, Atti del Primo Congresso di Antropologia Criminale, Rom, 1885, S. 135.

[17] *Garofalo*, Della mitigazione delle pene nei reati di sangue, in Giornale napoletano di filosofia e lettere, Neapel, 1877; derselbe, Studi recenti sulla penalità, a. a. O., Neapel, 1878; derselbe, Di un criterio positivo della penalità, Neapel, 1880: derselbe, Criminologia, 1. Aufl., Turin, 1885; derselbe, Criminologia, 2. Aufl., Turin, 1891.

in denen er von 1877 an die rechtsdogmatischen Grundlagen des Strafrechts umriß, sowie auch die Arbeiten Enrico *Ferris*, der 1878 die Vergeltungstheorie, einen der wesentlichen Lehrsätze der klassischen Schule, angriff[18] und im Jahre 1880 eine Abhandlung über „Neue Horizonte im Strafrecht und im Strafprozeß" veröffentlichte, in der er den Vorrang der Spezialprävention im Hinblick auf die Gefährlichkeit als dem Kriterium und Maß der Anwendung aller Sanktionen vor der Generalprävention erklärte[19].

Es darf nicht übersehen werden, daß *Garofalo* der Lehre *Lombrosos* vom verbrecherischen Menschentyp nicht folgte, sondern nur von einer *psychologischen* und *moralischen Unterscheidung* ausging, und daß er sich auch nicht der von *Ferri* vertretenen Einteilung der Verbrecher in fünf Kategorien anschloß. Er unterschied nur zwei, jedoch grundsätzlich verschiedene Gruppen: die erste, bei der der verbrecherische Antrieb der *inneren* Struktur des Täters entstammt, und die zweite Gruppe, bei der dieser Impuls *von außen* kommt. Jene nannte er die „Unverbesserlichen", diese die „Besserungsfähigen". Als Kriterium für die Zuordnung zu den einzelnen Gruppen diente ihm die soziale Anpassungsfähigkeit. Auf dieser Grundlage entwickelte er ferner seine Theorie vom „natürlichen Verbrechen", dessen Wesen er in der Verletzung der Empfindung der Mitmenschlichkeit oder Ehrfurcht (pietà) sah und der Gefühle der Redlichkeit (probità) oder Gerechtigkeit. Aus diesen speziellen Verbrechensformen leitete *Garofalo* wiederum die größere oder geringere *Gefährlichkeit* (temibilità) des Täters als positives Merkmal der Strafbarkeit ab[20].

6. Über die gleichzeitige Entwicklung in Deutschland ist der deutsche Leser besser unterrichtet als ich.

Lombroso erwähnt, bereits *Grolmann* habe 1830 behauptet, bestimmte Kategorien von Verbrechern seien pathologischer Natur, und er habe auch deren äußere Merkmale beschrieben[21]. Es ist bekannt, daß gewisse Charakteristika verbrecherischer Menschen schon von *Aristoteles*, *Lavater*, *Della Porta* und anderen Wissenschaftlern beobachtet worden waren, daß aber diese Hinweise keinerlei Folgen zeitigten und ohne besondere Bedeutung blieben.

Für die jüngere Zeit und im Hinblick auf die vorliegende Untersuchung ist jedoch hervorzuheben, daß *Lombroso* 1869 in deutscher

[18] *Ferri*, La teorica dell'imputabilità e la negazione del libero arbitrio, Firenze, 1878.
[19] *Ferri*, I nuovi orizzonti del diritto e della procedura penale, Bologna, 1881.
[20] *Garofalo*, Criminologia, 2. Aufl., S. 231.
[21] *Lombroso*, L'uomo delinquente, 4. Aufl. (1889), Vorwort S. XXXVI.

Sprache umfangreiche Arbeiten unter folgendem Titel veröffentlicht hatte: „Klinische Beiträge zur Psychiatrie, Physikalische, statistische Studien" (Leipzig, O. Wiegand, S. 283). Dieser Veröffentlichung folgte 1872 ebenfalls in deutscher Sprache eine andere unter dem Titel: „Eine mittlere Hinterhauptgrube am Schädel eines Verbrechers" (in Virchow's Archiv, Berlin). Aus der Tatsache dieser Veröffentlichungen kann mit Recht geschlossen werden, daß — spätestens von 1869 an — die Forschungen und das Werk Cesare *Lombrosos* in Deutschland bekannt waren, ja daß zu diesem Zeitpunkt *Lombroso* in Deutschland bereits eine zahlreiche und bedeutende Anhängerschaft besaß, die ihre Forschungen in seinem Sinne orientierte. Das kann auch den eigenen Aussagen *Lombrosos* entnommen werden. Denn im Vorwort der dritten Auflage des „Uomo delinquente"[22] ist zu lesen, daß in Deutschland „seine Studien und deren Ergebnisse Anlaß zur Gründung einer neuen Schule gegeben haben, an deren Spitze *Krauss, Kurella, Hotze, Kraepelin, Benedikt, Flesch, Kornfeld, Knecht, Sommer, Willert, Baer, Kirchenheim, Sichart, Mendel, Dühring* und *Siemens* standen". *Lombroso* selbst schreibt diesen Wissenschaftlern in Verbindung mit denen anderer Länder das Verdienst zu, ihn auf die zahlreichen Lücken seiner Lehre hingewiesen oder diese auch ergänzt sowie deren praktische Verwertung nachgewiesen zu haben. Bescheiden als Mensch und als Wissenschaftler bekennt *Lombroso* dort wörtlich: „Durch die Unterstützung jener Herren, denen ich zu größtem Danke verpflichtet bin, ist es mir zum ersten Male gelungen, die Begriffsunterschiede zwischen angeborenem und Gelegenheits-Verbrechen sowohl, als auch zwischen jenem und Irresein und Alkoholismus (denen ich demnächst spezielle Monographien widmen will) auf das Bestimmteste festzustellen. Ihnen verdanke ich ferner, daß ich meine Untersuchungen auf die Urformen des Verbrechens beim wilden Menschen, beim Kinde und beim wilden Tiere ausdehnen, das anatomische Studium desselben vervollständigen und das physiologische beginnen konnte, besonders das der Sensibilitätsstörungen sowie der Gefäß- und Reflex-Reaktion, Störungen, welche uns endlich über die widerspruchsvolle Erscheinung von blühender Gesundheit bei Individuen, die oft von Geburt an krank sind, belehren. — Erst durch den Nachweis, daß bei ihnen die Krankheit mit dem Atavismus sich verknüpfte, habe ich jene Verschmelzung der Begriffe der angeborenen Verbrechernatur und des moralischen Irreseins endlich ermöglicht, welche bereits von *Mendel, Bonvecchiato, Sergi, Verga* und besonders von *Virgilio* geahnt und behauptet wurde, die aber nicht feststand, so

[22] *Lombroso*, L'uomo delinquente, 3. Aufl. (1885), Vorwort S. VI, VII, VIII.

lange die Umrisse dieser Formen nicht genau festgestellt waren und so lange sie einer erschöpfenden wissenschaftlichen Beschreibung ermangelten." In diesen Ausführungen findet man die Bestätigung, daß vom Jahre 1869 an nicht nur die Ideen *Lombrosos* in Deutschland Verbreitung gefunden haben, sondern daß er dort auch Anhänger und Mitarbeiter gefunden hat, die in bewundernswerter wissenschaftlicher Zusammenarbeit seine Forschungen begünstigt und ihm die Möglichkeit einer weiteren Nachprüfung seiner Ergebnisse verschafft haben.

7. Wenden wir uns nunmehr endlich Franz *von Liszt* zu, dessen ehrendem Gedenken diese Arbeit gewidmet sein soll, so ist zunächst festzustellen, daß aus dem bereits erwähnten Vorwort zur dritten Auflage des „Uomo delinquente" hervorgeht, daß zwischen *Lombroso* und *von Liszt* wissenschaftliche Beziehungen bestanden[23]. Auf Seite XXVI findet sich eine Anmerkung, in der *Lombroso von Liszt* dankt, daß er ihm durch seine einflußreiche Vermittlung über die deutsche Regierung Fotografien ausländischer Delinquenten zukommen ließ, deren er zur Vertiefung seiner Untersuchungen bedurfte. Diese Beziehungen bestanden jedoch nicht nur, wie es den Anschein haben könnte, im Austausch von Höflichkeiten unter Wissenschaftlern, sondern nachweisbar auch im Bereich der Wissenschaft selbst und trugen auch dort ihre Früchte.

Es ist bekannt, daß die Theorien *Lombrosos* in Deutschland nicht nur Zustimmung, sondern auch heftigen Widerspruch hervorgerufen haben, auf den näher einzugehen sich hier erübrigt. Es handelt sich um Fragen, die zu jenem Zeitpunkt aufgeworfen und heftig diskutiert wurden, die man aber heute zum großen Teil als überwunden betrachten kann.

Für den italienischen Leser sei darauf hingewiesen, daß die Schrift, die Anlaß zu scharfen Polemiken in Deutschland gab, eine Arbeit von *Mittelstädt*[24] war, in der die Frage nach der Wirksamkeit der Freiheitsstrafe im Hinblick auf den Schutz der Gesellschaft vor dem Verbrechen erhoben wurde. Und es war gerade *von Liszt*, der sich in die erste Reihe derjenigen stellte, die eine grundlegende Reform der Strafgesetzgebung in Übereinstimmung mit den Fortschritten der kriminologischen Forschung forderten. Es ist bekannt, daß zur besseren Verfolgung dieses Zieles *von Liszt* im Jahre 1880 die „Zeitschrift für die gesamte Strafrechtswissenschaft" gründete. Er forderte sogleich *Lombroso* zur Mitarbeit auf und dieser veröffentlichte bereits

[23] *Lombroso*, L'uomo delinquente, 3. Aufl., Vorwort S. XXVI.
[24] *Mittelstädt*, Gegen die Freiheitsstrafen, Leipzig. 1879.

im ersten Heft der Zeitschrift den Aufsatz „Über den Ursprung, das Wesen und die Bestrebungen der neueren anthropologisch-kriminalistischen Schule in Italien"[25], dem er später zur wirksameren Darstellung seiner Theorien die Arbeit „Pro Schola mea"[26] folgen ließ.

In der Zwischenzeit hatte die Auseinandersetzung in Deutschland eine solche Ausdehnung angenommen, daß *von Liszt* zu einer noch entschiedeneren wissenschaftlichen Stellungnahme gedrängt wurde. Diese bezog er 1882 in seinem berühmten *Marburger Programm*[27], das unlängst — wenn auch mit fast einem Jahrhundert Verspätung — in die italienische Sprache übersetzt wurde[28].

In Italien wird im allgemeinen zu Unrecht angenommen, daß das wissenschaftliche Bekenntnis *von Liszts* in jener Marburger Programmschrift enthalten sei. Denn auch Franz *von Liszt* wurde wie andere Wissenschaftler durch den Fortschritt der Wissenschaft beeinflußt, was wohl zu einer Vertiefung, aber schließlich auch zu einer Änderung seiner Lehrmeinungen geführt hat[29]. Die Außerachtlassung dieses Umstandes läßt der Lehre Franz *von Liszts* dasselbe widerfahren, was mit der Lehre *Lombrosos* und *Ferris* geschehen ist, deren Ansichten heute noch auf der Grundlage der ältesten und ersten Ausgaben ihrer Werke diskutiert werden, obwohl sie doch längst nicht mehr der endgültigen Formulierung in den späteren Werken entsprechen. Leider sind gerade diese in keine einzige fremde Sprache übersetzt worden. So treffen die wissenschaftlichen Angriffe oft ins Leere, weil sie von falschen Voraussetzungen ausgehen[30].

[25] ZStW Bd. I (1881), S. 120—150.

[26] ZStW Bd. III (1883), S. 457.

[27] *von Liszt*, Der Zweckgedanke im Strafrecht, in Strafr. Aufsätze und Vorträge, Bd. I, Berlin, Guttentag 1905.

[28] In italienischer Übersetzung von *A. Calvi*, La teoria dello scopo nel diritto penale, Mailand, Giuffrè 1962.

[29] Die Vertiefung und auch die Änderungen der Lehre *von Liszts* kann von 1882 an an Hand der zahlreichen Auflagen seines berühmten „Lehrbuchs" verfolgt werden. Vgl. auch derselbe, Die psychologischen Grundlagen der Kriminalpolitik, ZStW Bd. XVI (1896), S. 477.

[30] Marc *Ancel*, La défense sociale nouvelle, in italienisch erschienen bei Giuffrè Mailand, 1966, will zwischen der von ihm als „neue soziale Verteidigung" bezeichneten Lehre und der italienischen positiven Schule und auch der von *von Liszt*, *van Hamel* und *Prins* 1889 gegründeten I K V unterscheiden. Aber die von ihm vertretene Ansicht erscheint doch zweifelhaft, da die letzten Auflagen der Werke *Lombrosos* und *Ferris* nicht herangezogen wurden. Denn gerade in diesen finden sich die im Vergleich mit den früheren und inzwischen überholten Auflagen völlig veränderten Aussagen. Auch dürfte in diesem Zusammenhang die Arbeit *Ferris* „I principi di diritto criminale" von 1928 über die strafrechtlichen Lehren der italienischen positiven Schule nicht übergangen werden.

Man darf das Marburger Programm darum nicht aus dem Blickwinkel der heutigen Erfahrung und nach dem Stand der Erkenntnisse beurteilen, die wir in der Gegenwart besitzen. Wir haben von den Fortschritten der Wissenschaft in diesem letzten Jahrhundert profitiert und können die wahre Bedeutung nur dann ermessen, wenn wir uns in den Zeitpunkt ihrer Proklamation zurückversetzen und im Geiste auf Grund der Veröffentlichungen jener Zeit die Situation rekonstruieren, in der sich die Strafrechtswissenschaft in Deutschland und auch in anderen Ländern befand.

Heute macht es nur wenig Eindruck zu lesen, daß die Strafe ihren Charakter als blinde Reaktion der Gesellschaft verloren hat und zu einer zum Schutze von Rechtsgütern gebotenen Strafe geworden ist und daß sie diesen Schutz ausübt, indem sie psychologische Motivationen für das Handeln schafft und durch *Besserung* auf jene wirkt, die einer solchen bedürfen und auch ihrer fähig sind, oder durch *Abschreckung* der nicht Besserungsbedürftigen oder auch durch *Unschädlichmachung* derjenigen, die nicht besserungsfähig sind. Auch ist uns eine Einteilung der Verbrecher an Hand der Art der Sanktionen in *Gewohnheitsverbrecher* — Verbesserliche und Unverbesserliche — und *Gelegenheitsverbrecher* längst vertraut[31].

Versetzen wir uns aber in das Jahr 1882, so erscheint die Marburger Programmschrift in ihrer Funktion als Gegenposition zu der in Deutschland herrschenden Vergeltungslehre, die zu jenem Zeitpunkt von *Birkmeyer*[32] mit großer Autorität vertreten wurde und eine zahlreiche Anhängerschaft besaß, wie eine mutige Fahne auf einer noblen Eroberung, die der besseren Verteidigung einer vor den Übergriffen des Verbrechertums unzulänglich geschützten Gesellschaft dient.

Und deshalb ist es auch ganz ohne Bedeutung, wenn wir heute feststellen, daß im Ergebnis die geschichtliche Entwicklung des Strafbegriffs und der Strafzwecke, wie *von Liszt* sie auffaßte, heute nahezu Allgemeingut sind, daß ferner die Einteilung der Verbrecher derjenigen in der ersten und zweiten Auflage des Buches von *Lombroso* gleicht und daß eine Annäherung an die Vorstellungen *Garofalos* in der Bezugnahme auf die Anpassungsfähigkeit des Täters liegt.

Auf S. 31, 32 zählt *Ancel* fünf Punkte auf, die nach seiner Ansicht die Grundelemente der neuen sozialen Verteidigung darstellen; aber ein Unterschied zu der positiven Schule in Italien und den Grundsätzen der Statuten der I K V von 1889 läßt sich nicht feststellen.

[31] *von Liszt*, La teoria dello scopo nel diritto penale, S. 51 ff.

[32] Vgl. insbesondere *Birkmeyer*, Was läßt v. Liszt vom Strafrecht übrig?, München, 1907.

Vom heutigen Standpunkt aus können wir diesen Erkenntnissen weitere hinzufügen. Schon *von Liszt* erschien sein Programm ergänzungs- und änderungsbedürftig[33]. Er erweiterte die Anzahl der Verbrecherkategorien unter Änderung ihrer Grundlagen, um die Strafe nach Art und Maß in eine bessere Relation zu der psychischen Eigenart und den bestimmenden Motiven bringen zu können. Aber bei dieser Einteilung folgte er weder den Kategorien, wie sie *Lombroso* in der vierten Auflage des „Uomo delinquente" aufgestellt hatte, noch den fünf berühmten Gruppen *Ferris*. Er schließt sich vielmehr *Garofalo* an, dessen Einteilung auf einer psychologischen und moralischen Grundlage basiert, die dem juristischen Denken näher stand, das psychischen Impulsen besser Rechnung tragen kann als körperlichen Anomalien[34]. Die Ergebnisse dieser Einteilung waren allerdings nicht befriedigender als frühere Unterscheidungen.

Jedenfalls ist dies der Zeitpunkt, zu dem *von Liszt* sich sowohl von *Lombroso* wie von *Ferri* abzuwenden suchte, um den Weg des Juristen zu verfolgen, der die menschlichen Handlungen und die darauf anzuwendenden Sanktionen mit Maßstäben messen muß, die das Recht bieten kann. Diese Abwendung erklärt besser als alle anderen Überlegungen die wenigen Hinweise, die sich in *von Liszt*s Werk auf *Ferri* finden, und auch die zurückhaltende Zustimmung zu *Lombrosos* Arbeiten in den späteren Veröffentlichungen[35]. Aber das Sanktionensystem *von Liszt*s spiegelt selbst nach der Erhöhung der Verbrecherkategorien jenes von *Garofalo* wider, so daß in einem wesentlichen Bereich doch noch ein Band zum italienischen Positivismus bestehen bleibt[36].

Auch im Bereich der Wissenschaften gibt es Überraschungen. *Von Liszt* verband seine Einteilung der verschiedenen Verbrecherkategorien mit einer Zurechnungslehre, nach der nur derjenige für zurechnungsfähig gehalten wurde, der auf Motive in normaler Weise reagiert[37]. Auf Grund dieser Lehre hätte er konsequenterweise diejenigen Täter von der strafrechtlichen Verantwortlichkeit ausschließen müssen, die er als Unverbesserliche eingestuft hatte und die diese

[33] Vgl. Anm. 29.

[34] *Garofalo*, Criminologia, 2. Aufl. 1891, S. 47.

[35] Soweit *von Liszt* sich über die positive Schule und insbesondere über *Lombroso* geäußert hat, blieb er nicht ohne Widerspruch. Vgl. *von Liszt*, Strafrecht und Strafprozeß, in: Systematische Rechtswissenschaft, Berlin, 1906, S. 217ff.; *Grispigni*, La Scuola positiva italiana in Germania, Mailand, 1911.

[36] *von Liszt*, Die psychologischen Grundlagen der Kriminalpolitik, ZStW Bd. XVI (1896), S. 477.

[37] *von Liszt*, Die strafrechtliche Zurechnungsfähigkeit, ZStW Bd. XVII (1897), S. 75.

Normalität schon per definitionem nicht besitzen. Aber im Hinblick auf die schwerwiegenden Folgen, die eine Eingruppierung der Unverbesserlichen unter die Unzurechnungsfähigen, neben den Geisteskranken, den Gewohnheitstätern und den Minderjährigen, mit sich brächte — was zu einer Entleerung des strafrechtlich erfaßbaren Bereichs geführt hätte, wie *Birkmeyer*[38] ganz richtig vorausgesehen hatte —, fand *von Liszt* einen anderen Ausweg, der ihn unerwarteterweise sagen ließ: „Es ist nicht möglich, zwischen Normalen und Anomalen, zwischen Zurechnungsfähigen und Unzurechnungsfähigen, zwischen Geisteskranken und Verbrechern und deshalb auch zwischen Strafe und Sicherungsmaßregel zu unterscheiden"[39]. Mit dieser Feststellung ist *von Liszt* schließlich doch wieder zu einer Annäherung an die Vorstellung *Ferris* von der strafrechtlichen Verantwortlichkeit zurückgekehrt, die für die positive Schule von grundlegender Bedeutung geworden ist. Es erscheint deshalb keineswegs willkürlich, die Meinung zu vertreten, daß die beiden großen Meister gegen Ende ihres Weges in einer wissenschaftlichen Solidarität zusammengefunden haben, um ihr höchstes Ziel, die bessere und wirksamere Verteidigung der Gesellschaft vor dem Verbrecher, zu verwirklichen.

8. Ein solches Ergebnis ist im Verlaufe wissenschaftlicher Forschung keineswegs selten; das gemeinsame Ziel erlaubt keine Abweichungen.

1889 hatte *Lombroso* in zwei umfangreichen Bänden die vierte Auflage des „Uomo delinquente" veröffentlicht[40]. In dieser Neuauflage seines Werkes identifizierte er den geborenen Verbrecher mit dem moralisch Irren und dem Epileptiker und stellte in diese Reihe auch den Täter aus Leidenschaft und die Gruppe der Selbstmörder; er zeigte die Parallelen und die Unterschiede zwischen geisteskranken Kriminellen und normalen Kriminellen auf; er machte den Anfang einer eingehenderen Untersuchung der sogenannten Gelegenheitstäter. Aber in der fünften Auflage des inzwischen auf vier Bände angewachsenen Werkes (der letzte Band enthält den Atlas), die in den Jahren 1896—1897 veröffentlicht wurde, vertrat er eine andere Auffassung[41]. Für *Lombroso* war der Kriminelle entweder der Wilde oder der Kranke mit gewissen Ähnlichkeiten und Übereinstimmungen

[38] *Birkmeyer*, a. a. O. (Fußnote 32); *Manzini*, L'evoluzione e lo stato del diritto penale, Turin, 1900, S. 140.

[39] *von Liszt*, Die strafrechtliche Zurechnungsfähigkeit, a. a. O., S. 70ff.; ferner ZStW Bd. XVIII (1898), S. 229ff.

[40] *Lombroso*, L'uomo delinquente in rapporto all'antropologia, alla giurisprudenza ed alle discipline carcerarie, Turin, 4. Aufl., 1889, 2. Bände.

[41] *Lombroso*, L'uomo delinquente etc., Turin, 5. Aufl., 1896—97, 4 Bände.

zwischen dem moralisch Irren und dem geborenen Verbrecher, wobei er bei dem moralisch Irren größere Unterschiede der epileptoiden Zustände feststellte. So korrigierte er seine Theorie vom Atavismus hinsichtlich des Einflusses von Krankheiten.

Diese zahlreichen Unterscheidungen der Verbrecher, bei denen die einzelnen Kategorien auf Grund der sie verbindenden Zusammenhänge in unsichere Umrisse zerflossen, hatten die These *Lombroso*s schließlich unterhöhlt. Dazu trug auch die Anerkennung einer Kategorie der sogenannten *Pseudokriminellen*[42] bei, die nicht auf Grund organischer Anomalien, sondern aus Unachtsamkeit oder Unvorsichtigkeit und ohne jede Abnormität oder im Zusammenhang mit der Ausübung ihres Berufes oder auf Grund besonderer Umstände handeln. Neben dieser Gruppe unterschied er noch eine weitere der sogenannten *Kriminaloiden*[43], die Gelegenheitstäter aus Nachahmungstrieb sind oder aus Leidenschaft oder einfach wegen schlechter Erziehung.

Lombroso hat sich damit in seiner fünften Auflage weit von der ersten und der zweiten entfernt. Nunmehr bestreitet er nicht mehr das Vorhandensein von Tätern, deren Handeln nicht durch ihre körperlichen Gegebenheiten und damit durch ein unwiderstehliches biologisches Schicksal bedingt ist, sondern aus äußeren Verhältnissen heraus entsteht, die die Begehung von Verbrechen besonders begünstigen. Darüber hinaus gelangt *Lombroso* schließlich zu der Ansicht, daß es bei jedem Täter eines gewissen Antriebs aus der Umwelt bedarf, um ein Verbrechen zu begehen. Und wie das soziale Milieu einerseits zum Verbrechen führen kann, kann es auch kriminelle Antriebe in Taten umwandeln, die das Wohl der Allgemeinheit zum Gegenstand haben. Der geborene Verbrecher kann schließlich der Pionier einer neuen Welt werden, der zur Größe einer erneuerten Gesellschaft beiträgt[44].

Dies ist der Inhalt der Theorie von der *Symbiose*, die die letzte Vision *Lombrosos* in einer Epoche darstellt, in der die Aufgabe der Wissenschaft durch den reformatorisch orientierten Staat übernommen worden ist[45].

Im Gegensatz zu der heute noch häufig vertretenen Ansicht ist daher festzuhalten, daß *Lombroso* am Ende seines Weges als Forscher

[42] *Lombroso*, a. a. O., 5. Aufl., Bd. 2, S. 491.
[43] *Lombroso*, a. a. O., 5. Aufl., Bd. 2, S. 507.
[44] *Lombroso*, a. a. O., 5. Aufl., Bd. 3, S. 611.
[45] Vgl. die zutreffenden Ausführungen bei *A. Loria*, L'evoluzione di Cesare Lombroso, in: L'opera di Cesare Lombroso nella scienza e nelle sue applicazioni, Turin, 1908, S. 333.

nicht mehr dem jungen Arzt gleicht, dem kein gewagter Gedanke fremd war und der sich gleich nach dem Abschluß seiner Ausbildung mit dem Elan und dem Enthusiasmus der Jugend an die Erforschung der Mysterien des Lebens wagte. Er erscheint uns vielmehr als ein bewährter Wissenschaftler mit einer reichen Erfahrung, die es ihm gestattet, seine Ansicht über das unwandelbare Problem der Kriminalität, auf deren Ursprünge er vor allem eingegangen war, abschließend zu formulieren. An Hand seiner letzten Schriften kann diese so zusammengefaßt werden: „Alle Straftaten haben ihre Wurzel in zahllosen Ursachen. Sie können zusammenwirken oder unabhängig voneinander sein; alle jedoch müssen in Erwägung gezogen werden, eine neben der anderen, weil alle menschlichen Phänomene nicht auf eine einzige Ursache zurückzuführen sind"[46]. Und auch über den *geborenen Verbrecher* kann die zuletzt von *Lombroso* vertretene Meinung so formuliert werden: „... daß in der Masse der Verbrecher sich solche finden, die auf Grund ihrer besonderen Merkmale sich in eine Kategorie einordnen lassen, die man als diejenige der geborenen Verbrecher bezeichnen kann. Aber der „geborene Verbrecher" ist nicht das Individuum, das zum Verbrechertum durch anatomische, physiologische oder psychische Anomalien prädestiniert ist, sondern ein Mensch, der zur Begehung von Verbrechen durch äußere und innere Umstände, die seine Aggressionsinstinkte stimulierten, getrieben wurde"[47].

Damit ist *Lombroso* weit entfernt von denjenigen, die ihn noch heute immer wieder wegen seiner Darstellung des degenerierten Verbrechers mit platter Nase, dünnem Bart und deformiertem Schädel lächerlich zu machen suchen[48]. Ein guter Teil der Theorien *Lombrosos* kann durchaus abgelehnt werden. Und doch wissen wir heute noch nicht, was sich davon in die Zukunft retten wird. Die neuesten wissenschaftlichen Erkenntnisse widersprechen keineswegs der Vorstellung, die Cesare *Lombroso* geleitet hat.

9. Auch das wissenschaftliche Werk *Ferris* weist eine Entwicklung auf, deren Beachtung Voraussetzung einer gerechten Beurteilung ist. Seine Arbeit ist von der *Lombrosos* und *Garofalos* nicht zu trennen, soweit er mit ihnen hinsichtlich der gemeinsamen Vorhaben zusam-

[46] Eine genaue Wiedergabe der Lehre *Lombrosos* in diesem Punkt findet sich bei *Radzinowicz*, Ideologia e criminalità, übersetzt von *Ferracuti*, Mailand, 1968, S. 44ff.

[47] *Lombroso*, Gino, Il tipo di „delinquente nato" nel mondo criminale é scientificamente una realtà ? in Scuola positiva, 1968, Heft 4.

[48] Es ist vielfach nachgewiesen, daß gerade die heftigsten Kritiker *Lombrosos* dessen Arbeiten überhaupt nicht gelesen hatten.

mengearbeitet hat. Während aber *Lombroso* sich in erster Linie mit Forschungen befaßte, die die Zusammenhänge zwischen Psyche und biologischer Konstitution des Menschen zum Gegenstand hatten, und *Garofalo* mit seinen Untersuchungen vor allem den Nachweis erbringen wollte, daß der Strafrechtspflege die „Bedrohlichkeit" (temibilità) im Sinne einer „Gefährlichkeit" (pericolosità) zugrunde zu legen sei, vermochte *Ferri* dagegen über diese Ergebnisse hinauszusehen; er hat sie durch die Einordnung in ein höheres System erst zur Wirkung gebracht. Auch er ist am Ende seiner wissenschaftlichen Laufbahn weit entfernt von dem zwanzigjährigen Studenten, der es wagte, mit seiner These über Zurechnung und Willensfreiheit[49] zu promovieren. Mit dieser Arbeit wollte er beweisen, daß die viel diskutierte und umstrittene Frage der Willensfreiheit nicht Ausgangspunkt der Strafrechtspflege sein kann, sondern daß diese sicherer Grundlagen bedarf. Auf der Suche nach solchen Grundlagen stellte er zunächst die vorrangige Bedeutung der Spezialprävention unter den Strafzwecken fest, befaßte sich mit der Erforschung der Verbrechensursachen mit dem Ziel einer besseren Anpassung der Sanktionen an den Täter und erarbeitete solche Sanktionen zusammen mit einem System indirekter Mittel der sozialen Verteidigung, die er Strafsurrogate nannte.

Der positiven Schule stellte er die Aufgabe, die Gesellschaft vor dem Verbrechen zu schützen, und zwar bestmöglich und mit den am meisten geeigneten Mitteln, und erklärte, „daß diese Schule keinerlei philosophisches oder soziales System anerkenne und keine biologische Lehre[50]", sondern daß sie durch die „wissenschaftliche Methode" charakterisiert sei, d. h. durch die „induktive Methode und die Tatsachenbeobachtung, deren Gegenstand der Verbrecher ist, eine Person, die sich durch die Tatbegehung mehr oder weniger als gefährlich erwiesen hat"[51].

Aus der Erforschung der verschiedenen Ursachen, die die Kriminalität beeinflussen, erarbeitete er Fall für Fall und Individuum für Individuum die berühmte Klassifikation der Verbrecher in fünf verschiedene Kategorien.

Die wirkliche Bedeutung dieser Klassifikation im Rahmen der Lehre *Ferris* ist verschiedentlich unrichtig beurteilt worden. Es findet sich kein Hinweis mehr auf den *Atavismus* und auf die *Epilepsie* von *Lombroso*, auf den krankhaften Ursprung des Verbrechens und auf die absolute *Unverbesserlichkeit*. Seine Unterscheidung der Verbrecher in

[49] *Ferri*, La teorica dell'imputabilità e la negazione del libero arbitrio, Firenze, 1878.

[50] *Ferri*, Principi di diritto criminale, Turin, 1928, S. 44.

[51] *Ferri*, a. a. O., S. 45.

Klassen gründet auf *psychologischen Ursachen*, die den mehr oder weniger den gesellschaftlichen Verhältnissen angepaßten Täter, entsprechend dem Milieu, in dem er lebt und arbeitet, zum Verbrechen getrieben haben, sei es auf Grund seiner psychisch-physischen Impulse (endogene Ursachen) oder der Milieubedingungen (exogene Ursachen). Dieser Defekt der psychischen Anpassung oder der abnormen Reaktion des psychischen Verhaltens ist von verschiedener Graduierung, die eine Einteilung der Täter erlaubt in *Gelegenheitstäter*, d. h. Täter, die auf Grund vorübergehender Ursachen Verbrechen begehen, wie z. B. wegen einer ungerechten Provokation, aus persönlichen oder familiären Gründen, aus Unvorsichtigkeit oder aus Willensschwäche, ferner in *Leidenschaftstäter*, die aus sozialen oder ethischen Motiven Verbrechen begehen, in *Gewohnheitstäter*, die unter dem Einfluß der sozialen und wirtschaftlichen Verhältnisse stehen, und in die *Geisteskranken*, deren Handeln durch die Geisteskrankheit bedingt ist; und zuletzt in die *geborenen Verbrecher*, so genannt, weil sie impulsiv und überstürzt handeln, aus Willensschwäche und aus Mangel oder Defekt des sittlichen Empfindens[52].

Ferri begriff also die Anomalität des Verbrechers als dessen antisozialen Charakter, der nicht mit der Krankhaftigkeit zu verwechseln ist, die nur bei einer einzelnen Kategorie vorliegt und in einer dauernden oder angeborenen oder erworbenen Haltung besteht, wobei die Mehrzahl auch dieser Kategorie als sozial wiedereingliederungsfähig gilt, um so mehr als hierunter auch der Kriminaloide und der Schlechterzogene mit einbegriffen sind[53].

10. Es ist eine weitverbreitete Meinung, daß zwischen *Ferri* und *von Liszt* Unstimmigkeiten bestanden hätten. Dies kann wohl der Fall gewesen sein, jedoch nur im ersten Abschnitt ihrer wissenschaftlichen Tätigkeit, möglicherweise auch aus Rivalität. Dagegen darf mit Recht behauptet werden, daß mit der Vervollkommnung ihrer Lehre, die eine wirksamere Abwehr des Verbrechens ermöglichte, *Ferri* und *von Liszt* in Übereinstimmung einem gemeinsamen Ziel zustrebten.

Von Liszt stimmte *Ferri* bezüglich der unbestimmten Strafe zu, verbündete sich mit ihm gegen die herkömmliche Auffassung vom Wesen der Strafe und teilte mit ihm auch die Klassifikation der Verbrecher, wie sie *Ferri* aufgestellt hatte[54]. 1889 gründete *von Liszt* die „Internationale kriminalistische Vereinigung"[55], übernahm deren

[52] *Ferri*, a. a. O., S. 265ff. [53] *Ferri*, a. a. O., S. 259ff.

[54] *Ferri*, Sociologia criminale, Turin, 1930, 5. Aufl., S. 220.

[55] In diesem Zusammenhang ist auf die selten zitierten Worte *van Hamels* zu verweisen, die den Einfluß der positiven Schule und *Lombrosos* auf die von *van Hamel* selbst, *von Liszt* und *Prins* gegründete I K V deutlich machen:

Leitung und verschaffte ihr einen bedeutenden Einfluß auf die europäischen und außereuropäischen Gesetzgebungen. *Ferri* trat dieser Vereinigung mit der von ihm gegründeten „Società italiana di antropologia, sociologia e diritto criminale“ [56] bei. *Von Liszt* schuf das berühmte „Kriminalistische Seminar“ an der Universität Berlin, und *Ferri* sandte seinen besten Schüler Filippo *Grispigni* dorthin, damit er bei *von Liszt* höre. *Von Liszt* legte 1916 den preußischen Ministern der Justiz, des Innern und der geistlichen und Unterrichtsangelegenheiten eine umfangreich dokumentierte Denkschrift vor, um sie von der Notwendigkeit zu überzeugen, an den deutschen Universitäten Institute zu schaffen, die zu Unterrichtsstätten über die neuen kriminalistischen Lehren würden, vergleichbar mit dem „Institut der strafrechtlichen Praxis“, das in Rom von *Ferri* gegründet und geleitet wurde[57].

Nach dem Tode *von Liszts* im Jahre 1919 und nachdem auch *van Hamel* und *Prins* nicht mehr am Leben waren, bemühte sich *Ferri*, das Werk des großen deutschen Kriminalisten zu erhalten, und tat alles ihm Mögliche, damit die IKV weiterhin ihre bedeutenden Beiträge auf dem Gebiet der Reform der Strafgesetzgebung leisten konnte[58]. Aus diesen und anderen Gründen kann der Ansicht, zwischen *von Liszt* und *Ferri* hätten wiederholt Gegensätze bestanden, durchaus entgegengetreten werden.

11. Zum Abschluß ist noch davon zu sprechen, daß es in Deutschland eine bemerkenswerte Anzahl Wissenschaftler gab, die weder zu der Anhängerschaft *Birkmeyers* noch der *von Liszts* gehörten. Sie bildeten eine dritte selbständige Gruppe, die man die „Dritte Schule“ nennen könnte, weil sie eine Zwischenstellung zwischen den anderen beiden Schulen einnahm. An ihrer Spitze standen *Liepmann* und

„J'ai voulu rappeler cette entrée de l'école positive et de son fondateur Lombroso lui-même dans le monde juridique par la porte principale, c.-à- d. la porte allemande, qui lui fut ouverte par l'éminente chef de garde von Liszt, pour signaler la grande importance que dès l'abord les juristes de premier ordre ont attaché à l'introduction de la criminologie moderne dans le cercle des sciences pénales. Lefait a été suivi, quelques années après, par la fondation de l'union internationale de Droit Pénal, dont les statuts ont reconnu pour la science criminologique et pour la pratique pénale les mêmes principes fondamentaux.“ *Van Hamel*, L'anthropologie criminelle et les dogmes du droit pénal, in: L'opera di Cesare Lombroso nella scienza e nelle sue applicazioni, Turin, 1908, S. 266ff.

[56] Scuola positiva, 1919, S. 58.

[57] Vgl. Verso l'insegnamento universitario in Germania del positivismo criminologico, in Scuola positiva, 1917, S. 444.

[58] Scuola positiva, 1919, S. 519.

Merkel[59]. Und wenn auch dieser dritten Schule die Zukunft zu gehören schien, so versuchten sowohl *Birkmeyer* wie *von Liszt*, ihre Existenzberechtigung zu leugnen[60].

Ähnlich verlief die Entwicklung in Italien. Während in Anbetracht der vielen Gegensätze zwischen der klassischen und der positiven Schule verschiedentlich die Behauptung geäußert wurde, die positive Schule „befinde sich schon in Auflösung"[61], verlor in Wirklichkeit die klassische Schule immer mehr Anhänger. Die positive Schule entwickelte sich dagegen immer mehr zu dem, was sie ihren Ursprüngen nach auch war, zu einer *Rechtsschule*. Das Verdienst für diese Entwicklung gebührt Eugenio *Florian* und Filippo *Grispigni* sowie schließlich auch *Ferri* selbst, der in den letzten Jahren seines Lebens sich als ein ganz hervorragender Jurist erwiesen hatte. Als Beweis dafür mögen der „Entwurf zur Reform des Strafgesetzbuches von 1921" und die „Principi di diritto criminale"[62] genannt werden. Vielleicht hat *von Liszt* durch sein Seminar zu dieser Entwicklung beigetragen. Denn auch in Italien entstand eine *dritte Schule*, die vielfach auch die *eklektische Schule* genannt wird oder *kritisch-naturalistische Schule* oder *rechtspositivistische Schule* oder auch einfach *Rechtsschule*[63]. Diese Schule, gleich welchen Namen man ihr geben will, entnahm ihre Anregungen dem Positivismus. Sie gab der Strafe den Charakter einer Verteidigung gegen kriminelle Angriffe und schuf ein Maßnahmensystem zur Sicherung vor den gefährlichen und nicht zurechnungsfähigen Tätern. Daraus ergibt sich ganz klar, daß unter ihren Forderungen diejenigen der positiven Schule dominierten, um so mehr als die dritte Schule nicht mehr auf die Willensfreiheit, sondern auf *das Gewillkürte des Verhaltens* (volontarietà della condetta) abhob.

In der Lehre zählte zunächst *Impallomeni* die Kriminalpolitik zur Strafrechtswissenschaft, bekämpfte die kurzfristige Freiheitsstrafe

[59] *Liepmann*, Strafrechtsreform und Schulenstreit, ZStW Bd. XVIII (1908), S. 3; *Merkel*, Vergeltungsidee und Zweckgedanke im Strafrecht, in: Abhandlungen etc., S. 687.

[60] *von Liszt*, Die deterministischen Gegner der Zweckstrafe, in: Strafr. Aufsätze und Vorträge, Bd. II, S. 60; *Birkmeyer*, in: Kritische Vierteljahresschrift, 1899, S. 543.

[61] Vgl. als erste Äußerung dieser Art: *Tuozzi*, Corso di diritto penale, Neapel, 1907, 3. Aufl., Vorwort. Ähnliche Ausdrücke sind später noch gefallen, oft gerade von Schriftstellern, die die positive Schule angriffen, nachdem sie sich deren Ideen zu eigen gemacht hatten.

[62] *Ferri*, Principi di diritto criminale, Turin, 1928.

[63] Vgl. u. a. *Carnevale*, Una terza scuola di diritto penale in Italia, in Rivista carc., 1891; *Alimena*, La scuola critica di diritto penale, Neapel, 1882; *Manzini*, Trattato del furto, Turin, 1907, Bd. I, Einführung; *Stoppato*, La scuola giuridica italiana e il progresso del diritto penale, Bologna, 1906.

und vertrat als Merkmal der Strafbarkeit die Gefährlichkeit[64]. *Alimena* erkannte die großen Verdienste der Kriminalanthropologie an und gab dem Studium des Verbrechers und der Verhütung von Verbrechen einen breiteren Raum[65]. *Carnevale* bewies den Irrtum der Lehre, die den Strafgrund nur auf den Willen zurückführen wollte[66]. Auch *Manzini* erkannte die Anthropologie und die Methode der positiven Schule an und entwickelte die Strafersatzmittel *Ferri*s weiter[67]. *Longhi* forderte dieselben Reformen wie die Positivisten einschließlich der unbestimmten Strafe[68]. Selbst *Stoppato* vertrat von 1907 an in Übereinstimmung mit *Brusa* und *Lucchini* die Rechtsnatur der Maßnahmen gegen Geisteskranke und Minderjährige[69], und Arturo *Rocco* schob als Anhänger eines psychologischen Determinismus die Person des Täters in den Vordergrund der Strafrechtspflege, damit ihr bei der Verhängung der Strafe Rechnung getragen würde, und stellte neben das Strafensystem ein voll ausgearbeitetes Maßnahmensystem[70].

Aber auch im Bereich der Strafgesetzgebung befindet sich die Mehrzahl der Reformen, die Italien seit den beiden letzten Jahrzehnten des vorigen Jahrhunderts bis zum heutigen Zeitpunkt durchgeführt hat, ganz oder zumindest teilweise in Übereinstimmung mit den Forderungen der positiven Schule[71]. Hier ist nur Raum, um die wichtigsten zu nennen:

[64] *Impallomeni*, Istituzioni di diritto penale, Turin, 1908, S. 13.

[65] *Alimena*, I limiti e i modificatori dell'imputabilità, Turin, 1894, Bd. I, S. 9.

[66] *Carnevale*, Ragione dell'applicazione concreta della pena, in Riv. pen., 1907.

[67] *Manzini*, a. a. O., (Fußnote 63).

[68] *Longhi*, La legittimità della resistenza agli atti dell'autorità nel diritto penale, Mailand, 1908, S. 41.

[69] *Stoppato*, I tribunali speciali per i delinquenti minorenni, in Riv. pen., 1907.

[70] *Rocco*, Arturo, Relazione al Re per l'approvazione del testo del codice penale vigente in Italia. Die Einführung in die Begründung und die grundsätzlichen Ausführungen hat Professor Arturo *Rocco* verfaßt, auch wenn die Begründung die Unterschrift des damaligen Justizministers Alfredo *Rocco* trägt.

[71] Unter den zahlreichen anfechtbaren Behauptungen in *M. Ancel*, La nuova difesa sociale, ital. Übersetzung, a. a. O., S. 149, findet sich auch folgende: „Der positiven Schule ist es nicht gelungen, irgendwelchen Einfluß auf die geltende Gesetzgebung zu nehmen." Es ist allgemein bekannt, daß die überwiegende Zahl der Reformen von 1930 an auf Ideen der positiven Schule zurückzuführen sind, auch wenn dies aus verschiedenen Gründen nicht ausdrücklich gesagt wird. Über den Einfluß der positiven Schule auf die europäischen Gesetzgebungen vgl. z. B. *Graven*, Hommage a Enrico Ferri, in Scuola positiva, 1953, S. 494ff. und zuletzt derselbe, Existe-t-il un „chromosome du crime" ! ? Comment juger le délinquant porteur d'une anomalie génétique XYY ? in Revue intern. de Criminologie et de Police technique, 1968, S. 285ff., 1969, S. 21ff,; *Karanicas*, L'influsso della Scuola positiva italiana sul codice penale ellenico del 1950, in Scuola positiva, 1967, S. 533ff.

In das Strafgesetzbuch von 1889 wurden außer dem Institut der gerichtlichen Verzeihung die bedingte Entlassung eingeführt und eine bessere Regelung des Rückfalls, einige Sicherungsmaßnahmen, unter ihnen die für gefährliche Geisteskranke, gefährliche Minderjährige und freigesprochene Taubstumme, für teilweise Geisteskranke und Gewohnheitstrinker usf., die trotz des letztlich vergeblichen Protestes der Klassiker zum ersten Mal in einem Strafgesetzbuch erschienen.

1921 legte *Ferri* seinen Entwurf für die Reform des Strafgesetzbuchs von 1889 vor, womit ihn der Justizminister *Mortara* beauftragt hatte. Man hat gesagt, daß dieser Entwurf zurückgewiesen worden sei[72]. Das ist insofern unrichtig, als dieser Entwurf mit dem Sturz des Ministers entfiel, der bekanntlich durch einen faschistischen Minister ersetzt wurde. Aber als der neue Justizminister Alfredo *Rocco* im Jahr 1925 erneut einen Entwurf zu erarbeiten hatte, vergaß er — obwohl selbst Faschist — doch nicht Enrico *Ferri* und berief ihn als Mitglied in die neue Kommission zusammen mit anderen Positivisten. Das Ergebnis ist offensichtlich, denn das neue Strafgesetzbuch von 1930, das heute noch, wenn auch mit einigen Änderungen, in Italien gilt, hat aus dem Entwurf *Ferris* einige wesentliche Vorschriften übernommen, unter anderem jene des Art. 133 über die Strafzumessungsgründe, die Bestimmungen über die Umstände der Tat, den Abschnitt über die Maßnahmen, die in einem eigenen Kapitel des neuen Gesetzes zusammengefaßt wurden.

Man darf auch nicht vergessen, daß Forderungen der positiven Schule anläßlich der Reform der Strafanstalten durch das Gesetz vom 18. Juni 1931 Nr. 787 verwirklicht wurden, ferner im Jugendgerichtsgesetz vom 20. Juli 1934 Nr. 1404 und dessen nachfolgenden Änderungen, wie auch in weiteren Gesetzen, z. B. den Gesetzen vom 27. Dezember 1956 Nr. 1423, vom 31. Mai 1965 Nr. 575, vom 22. November 1967 Nr. 1176 über Maßnahmen gegen soziallästige Personen. Hierher gehört auch die Tendenz der neuesten Rechtsprechung, die Verhängung von Maßregeln verfahrensmäßig auszustatten, so daß diese, von daher gesehen, eine gewisse Annäherung an die Strafe aufweisen.

Es ist deshalb keineswegs übertrieben zu behaupten, daß die Ideen der positiven Schule in Italien heute in einem weiten Umfang im geltenden Recht bereits verwirklicht sind oder daß entsprechende Entwürfe dem Parlament vorliegen. Das gilt nicht nur für den Bereich der Strafgesetz- und Strafprozeßreform, sondern auch in viel größerem Maße für die Bestimmungen über den Strafvollzug. Der Satz vom

[72] *Radzinowicz*, Ideologia e criminalità, ital. Übersetzung von *Ferracuti*, 1968, S. 44.

Ende der positiven Schule erweist sich also offensichtlich als unbegründet und der Anspruch derjenigen, die ihren Platz einnehmen möchten, als unberechtigt. Es kann nicht geleugnet werden, daß die Lehren dieser Schule in das positive Recht oder die Reformprojekte der verschiedensten Kulturvölker Eingang gefunden haben. Die geistige Herkunft tritt so deutlich hervor, daß diese Gesetze oder Entwürfe in keinem Fall Personen zum Urheber haben können, die einer anderen wissenschaftlichen Richtung angehören.

12. Zum Abschluß möchte ich noch einige ergänzende Bemerkungen anfügen. Zu Beginn des 20. Jahrhunderts veröffentlichte ein sehr zu Unrecht selten erwähnter Vertreter der positiven Schule, Eugenio *Florian*, den Allgemeinen Teil seines Lehrbuchs[73], das sowohl hinsichtlich des systematisch dargestellten geltenden Rechts als auch der Reform streng auf die rechtsdogmatischen Aspekte begrenzt war, und begann darin sehr ins einzelne gehend die deutsche Strafrechtslehre in Italien bekannt zu machen. Vor ihm hatte dies, jedoch in wesentlich geringerem Umfang, schon *Grispigni* getan, allerdings mehr in kritischen Stellungnahmen, als in beschreibender Darstellung.

Diese Bemühungen *Florians* hatten bedeutsame Folgen. Sein Werk wurde nicht nur ein wirksames Instrument, um die Lehren der positiven Schule unter den italienischen Wissenschaftlern zu verbreiten, sondern es diente auch der von den Deutschen übernommenen juristischen Methode, deren sich die Strafrechtswissenschaft bei der systematischen Erarbeitung ihrer Institute bedienen muß, ohne etwa die Ergebnisse der kriminologischen Wissenschaften als deren Voraussetzung zu übergehen[74]. Aus dieser Verbreitung resultierte eine Weiterbildung der ursprünglichen Lehren der positiven Schule auf juristischer Grundlage, die die Einführung einiger wesentlicher Punkte auch in anders orientierte Gesetzgebungen ermöglichte. Die Auswirkungen lassen sich nicht nur in Italien feststellen, wo das geltende Recht und die neue Verfassung der Strafe die Funktion eines Schutzes zuschreiben, sondern auch in der deutschen Gesetzgebung, in der doch ursprünglich von gänzlich verschiedenen theoretischen Voraussetzungen ausgegangen worden ist.

Daher bin ich wohl zu Recht zu der Annahme gekommen, daß dank der positiven Schule und der Schule *von Liszts* die italienischen und die deutschen Strafgesetzgebungen zu einer stufenweisen An-

[73] *Florian*, Trattato di diritto penale, I. Teil, Dei reati e delle pene in generale, Mailand, 4. Aufl., 1934.

[74] *Grispigni*, Florian giurista della Scuola positiva, in Eugenio Florian maestro del positivismo penale, Mailand, 1940, S. 75ff.

näherung gelangt sind. Das gilt nicht nur für die Vorschriften, die anstelle einer kurzen Freiheitsstrafe die Verhängung einer Geldstrafe zulassen, für die Gesetze über die Jugendgerichte, die Einführung von sichernden und bessernden Maßregeln oder die Einführung der Überwachungs- und Erziehungsmaßnahmen oder für die Strafaussetzung zur Bewährung. Es gilt vor allem für die Bestimmungen über die Unzurechnungsfähigen, die mit Strafe bedrohte Handlungen begangen haben. Denn durch diese Bestimmungen fand die Lehre der positiven Schule Anerkennung, daß Straftaten auch von Nichtzurechnungsfähigen begangen werden können. Das hat zu den besonderen Konsequenzen im Rahmen der Teilnahme an der Straftat eines Unzurechnungsfähigen hinsichtlich der Anstifter und Gehilfen sowie im Falle des Irrtums über die Zurechnungsfähigkeit des Haupttäters und bei der Strafbarkeit der Hehlerei und der Begünstigung bezüglich der Vortat eines unzurechnungsfähigen Täters geführt. Deshalb bedarf es einer neuen Systematik der Verbrechenslehre, die in Einklang steht mit der geltenden Gesetzgebung. Aber es fehlt nicht an oftmals recht gekünstelten Einwänden von Seiten verschiedener Strafrechtslehrer, deren Absicht jedoch leicht zu durchschauen ist.

So dürfen wir mit vollem Recht heute das Gedächtnis Franz *von Liszts* ehren und im Hinblick auf das eigenartige Zusammentreffen auch das Gedächtnis der Todestage von Cesare *Lombroso* (18. November 1909) und von Enrico *Ferri* (12. April 1929).

Der Einfluß Franz von Liszts auf die portugiesische Strafrechtsreform*

Von Professor Dr. Eduardo *Correia*, Coimbra/Portugal

1. Als *von Liszt* im April 1897 jene Sitzung der 7. allgemeinen Versammlung der Internationalen Kriminalistischen Vereinigung leitete[1], auf welcher deren Statuten geändert wurden, um die Polarisierung der mit dem Strafrecht in Verbindung stehenden Strömungen auf erweiterter Grundlage zu ermöglichen[2], hatte Portugal wichtige Etappen des Lisztschen Reformprogramms bereits zurückgelegt.

Der Gedanke etwa an die von *v. Liszt* vorgeschlagene Reaktion gegen die kurzzeitigen Freiheitsstrafen[3] ruft sogleich in Erinnerung, daß schon unser erstes Strafgesetzbuch (von 1852) im einzigen Paragraphen seines Artikels 83 die Möglichkeit kannte, Gefängnisstrafen in Geldstrafen umzuwandeln. Dabei handelte es sich um eine Geldstrafe, die nach Tagen berechnet wurde und je nach den Einkommensverhältnissen des Verurteilten zwischen einem Höchst- und Mindestsatz variierte. Freilich setzte die Anwendung dieser Bestimmung das Vorhandensein bestimmter mildernder Umstände voraus. Darüber hinaus war vorgesehen, daß eine nicht bezahlte Geldstrafe wiederum in eine Gefängnisstrafe umgewandelt wurde, eine Regelung, die dem Standpunkt *v. Liszt*s weitgehend widersprach, wenn er empfahl, die Geldstrafe durch Zwangsarbeit ohne Einsperrung zu ersetzen[4].

Kann somit auch kein Zweifel daran bestehen, daß die Bestimmung der Artikel 83 und 101, § 4 des Strafgesetzbuches von 1852[5]

* Übersetzt von Assessor Peter *Hünerfeld*, Referent am Max-Planck-Institut für ausländisches und internationales Strafrecht in Freiburg i. Br.

1 Vgl. Mitteilungen der I. K. V., Band 6, S. 376ff.

2 Vgl. Mitteilungen der I. K. V., Band 6, S. 534.

3 Strafrechtliche Aufsätze und Vorträge, 1871—1904, Band I, S. 340ff. und S. 511ff.

4 Vgl. *v. Liszt*, Strafrechtliche Aufsätze und Vorträge, Band I, S. 369ff. Dieser Forderung wurde in Portugal erst mit der Regelung des Artikels 539, § 5 der Strafprozeßordnung und der Artikel 24, 33 und 41 des Dekrets vom 18. Juni 1945 und nur teilweise Genüge getan. Der von mir 1963 vorgelegte Strafgesetzentwurf (vgl. unten) geht weiter, stimmt mit den Empfehlungen *v. Liszts* weitgehend überein und führt über diese sogar noch hinaus. Vgl. Artikel 59 und 60 sowie besonders Art. 61 dieses Entwurfs.

5 Das Dekret vom 15. September 1892 bestätigte diesen, nach der Reform von

den ungeteilten Beifall *v. Liszt*s nicht gefunden haben könnte, so gilt doch etwas anderes im Hinblick auf die von Portugal eingeführte bedingte Verurteilung, der *v. Liszt* so großes Gewicht und Interesse zuerkannte[6].

Obwohl unser Gesetz von 1893, das dieses Institut einführte, unter dem starken Einfluß des Entwurfs von *Bérenger* aus dem Jahre 1884 stand, der seinerseits 1888 in Belgien, 1891 in Frankreich und 1892 in Luxemburg Gesetzeskraft erlangt hatte, erscheint es doch gesichert, daß die Ideen *v. Liszt*s und der Internationalen Kriminalistischen Vereinigung zu der Überzeugung unseres Gesetzgebers beitrugen, dieses Gesetz beschließen zu sollen[7].

Das Gesetz von 1893 führte auch die bedingte Entlassung ein. Und obwohl *v. Liszt* im Marburger Programm[8] die Ansicht vertrat, diese „exotische Pflanze" werde er unschwer vermissen, muß doch festgestellt werden, daß er dieses Institut in den Kompromißvorschlägen, denen er sich, sogar vor 1897, verbunden weiß, weitgehend empfiehlt.

1884 in Zweifel gezogenen Grundsatz. Das Dekret vom 26. Mai 1927 ordnete die obligatorische Umwandlung der Gefängnisstrafen bis zu sechs Monaten in Geldstrafen an. Die Reform von 1954 hat diese Umwandlung indes wiederum in eine fakultative Maßnahme umgestaltet.

[6] Vgl. Strafrechtliche Aufsätze und Vorträge, Band I, S. 360ff.

[7] Man weiß, daß die auf der ersten Versammlung der I. K. V. in Brüssel gefaßten Beschlüsse, welche die Frage bejahten, ob dem Gesetzgeber empfohlen werden könne, dem Beispiel Belgiens zu folgen und die bedingte Verurteilung einzuführen, in Portugal bekannt waren (vgl. den Anhang von Torres *Campos* zu der Studie von *Tavares de Medeiros* „Antropologia y Derecho" sowie dessen Veröffentlichung unter dem Titel „A União Internacional de Direito Penal e o seu Congresso na Cristiania de 1891". Vgl. auch den Artikel von *Tavares de Medeiros* im Jornal do Comércio vom 7. November 1891). Der Einfluß der I. K. V. kommt übrigens sogar in der gutachtlichen Stellungnahme der „Câmara dos Pares" zu dem vom Justizminister eingebrachten Entwurf zur Einführung der bedingten Verurteilung zum Ausdruck, wenn dort bekräftigt wird, der Entwurf komme den Empfehlungen des Kongresses von Brüssel entgegen (vgl. Diário da Câmara dos Pares von 1893, Nr. 28, S. 232). Diese Tatsache unterstreicht auch der portugiesische Justizminister Veiga *Beirão*, wenn er in der Eröffnungsansprache der 7. Versammlung der I. K. V. hervorhebt (vgl. Mundo Legal e Judiciário, 1897, S. 224), die von unserer Gesetzgebung 1893 eingeführte bedingte Verurteilung sei eine „Tochter der Internationalen Kriminalistischen Vereinigung". In dem Entwurf des Justizministers wurden desgleichen die Lisztschen Gründe dafür in Erinnerung gerufen, daß eine Umwandlung der Gefängnisstrafe in eine Geldstrafe insoweit unvollkommen bleibe, als die nicht bezahlte Geldstrafe wiederum in eine Gefängnisstrafe umgewandelt werde. (Diário da Câmara dos Deputados vom November 1893, Nr. 36, S. 18).

[8] Strafrechtliche Aufsätze und Vorträge, Band I, S. 173, Anmerkung 2.

Im Hinblick auf Jugendliche, für die *v. Liszt* dieses Institut übrigens leidenschaftlich fordert[9], hatte Portugal die bedingte Entlassung bereits seit geraumer Zeit, nämlich mit dem Gesetz vom 15. Juni 1871 (Art. 11) eingeführt.

Andererseits wurde in Verwirklichung von Vorstellungen, die der von *v. Liszt* verfochtenen Kriminalpolitik entsprachen, schon mit dem Gesetz vom 1. April 1892 in Portugal der Versuch unternommen, über den Rahmen der Rückfälligkeit hinaus das Problem der „schweren und späten Besserungsfähigkeit bestimmter Verbrecher", die wegen verschiedener Straftaten verurteilt worden sind, zu bewältigen, indem für solche Täter in Anlehnung an das französische Beispiel der *Relégation* (1875—1885) die Möglichkeit der *Deportation* geschaffen wurde.

Das Gesetz vom 3. April 1896 erstreckt seinerseits die Regelung des Gesetzes von 1892 auf Landstreicher und Gleichgestellte und gestattet hierbei zugleich, solche Täter nach Verbüßung der Strafen wegen der von ihnen verübten Straftaten für einen Zeitraum von zwei bis zu acht Jahren in geeigneten Anstalten unterzubringen[10]. Auf diese Weise versuchte man, unser auf ethisch-vergeltender Grundlage errichtetes und tatorientiertes klassisches Strafrechtssystem mit den Forderungen der Spezialprävention in Einklang zu bringen. Der hierdurch ausgedrückte Kompromiß eines zweispurigen Systems entsprach anscheinend nicht der Auffassung *v. Liszts*[11], wäre dennoch von ihm aber nicht zurückgewiesen worden[12, 13].

[9] Strafrechtliche Aufsätze und Vorträge, Band I, S. 448/449.

[10] Diese Bestimmung wie auch die des Gesetzes von 1892 wurden später durch das Gesetz vom 20. Juni 1912 neu geregelt: neben der Änderung der formalen Voraussetzungen wurde für bestimmte Täter *nach* Verbüßung ihrer jeweiligen Strafen anstelle der Relegation die Unterbringung in Besserungshäusern oder landwirtschaftlichen Strafkolonien vorgesehen (ausführliche Darlegungen über die erwähnte Gesetzgebung finden sich in der — 1970 zur Veröffentlichung in der Reihe „Untersuchungen zur gesamten Strafrechtswissenschaft" (Verlag Röhrscheidt) Bonn, vorgesehenen Dissertation von Peter *Hünerfeld*, „Die soziale Wiedereingliederung der Verbrecher im portugiesischen Strafrecht und Strafvollzug" 3. Abschn. II. Kap. Ziff. A). Vgl. auch *Jescheck*, Principes et solutions de la politique criminelle dans la réforme pénale allemande et portugaise", Separatdruck aus den Estudos in memoriam do Prof. Beleza dos Santos, Coimbra 1966, S. 17ff.

[11] Vgl. unten.

[12] Man berücksichtige in der Tat seine Haltung gegenüber dem Entwurf von *Stooss* (vgl. Strafrechtliche Aufsätze und Vorträge, Band II, S. 172) und seine Zustimmung zum Gegenentwurf zum Vorentwurf eines deutschen Strafgesetzbuches von 1911.

[13] Vgl. *Exner*, Die Theorie der Sicherungsmittel, 1914, S. 235.

Und gut ließe sich vorstellen, daß diese Fortschrittlichkeit der portugiesischen Strafgesetzgebung, die in Europa keineswegs unbekannt war[14], die Entscheidung der Leiter der I. K. V. beeinflußt haben könnte, die Einladung Portugals anzunehmen, ihre 7. Versammlung in Lissabon abzuhalten.

Freilich hätte dieser Umstand allein weder die Einladung bestimmt noch ihre Annahme gerechtfertigt. Von Bedeutung war vielmehr, daß Portugal gerade im letzten Viertel des 19. Jahrhunderts die Auseinandersetzung der sich untereinander und das klassische Strafrecht befehdenden Strömungen erlebte. Zahlreich waren in der Tat in Portugal die Anhänger der sogenannten positivistischen Schule Italiens[15] und unablässig beruft man sich in diesem Zusammenhang auf *Lombroso*, *Ferri* und *Garofalo*. Aber nicht weniger zahlreich erscheinen jene, die sich der Bewegung anschließen, innerhalb derer die Kriminalität, wie *v. Liszt* forderte und die I. K. V. anfänglich betonte, aus einer vorwiegend soziologischen und juristischen Perspektive betrachtet wurde. So gehört Tavares de *Medeiros* schon gleich zu den Teilnehmern der 1. Versammlung der Internationalen Kriminalistischen Vereinigung in Brüssel vom Jahre 1889 und macht weitgehend den Sinn und die Absichten dieser Bewegung bekannt[16]. Darüber hinaus jedoch beruft sich Afonso *Costa* in seiner 1895 veröffentlichten „Criminologia Moderna" zur Stützung seiner These weitgehend auf die Ideen der I. K. V.[17].

In seiner Absicht, noch weiter zu gehen und ein „sozialistisches" Verständnis der Verbrechensursachen darzutun, vermengt Afonso *Costa* freilich Kriminalpolitik und Sozialpolitik und tritt daher in Widerspruch zu der Lehre *v. Liszts*[18]. Doch läßt er es[19], wie *v. Liszt*[20], nicht daran fehlen, die Ideen der anthropologischen Schule wenigstens in ihrer Ausschließlichkeit zu kritisieren und zu verurteilen. Dabei

[14] Im gleichen Jahr der 7. Versammlung der I. K. V. schreibt *Tavares de Medeiros* für deren Mitteilungen, Band 6, S. 219 einen Bericht über die neueste portugiesische Gesetzgebung. Vgl. auch den Hinweis *v. Liszts* auf Portugal im Zusammenhang mit der bedingten Verurteilung (Strafrechtliche Aufsätze und Vorträge, Band II, S. 163).

[15] Vgl. hierzu insgesamt Artur *Maldonado* „Alguns aspectos da história da Criminologia em Portugal", Separatdruck der Nr. 22 des „Boletim da A. P. e dos Institutos de Criminologia", S. 13ff. und Peter *Hünerfeld*, a. a. O. (Fußnote 10), 3. Abschnitt.

[16] Vgl. Anm. 14, oben.

[17] Vgl. a. a. O., S. 144.

[18] Strafrechtliche Aufsätze und Vorträge, Band II, S. 8 und 65.

[19] A. a. O., S. 161.

[20] Vgl. Strafrechtliche Aufsätze und Vorträge, Band I, S. 296 und Band II, S. 11. Vgl. auch Eberhard *Schmidt*, Einführung in die Geschichte der deutschen Strafrechtspflege, 1947, S. 340ff.

kommt dem Gewicht dieses Sachverhalts die größte Bedeutung zu, wenn man bedenkt, daß die Arbeit von Afonso *Costa* als wissenschaftliche These im Wettbewerb um einen Lehrstuhl an der juristischen Fakultät in Coimbra vorgelegt wurde und von einem Manne stammte, der ein hervorragender Lehrer in dieser Fakultät werden und im künftigen politischen Leben Portugals eine gewichtige Rolle spielen sollte[21].

Die Bedeutung des Ereignisses als Hinweis auf das geistige Klima der Zeit tritt aber noch stärker in Erscheinung, wenn man sich vergegenwärtigt, daß sich Afonso *Costa* zur Rechtfertigung des von ihm eingeschlagenen Weges auf die eigene Lehre seines Referenten, des Professors Henriques *da Silva*, berufen konnte[22]. Als wissenschaftliche These zur Bewerbung um einen Lehrstuhl hatte Henriques *da Silva* im Jahre 1885 eine Arbeit verfaßt, die den Titel trug: „Relações da Justiça com a Utilidade"[23]. In dieser Schrift zeigt sich Henriques *da Silva* — *Bentham*, *Spencer* und Stuart *Mill* folgend — von rein pragmatischem Denken beherrscht. Diese Betrachtungsweise führt ihn zum Beispiel dazu, strafrechtliches und zivilrechtliches Unrecht auf Grund rein utilitaristischer Erwägung voneinander zu unterscheiden; und auf Grund entsprechender Überlegungen erblickt er in der strafrechtlichen Sanktion, losgelöst von jeglicher ethischer Vergeltungsvorstellung, ein reines Zwangsmittel, das er ausschließlich als Zweckinstrument im Sinne von Wiedergutmachung, Absonderung, Eliminierung und Besserung erklärt[24]. Andererseits läßt er es in den von ihm seit dem Jahre 1887 in der juristischen Fakultät von Coimbra abgehaltenen Vorlesungen über das Strafrecht, obwohl er die Folgerungen seines Standpunkts nicht ausführlich entwickelt, nicht daran fehlen, die Forderungen der anthropologischen Schule zu kritisieren und andererseits zu versuchen, seine Vorstellungen durch den Rahmen eines tatbezogenen Strafrechts zu begrenzen und die Forderungen der Generalprävention mit den Erfordernissen der Besserung der Täter in Einklang zu bringen[25]. Zieht man nun alle diese Feststellungen in Betracht, so

[21] Vgl. unten.

[22] Vgl. das angeführte Werk Criminologia Moderna, S. 146.

[23] Vgl. hierzu *P. Hünerfeld*, a. a. O., (Fußnote 10), 3. Abschn. I. Kap. Ziff. C.

[24] Vgl. a. a. O., S. 102.

[25] Bezeichnend in dieser Hinsicht ist zum Beispiel seine Behauptung, daß das Maß der Strafe „nach der durch die Tat offenbarten Verbrechensbereitschaft des Täters zu bemessen sei", wonach sogleich die Rede davon ist, daß neben einer konkreten Verbrechensbereitschaft eine abstrakte Verbrechensbereitschaft zu berücksichtigen sei (vgl. „Lições de Direito Penal" von 1889—90, S. 468), die eine Mindestbestrafung verlange, um die Gefahr einer Nach-

drängt sich der Gedanke auf, daß Henriques *da Silva*, obwohl ihm *v. Liszt* und dessen Werk anfänglich nicht bekannt waren, von Vorstellungen ausging, die in erheblichem Maße mit denen des Gründers der modernen Schule übereinstimmten[26], und dabei, wenn auch nicht in scharfer Umgrenzung und Genauigkeit, zu Lösungen gelangte, die denen *v. Liszts* in gewisser Weise doch weitgehend entsprachen[27].

Zu welcher Beurteilung man indes auch immer kommen mag, gilt es jedenfalls festzustellen, daß die dem *Zweckgedanken*[28] *v. Liszts* so nahestehende Art der Überlegungen, von denen Henriques *da Silva* ausging, dazu führen mußte, das Tor für den Einfluß der Ideen der I. K. V. und damit der Ideen des Verfassers des Marburger Programms weiter zu öffnen[29].

Berücksichtigt man andererseits, welches Ansehen und welcher Einfluß Henriques *da Silva* in Portugal zukamen[30], so läßt sich

ahmung zu bannen, während jene konkrete Verbrechensbereitschaft „erforderlich machen könne, daß der Tatstrafe" eine zusätzliche *Strafe* um der Sicherung und Besserung des Verbrechers willen hinzugefügt werde (vgl. a. a. O., S. 472).

26 Daß *Bentham*, wie *Hurwicz*, in: Rudolf von Ihering und die deutsche Rechtswissenschaft, S. 69 annimmt, auf *Ihering* keinen Einfluß ausgeübt haben soll, erscheint sehr zweifelhaft. In den angeführten „Lições" von 1889—90 wird *Ihering* von Henriques *da Silva* bereits zitiert. Über den Einfluß von *Bentham* auf *v. Liszt*, vgl. *Wieacker*, Privatrechtsgeschichte der Neuzeit, 2. Aufl., S. 449ff.

27 In seinen „Lições" von 1905 sind die Anknüpfungspunkte an *v. Liszt* schon deutlicher. Bezeichnend ist zum Beispiel (auf S. 31 dieser „Lições") die Übernahme der Betrachtungen *v. Liszts* über das Strafrecht als *Magna Charta des Verbrechers*. Henriques *da Silva* in der Gefolgschaft der positivistischen Schule, namentlich *Ferris*, erkennen zu wollen (vgl. Cabral de *Moncada*, „Subsídios para uma história da filosofia do direito em Portugal", Separatdruck aus dem Boletim da Faculdade de Direito de Coimbra, 1938, S. 122ff. und Paulo *Merêa*, „Esboço de uma história da Faculdade de Direito de Coimbra, 1955, S. 76), muß als ein gewaltsames Vorhaben erscheinen. Was lediglich beobachtet werden konnte, war, daß sich Henriques *da Silva* in der letzten Phase seiner „Lições" weitgehend der „Sociologia Criminal" von *Ferri* bediente, ohne es freilich zu unterlassen, dieses Werk auf Schritt und Tritt zu kritisieren.

28 Vgl. *Georgakis*, Geistesgeschichtliche Studien zur Kriminalpolitik und Dogmatik Franz von Liszts, 1940, S. 22ff.

29 Henriques *da Silva* ist übrigens auch ausdrücklich bestrebt, seine utilitaristischen Überlegungen in der Tradition des Krauseschülers *Ahrens* abzusichern, der bei uns über *Roeder* innerhalb des sogenannten Korrektionalismus einen großen Einfluß ausübte. Vgl. „Relações da Justiça com a Utilidade", S. 29.

30 Dieser Lehrer leitete während etwa 20 Jahren den strafrechtlichen Unterricht in Coimbra. Auf ihn folgte Caeiro *da Matta*, dessen Lehre der seines Vorgängers sehr nahe stand. Auf das Ansehen Henriques *da Silvas* verweist auch Alves *de Sá* in seiner Rede auf der 7. Versammlung der I. K. V., vgl. Mittei-

ermessen, in welchem Maße seine Teilnahme an der 7. Versammlung der I. K. V. für seinen eigenen Ruhm und die Würdigung der dynamischen Kraft, die seine Auseinandersetzungen künftig im Bereich der strafrechtlichen Lehre und Gesetzgebung Portugals ausübten, von Bedeutung sein mußte[31].

Die Tatsache, daß Schüler von Henriques *da Silva* vom geistigen Schlag eines Afonso *Costa* an der 7. Versammlung der I. K. V. teilnahmen, mußte andererseits einen entscheidenden Einfluß auf die portugiesische Gesetzgebung ausüben.

In der Tat ist bekannt, daß eines der Grundanliegen der Kriminalpolitik *v. Liszt*s darin bestand, die Grenze der Strafmündigkeit auf das 16. Lebensjahr heraufzusetzen[32].

Bekannt ist andererseits, in welchem Maße sich *v. Liszt* für die Möglichkeit einer Zwangserziehung und deren verschiedenartige Formen gegenüber Jugendlichen unter 16 Jahren, selbst wenn diese noch keine strafbare Handlungen begangen hatten („verwahrloste Kinder"), einsetzte[33].

Eines der Themen der Versammlungen von Brüssel (1889) und von Bern (1890) war seinerseits der Frage gewidmet, mit welchem

lungen der I. K. V., Band 6, S. 466. Vgl. über den Einfluß Henriques *da Silvas*, *Jescheck*, „Principes", S. 16.

[31] Jene gleichen Kriminalisten, wie etwa Mendes *Martins*, die *v. Liszt* auf der Lissabonner Versammlung bei der Erörterung der Problematik der Unzurechnungsfähigkeit bekämpfte (vgl. Mitteilungen der I. K. V. Band 6, S. 471), sind stolz, Mitglieder der I. K. V. zu sein und wenn Mendes *Martins* etwa seinen Beitrag „Der Verbrecher" (in Monatsschrift für Kriminalpsychologie und Strafrechtsreform, 1905, S. 491) schreibt, versäumt er es keineswegs, sich einem Gedanken *v. Liszts* verbunden zu zeigen, den er seinen Darlegungen als Zitat voranstellt:

„Ich erblicke den tiefsten Grund für manchen Mangel unserer heutigen Zustände in der rein juristischen Ausbildung unserer theoretischen und praktischen Kriminalisten. Es kommt mir nicht in den Sinn, von dem Kriminalisten anthropologische oder statistische Untersuchungen zu verlangen, aber ich fordere von ihm, daß er mit den Ergebnissen der Kriminalbiologie und der Kriminalsoziologie ebenso vertraut ist, wie mit den Bestimmungen des Strafgesetzbuches und den Entscheidungen des Reichsgerichtes."

[32] Vgl. Strafrechtliche Aufsätze und Vorträge, Band I, S. 446. In die gleiche Richtung gingen auch die *Vorläufigen Vorschläge des von der I. K. V. Gruppe Deutsches Reich, eingesetzten Ausschusses*, in: Strafrechtliche Aufsätze und Vorträge, Band I, S. 433, deren unbestrittener „spiritus rector" *v. Liszt* war. (Vgl. E. *Frey*, Einführung in Schuld, Verantwortung, Strafe, 1964, Anm. 38.)

Erst später stimmt *v. Liszt* zu, diese Altersgrenze auf das vierzehnte Lebensjahr herabzusetzen. Vgl. Strafrechtliche Aufsätze und Vorträge, Band II, S. 347.

[33] Vgl. Strafrechtliche Aufsätze und Vorträge, Band I, S. 451 ff. und Vorläufige Vorschläge, a. a. O., S. 465.

Alter die strafrechtliche Verfolgung jugendlicher Verbrecher beginnen und ob die Zulässigkeit der Zwangserziehung von der Begehung einer strafbaren Handlung abhängig gemacht werden solle.

Schließlich kam es dazu, daß auch die Versammlung der I. K. V. in Lissabon als eines ihrer Themen das Problem der unter das Strafgesetz fallenden Jugendlichen behandelte. Gerade auf dieser Versammlung ergriffen verschiedene portugiesische Redner das Wort und sprachen über die Notwendigkeit, vorbeugende Maßnahmen gegenüber Jugendlichen schon sogleich beim Nachweis mangelnden Anpassungsvermögens vorzusehen[34], wobei sie unter anderem vorschlugen, Erhebungen in Familien zu veranstalten, spezialisierte Behörden einzurichten und die Eltern haftbar zu machen[35]. Den größten Widerhall in den intellektuellen portugiesischen Kreisen der Zeit fand indessen vor allem die Stellungnahme von Afonso *Costa*[36], der die Notwendigkeit hervorhob, der Gesetzgebung gegenüber Jugendlichen stets den Charakter der Fürsorge und des Schutzes zu verleihen. Dieser Standpunkt sollte in der Entwicklung dieser Gesetzgebung die größte Bedeutung erlangen.

Sobald nämlich die republikanische Revolution vom 5. Oktober 1910 den Sieg davongetragen hatte und Afonso *Costa*, der in dieser Revolution eine hervorragende Rolle gespielt hatte, zum Justizminister der provisorischen Regierung ernannt worden war, setzte der neue Minister durch Dekret vom 1. Januar 1911 sogleich die in seiner Stellungnahme auf der 7. Versammlung der I. K. V. verfochtenen Ideen in die Tat um und verfügte, daß gegenüber sittlich gefährdeten Jugendlichen unter 16 Jahren, unabhängig von der Verübung von Straftaten, Zwangserziehung in staatlichen oder privaten Anstalten anzuordnen sei. Mit dieser Maßnahme schuf Afonso *Costa*, wie der entsprechende *gesetzliche Vorbericht* bestätigt, die Grundlagen für das Kinderschutzgesetz vom 27. Mai 1911, das Portugal auf dem Gebiet der Gesetzgebung gegenüber Jugendlichen innerhalb Europas einen besonders ehrenvollen Platz sichert[37].

2. Die Verbindungslinien zwischen *v. Liszt* und den Auseinandersetzungen und der Gesetzgebung des Strafrechts in Portugal kommen

[34] Vgl. Mitteilungen der I. K. V., Band 6, S. 522.

[35] Vgl. ebenda.

[36] Vgl. Mundo legal e judiciário, 1897, S. 235.

[37] Mit diesem Gesetz werden tatsächlich sowohl die bislang auf das 10. Lebensjahr festgesetzte absolute Grenze der Strafmündigkeit (vgl. Art. 42, Ziff. 1 des Strafgesetzbuches) als auch des Kriterium des Unterscheidungsvermögens zur Feststellung der Strafmündigkeit zwischen dem 10. und 14. Lebensjahr aufgehoben. Statt dessen wird verfügt, daß gegenüber Jugendlichen unter

16 Jahren — siehe die Artikel 2, 62 und 64 des Gesetzes vom 27. Mai 1911 (vgl. über die Bedeutung dieser Vorschriften meine Lições de Direito Criminal, 1949, S. 284 sowie *Beleza dos Santos* „Regime jurídico dos menores delinquentes em Portugal", in: Boletim da Faculdade de Direito de Coimbra, 8. Jahrgang, S. 191 ff.) — keine Strafen verhängt werden können. Maßregeln der Erziehung und des Schutzes waren außer für diejenigen Jugendlichen unter 16 Jahren, die einen strafrechtlichen Tatbestand erfüllt hatten, auch für solche Jugendlichen vorgesehen, die in die Kategorien der sittlich Gefährdeten, Schutzlosen, Unangepaßten und Anormalen eingestuft wurden. Um diese Jugendlichen zu beaufsichtigen und von schädlichen Einflüssen fernzuhalten oder zu beschützen wurden die „Tutorias de infância" geschaffen. Diese Kollegialgerichte wandten nach Anstellung von Erhebungen und Erkundungen einen weitgefaßten Katalog erzieherischer Maßregeln an, die bis zur Unterbringung in öffentliche staatliche Anstalten oder öffentliche oder private Fürsorgeeinrichtungen, Adoptivfamilien usw. reichten. Womit, wenn schon nicht ein *Jugendstrafrecht*, so doch wenigstens ein *Jugendwohlfahrtsrecht* geschaffen wurde, das sich weitgehend mit den Vorschlägen *v. Liszts* in Übereinstimmung befand und in seinen treibenden Kräften auf die Lissabonner Versammlung der I. K. V. von 1897 und den Kern der dort verfochtenen und von dem Haupt der modernen deutschen Schule weitgehend unterstützten Vorstellungen zurückging. Im Hinblick auf die zurechnungsfähigen Jugendlichen über 16 Jahre galt nach wie vor das Strafgesetzbuch, in dessen Regelung nur eine besondere Strafmilderung wegen Minderjährigkeit vorgesehen war. Durch die „Reforma Prisional" von 1936 wurde indes die Möglichkeit geschaffen, gegenüber Jugendlichen im Alter zwischen 16 und 18 Jahren in bestimmten Fällen nach dem Recht der noch strafunmündigen Jugendlichen zu verfahren (vgl. Art. 78 der „Reforma Prisional" von 1936). Gleichzeitig wurde die „Prisão-Escola" geschaffen, die dazu bestimmt wurde, der möglichen Unterbringung Jugendlicher im Alter zwischen 16 und 21 Jahren zu dienen (vgl. Artikel 75 der „Reforma Prisional" von 1936 und Artikel 69 des Strafgesetzbuches in der Fassung der Reform von 1954). Wie hiernach deutlich wird, kommen sowohl in der Neuerung bezüglich der Möglichkeit, Jugendliche bis zu 18 Jahren dem Recht für Jugendliche bis zu 16 Jahren zu unterwerfen, als auch in der Errichtung von Anstalten für den Strafvollzug Jugendlicher unter 21 Jahren Maximen zum Ausdruck, welche die aufgeführten *Vorläufigen Vorschläge* (nur daß dort die Grenze auf das zwanzigste Lebensjahr festgesetzt war) und die Empfehlungen *v. Liszts* (vgl. Strafrechtliche Aufsätze und Vorträge, Band II, S. 352) widerspiegeln oder parallel zu diesen verlaufen. Mein Strafgesetzentwurf von 1963 (vgl. unten) sieht für zurechnungsfähige Jugendliche ebenfalls ein besonderes Recht vor. Das Recht der Jugendfürsorge im Sinne eines *Jugendwohlfahrtsgesetzes* war nachträglich Gegenstand weitgehender Veränderungen, die zu der „Organização Tutelar de Menores" vom 20. Februar 1962 führten. In den vorherigen gesetzlichen Vorberichten und rechtlichen Regelungen wie etwa dem Dekret Nr. 10 767 vom 15. November 1925 wird ebenfalls die Bedeutung der zur Zeit der 7. Versammlung der I. K. V. geführten Auseinandersetzungen über das Problem der Jugendlichen hervorgehoben. Vgl. über die Entwicklung der Gesetzgebung gegenüber Jugendlichen auch *P. Hünerfeld*, a. a. O. (Fußnote 10), 3. Abschn. II. Kap. Ziff., B IV sowie neuestens *E. Gersão*, Tratamento criminal de jovens delinquentes, Coimbra 1968, Veröffentlichung des Centro de Direito Comparado da Faculdade de Direito de Coimbra besonders S. 41 ff.

freilich nicht nur in den bereits getroffenen Feststellungen zum Ausdruck. Insbesondere seit dem Jahre 1897 ist der Verfasser des Marburger Programms in Portugal weitgehend bekannt. Die im Jahre 1899 erschienene portugiesische Übersetzung seines *Lehrbuchs des deutschen Strafrechts*[38], der eine wichtige Einleitung vorangestellt wurde, machte den Grundgehalt seiner Ideen allen Kriminalisten leicht zugänglich. Übersetzungen in die französische und spanische Sprache erweiterten diesen Zugang. Hiernach läßt sich sogar feststellen, daß das v. Lisztsche *Lehrbuch*, sei es in der Originalsprache[39], sei es in der Übersetzung in Sprachen, die den portugiesischen Juristen allgemein leichter zugänglich sind, in den Bibliotheken aller um die Strafrechtswissenschaft bemühten Portugiesen anzutreffen ist. Der Strafrechtslehrer *Beleza dos Santos* empfahl dieses Buch übrigens zur Vorbereitung der strafrechtlichen Themen, die Gegenstand seiner Vorlesungen waren.

Hiermit wurde ein nachhaltiger Einfluß auf das Denken und die Gesetzgebung Portugals bewirkt. Als nämlich *Beleza dos Santos* beauftragt wurde, die „Reforma Prisional" von 1936[40] auszuarbeiten, war er der Ansicht, die Gelegenheit nutzen und in dieser Reform zugleich Probleme des materiellen Strafrechts, darunter insbesondere die der gewohnheitlichen Begehung von Verbrechen (Art. 108ff.), behandeln zu sollen[41].

Hierbei nun ließ sich folgendes beobachten: trotz der traditionellen Zweispurigkeit des vorausgegangenen materiellen Rechts, die in den Gesetzen von 1892 und 1896 Ausdruck gefunden hatte und durch das Gesetz von 1912 bestätigt worden war, trotz der von *Beleza dos Santos* vorgenommenen Änderung[42] der formellen Voraussetzungen der Feststellung der Gefährlichkeit, die unter dem Einfluß des Strafgesetzbuches von *Rocco* erfolgte[43], einem Strafgesetzbuch, das die Verhängung von Sicherungsmaßregeln vorsieht, die nach dem Vollzug der wegen der begangenen Straftaten verhängten Strafen vollstreckt werden, trotz der ebenfalls weitgehend zweispurigen Regelung des ihm bekannten deutschen Gesetzes von 1933, verwirk-

[38] Übersetzung von José Higino Duarte *Pereira*, Rio de Janeiro.

[39] In den aufeinanderfolgenden Auflagen, die *v. Liszt* selbst besorgte, oder denen, die Eberhard *Schmidt* anmerkte und auf den neuesten Stand brachte.

[40] Decreto-Lei Nr. 26643 vom 28. Mai 1936.

[41] Vgl. über die erwähnte Reform aus dem Jahre 1936 von *Beleza dos Santos*, *Jescheck*, Principes et solutions, S. 28ff. und ausführlich *P. Hünerfeld*, a. a. O. (Fußnote 10), 3. Abschn., III. Kap.

[42] Vgl. die Art. 109 und 110 der „Reforma Prisional".

[43] Der Begriff des Hangverbrechers liefert hierfür einen eindeutigen Beweis.

lichte *Beleza dos Santos* in der „Reforma Prisional" von 1936 eine monistische Lösung: die Strafen, zu denen ein gleichzeitig zum Gewohnheits- oder Hangverbrecher erklärter Straffälliger verurteilt worden sei, sollten nicht durch Sicherungsmaßregeln ergänzt, sondern vielmehr in besonderen Anstalten vollzogen (Art. 108) und um aufeinanderfolgende Zeiträume verlängert werden, bis der Täter „Eignung zeige, ein ehrliches Leben zu führen, und keine Gefahr mehr von ihm ausgehe".

Worin nun ist die Erklärung für diese Regelung zu erblicken? Ich bin sicher, im Einfluß der anfänglichen Überlegungen *v. Liszt*s, die besonders in der Darstellung Eberhard *Schmidt*s in der 26. Auflage des Lisztschen Lehrbuchs in Erinnerung gerufen werden[44]. Es ist nämlich bekannt, daß den Überlegungen *v. Liszt*s während dessen streitbarer Phase die Vorstellung, Strafen und Sicherungsmaßregeln gegenüber Gewohnheitsverbrechern miteinander zu verbinden, vollkommen fremd war. In der Tat teilte *v. Liszt* in seiner berühmten Arbeit „*Der Zweckgedanke im Strafrecht*"[45] die Verbrecher grundsätzlich in drei Gruppen ein: 1. Gelegenheitsverbrecher, die der Abschreckung und nicht der Besserung bedürfen; 2. Gewohnheitsverbrecher, die der Besserung bedürfen und derer fähig sind; 3. Gewohnheitsverbrecher, die nicht besserungsfähig sind und als unverbesserlich angesehen werden müßten.

Zum Kampf gegen diese verschiedenen Kategorien von Verbrechern gelte es, die Strafe als Zwang gegen den Willen des Verbrechers[46] zu nutzen und jeweils eigens auszugestalten: a) so solle die Strafe für die erste Gruppe (die Gelegenheitsverbrecher) „lediglich die Autorität des übertretenen Gesetzes herstellen"; sie solle „Abschreckung sein, eine gewissermaßen handgreifliche Warnung, ein ‚Denkzettel' für den egoistischen Trieb des Verbrechers". Eine solche *Warnung* könne innerhalb des Rahmens der im Strafgesetzbuch für die begangenen Straftaten vorgesehenen Strafen, die in Einzelhaft von mindestens 6 Wochen und höchstens 10 Jahren zu vollziehen seien, erreicht werden[47]; b) im Hinblick auf die zweite Gruppe komme es darauf an, diese Verbrecher durch Anwendung einer relativ unbestimmten und in einer besonderen Anstalt progressiv zu vollziehenden Strafe zu bessern[48]; c) im Hinblick auf die letzte Gruppe, die Unverbesserlichen, solle sich die Gemeinschaft dadurch schützen, daß sie diese Verbrecher mittels einer lebenslänglichen oder un-

[44] S. 349—352.
[45] Vgl. Strafrechtliche Aufsätze und Vorträge, Band I, S. 166.
[46] Vgl. ebenda, S. 163.
[47] Vgl. ebenda, S. 172—173.
[48] Vgl. ebenda, S. 171—172.

befristeten und in verschiedenen Anstalten (*Zucht-* oder *Arbeitshäusern*) zu vollstreckenden Gefängnisstrafe unschädlich mache, wobei freilich eine Änderung der Erklärung der Unverbesserlichkeit zugelassen werden könne[49].

Wie deutlich wird, fehlt in dieser Konzeption vollständig die Idee einer Zweispurigkeit strafrechtlicher Reaktionen. Eine *Zäsur* der Mittel der Bestrafung, jede Gegenüberstellung von Strafen und Sicherungsmaßregeln — gegenüber Zurechnungsfähigen, versteht sich — erscheint *v. Liszt* übrigens als *lächerlicher Widersinn* und den Grundsätzen, nach denen der Vollzug der Strafen auszurichten ist, entgegengesetzt[50]. Und so geschieht es nur um eines Kompromisses willen, daß *v. Liszt* der Zweispurigkeit des Entwurfes von *Stooss* zustimmt[51]: einer Zweispurigkeit von Strafen und Sicherungsmaßregeln, gegenüber der er sich übrigens schon im Hinblick auf die Konzeption des von *Klein* hervorgehobenen Systems ablehnend geäußert hatte[52].

So weit so gut; es gilt also festzustellen, daß sich *Beleza dos Santos* gerade gegenüber dem anfänglich von *v. Liszt* im Hinblick auf die sogenannten Gewohnheitsverbrecher vorgeschlagenen Weg aufnahmebereit zeigte. Dies mit Sicherheit freilich nicht deswegen, um die Unterscheidung zwischen Besserungsfähigen und Unverbesserlichen zu übernehmen, welche ihrerseits übrigens mehreren Aussagen der eigenen Lehre *v. Liszt*s widersprach[53] und unserer gesamten, dem Korrektionalismus verpflichteten strafrechtlichen und strafvollzugsrechtlichen Tradition zuwiderlief.

Indessen verlangte dieser Standpunkt lediglich die Vereinigung der beiden von *v. Liszt* hervorgehobenen Gruppen von Gewohnheitsverbrechern, nicht dagegen den Verzicht auf die von ihm vorgeschlagene Einspurigkeit der Sanktionen. Ganz im Gegenteil. Aus der Perspektive einer Strafvollzugsreform, deren Ausarbeitung *Beleza dos Santos* 1936 anvertraut worden war, und der Konzeption einer solchen Reform auf der Grundlage eines progressiven Systems konnte das Gewicht eines Teiles der von *v. Liszt* zugunsten der Einspurig-

[49] Vgl. ebenda, S. 169—170.

[50] Vgl. Strafrechtliche Aufsätze und Vorträge, Band II, S. 72—73.

[51] Vgl. ebenda, S. 122. [52] Vgl. ebenda, S. 133ff.

[53] So bekämpfte *v. Liszt* gerade im Namen der Besserungsfähigkeit des Verbrechers die anthropologische Schule. Vgl. Strafrechtliche Aufsätze und Vorträge, Band II, S. 11. Indessen neigt er in der späteren Entwicklung seiner Gedanken dazu, den Kreis der Unverbesserlichen zu erweitern (Strafrechtliche Aufsätze und Vorträge, Band II, S. 398—400), so daß praktisch die erste Tätergruppe, die nur für Jugendliche unter 21 Jahren denkbar erschien, ausgeschlossen wurde.

keit ins Feld geführten Gründe seine Wirkung nicht verfehlen. Ich möchte hier auf den Gedanken zurückgreifen, daß das Strafrecht vom Strafvollzugsrecht nicht losgelöst werden darf[54], einen Gedanken, dem *v. Liszt* deutlich Rechnung trägt, wenn er in seinen Vorschlägen hinsichtlich der Gewohnheitsverbrecher die Vollzugsart der jeweiligen Strafen in Betracht zieht. Kommt dieser Erwägung, die sich eigens auf ein Problem bezieht, das einem besonders mit Strafvollzugsfragen vertrauten Forscher zur Lösung gestellt war[55], auch großes Gewicht bei, so wäre es doch falsch, hierin den einzigen Grund für den von *Beleza dos Santos* eingeschlagenen Weg zu erblicken. Es darf nämlich nicht außer acht gelassen werden, daß es der jedenfalls anfänglich vom Utilitarismus geprägten Ausbildung des Schülers von Henriques *da Silva* nicht widerstrebte, wenn das Maß der Strafe nach den Schutzerfordernissen der Gemeinschaft bestimmt wurde, *Beleza dos Santos* also ohne Mühe dem von *v. Liszt* formulierten Gedanken zuneigte, daß die notwendige auch die gerechte Strafe sei[56].

Indessen wurde *Beleza dos Santos* hierdurch nicht nur mit den auch von *v. Liszt*[57] bekämpften Schwierigkeiten konfrontiert, diesen Standpunkt mit der Tatlehre in Verbindung zu setzen, sondern zugleich der Schwierigkeit ausgesetzt, seine Reform von 1936 in das geltende, seit 1884[58] auf der ethischen Vorstellung einer Tatschuldvergeltung gegründete portugiesische Strafgesetzbuch eingliedern zu müssen. Die solchermaßen tatbezogene Strafe war daher in ihrem Sinngehalt und Strafmaß ganz verschieden von dem erforderlichen Sinn und Maß einer Reaktion gegen die Gefährlichkeit des Verbrechers. Wie aber nun so verschiedene Anliegen in einer Einheitsstrafe, wie sie die „Reforma Prisional" vorsah, miteinander in Einklang bringen?

Beleza dos Santos wird sich dieser Problemstellung bewußt und unterläßt es nicht, eine Antwort zu geben: die beiden, theoretisch verschiedenen oder von verschiedenartigen Grundsätzen abgeleiteten, in der Strafanwendung zusammentreffenden Reaktionen müßten sich im Zeitpunkt des Vollzugs der Strafe vereinigen[59], indem die der Tat entsprechende Strafe schon gleich in Erfüllung eines Resoziali-

[54] Vgl. Strafrechtliche Aufsätze und Vorträge, Band I, S. 295ff. und S. 325ff.

[55] Vgl. über den großen Einfluß der Strafvollzugsprobleme im portugiesischen Strafrecht, Peter *Hünerfeld*, a. a. O. (Fußnote 10), 2. Abschn., II. Kap.

[56] Strafrechtliche Aufsätze und Vorträge, Band I, S. 161.

[57] Vgl. *Bockelmann*, Studien zum Täterstrafrecht, I., S. 90ff. und *Georgakis*, a. a. O. (Fußnote 28), S. 42ff.

[58] Vgl. Eduardo *Correia*, Lições de Direito Criminal, 1963, S. 68ff.

[59] Vgl. Tratamento e libertação de delinquentes habituais, S. 18, Anmerkung 35.

sierungsauftrags in einer besonderen Anstalt vollzogen und — soweit erforderlich — bis zur vollständigen Wiedereingliederung des Gewohnheitsverbrechers verlängert werde (Art. 117 der „Reforma Prisional").

Hiermit gelangt *Beleza dos Santos* zu der *v. Liszt* sehr willkommenen Vorstellung einer Sicherungsstrafe[60].

Allenthalben ist freilich die Kritik bekannt, die ein solcher, auf einer *Mischung* widerstreitender Elemente gründender Monismus hervorrief[61]. *Von Liszt* selbst gelangte in seiner Resignation zur Billigung des Entwurfs von *Stooss* und stimmte mit *Kahl, v. Lilienthal* und *Goldschmidt* dem, wenn auch durch den Gedanken des „Vikariierens" gemilderten zweispurigen System des *Gegenentwurfs* von 1911 zu, was *Exner* zu der Feststellung veranlaßte, die *Sicherungsstrafe* sei in Deutschland durch das eigene Werk ihres Schöpfers überwunden worden[62].

3. Wird man indessen zu der Feststellung gelangen dürfen, diese Phase des Kompromisses im Denken *v. Liszt*s sei dessen große Lehre? Für das strafrechtliche Denken Portugals sicherlich nicht.

Denn es ist gewiß, daß ein Monismus im Vollzug von Sanktionen mit nichtübereinstimmender oder sogar widerstreitender Zielsetzung und Bemessung Unbehagen bereiten muß.

Ergibt sich denn aber hieraus unausweichlich die Forderung eines zweispurigen Systems mit der neben anderen Opfern notwendigen Aufgabe eines progressiven Sanktionenvollzugs[63]? Muß all dies um der Verschiedenheit der Grundsätze willen, von denen man ausgeht, zurückstehen? Wäre es auf keinem anderen als dem schwierigen Weg des „Vikariierens"[64] möglich, die Widersprüchlichkeit zwischen den Zielsetzungen, welche die strafrechtlichen Sanktionen rechtfertigen, zu überwinden?

Daß ein reines Zweckdenken keine zustimmende Antwort gestatten wird, erscheint sicher. Denn es ist eine Wahrheit, daß alle strafrechtlichen Sanktionen im Hinblick auf die Verwirklichung bestimmter Ziele zu verhängen sind: den Schutz bestimmter rechtlicher Interessen oder Rechtsgüter. Indessen können nicht alle, wenn auch nach der Vernunft erforderlichen Mittel in eine begriffliche Bestimmung der Strafe einbezogen werden. Ein ausschließliches Zweckdenken birgt das Risiko, zur größten Entartung des Rechts,

[60] Vgl. *v. Liszt-Schmidt*, Strafrecht, 25. Aufl., 1927, S. 352.

[61] Vgl. für alle, *Exner*, Die Theorie der Sicherungsmittel, S. 223.

[62] Vgl. ebenda, S. 225.

[63] Hierüber vgl. schon *Exner*, a. a. O., S. 199ff.

[64] Vgl. unten.

besonders des Strafrechts zu führen[65]. *Exner*[66], ebenfalls Schüler von *v. Liszt*, macht diese Gefahr sehr deutlich, wenn er die Warnung *Schillers* für gerechtfertigt hält: „Mißtraut Euch, edler Lord, daß nicht der Nutzen des Staates Euch als Gerechtigkeit erscheine." Bekanntlich läßt es aber selbst *v. Liszt* nicht daran fehlen, der Vorstellung, von der er ausgeht, eine innere Beschränkung aufzuerlegen. Auf Schritt und Tritt vergleicht er beispielsweise seine Konzeption mit den von der Vergeltungsidee geforderten Ergebnissen. Allenthalben bekannt ist andererseits, wie er die Fortentwicklung seiner zweckorientierten Vorstellung hemmt, indem er das Strafrecht auf die Tatlehre und das Prinzip *nullum crimen sine lege, nulla poena sine lege*, die *Magna Charta* des Verbrechers, gründet[67].

Man hat nun die Ansicht vertreten, dieser Standpunkt bedeute in der Konzeption *v. Liszt*s einen inneren Widerspruch, den die Forderungen der Idee eines Rechtsstaates, die Notwendigkeit, den einzelnen vor der Gefahr zu schützen, ohne Beachtung bestimmter formaler Voraussetzungen auf Grund bloßer Gefährlichkeit bestraft zu werden, oder selbst das Unvermögen der kriminologischen Wissenschaft, sichere Anhaltspunkte zur Erkenntnis dieser Gefährlichkeit zu liefern, unumgänglich gemacht hätten. Man ist aber auch schon weiter gegangen und hat behauptet, jene scheinbar äußere Begrenzung habe in der späteren Entwicklung der Lisztschen Lehre insoweit ihre *innere* Erklärung erfahren, als sich *v. Liszt* zu einem ethisch-rechtlichen Tatschuldprinzip bekannte[68]. Es kommt indessen nicht darauf an, nunmehr zu diesem Problem Stellung zu nehmen[69]. Notwendig erscheint allein die Feststellung, daß die Grenzziehungen im Denken *v. Liszt*s wie die Vorkehrungen zur Beschränkung des Zweckdenkens durch Gerechtigkeit[70] und Schuld und die verschiedenen Deutungen dieser Beschränkungen nahelegen, daß die Strafe, gerade weil sie sich auf den Menschen bezieht, nicht als ein ausschließliches Zweckinstrument angesehen werden darf. Sie muß vielmehr jenen Charakter

[65] Vgl. *Wieacker*, a. a. O. (Fußnote 26), S. 583ff.

[66] Gerechtigkeit und Richteramt, S. 17.

[67] Vgl. oben sowie Strafrechtliche Aufsätze und Vorträge, Band II, S. 60.

[68] Vgl. *Bockelmann*, Studien zum Täterstrafrecht, I. S. 120; dagegen *Georgakis*, a. a. O. (Fußnote 28), S. 59. Vgl. neuestens Arthur *Kaufmann*, Dogmatische und kriminalpolitische Aspekte des Schuldgedankens im Strafrecht, in: Programm für ein neues Strafgesetzbuch, S. 156ff.

[69] Vgl. zu diesem Problem auch Eberhard *Schmidt*, Franz von Liszt und die heutige Problematik des Strafrechts, in: Festschrift für Julius von Gierke, S. 209ff.

[70] Vgl. *Exner*, a. a. O. (Fußnote 61), und Arthur *Kaufmann*, a. a. O. (Fußnote 68).

der *Institutionalität* aufweisen, ohne den es, wie Max *Müller* bemerkt[71], keine *Personalität* geben kann. Aus dieser Perspektive kann die Strafe nicht als ein bloßes Mittel zur Verwirklichung von Zwecken angesehen werden, selbst wenn diese kraft ihrer *Entlastungsfunktion* im Sinne *Gehlens*[72] verselbständigt sind. Und es ist gleichermaßen unmöglich, der Strafe eine um ihrer selbst willen gegebene Zweckhaftigkeit zuzubilligen. In gewisser Weise könnte gesagt werden, daß die Zwecksetzung einer bestimmten Art des dem Staat obliegenden Schutzes bestimmter Rechtsgüter nicht durch irgendwelche Mittel verwirklicht werden darf, sondern durch eine bestimmte Institution und mit einer Sinngebung, die *ursprünglicher als die funktionelle Bedeutung* ist[73], erreicht werden muß. Zweckdenken und Idealismus befinden sich hiernach gewissermaßen in einem dialektischen Verhältnis[74]. Diese Erkenntnis, die hier natürlich nicht weiter entwickelt werden kann, hat die größte Bedeutung für unser Problem. Versucht man nämlich, auf rein utilitaristischer Grundlage die durch das Strafrecht zu schützenden Rechtsgüter festzusetzen, oder versucht man, auf diesem Wege die zur Verwirklichung dieses Schutzes geeigneten Mittel in Erfahrung zu bringen, so ist man schon dabei, den Menschen zu einem Werkzeug zu degradieren und vergißt dabei, daß es um der menschlichen Natur und Würde willen darum gehen muß, diese ganze Problematik in die Institution der notwendigerweise schuldbezogenen Strafe hineinzunehmen[75]. Ein reiner Idealismus seinerseits, der die Verhängung von Strafen um ihrer selbst willen, losgelöst von ihrer funktionellen Bedeutung, fordern würde, ließe außer acht, daß die Strafe dadurch, daß sie bestimmte Rechtsgüter schützt, eine Form der Verwirklichung des Lebens in Gemeinschaft darstellt. Indessen vermag die angeführte dialektische Spannung zwischen Idealismus und Zweckdenken noch weiter zu reichen. Zeigt sich nämlich aus der Perspektive des Zweckdenkens, daß der angemessene Schutz bestimmter Rechtsgüter mindestens in gewissen Fällen durch die Besserung derer zu verwirklichen ist, die durch ihre Persönlichkeitsartung diese Rechtsgüter gefährden, so gilt es, innerhalb der möglichen Sinngehalte der Strafe jenen zu suchen, der in diesen angenommenen Fällen jene Zwecksetzung am besten zu verwirklichen vermag. Nun kann die Strafe auf ethisch-rechtlicher

[71] Philosophische Grundlagen der Politik, in: Existenz und Ordnung, S. 304/305.
[72] Vgl. *Gehlen*, Anthropologische Forschung, S. 69ff. und Max *Müller*, a. a. O.
[73] Vgl. *Müller*, a. a. O.
[74] Vgl. *Maihofer*, Rechtsstaat und menschliche Würde, S. 156ff.
[75] Vgl. *Maihofer*, a. a. O. S. 144.

Grundlage als ein reines Übel verstanden werden, das dem Täter zur Vergeltung des von ihm selbst bewirkten Übels auferlegt wird; nichts hindert indessen, in dieser Strafe eine Art Sühne oder Befreiung des Täters von Kräften zu erblicken, die ihn zur Verübung der Straftat geführt haben und ihn erneut hierzu führen können[76]. In der ersten Alternative nun wird die Strafe nicht der Verwirklichung des vom Zweckdenken erstrebten Rechtsgüterschutzes dienen. In der zweiten Alternative dient sie diesem Schutz auf dynamische Weise und deshalb muß dieser Strafe der Vorzug gegeben werden, indem alle ihre guten Eigenschaften zur Geltung gebracht werden. Aus dieser Perspektive erscheint der Gedanke *Exners*[77] gerechtfertigt, daß die Idee der *Zweckmäßigkeit* die antreibende Kraft der Strafrechtsreformen ist, weil sie die dem Strafrecht dienenden Mittel der Gerechtigkeit dynamisch werden läßt.

4. Daß dem so ist, läßt sich gut an Hand der Entwicklung des juristischen Denkens in Portugal veranschaulichen.

Nachdem dort nämlich vom kriminalpolitischen Standpunkt einerseits die Notwendigkeit erkannt worden ist, der besonderen Gefährlichkeit bestimmter Verbrecher entgegenwirken zu müssen, und man andererseits die Lehre *v. Liszt*s in ihrer Empfehlung eines einspurigen Weges, also der Anwendung einheitlicher Sanktionen, für richtig befunden hat, nachdem desgleichen erkannt worden ist, daß die *Mischung* einer tatbezogenen und auf einem sittlich-rechtlichen Vorwurf gründenden Strafe mit einer naturalistischen, eine Strafverlängerung rechtfertigenden, Konzeption die im Hinblick auf die Sicherungsstrafe hervorgehobenen inneren Widersprüche verschärfen würde, und die, wenn auch durch ein „vikariierendes System", das in einem Ersatz der Strafen durch Sicherungsmaßregeln Ausdruck findet[78], gemilderte zweispurige Konzeption verworfen worden ist, erscheint nur noch ein Weg möglich, soll der auch bessernde Charakter der Tatstrafe hervorgehoben und zugleich in bestimmten Fällen, zum Beispiel gegenüber Gewohnheitsverbrechern, der Versuch unternommen werden, der Verlängerung der Strafe um der Wiedereingliederung des Verbrechers willen auch eine ethisch-rechtliche Erklärung zu geben.

[76] Vgl. in diesem Sinne den Vorbericht zu meinem Strafgesetzentwurf, S. 20ff. Kürzlich hat Arthur *Kaufmann*, der diesen Gedanken schon in seinem Buch „Das Schuldprinzip" hervorgehoben hat, diesen Standpunkt ausführlich entwickelt in: Dogmatische und kriminalpolitische Aspekte des Schuldgedankens im Strafrecht, a. a. O., S. 63ff.

[77] Vgl. Gerechtigkeit und Richteramt, S. 24.

[78] Vgl. unten.

Eine solche Erklärung erscheint möglich, wenn man neben der Tatschuld eine Persönlichkeitsschuld des Verbrechers zuläßt und rechtfertigt. Diesen Gedanken hat, zusätzlich zu all den möglichen Wegen, welche die deutsche Strafrechtswissenschaft hierzu sichtbar gemacht hat[79], selbst *v. Liszt* trotz diesbezüglicher verschiedentlicher Vorbehalte und kritischer Äußerungen[80] in Betracht gezogen, wenn er nahelegt, eine Rechtfertigung der Strafverlängerung könne vom Standpunkt einer vergeltenden Gerechtigkeit in der Intensität der antisozialen Gesinnung des Gewohnheitsverbrechers gefunden werden[81].

Es ist daher gut zu verstehen, daß auch die portugiesische Wissenschaft, wie dies auch tatsächlich geschehen ist, den Versuch unternehmen würde, diesen Weg einzuschlagen, wobei sie freilich die Persönlichkeitsschuld stets auf ein vorwerfbares Wollen des Täters bezieht[82].

So veröffentlicht schon im Jahre 1943 *Cavaleiro de Ferreira* eine Schrift, in der er der Lehre *Bockelmanns* in einer kritischen Auseinandersetzung entgegentritt und sich in vollem Umfang der Konzeption der *Lebensführungsschuld* im Sinne *Mezgers* anschließt[83]. Auf der Grundlage dieser Vorstellung unternimmt er den Versuch, die in verschiedenen Vorschriften der „Reforma Prisional" von 1936 vorgesehene, über das Tatstrafmaß hinausführende Verlängerung

[79] Der Dualismus der von der deutschen Strafrechtswissenschaft hierzu gewiesenen Wege ist bekannt: a) auf der einen Seite steht der Gedanke, daß der Mensch in seinem Leben für das, was er ist, ohne Rücksicht darauf, durch welche Gründe auch immer er dies geworden ist, Verantwortung trägt (so zum Beispiel *Heinitz*, *Engisch*, Eberhard *Schmidt*, Graf *zu Dohna*, *Brauneck*, *Seelig* usw. Vgl. hierzu meinen Vorbericht in: Código Penal, Projecto da Parte Geral, 1963, S. 24); b) dieser Auffassung steht jene andere gegenüber, die dem von *M. E. Mayer* formulierten Gedanken entspricht: „Hält man daran fest, daß der Begriff der Schuld von Haus aus ein ethischer ist, so muß man sich auch zu dem Satz bekennen: alle Schuld ist Willensschuld", eine Auffassung übrigens, die auch *v. Liszt* lehrte (Strafrechtliche Aufsätze und Vorträge, Band II, S. 48), und die dazu führte, die Schuld für die Persönlichkeitsartung auf diesen (den Willen) zu beziehen (so zum Beispiel *Mezger*, *Bockelmann*, usw.).

[80] Strafrechtliche Aufsätze und Vorträge, Band I, S. 160 und Band II, S. 41.

[81] Strafrechtliche Aufsätze und Vorträge, Band II, S. 402, Anm. 1 und Band I, S. 174.

[82] Vgl. zur Begründung hierzu meinen Vorbericht in: Código Penal, Projecto da Parte Geral, 1963, S. 25.

[83] Vgl. A personalidade do delinquente, S. 170ff. Vgl. hierzu *P. Hünerfeld*, a. a. O. (Fußnote 10), 4. Abschn., I. Kap. und Literaturbericht Portugal in ZStW 80 (1968), S. 256.

der Strafe zu erklären. Nur könne eine solche ethische Erklärung nicht stets in vollem Umfange gelingen, da schon — wie auch *Mezger* lehrte — sogar im Hinblick auf Zurechnungsfähige Aspekte menschlicher Persönlichkeitsartung zu berücksichtigen seien, die nicht auf *Lebensführungsschuld* zurückgeführt werden könnten. Der von der „Reforma Prisional“ von 1936 mittels der Verlängerung der Strafe verwirklichte Monismus enthalte daher noch in seiner Grundlegung einen Sicherungsgedanken oder könne einen solchen doch enthalten. Wie dem aber auch sei, müsse festgestellt werden, daß die Einheitlichkeit der beispielsweise gegenüber einem Gewohnheitsverbrecher verhängten Sanktion keine bloße Folge einer Konkurrenz bei der Anwendung gänzlich verschiedener Maßnahmen sei, wie dies *Beleza dos Santos* wollte, sondern als Ergebnis einer möglichen *Bidimensionalität* der Strafe selbst, die auf die Persönlichkeitsartung des Täters bezogen sei, angesehen werden müsse[84].

In einer 1945 veröffentlichten Untersuchung[85] habe ich indessen versucht, noch einen Schritt weiter zu gehen. In dieser Arbeit bin ich vor allem von der korrektionalistischen Tradition Portugals ausgegangen, die in der Abschaffung der Todesstrafe, der lebenslänglichen Strafen usw.[86] Ausdruck erlangte und in deutlicher Weise in der „Reforma Prisional“ von 1936, die unter den *zurechnungsfähigen* Verbrechern keine besserungsunfähige, sondern lediglich schwer besserungsfähige Verbrecher kennt, Berücksichtigung erfahren hat.

Einen Verbrecher als besserungsunfähig, als Ergebnis seiner Bestimmung, seines *Schicksals* ansehen zu wollen, würde übrigens bedeuten, auf seine mittels eines Appells an sein Verantwortungsgefühl mögliche Mitwirkung an seiner eigenen Besserung verzichten zu müssen. Die Anerkennung der Freiheit, der Befähigung des Verbrechers, mit Hilfe seines freien Willens am Werke seiner Wiedereingliederung, auf die der Strafvollzug ausgerichtet ist, mitzuarbeiten,

[84] Vgl. zum Teil in diesem letzteren Sinn neben *Mezger*, *Dreher*, Vereinheitlichung von Strafen und sichernden Maßregeln, in ZStW 65, S. 481.

[85] Vgl. A doutrina da culpa na formação da personalidade, in: Revista de Direito e de Estudos Sociais 1, S. 24ff. Vgl. auch die spanische Übersetzung dieses Beitrages von *del Rosal* in: Revista de Estudios Penales 3 (1956), S. 23ff. Vgl. ferner *P. Hünerfeld*, a. a. O. (Fußnote 10), 4. Abschn. II. Kap. Ziff. B sowie ZStW 80 (1968), S. 256.

[86] Vgl. Eduardo *Correia*, „Peine de mort. Réflexions sur sa problématique et sur le sens de son abolition au Portugal“, in: Pena de Morte — Comunicações ao Colóquio Internacional comemorativo do centenário da abolição da pena de morte em Portugal, Coimbra 1967, und Grundgedanken der portugiesischen Strafrechtsreform, in ZStW 76, S. 323ff.

würde dagegen die Bedeutung eines wesentlichen Elements der Resozialisierung haben[87].

Die Verwertung dieses Gedankens[88] bei der Begründung einer Strafe, die sich auf die Persönlichkeitsartung des Verbrechers bezieht, scheint deshalb nahezulegen, eine Persönlichkeitsschuld anzuerkennen. Indessen darf man von hier aus, ohne mehr zu fordern, weder auf eine *Charakterschuld* schließen, wie dies offenbar *Engisch* tut[89], noch sich im Sinne *Bockelmanns*[90] auf eine Willensfiktion berufen oder zur Konzeption einer *Lebensführungsschuld* gelangen, wie sie *Mezger* verfochten hat, mit all den Schwierigkeiten der Unterscheidung zwischen dem, was zur Anlage gehört und dem, was erworben wurde[91]. „Die Persönlichkeitsschuld muß nach meiner Ansicht vielmehr in einer Schuld des Täters erblickt werden, die darin besteht, daß er es daran fehlen ließ, die Artung seiner Persönlichkeit — wie er es in Übereinstimmung mit der Annahme, die dem Appell an sein Verantwortungsgefühl im *Straf*vollzug zugrunde liegt, vermocht hätte — durch Besserung, Erziehung oder sogar Behandlung (zum Beispiel in Fällen von Psychopathie) so zu bilden, wie es die von einem bestimmten strafrechtlichen Rechtsgüterschutz vorausgesetz-

[87] Auf eine Fähigkeit, den Einfluß der Strafen erleiden zu können, bezieht sich auch *Engisch*, um eine *Charakterschuld* zu begründen. Vgl. Um die Charakterschuld, in: Monatsschrift für Kriminologie und Strafrechtsreform, 1967, S. 108ff.

[88] Der Gedanke, daß der Sinngehalt des Strafvollzugs in der eigenen Art der Voraussetzungen der Strafe Niederschlag finden muß, wird übrigens von zahlreichen Autoren befolgt. Vgl. für alle Karl *Peters*, Grundprobleme der Kriminalpädagogik, 1960, passim, und *Lange*, Wandlungen in den kriminalbiologischen Grundlagen der Strafrechtsreform, in: Festschrift zum hundertjährigen Bestehen des deutschen Juristentages, 1960, I, S. 361 und 379. Dagegen, *Baratta*, Per una concezione dialettica della libertá del volere, in: Sul problema della rieducazione del condamnato, 1964, S. 101. Aus der Perspektive der Kriminalpädagogik ist es schwer verständlich, wie zum Beispiel Unzurechnungsfähige und Zurechnungsfähige durch das Alter unterschieden werden können, wobei noch hinzukommt, daß hiermit ein zu starker Akzent auf das intellektuelle Moment gelegt wird. Vgl. *Heimsoeth*, Die sechs großen Themen der abendländischen Metaphysik und der Ausgang des Mittelalters, 3. Aufl. 1958, S. 204ff.

[89] A. a. O. (Fußnote 87).

[90] Vgl. a. a. O. (Fußnote 68). Vgl. auch meine Arbeit „A doutrina da culpa na formação da personalidade", a. a. O. (Fußnote 85), S. 28. Selbst *Kant* spricht von der Erziehung und der Beispielgebung als Verfahren zur Hervorbringung jener plötzlichen Explosion, welche die Umwandlung des menschlichen Charakters darstellt (nach *Jaspers*, Vernunft und Widervernunft in unserer Zeit, 1952, S. 44).

[91] Vgl. *Bockelmann*, Studien zum Täterstrafrecht, Band II, S. 128ff. Auf diese Schwierigkeit hat schon *v. Liszt* hingewiesen (vgl. Strafrechtliche Aufsätze und Vorträge, Band I, S. 160).

ten Fähigkeiten der Persönlichkeit erfordern. In dem Maße, in dem das Strafrecht bestimmte rechtliche Werte oder Rechtsgüter schützt, begründet es für die Rechtsunterworfenen die rechtliche Verpflichtung, ihre Persönlichkeit so zu bilden, daß sie in ihrer Lebensgestaltung mit jenen Werten oder Interessen nicht in Konflikt gerät. Verletzt der Täter diese Verpflichtung, indem er es unterläßt, seine gefährlichen Neigungen zu korrigieren, so hat er sich schuldig gemacht wegen „ungenügender Ausbildung seiner Persönlichkeit"[92].

In der weiteren Entwicklung dieses Gedankens gelangte ich in dieser Untersuchung aus dem Jahre 1945 zu der Folgerung, daß die in der „Reforma Prisional" von 1936 vorgesehene Strafverlängerung für die Gewohnheitsverbrecher auf diese Schuld wegen ungenügender Ausbildung der Persönlichkeit bezogen werden könne und aus dieser Perspektive unser gesamtes Strafrechtssystem innerhalb eines monistischen, ethisch-vergeltenden Systems seine Erklärung zu finden vermöchte[93].

In gleicher Weise versuchte ich, auch die Strafrechtsreform von 1954 zu erklären, durch welche in großem Umfang die Vorschriften der „Reforma Prisional" von 1936[94] in unser Strafgesetzbuch eingegliedert wurden (Artikel 68ff.).

Bei der Ausarbeitung des Entwurfs im Rahmen der Reform des portugiesischen Strafgesetzbuchs[95] hatte ich sodann diese Gedanken und die mit deren Weiterentwicklung verbundenen Vorteile vor Augen. Nicht freilich, um etwa zu leugnen, daß das Strafrecht zum Ziel hat, bestimmte rechtliche Interessen oder Rechtsgüter zu bestätigen oder zu schützen. Ich glaubte lediglich, daß es der Verwirklichung dieser Zielsetzung durch das Strafrecht und dessen um

[92] „A doutrina da culpa na formação da personalidade", a. a. O. (Fußnote 85), S. 30.

[93] Womit ich nicht jeglichen Zweckgedanken, jeglichen Gedanken der Prävention oder der sozialen Verteidigung in Abrede stellen wollte. Mein Anliegen bestand vielmehr darin, die Verwirklichung dieser Zielsetzung notwendigerweise durch ein *quia peccatum est* — durch eine Tatschuld oder Schuld wegen unterlassener Ausbildung der Persönlichkeit — legitimiert zu sehen und darzutun, daß dieser Gedanke dem der Wiedereingliederung, welche die Spezialprävention bezweckt, entgegenkommt, indem er sie erleichtert und dialektisch integriert (vgl. „A culpa na formação da personalidade" [Fußnote 85], S. 32, Anm. 2).

[94] Vgl. meine Lições de Direito Criminal, 1963, Band I, S. 72ff.

[95] Parte Geral, Sonderdruck aus dem Boletim do Ministério da Justiça, Nr. 127, Parte Especial, Sonderdruck aus der gleichen Zeitschrift, Nr. 157. Actas da Revisão da Parte Geral, Sonderdruck aus dem Boletim do Ministério da Justiça, 1966; 1ª Revisão do Ministro da Justiça, Parte Geral, 1966, Sonderdruck aus dem Boletim do Ministério da Justiça, Nr. 157.

der Würde und Personalität des Menschen willen gegebenen eigenen Institutionalität entspreche, das Strafrecht auf die Anerkennung der menschlichen Freiheit und folglich einer rechtlich-ethischen Schuld[96] zu gründen. Und wenn diese Schuld sich notwendigerweise auf eine Tat als unerläßlichen Anhaltspunkt des Strafrechts bezieht — und zwar deshalb, weil dieses Recht nicht mit der Moral gleichzusetzen ist — scheint doch nichts im Wege zu stehen, daß das Strafrecht, ausgehend von dieser Tatschuld, auch die Schuld wegen der Persönlichkeitsartung des Täters in Betracht zieht[97]. Aus dieser Grunderkenntnis ist die Vorschrift des Artikels 2 meines Entwurfs abgeleitet[98]. Die auf der Schuld gründende Bestrafung folgt jedoch nicht einem Zweck in sich selbst, sondern dient dem Schutz der

[96] Zweckhaftigkeit und Schuld sind auf diese Weise auf sich verweisende Pole der Institution, konstitutive Formen der Verwirklichung oder Gestaltung des *gemeinsamen Lebens*, welche das Strafrecht verkörpert. Aus dieser Perspektive bedeutet die Schuld keine Begrenzung der Zweckhaftigkeit des Strafrechts im Sinne dessen äußerer Begrenzung, wie viele offenbar wollen, — vgl. *Roxin*, Sinn und Grenzen der Strafe, in JuS 1966, S. 377ff.; Arthur *Kaufmann*, Die finale Handlungslehre und die Fahrlässigkeit, in JuS, 1967, S. 146 und Dogmatische und kriminalpolitische Aspekte des Schuldgedankens im Strafrecht, in: Programm für ein neues Strafgesetzbuch, S. 56, wo er indes (S. 63) der Schuld schon eine konstitutive (aber, wie es scheint, auch pragmatische) Aufgabe zuweist — sondern ein *inneres* Element jener Art der Verfaßtheit des Geisteslebens, des personalen Lebens, auf die sich Max *Müller* (a. a. O., S. 305) bezieht.

[97] Die Auffassung, daß nur von einer Tatschuld, nicht aber von einer Persönlichkeitsschuld gesprochen werden dürfe, ist weitverbreitet, — vgl. für alle Arthur *Kaufmann*, Das Schuldprinzip — doch erscheint mir diese Meinung nicht hinreichend begründet zu sein. Daß die Persönlichkeitsschuld nicht gemessen werden könne, ist ein Argument, das ebenfalls für die Tatschuld gilt — vgl. *Roxin*, JuS 1966, S. 385. Vgl. auch schon *v. Liszt* (Strafrechtliche Aufsätze und Vorträge, Band I, S. 151ff.). Die Schwierigkeit (vgl. *Jescheck* a. a. O. [Fußnote 10], S. 32) schwindet übrigens weitgehend, wenn die Möglichkeit der Anwendung einer unbestimmten Verurteilung in Betracht gezogen wird — vgl. hierzu unten. Was die Schwierigkeiten aus der Perspektive des Rechtsstaates anbelangt, gelten diese ebenfalls für die Sicherungsmaßregeln — vgl. meinen Vorbericht in: Código Penal, Projecto da Parte Geral, S. 31, meine Grundgedanken der portugiesischen Strafrechtsreform, in ZStW 76, S. 323ff. sowie meine Lições de Direito Criminal, Band I, S. 326, Anm. 2 — und schließlich ist jedenfalls in unserer Rechtstradition der Einfluß von Thomasius, Kant und Hegel nicht spürbar geworden (vgl. meinen Beitrag in: Pena de Morte, S. 32), um zu verhindern, daß die Persönlichkeit des Verbrechers in Betracht gezogen wird.

[98] „Wer ohne Schuld handelt, kann nicht bestraft werden. Das Maß der Strafe darf das Maß der Schuld des Täters wegen seiner Tat oder wegen seiner strafrechtlich gefährlichen Persönlichkeitsartung nicht wesentlich übersteigen."

Rechtsgüter. Und wenn dieser Schutz hervorragenden Ausdruck in der Resozialisierung des Verbrechers finden muß, so darf die Strafe keinen statischen Sinngehalt als bloße Vergeltung eines Übels durch ein anderes Übel haben, sondern muß ihrem Sinn nach Sühne oder Heilung der verbrecherischen Neigungen des Täters durch dessen Wiedereingliederung oder Besserung sein[99], womit dann jener Rechtsgüterschutz verwirklicht wird[100].

5. Auf diese Weise finden Vorschläge der Kriminalpolitik *v. Liszts* ihre Verwirklichung und werden sogar in erheblichem Umfang noch übertroffen, wobei dies freilich im Rahmen eines Strafrechtsverständnisses geschieht, das als einen seiner Angelpunkte den Gedanken der sittlichen Autonomie des Menschen anerkennt, an dessen Beachtung *v. Liszt* durch seine szientistische Konzeption[101] vielleicht zu seinem Bedauern gehindert wurde[102].

Auf diesem Weg gelangt man, wie dargestellt, zu einem einspurigen, auf die Strafe gegründeten System, *wie er es vorgeschlagen hat*. Nunmehr freilich in Verbindung mit einem Sinngehalt der Besserung und verankert in einer Schuld, die *zusätzlich* zu der auf die Tat bezogenen Schuld und von einer solchen ausgehend auf die unzulängliche Bildung der Persönlichkeit erstreckt werden kann und auf diese Weise den Forderungen einer Resozialisierung des Verbrechers entgegenkommt.

Freilich könnte eingewandt werden, von zusätzlichen Problemen abgesehen, stehe meine Konzeption der Schuld wegen Unterlassung

[99] Deswegen ist das Strafensystem im Sinne einer weitgehenden Zurückdrängung der Gefängnisstrafen durch Strafen ohne Anstaltscharakter, denen prinzipiell der Vorzug zu geben ist, ausgestaltet: diesem Zweck dienen die bedingte Verurteilung, die Institution der „Probation", die obligatorische und fakultative bedingte Entlassung, der Ersatz der Geldstrafen durch Arbeitsleistung, die Herabsetzung der Dauer der Gefängnisstrafen, Gefängnis an freien Tagen, die Aufgabe der Unterscheidung zwischen schweren Strafen und Besserungsstrafen sowie der automatischen Folgen der zuerst genannten Strafart im Hinblick auf politische, berufliche und bürgerliche Rechte usw. Vgl. hierüber insgesamt, Eduardo *Correia* „La prison, les mesures non-institutionnelles et le projet du Code Pénal Portugais de 1963", und *Jescheck* a. a. O. (Fußnote 10), S. 31ff. sowie Peter *Hünerfeld*, a. a. O. (Fußnote 10), 4. Abschn., II. Kap. Ziff. C II 1 und ZStW 80, S. 267, Anm. 87.

[100] Auf diese Weise finden sich die Grundsätze: *Schuld*, *Sühne*, *Resozialisierung* und *Rechtsgüterschutz* anerkannt. Vgl. in diesem Sinne auch Arthur *Kaufmann*, JuS 1967, S. 146.

[101] Vgl. Strafrechtliche Aufsätze und Vorträge, Band II, S. 38 und 44. Vgl. hierüber *Welzel*, Naturalismus und Wertphilosophie im Strafrecht, S. 22ff. und *Georgakis* a. a. O. (Fußnote 28).

[102] Vgl. zu der modernen Überwindung dieses Standpunktes, *Landgrebe*, Philosophie der Gegenwart, S. 21ff. und S. 55.

der Persönlichkeitsbildung[103], insoweit, als sie die Besserungsfähigkeit der Verbrecher voraussetze, mit den Ergebnissen der Erfahrung in Widerspruch und bedeute daher eine reine Fiktion, welche durch die Wirklichkeit widerlegt werde. Habe nicht selbst *v. Liszt* hierauf aufmerksam gemacht und daher eine Gruppe unverbesserlicher Verbrecher abgegrenzt?

Eine solche Abgrenzung hat er tatsächlich durchgeführt. Es trifft aber auch zu, daß er selbst gelehrt hat, daß die *Kriminalpolitik* seinem Verständnis zufolge vom Glauben an die Fähigkeit der Besserung des Menschen, des einzelnen wie der Gesellschaft, abhängig sei[104]; zudem hat er selbst als seine gefährlichsten Widersacher nicht die Anhänger der klassischen Schule, sondern die radikalen Anhänger eines Naturalismus bezeichnet, die nicht an die Möglichkeit einer Erziehung des Menschen glauben[105].

Praktisch, so wird man insistieren, bedeute jedoch die von *v. Liszt* vorgenommene Verselbständigung des Begriffs des besserungsunfähigen Verbrechers die Widerlegung eines solchen Glaubens. Ich bin indes der Ansicht, daß dem nur scheinbar so ist. Jedermann weiß in der Tat, daß *v. Liszt* zwischen Zurechnungsfähigen und Unzurechnungsfähigen unterscheidet und der von ihm vorgeschlagene Monismus nur für jene gültig war: die Unzurechnungsfähigen galt es, Verwahrungsmaßregeln zu unterwerfen[106]. Allenthalben bekannt ist ferner, daß sein fließendes und unsicheres Abgrenzungskriterium des Bereiches der Zurechnungsfähigkeit nicht nur der normalen Bestimmbarkeit durch Motive[107], sondern ferner der „Empfänglichkeit für die durch die Strafe bezweckten Motivsetzung"[108] entspricht. Diese Formel führte indessen notwendigerweise dazu, die besserungsunfähigen Verbrecher als unzurechnungsfähig anzusehen. Übrigens hat *v. Liszt* selbst diese Erkenntnis in seiner so umstrittenen[109] Untersuchung: *Die strafrechtliche Zurechnungsfähigkeit*[110] hervorgehoben, wenn er dort bekräftigt: „der unverbesserliche Verbrecher ist nicht zurechnungsfähig". Und von besonderem Interesse ist für uns, daß *v. Liszt* diesen Gedanken auf der angeführten 7. Versamm-

[103] Vgl. oben.
[104] Vgl. Strafrechtliche Aufsätze und Vorträge, Band II, S. 22.
[105] Vgl. ebenda, S. 11—12.
[106] Vgl. Strafrechtliche Aufsätze und Vorträge, Band II, S. 213ff.
[107] Vgl. ebenda, S. 219.
[108] Vgl. ebenda, S. 220; vgl. zu diesen beiden Kriterien, *Welzel*, Naturalismus und Wertphilosophie im Strafrecht, S. 27 und 28.
[109] Vgl. *Radbruch*, Franz v. Liszt, in: Elegantiae Juris Criminalis, S. 232.
[110] Vgl. Strafrechtliche Aufsätze und Vorträge, S. 226.

lung der I. K. V. in Lissabon wiederholte[111]. Nachdem nämlich auf dieser Versammlung von Mendes *Martins* die Unmöglichkeit dargetan worden war, auf rein wissenschaftlicher Grundlage zwischen Zurechnungsfähigen und Unzurechnungsfähigen zu unterscheiden[112], antwortete ihm *v. Liszt* mit dem Eingeständnis einerseits der Schwierigkeiten, die mit diesem Kriterium, wie übrigens auch mit dem der sozialen Identität, wie *Tarde* es versteht, verbunden sind, und andererseits der Feststellung, daß die Reaktionen gegenüber *besserungsunfähigen* Verbrechern nach seiner Ansicht keinesfalls als Strafen, sondern als wirkliche *Maßregeln* anzusehen seien. Strenggenommen sollten solchermaßen geartete Verbrecher also dem Bereich der Unzurechnungsfähigen zugewiesen werden.

Wenn *v. Liszt* diesen Vorschlag nicht selbst unterbreitet, so doch nur deswegen nicht, weil er den „überlieferten individual-ethischen Anschauungen"[113] nicht widersprechen will. Und dennoch gibt er hierbei seiner Überzeugung Ausdruck[114], daß die Gesetzgeber in der Zukunft bei gleichzeitiger Arbeit an der Berichtigung der im Volke lebendigen Vorstellungen einen solchen Schritt wagen würden.

Wenn nun dieser — von Eberhard *Schmidt* neu bestärkte[115] — Standpunkt bei bestimmten Kriminalisten[116] ein Echo fand oder zu gleichlaufenden Konzeptionen führte, so ist sicher, daß er auch auf meinen Strafgesetzentwurf Einfluß ausübte.

Im *Vorbericht* zu diesem Entwurf[117] ist in der Tat dargelegt, daß dann, wenn ein Verbrecher Neigungen offenbart, derer er nicht Herr zu werden vermag oder die er nicht korrigieren kann, obwohl sie seine Fähigkeit, das Unerlaubte der Tat einzusehen und nach dieser Einsicht zu handeln, zwar erheblich vermindern, jedoch nicht vollständig aufheben, in Übereinstimmung mit Artikel 18 des Entwurfs das Problem der Unzurechnungsfähigkeit eines solchen Täters zu stellen ist. Und dies, so wird hinzugefügt, sowohl im Falle einer strafrechtlich gefährlichen, sogenannten verminderten Zurechnungsfähigkeit[118], als auch bei der in etwa parallelen Fallgestaltung, daß Gewohnheitsverbrecher als besserungsunfähig angesehen würden[119].

[111] Vgl. Mitteilungen der I. K. V. Band 6, (1897), S. 471.

[112] Vgl. ebenda, S. 468.

[113] Vgl. Strafrechtliche Aufsätze und Vorträge, Band II, S. 227—228.

[114] Vgl. ebenda.

[115] Vgl. Lehrbuch des Deutschen Strafrechts, 25. Aufl., S. 225, Anm. 3.

[116] Vgl. etwa *Jescheck*, in: Niederschriften über die Sitzungen der Großen Strafrechtskommission, Band I, S. 61 und *Bettiol*, Dellito e Personalità, S. 289.

[117] S. 28.

[118] Vgl. Strafrechtliche Aufsätze und Vorträge, Band II, S. 222.

[119] Vgl. Actas das Sessões, Band I, S. 156.

Natürlich sind die Schwierigkeiten sichtbar, die mit der Bestimmung einer solchen Unzurechnungsfähigkeit gegeben sein können. Indessen ist der Gedanke der Besserungsunfähigkeit im Sinne der Unbeeinflußbarkeit durch Vorwurf und Strafe sicherlich eines der möglichen Elemente zu ihrer Bestimmung, wobei der Vorteil hinzukommt, daß der Richter in seinen Entscheidungen die für den Täter geeignete Art der Einwirkung, die Einwirkung durch Strafen oder die Einwirkung durch Sicherungsmaßregeln, erwägen kann[120]. Und damit wird ein Denken in Alternativen oder eine Anwendung von Sanktionen in Abhängigkeit von der Feststellung von Unzurechnungsfähigkeit oder Zurechnungsfähigkeit gefördert, bei welcher die Vorstellung der möglichen Wirkungsweise der in Frage stehenden Reaktionen auf den Verbrecher nicht ohne Einfluß sein wird[121].

[120] Ein Standpunkt, der zum Teil mit dem *Engisch*s (vgl. Um die Charakterschuld, S. 118) übereinstimmt, wenn *Engisch* die Schuld durch die „Bildsam- und Beeinflußbarkeit" des Charakters begrenzt. Indessen besteht der Unterschied, daß, vom Gedanken der *Beeinflußbarkeit* ausgehend, eine Willensschuld des Täters wegen unterlassener Charakterbildung im Sinne der Einhaltung der strafrechtlichen Befehle anzunehmen ist. Vgl. hierzu Hilde *Kaufmann*, Was läßt die Kriminologie vom Strafrecht übrig? in: JZ 1962, S. 198ff. Daß eine solche Unterlassung im Gegensatz zur Auffassung Arthur *Kaufmanns* (Das Schuldprinzip, S. 156ff.) Gegenstand eines rechtlich-sittlichen Vorwurfs sein kann, sobald einmal die ungenügende Ausbildung der Persönlichkeit durch die Verübung strafbarer Handlungen offenbar geworden ist, erscheint mir unanfechtbar — vgl. *Engisch* a. a. O., S. 115.

[121] Wobei andererseits der in der modernen Tendenz der Gesetzgeber (vgl. in diesem Sinne den Criminal Justice Act von 1948 und Criminal Justice Act von 1967 (Chapter 80), 37—38, Art. 42 des Schweizerischen Strafgesetzbuches, das neue Schwedische Strafgesetzbuch usw.) zum Ausdruck gelangende Grundsatz der Einheitlichkeit der Sanktion Beachtung findet. Der, wenn auch infolge eines vikariierenden Systems gemilderte Gedanke eines Dualismus, demzufolge die Sicherungsmaßregeln gegenüber *Zurechnungsfähigen* obligatorisch — so der Alternativ-Entwurf eines Strafgesetzbuches § 77 — oder fakultativ — so der Entwurf eines Strafgesetzbuches, 1962 — vor dem Vollzug der Strafen vollzogen werden, wobei der Maßregelvollzug insoweit freilich anrechenbar ist, scheint — abgesehen von den Schwierigkeiten, eine naturalistische Maßregel als Ersatz einer ethisch zu verstehenden Strafe ansehen zu können und der Problematik, die darin besteht, daß eine solche Strafe nach einer möglicherweise durch eine Sicherungsmaßregel bewirkten Wiedereingliederung Anwendung finden kann (!) — dazu zu führen, den als zurechnungsfähig und folglich als frei anerkannten Menschen zu einem Werkzeug zu degradieren, und die Bedeutung außer acht zu lassen, welche das Gefühl der Selbstverantwortung und die Bejahung der Schuld, die durch die Strafe gesühnt wird, für die Wiedereingliederung des Verbrechers haben können. Diesen Aspekt läßt *Baratta*, a. a. O. (Fußnote 88), S. 101 außer acht.

Jedenfalls aber führt auch die auf diesem Wege mögliche Bereinigung[122] der rechtlich-sittlichen Konzeption der Schuld zu einer Lösung, die parallel zu der von *v. Liszt* ausgeprochenen Empfehlung verläuft: Unverbesserliche werden als unzurechnungsfähig angesehen mit der begrüßenswerten Folge, daß die Bestrafung der Zurechnungsfähigen mit einem auf deren Wiedereingliederung oder Erziehung gerichteten Blick ins Auge gefaßt wird.

Damit wird andererseits der Weg für die wichtigsten Folgerungen frei. Ohne hierauf insgesamt eingehen zu können[123], möchte ich mich lediglich mit dem Problem der *v. Liszt* so sehr gelegenen[124] unbestimmten Verurteilung befassen.

Wird die Bestrafung auf eine Schuld wegen unzulänglicher Bildung der Persönlichkeit — im Sinne der Unterlassung der Verpflichtung, die Persönlichkeit so zu korrigieren, daß sie vorbereitet ist, strafbare Handlungen nicht zu begehen — gegründet, so ist leicht einzusehen, daß das Maß der hiernach den Täter treffenden Strafe nicht schlechthin von vornherein festgesetzt werden kann[125]. Hat die Strafe sodann einen hervorragenden Sinngehalt als Sühne oder besser Wiedergutmachung, so muß sie notwendigerweise auf die Bewirkung dessen, was unterlassen wurde, also auf die Vorbereitung des Verbrechers, den strafrechtlichen Befehlen gehorchen zu können, ausgerichtet sein. Sobald sich der Verbrecher daher gebessert zeigt, kann aus dieser Perspektive festgestellt werden, daß seine Verfehlung gesühnt ist, daß er von seiner Schuld befreit und folglich bestraft ist[126].

Aber auch aus diesem Grunde kann die Strafe nicht im Urteil, sondern erst in der Phase des Vollzugs näher bestimmt werden. Damit gelangt man zur Anerkennung der unbestimmten Verurteilung. Diese Anerkennung erstreckt sich freilich nicht auf alle Fälle. Geht es

[122] Es sei bemerkt, daß insoweit, als eine aus der Anwendung des Artikels 18 des Entwurfes resultierende Feststellung der Unzurechnungsfähigkeit über eine aus Art. 17 (Unzurechnungsfähigkeit im Hinblick auf die Tatbegehung) resultierende Entscheidung hinausgehen kann, die gegenüber dem Täter anwendbaren Rechtsfolgen in etwa einem „vikariierenden System" folgen. Hieraus ergibt sich die Festsetzung der Mindestdauer der in § 3 des Artikels 123 des Entwurfs vorgesehenen Unterbringung.

[123] Vgl. hierzu meinen Vorbericht in: Código Penal, Projecto da Parte Geral, 1963, und oben Anm. 99.

[124] Vgl. Strafrechtliche Aufsätze und Vorträge, Band I, S. 126ff. und Band II, S. 133ff.

[125] Vgl. oben.

[126] Vgl. meinen Vorbericht in: Código Penal, Projecto da Parte Geral, 1963, S. 36.

nämlich um die Festsetzung der Strafe gegenüber einem Verbrecher, der keine besonderen Probleme strafrechtlicher Gefährlichkeit stellt, können alle Entscheidungen im Zeitpunkt des Urteils und innerhalb der für die begangenen Verbrechen vorgesehenen Strafrahmen getroffen werden[127], wobei allerdings das Maß der verhängten Strafe durch die mögliche Anwendung der bedingten Entlassung eine Korrektur erfahren kann. Die unbestimmte Verurteilung kann daher nur für den Fall einer besonderen, einer Persönlichkeitsschuld zuzurechnenden Gefährlichkeit, die es zu korrigieren oder auszugleichen gilt, in Frage kommen. Da andererseits diese Schuld nur insoweit Berücksichtigung finden darf, als die Begehung strafbarer Handlungen das Tor hierzu geöffnet hat[128], ist deutlich, daß der dieser Schuld entsprechende, bis zu den Grenzen einer möglichen Anordnung der bedingten Entlassung reduzierte Strafrahmen ein Strafminimum für die unbestimmte Verurteilung verlangen muß. Entsprechend verlangt der Gedanke einer obersten Begrenzung, den der Vergeltungs- oder Sühnegedanke stets hervorhebt und der mit der praktischen Notwendigkeit zusammenhängt, den einzelnen vor Willkür zu schützen und eine stimulierende Wirkung auf die Strafvollzugsleitung beim Vollzug der unbestimmten Verurteilung auszuüben[129], daß dieser Verurteilung eine Maximaldauer gesetzt ist.

Diese Erkenntnis führte mich dazu, für bestimmte Verbrecher (Artikel 94ff. des Entwurfs) eine — stets ein Maximum und ein Minimum aufweisende — unbestimmte Verurteilung vorzuschlagen, welche die Festsetzung des exakten *Quantums* der Strafe in die Phase des Strafvollzugs verlegt. Und auf diese Weise hat mein Entwurf eine weitere Lösung verwirklicht[130], die *v. Liszt* so lebhaft verteidigt

[127] Die Tatsache, daß sich die Schuld auch hier nicht ganz exakt bemessen läßt, eröffnet einen sogenannten *Spielraum*, womit die Berücksichtigung generalpräventiver Erwägungen gestattet wird (vgl. Art. 85 des Entwurfs sowie meine Lições de Direito Criminal, Band II, S. 318).

[128] Vgl. hierüber meine Lições de Direito Criminal, Band I, S. 327 und Band II, S. 318ff. sowie meinen Vorbericht in: Código Penal, Projecto da Parte Geral, S. 32.

[129] Vgl. meinen Vorbericht, ebenda, S. 58; daher ist auch die obligatorische Ausarbeitung eines Resozialisierungsplanes vorgesehen, der in möglicher Übereinstimmung mit dem Täter aufzustellen ist (Artikel 101 des Entwurfs).

[130] Vgl. über die unbestimmte Verurteilung *Würtenberger*, in: Materialien zur Strafrechtsreform, Band I, S. 89ff. Vgl. auch die rechtsvergleichende Arbeit von Marc *Ancel*, La sentence indéterminée, Nations Unies, 1953, und die ausführliche Untersuchung Pena indeterminada, die *Merea Beleza* im Centro de Direito Comparado da Faculdade de Direito de Coimbra (Secção Criminal) im Jahre 1968 erstellt hat.

hat[131] und die auch von ihm als eine notwendige Folgerung des Begriffs der Besserungsstrafe angesehen wurde[132].

Überraschenderweise haben also zahlreiche der kriminalpolitischen Empfehlungen, die *v. Liszt* ausgesprochen hat — und die zu vervollständigen er in der großen Geistern eigenen Bescheidenheit „alle Männer, die warmen Herzens und klaren Geistes sind", einlud[133] — in meinem *Strafgesetzentwurf*, wenngleich auch im Rahmen eines Menschenbildes und eines Strafrechtsverständnisses, das vom Szientismus[134], dem *v. Liszt* folgte, befreit ist, weitgehend Ausdruck erlangt.

Ein solcher Szientismus hat übrigens, wie es freilich bei einem Geist der hohen Herkunft *v. Liszt*s zu erwarten war, nicht verhindert, daß sein Zweckdenken Möglichkeiten andersartiger Betrachtungsweisen offenließ, wie sie sein Werk an vielen Stellen veranschaulicht[135].

Und wenn sich auch *v. Liszt* als Kind seiner Zeit von einem naturalistischen Zweckdenken erfassen ließ, das ihm nicht gestattete, sich zu dem institutionellen Sinngehalt des Strafrechts zu bekennen, der, als Synthese scheinbarer Gegensätze zwischen Zweckdenken und Idealismus oder — warum sollte es nicht ausgesprochen werden — zwischen Pragmatismus und Metaphysik, für meinen Entwurf richtunggebend war, so ist doch sicher, daß die in diesem Entwurf vorgeschlagenen Lösungen weitgehend den Vorschlägen *v. Liszt*s entsprechen. Für das moderne portugiesische Strafrecht, namentlich für den von mir ausgearbeiteten Entwurf war die von *v. Liszt* erteilte Lehre daher dem Urteil *Exners*[136] entgegengesetzt: In der Befolgung eines reinen *Zweckgedankens* ist *v. Liszt* zur wirklichen Grundlage des Strafrechts nicht vorgedrungen oder hat sie nicht erschöpfend verwertet, doch hat er dem Strafrecht den Weg gewiesen.

[131] Vgl. Strafrechtliche Aufsätze und Vorträge, Band I, S. 531 und Band II S. 133.

[132] Vgl. Strafrechtliche Aufsätze und Vorträge, Band II, S. 399.

[133] Vgl. Strafrechtliche Aufsätze und Vorträge, Band II, S. 2 und 21.

[134] Vgl. Strafrechtliche Aufsätze und Vorträge, Band II, S. 38 und 84.

[135] Vgl. vor allem folgende eindringliche Worte *v. Liszts:* „Es gibt Menschen, die nur Thesis und Antithesis kennen, Leib und Seele, Natur und Geist, Wirklichkeit und Wert, Können und Sollen, oder wie sie es sonst nennen mögen. Die dürfen ihrer reinlichen Methode, ihrer klaren Begriffe, ihrer sicheren Beweisführung sich rühmen. Wer über den Gegensätzen tastend die höhere Einheit sucht, den schützt kein Wegweiser vor Irrgängen. Aber er allein darf hoffen, daß eine glückliche Stunde ihm den Weg auf die Höhe erschließt, von der aus er in der schöpferischen Synthese einer einheitlichen Weltanschauung alle die scheinbaren Gegensätze zusammenfassend überblickt." Zitiert nach *Radbruch*, Elegantiae Juris Criminalis, 2. Aufl., S. 220.

[136] Vgl. die Theorie der Sicherungsmittel, S. 239.

Franz von Liszt und der Entwurf eines lateinamerikanischen Strafgesetzbuches*

Von Professor Dr. Eduardo *Novoa Monreal*, Santiago de Chile

I.

Einige zwanzig Länder der Neuen Welt — zugehörig in ihrer Mehrheit zu Mittel- und Südamerika, alle in Gebieten, die von Spanien und Portugal entdeckt, erobert und kolonisiert wurden — lebten bis vor wenigen Jahren in einem dauernden Bemühen, ihre gegenseitige Unabhängigkeit voneinander zu verstärken. Nach ihrer Befreiung von europäischer Herrschaft im Laufe des letzten Jahrhunderts verwendeten sie einen erheblichen Teil ihrer Anstrengungen darauf, ihre Fähigkeit unter Beweis zu stellen, daß sie sich unter völliger Nichtbeachtung ihrer Nachbarn selbst genügen können. Daher rührt auch die ironische Bezeichnung als „Uneinige Staaten von Amerika", wie sie manche in Gegenüberstellung zu den „Vereinigten Staaten von Amerika" für die erwähnten Länder vorschlugen. Die Uneinigkeit ließ sich um so weniger erklären, als zahlreiche objektive Umstände doch auf enge Zusammenhänge zwischen ihnen hinwiesen: so die Gemeinsamkeit der Herkunft, des Bodens, der Religion, Kultur, Sprache, Überlieferung und auch des Strebens. In allen Ländern hatte sich die Urbevölkerung mit den eingewanderten Spaniern und Portugiesen vermischt, wodurch Völker entstanden, in denen zusammen mit Menschen europäischer Abstammung in je nach Land und Klima stärkerem oder schwächerem Maße Mestizen und Eingeborene lebten. Im Erziehungswesen, in der Regierungsform und in der Gesetzgebung machten sich starke kontinental-europäische Einflüsse geltend, was zur Vermittlung einer gewissen Art allgemeiner europäischer Lebensweise zumindest in den politisch und gesellschaftlich herrschenden Schichten beitrug.

Die wirtschaftlichen Schwierigkeiten und insbesondere die Unmöglichkeit, daß die fraglichen Länder ihren Tiefstand in der industriellen Entwicklung getrennt und jedes für sich allein überwinden können, ließen allmählich die klareren Köpfe die Notwendigkeit einsehen, untereinander Verbindungen anzuknüpfen und Zusammen-

* Übersetzt im Max-Planck-Institut für ausländisches und internationales Strafrecht, Freiburg i. Br.

schlüsse in die Wege zu leiten. Mit diesen muß man auf rein wirtschaftlichem Gebiet beginnen; sie werden sich aber sicherlich auf den Bereich der Kultur und vielleicht auch der Politik ausdehnen können. So ist in den letzten Jahren mit dem Abschluß kontinentaler oder regionaler Übereinkommen industrieller, wirtschaftlicher und zolltariflicher Art zwischen jenen Ländern begonnen worden.

II.

Mit ihrem Strafrecht gehören alle lateinamerikanischen[1] Länder zum Bereich des kontinental-europäischen Systems einer geschriebenen und kodifizierten Gesetzgebung. Die einzelnen Strafgesetzbücher zeigen jedoch eine ganze Skala verschiedener Epochen und Ideen. Da gibt es Länder mit sehr alten Strafgesetzen wie Bolivien, dessen Strafgesetzbuch aus dem Jahre 1834 stammt. Auch das chilenische Strafgesetzbuch ist fast ein Jahrhundert in Kraft. Der größere Teil der geltenden Strafgesetze wurde allerdings in den ersten Jahrzehnten dieses Jahrhunderts erlassen; dennoch könnte keines von ihnen den Anspruch erheben, die neuesten wissenschaftlichen Fortschritte im Strafrecht wiederzugeben. Hinsichtlich der geistigen Grundlagen beschränkten sich etliche Länder auf die aus der spanischen Strafgesetzgebung herrührenden Vorbilder; andere entschieden sich für das französische oder belgische Strafgesetz als Muster, und nicht wenige sind vom italienischen Recht beeinflußt. Schließlich gibt es verschiedene Länder, die sich nicht so eng an eine bestimmte europäische Gesetzgebung angeschlossen, sondern sich auf Strömungen kriminalpolitischer Art gestützt haben[2].

Man hat es also mit einigen zwanzig Ländern zu tun, die einen zusammenhängenden Erdteil bilden und untereinander auch zahlreiche und enge kulturelle Beziehungen und gemeinsame Interessen aufweisen, sich aber sehr stark in ihren praktischen Maßnahmen zur

[1] Während der vorbereitenden Arbeiten am lateinamerikanischen Musterstrafgesetzbuch hatte man von „ibero-amerikanisch" statt von „lateinamerikanisch" gesprochen, weil man meinte, daß dieser Ausdruck deutlicher und vollständiger sei. Auf Wunsch der brasilianischen Teilnehmer, die den zweiten Ausdruck bevorzugten, verwendete man aber schließlich doch die Bezeichnung „lateinamerikanisch".

[2] Zum tieferen Eindringen in die Eigentümlichkeiten der lateinamerikanischen Rechte kann man die Gesetzessammlung „*Códigos Penales Iberoamericanos* según los textos oficiales" (Lateinamerikanische Strafgesetzbücher in ihren amtlichen Fassungen), 2 Bde., Editorial Andrés Bello, Caracas 1946, heranziehen. Die Sammlung wird von einer ausführlichen rechtsvergleichenden Abhandlung von Luis *Jiménez de Asúa* (Bd. I, S. 3—418) eingeleitet; die Zusammenstellung der Gesetze besorgte Francisco *Carsi Zacarés*.

Verhütung und Bekämpfung des Verbrechens unterscheiden. Dabei sind sie sich der Wirkungslosigkeit ihrer jetzigen Strafgesetze durchaus bewußt. In allen diesen Ländern hat man entweder eine Juristenkommission zur Vorbereitung eines neuen Strafgesetzbuches ernannt, oder es liegt bereits ein fertiger Entwurf eines Strafgesetzbuches vor, den der Gesetzgeber billigen soll, damit er an die Stelle des bestehenden trete, oder es sind zumindest Untersuchungen über Teilreformen des geltenden Strafgesetzbuches im Gange. Es ist infolgedessen Tatsache, daß man in den betreffenden Ländern allgemein weiß, wie veraltet und rückständig im Vergleich mit den wissenschaftlichen Fortschritten des modernen Strafrechts und daher unwirksam im Kampf gegen die heutige Kriminalität, unter der die Länder zu leiden haben, ihre eigenen Strafgesetze sind.

III.

Franz *v. Liszt*, dessen 50jährigen Todestages wir gedenken, hatte mit offenkundigem Scharfblick die unbedingte Notwendigkeit erkannt, daß alle in der Strafrechtswissenschaft Tätigen mit vereinten Kräften darangehen, die Kriminalität und ihre Ursachen zu ergründen und Mittel zu ihrer Bekämpfung zu finden. Sein Einsatz, eine wirkliche Einheit unter den Vertretern des Strafrechts zur Erfüllung dieser wichtigen Aufgabe zu erreichen, ging sogar so weit, daß ihm eine Neigung, um dieses Zieles willen selbst Vergleiche und Kompromisse anzuregen oder zu schließen, vorgeworfen wurde. Wer in der Kritik an dieser Seite seiner Tätigkeit ein größeres Wohlwollen bezeugen möchte, beschränkt sich auf die Bemerkung, Franz *v. Liszt* habe sich bemüht, entgegengesetzte Lehrmeinungen zu vereinen, und seine Lehren seien durch einen offenkundigen Synkretismus gekennzeichnet.

Man muß bis in die Tiefe des Denkens und der erhabenen Absichten, die in dem glänzenden Lehrmeister von Berlin lebendig waren, vorgedrungen sein, um ermessen zu können, wie stark seine wissenschaftliche Arbeit durch ein ganz klares Ziel geprägt war, nämlich aus der Gesamtheit der wissenschaftlichen Erkenntnisse über das Verbrechen und den Verbrecher mehr als nur den Gegenstand einer bloß theoretischen Erörterung zu machen, sondern aus ihr geradewegs ein sozial voll wirksames Mittel zum Schutz menschlicher Interessen und der von Menschen gebildeten Gesellschaften zu schaffen. Aus zwei Gründen wird Franz *v. Liszt* immer als einer der Größten im Strafrecht angesehen werden: einmal wegen seiner außergewöhnlichen Intelligenz, die es ihm erlaubte, wie nur wenige andere die schwierigsten Probleme des Strafrechts zu meistern, was alle strafrechtlichen Werke zeigen, die er uns vermacht hat; zum anderen wegen seines zähen Willens, die Wissenschaft sich nicht nur von der Wirklichkeit der Welt nicht entfernen zu lassen, sondern sie auch mit größtmöglicher Wirksamkeit in den Dienst der Menschen zu stellen. Dieser letztgenannte Wesenszug befähigte ihn zu einem sehr sicheren Urteil bei der Suche nach Lösungen, die sich ohne Schmälerung seiner Grundsätze praktisch wirksam anwenden ließen. Daher seine steten Bemühungen, das zu erreichen, was er „praktische Verständigung"[3] nannte. Diese zweite Seite seiner Persönlichkeit führte ihn dazu, mit *Prins* und *van Hamel* zusammen die Internationale Kriminalistische Vereinigung zu gründen und als deren Hauptziele die soeben genannten festzulegen. Alles, was unter seinem Einfluß in dieser Vereinigung geschah, war klar darauf gerichtet, daß alle Nationen sich im Kampf gegen das Verbrechen zusammentun und die einzelnen Staaten sich zu demselben Zweck gegenseitig helfen und unterrichten.

Die Bemühungen Franz *v. Liszt*s auf dem Gebiet der Strafrechtsvergleichung waren ebenfalls von dem Wunsch beseelt, Unterschiede ohne weiterreichende Bedeutung zu beseitigen. Man kann als ihren letzten Grund eine Vorstellung vermuten, die zwar erst in späteren Jahren durch Vespasien V. *Pella* ausdrücklich formuliert worden ist, aber gewiß auch seine Arbeit bestimmte, nämlich die Ausarbeitung eines Weltstrafrechts, das auf gemeinsamen Grundsätzen beruht und so gestaltet ist, daß es von allen Ländern übernommen und überall einheitlich angewendet werden kann. In seiner Begriffsbestimmung des internationalen Strafrechts als „diejenigen Strafrechtssätze, die nicht von einem einzelnen Staate, sondern von der Gesamtheit der Kulturstaaten, also von der Völkerrechtsgemeinschaft, erlassen sind"[4], tritt jene Vorstellung Franz *v. Liszt*s deutlich hervor.

IV.

Es wäre übertrieben zu behaupten, die erwähnten Vorstellungen Franz *v. Liszt*s hätten unmittelbar den Entschluß herbeigeführt, ein Musterstrafgesetzbuch für die lateinamerikanischen Länder auszuarbeiten. Wer jedoch die Verbundenheit dieses Entwurfs mit dem Lisztschen Denken leugnen wollte, würde die tieferen Wurzeln der

[3] Franz *v. Liszt*, Lehrbuch des Deutschen Strafrechts, 18. Aufl., Berlin 1911, S. 91; Tratado de Derecho Penal, Traducido de la 18. y 20. edición alemana por Luis *Jiménez de Asúa* y adicionado con la historia del derecho penal en España por Quintiliano *Saldaña* (Lehrbuch des Strafrechts, übersetzt nach der 18. und 20. deutschen Auflage von Luis *Jiménez de Asúa* und ergänzt mit der Geschichte des Strafrechts in Spanien von Quintiliano *Saldaña*), Bd. 2, 3. Aufl. Madrid, S. 37, Anm. 23.

[4] Lehrbuch, 18. Aufl. S. 105 (Tratado, Bd. 2, S. 112).

Beweggründe menschlichen Handelns verkennen. Denn jeder Mensch ist notwendig vom Denken derer beeinflußt, die ihm in der Beschäftigung mit einem bestimmten Gegenstand unmittelbar vorangingen. Dies gilt vor allem im Bereich der Wissenschaft, wo die Veröffentlichungen hervorragender Vertreter ihres Faches den Schülern und allgemein den Lernenden Wege weisen und sogar noch das Denken Späterer prägen, die sich dessen vielleicht nicht einmal mehr bewußt werden.

Im Jahre 1963 gab der Verfasser dieses Beitrags dem Institut für Strafrechtswissenschaften von Chile die Anregung, eine Gruppe der bedeutendsten und angesehensten Strafrechtler in Lateinamerika nach Santiago einzuladen. Ihnen sollte die Gründung einer wissenschaftlichen Vereinigung zur Ausarbeitung des Entwurfs eines Musterstrafgesetzbuchs für die lateinamerikanischen Länder vorgeschlagen werden. Die Voraussetzungen dafür lagen vor. Denn einerseits begann sich die Vorstellung einer sinnvollen Integration aller dieser Länder deutlicher einen Weg zu bahnen — und ein Teilstück der Integration müßte die Vereinheitlichung der wichtigsten Rechtsgebiete sein. Andererseits waren die lateinamerikanischen Länder mit ihren Strafgesetzen nicht zufrieden und trachteten danach, sie durch moderne und den wissenschaftlichen und technischen Fortschritten entsprechende abzulösen.

Der Entwurf war als eine Strafrechtskodifikation gedacht, die von den fähigsten Personen aus dem Kreis derer vorbereitet werden sollte, die sich in den genannten Ländern um das Strafrecht bemühen, und die die am wenigsten umstrittenen Erkenntnisse der modernen Strafrechtswissenschaft aufgreifen sollten; auf diese Weise sollte das Werk — sowohl wegen seines Ursprungs wie wegen seines Inhalts — den Charakter eines den einzelnen Ländern Lateinamerikas darzubietenden Musterstrafgesetzbuches erhalten. Das Ziel ist, daß der Entwurf die Billigung einer Reihe von Ländern erhält, in denen derzeit noch sehr unterschiedliche Gesetze herrschen und die trotz vieler Berührungspunkte doch auch ihre Eigenheiten in kultureller, sozialer, volkstumsmäßiger und wirtschaftlicher Hinsicht haben. Deshalb konnte der Entwurf von vornherein nicht auf eine vollständige und ins einzelne gehende Regelung aller in ein nationales Strafgesetzbuch gehörenden Gegenstände angelegt sein. Man faßte vielmehr die Ausarbeitung eines ziemlich vollständigen Allgemeinen Teils ins Auge, weil infolge der Fortschritte im Strafrecht doch fast alle Regelungen dieses Teils trotz gewisser abweichender Lehrmeinungen mehr oder minder allgemein anerkannt worden sind. Für den Besonderen Teil des Gesetzentwurfs wurde hingegen nur die Vereinheitlichung solcher Tatbestände vorgesehen, die Angriffe gegen Rechtsgüter zum Gegenstand haben, deren angemessener Schutz in den fraglichen Ländern die Bestrafung ratsam macht. Die Bestimmung des Strafrahmens für die einzelnen strafbaren Handlungen sollte dem Gutdünken des jeweiligen nationalen Gesetzgebers überlassen bleiben. Schließlich sollten in den Entwurf keine Tatbestände aufgenommen werden, die jeder Staat wegen ihrer Besonderheiten lieber nach seinen eigenen Belangen gestaltet (was vor allem bei den gegen die äußere und innere Sicherheit des Staates gerichteten oder eigens auf die inneren Verhältnisse einiger Länder zugeschnittenen strafbaren Handlungen vorkommen kann).

Das Institut für Strafrechtswissenschaften von Chile nahm sich der Sache an und lud im November 1963 einen Kreis von 29 führenden Strafrechtlern aus verschiedenen Ländern Lateinamerikas zu einer Zusammenkunft nach Santiago ein. Auf dieser wurde das Vorhaben nach seiner Erläuterung sofort einstimmig gutgeheißen. Man beschloß, einen „Ausschuß zur Abfassung des Musterstrafgesetzbuchs für Lateinamerika" („Redaktionsausschuß") zu gründen, dessen Satzung auch alsbald entworfen und gebilligt wurde. Der Ausschuß setzt sich zusammen aus einem Vollzugssekretariat (mit dessen Übernahme der Verfasser dieses Beitrags in seiner Eigenschaft als Präsident des Instituts für Strafrechtswissenschaften in Chile betraut wurde), regionalen Arbeitsausschüssen und regelmäßigen Vollversammlungen. Dem Vollzugssekretariat oblag es, die regionalen Arbeitsausschüsse zu berufen und die für die Vorbereitung des Musterstrafgesetzbuchs zu erfüllenden einzelnen Aufgaben unter ihnen zu verteilen. Die dementsprechenden Ausarbeitungen der einzelnen Ausschüsse sollten dazu jeweils allen anderen Ausschüssen zur Stellungnahme vorgelegt werden. Weiter waren von Zeit zu Zeit stattfindende Vollversammlungen geplant, an denen alle Mitglieder des Redaktionsausschusses teilnehmen; auf ihnen sollten die Beschlüsse über den endgültigen Wortlaut des Entwurfs gefaßt werden[5]. Bislang arbeiten 12 regionale Arbeitsausschüsse in Argentinien, Bolivien, Brasilien, Chile, Ekuador, Kolumbien, Mexiko, Mittelamerika, Peru und Venezuela. Sie setzen sich aus Universitätsprofessoren des Strafrechts der betreffenden Länder zusammen. Der Vollzugssekretär hat alle Gegenstände, die

[5] Die mexikanische Zeitschrift „Criminalia" („Organo de la Academia Mexicana de Ciencias Penales" = Mitteilungsblatt der mexikanischen Akademie für Strafrechtswissenschaften) veröffentlichte in ihrer Mainummer von 1965 (XXXI. Jahrgang, Nr. 5) alle Unterlagen über die Gründung des Ausschusses zur Abfassung eines Musterstrafgesetzbuches für Lateinamerika.

im Allgemeinen und Besonderen Teil des Musterstrafgesetzbuchs geregelt werden sollen, unter ihnen aufgeteilt. Außer der Eröffnungssitzung in Santiago fanden drei Vollversammlungen statt: 1965 in Mexiko, 1967 in Peru und 1969 in Venezuela. Sie wurden von den Regierungen der genannten Länder unterstützt.

Zur Zeit sind im wesentlichen die Arbeiten für den Allgemeinen Teil des Entwurfs beendet. Es wurden nahezu einhundert Vorschriften endgültig beschlossen, die Bestimmungen enthalten über: das Strafgesetz, die strafbare Handlung, die Rechtfertigungsgründe, die Zurechnungsfähigkeit, die Schuld, Täterschaft und Teilnahme, den Versuch, den Rückfall, die Gewohnheitsmäßigkeit und Gewerbsmäßigkeit der Tatbegehung, Strafen und Sicherungsmaßnahmen, die Bemessung (Individualisierung) und Regelung der Strafe, das Zusammentreffen mehrerer strafbarer Handlungen und seine Regelung, die zivilrechtliche Verantwortlichkeit für die strafbare Handlung und das Erlöschen der strafrechtlichen Verantwortlichkeit. Mit der letzten Vollversammlung im Januar 1969 in Caracas hat der Ausschuß zur Abfassung eines Musterstrafgesetzbuches für Lateinamerika praktisch einen entscheidenden Abschnitt in der Erfüllung seiner Aufgaben vollendet. Bei diesem Stand der Arbeiten kann man weder an der Möglichkeit der Fertigstellung des Entwurfs noch an dem alle Mitglieder des Ausschusses beseelenden beharrlichen Willen, ihn glücklich zu Ende zu führen, zweifeln. Da die vorbereitenden Untersuchungen über die wenigen für den Abschluß des Allgemeinen Teils noch verbleibenden Vorschriften bereits geleistet sind und auch schon viele Kapitel des Besonderen Teils in einer neuen Vollversammlung beraten werden können, ist geplant, eine solche in spätestens einem Jahr abzuhalten.

V.

Obwohl der Entwurf des Musterstrafgesetzbuchs noch nicht vollendet ist, haben bereits lateinamerikanische Länder den Wunsch geäußert, seine Vorschriften für bevorstehende Reformen ihres Strafrechts zu übernehmen. Derzeit ist dies der Fall bei Costa Rica und Honduras.

Nach Abschluß der Arbeiten wird der Redaktionsausschuß in der Lage sein, den lateinamerikanischen Ländern einen von ihren fähigsten Strafrechtlern aus umfassender Kenntnis ihrer Verhältnisse und Eigentümlichkeiten erarbeiteten Entwurf eines Musterstrafgesetzbuchs vorzulegen. Der Ausschuß hofft nunmehr, daß die lateinamerikanischen Regierungen dann durch den inneren Wert des Entwurfs und die Absicht, den Kampf gegen das Verbrechen durch Übernahme gemeinsamer Strafvorschriften wirksamer zu gestalten, dazu gebracht werden, den Entwurf innerhalb der einzelnen Länder jeweils als eigenes Gesetz zu verkünden. Gewiß kann man nicht die utopische Hoffnung hegen, daß sich alle lateinamerikanischen Staaten das Musterstrafgesetzbuch sofort nach seiner Fertigstellung als Vorbild für ihre Strafgesetzbücher zu eigen machen. Dies wird vielleicht nur in einigen Fällen geschehen. In anderen wird man lediglich einige Teile des Entwurfs übernehmen, andere dagegen verwerfen. Und sicherlich wird es sogar Länder geben, die sich weigern, ihn auch nur teilweise aufzugreifen. Aber der Lauf der Dinge in der Welt und auf unserem Kontinent wird zweifellos früher oder später dazu führen, daß man schließlich ganz überwiegend den offenkundigen Vorteil anerkennt, der in der Einführung einer wissenschaftlich erarbeiteten und auf gemeinsamen Grundsätzen, Begriffen und Definitionen beruhenden Strafgesetzgebung liegt.

Neben diesem unmittelbar als Ziel verfolgten sehr wichtigen Ergebnis werden mit dem Fortgang der Arbeiten viele weitere, sekundäre Folgen erreicht werden, die nicht weniger nützlich sind und schon jetzt spürbar zu werden beginnen. Die regelmäßigen Zusammenkünfte der Strafrechtler von höchstem Rang aus unserem Erdteil und ihre notwendigen und häufigen Briefwechsel zur Übermittlung ihrer Stellungnahmen zu den Teiluntersuchungen, die die regionalen Arbeitsausschüsse durchführen, haben zu engen persönlichen Verbindungen und einem Austausch von Kenntnissen und Meinungen geführt, die für alle an diesen Aufgaben Beteiligten von größtem wissenschaftlichen Wert sind. Die Art der Arbeit brachte es ferner mit sich, daß die an ihr Beteiligten ihre Untersuchungen über die einzelnen Gebiete, die zur Vorbereitung des Entwurfs durchforscht wurden, gemeinsam vertiefen mußten. So ist zur persönlichen Verbindung zwischen den Personen, die in Lateinamerika die Strafrechtswissenschaft pflegen, eine Intensivierung der wissenschaftlichen Untersuchungen und eine Konfrontation mit den verschiedenen Meinungen und Lehren hinzugekommen. Wie zu vermuten ist, bringt alledies — und wird es in Zukunft noch mehr tun — eine Neubelebung der Sorge für den Fortschritt und die Vervollkommnung des Strafrechts mit sich, die schon in nicht ferner Zeit ihre Früchte tragen wird.

Die günstigen Nebenfolgen der Arbeiten am Musterstrafgesetzbuch für Lateinamerika liegen so sehr auf der Hand, daß man bei der Tagung in Lima einen Vorschlag des Vollzugssekretärs zur Schaffung eines „Lateinamerikanischen Instituts für Strafrechtswissenschaften" billigte. Dieses Institut soll durch alle nationalen strafrechtlichen Forschungsstellen gebildet werden und sich ständig damit befassen, die Erforschung, den Fortschritt und die Verbreitung der Strafrechtswissenschaft auf kontinentaler Ebene zu organisieren, zu fördern und zu planen. Auf der letzten Tagung in Caracas wurde die Satzung dieses Instituts verabschiedet und es selbst in Tätigkeit gesetzt.

VI.

Die Arbeiten des Ausschusses zur Abfassung eines Musterstrafgesetzbuches für Lateinamerika fanden in internationalen wissenschaftlichen Kreisen ein wohlwollendes Echo. Zu erwähnen ist, daß in der Vollversammlung der Internationalen Strafrechtlichen Vereinigung (Association Internationale de Droit Pénal) während des IX. Internationalen Strafrechtskongresses im August 1964 in Den Haag verschiedene Mitglieder dieser Vereinigung dem Vorstand als wichtigstes Thema der nächsten internationalen Kongresse das „Problem des Entwurfs eines Musterstrafgesetzbuches, das in zahlreichen Ländern gelten soll", vorgeschlagen haben. Zur Begründung dieses Vorschlags wurden unter anderem die wertvollen Erfahrungen bei der Arbeit am Musterstrafgesetzbuch für Lateinamerika genannt. Ferner wurde in verschiedenen offiziellen Veranstaltungen des erwähnten Strafrechtskongresses lobend auf die Nützlichkeit solcher Vorhaben wie des in Lateinamerika in Angriff genommenen hingewiesen. Später stellte der Präsident der Internationalen Strafrechtlichen Vereinigung (Association Internationale de Droit Pénal), Professor Jean *Graven*, in Mitteilungen an die Präsidenten und Vertreter der Landesgruppen Untersuchungen zur Ausarbeitung von Entwürfen für Musterstrafgesetzbücher mit kontinentaler oder regionaler Geltung zur Erörterung. Konkret regte er an, Ausschüsse zu bilden, die Entwürfe für Ost- und Westeuropa, die Länder des angelsächsischen Rechtskreises und die muselmanischen Länder erarbeiten sollten. Hierbei wies er darauf hin, daß entsprechende Arbeiten für Lateinamerika durch den lateinamerikanischen Redaktionsausschuß schon in vollem Gange seien[6].

So werden Vorstellungen, deren „Vorläufer"[7] der große Lehrmeister Franz *v. Liszt* gewesen ist und die danach Vespasien V. *Pella* weiterentwickelt hat, nach Jahren erneut wirksam: eines Tages die Vereinheitlichung des Strafrechts in der Welt zu erreichen. Zwar wäre es ganz gewiß utopisch, heute die Einführung eines einheitlichen Welt-

[6] Schreiben des Präsidenten der Association Internationale de Droit Pénal, Jean *Graven*, vom 31. März 1965.

[7] Luis *Jiménez de Asúa* bezeichnet Franz *v. Liszt* als einen „Vorläufer" eines internationalen Strafgesetzbuchs (Tratado de Derecho Penal, 2. Band, 1. Aufl., Buenos Aires 1950, S. 966).

strafgesetzbuches versuchen zu wollen, denn für einen so kühnen Schritt fehlen noch die erforderlichen objektiven und psychologischen Voraussetzungen. Aber es kann nicht bezweifelt werden, daß ein Weltgrundschema, das grundlegende Begriffe, Definitionen, weltweit anzuwendende Tatbestände usw. vereinheitlicht, für die Welt von Morgen etwas Wünschenswertes (ein *Desideratum*) sein könnte. Um hierfür den Boden zu bereiten und das Bewußtsein in diese Richtung zu lenken, ist es im gegebenen geschichtlichen Augenblick völlig angebracht, die Vereinheitlichung der Strafgesetzgebung in solchen Ländergruppen zu betreiben, in denen bestehende besondere Verbindungen und vor allem eine verhältnismäßige Gleichartigkeit der Rechtsordnungen sie am ehesten möglich machen. Professor *Graven* hat bei der Erwähnung solcher Ländergruppen einen glücklichen Ausdruck gebraucht: Er bezeichnete sie als die verschiedenen „Rechtsfamilien" in der Welt des Strafrechts.

VII.

Franz *v. Liszts* großer, von vielen mißverstandener Geist erkannte klar die Notwendigkeit, die praktischen Punkte einer Verständigung aufzufinden, rein theoretische Streitfragen, die in der Wirklichkeit des Lebens keine positive Bedeutung haben, auszusparen und die Punkte der Übereinstimmung aufzuzeigen, bei denen theoretisch unterschiedliche Auffassungen nebeneinander bestehen können, wenn man in dem allgemeinen Kampf gegen das Verbrechen zu wirksamen Erfolgen gelangen will. Gewiß muß die Ausarbeitung eines Gesetzbuches, das in mehreren Ländern gelten soll, auf in diesen vorhandenen ähnlichen praktischen Grundlagen aufbauen können. Sie anzuerkennen, bedeutet jedoch, was auch schon dargelegt worden ist, kein Aufgeben der eigenen theoretischen Stellung, sondern es betrifft nur die notwendige Unterscheidung zwischen der reinen Theorie und der Praxis, die angesichts der vorhandenen Uneinheitlichkeit der Lehren gemacht werden muß. Im ersten Band seines Lehrbuchs sagt der Meister ganz richtig, daß der Entwurf eines Strafgesetzbuches nicht „den Standpunkt einer bestimmten wissenschaftlichen Richtung" vertreten dürfe[8]. Ebenso hat später Karl *Engisch* auf die völlige Unzuträglichkeit hingewiesen, daß ein Gesetzbuch sich einer bestimmten Theorie verschreibt[9].

[8] Franz *v. Liszt*, Lehrbuch, 18. Aufl., S. 70 (= Tratado, Bd. I, S. 603).

[9] Karl *Engisch*, Bietet die Entwicklung der dogmatischen Strafrechtswissenschaft seit 1930 Veranlassung, in der Reform des Allgemeinen Teils des Strafrechts neue Wege zu gehen? ZStW Bd. 66, S. 339ff. (389).

Dies in der Praxis zu erreichen, ist nicht leicht, wie alle wissen, die sich mit Gesetzgebungsarbeiten befaßt haben. Immer wieder treten unbewußt und ohne den Willen der Verfasser gesetzliche Formulierungen auf, die einer bestimmten Theorie entsprechen. Ein gangbarer Weg, dies zu verhindern, ist das Hinzuziehen von Vertretern aller Richtungen für die Abfassung des Gesetzes, weil dann jeder demjenigen, der eine entgegengesetzte Lehre begünstigt, widersprechen wird. So waren z. B. bei den Arbeiten an der Vorbereitung des Musterstrafgesetzbuches für Lateinamerika die Meinungsverschiedenheiten zwischen den Finalisten und den — schlecht so bezeichneten — Kausalisten stets lebendig und verhinderten dadurch, daß in den die Begriffe der strafbaren Handlung und des Vorsatzes betreffenden Bestimmungen Ausdrücke erscheinen, die einer der umstrittenen Lehren Vorschub leisten könnten. Auf diese Weise scheint eine gewisse Neutralität des Entwurfs in der genannten Hinsicht erreicht worden zu sein. Erkennbar war auch die Absicht der Mitglieder des Redaktionsausschusses, Erörterungen über so heikle Probleme wie das der Todesstrafe zu vermeiden. Es bestand volle Einigkeit darüber, es aus dem Entwurf des Musterstrafgesetzbuches auszuklammern. Fraglos konnte man nur so zu der erstrebten Übereinstimmung gelangen. Das als Muster vorzuschlagende Strafgesetzbuch wird also diese Strafe nicht enthalten, was aber nicht hindert, daß ein bestimmter Staat, der die Todesstrafe auf Grund seiner inneren Verhältnisse für unentbehrlich hält, sie seinem Strafgesetzbuch einfügt, das sich in allem übrigen nach dem Musterstrafgesetzbuch richtet.

VIII.

Die Überzeugungskraft und die Stärke der Gedanken Franz *v. Liszts* sichern vielen seiner Lehren eine dauernde Gültigkeit, die sich weit über die Jahre hinaus erstrecken muß, in denen sein unbändiger Geist in einer sterblichen Hülle für ihre Verbreitung kämpfte. Viele seiner Lehren sind von den Verfassern des Musterstrafgesetzbuches für Lateinamerika übernommen worden und in den Wortlaut des Entwurfs eingegangen. Seinen Begriff der „Zweckstrafe" spiegelt die Vorschrift des Musterstrafgesetzbuches über die Gefängnisstrafe wider, wonach diese darauf abzielen soll, „auf den Verurteilten eine wiederanpassende Wirkung auszuüben". Volle Zustimmung fand auch seine Ablehnung der kurzen Freiheitsstrafe. Weiter wären hier zu nennen: die erweiterte Anwendung der Geldstrafe (so wie er sie vorschlug), die bedingte Verurteilung, der Ersatz der Gefängnisstrafe durch die Geldstrafe in qualifizierten Fällen und durch andere Strafen, wie zum Beispiel die Verpflichtung zur unentgeltlichen Arbeit an

Feiertagen ohne Einsperrung. Dasselbe gilt für das Prinzip der Rehabilitation des Verurteilten. Ferner enthält das Musterstrafgesetzbuch Bestimmungen, die es erlauben, Vorstellungen in die Praxis umzuwandeln, die gleichfalls dem von-Lisztschen Gedankengut verpflichtet sind, wie die ganz erhebliche soziale Bedeutung der Verbrechensvorbeugung, das besondere Augenmerk auf die Verbrecher mit einem eingewurzelten verbrecherischen Hang, die Einführung „anderer Maßnahmen" außer den Strafen in den Kampf gegen das Verbrechen. Dies zeigt sich darin, daß ein ganzer Abschnitt eigens den Sicherungsmaßnahmen gewidmet ist, die von heilender, verwahrender und überwachender Art sind, ferner in besonderen Vorschriften über die Behandlung gewohnheits- und gewerbsmäßiger Verbrecher und in einem neuen Rückfallbegriff. Der im Entwurf enthaltene Begriff der Zurechnungsfähigkeit ist zweifellos ebenso wie die Vorschriften über die verminderte Zurechnungsfähigkeit durch die Gedanken Franz *v. Liszt*s beeinflußt worden.

Es wäre ermüdend und ginge über den Rahmen dieser Arbeit hinaus, würde man eine ins einzelne gehende Analyse der zahlreichen Vorschriften des Allgemeinen Teils des Musterstrafgesetzbuches für Lateinamerika geben, die vom Redaktionsausschuß schon endgültig beschlossen worden sind. Wir wollten nur beispielhaft einige Aspekte seines Inhalts erwähnen, in denen der wissenschaftliche Ruhm und Einfluß des Lehrmeisters von Berlin einen ganz offenkundigen Widerhall gefunden haben.

Für einen Mann auf dem höchsten Gipfel der Wissenschaft, dessen Gedankengut sich aber auch in die Wirklichkeit umsetzen ließ, wie es Franz *v. Liszt* war, ist das, was die Erträgnisse seines wissenschaftlichen Lebens in den offenen Furchen der lateinamerikanischen Erde hervorgetrieben haben, ein Lohn mehr, der zwar gewiß bescheiden ist, aber doch ebenso wie andere, die er erlangt hat, die Größe seiner wissenschaftlichen Erscheinung offenbart.

Die Ideen Franz von Liszts im früheren und heutigen Jugoslawien

Von Professor Dr. Bogdan *Zlatarič*, Zagreb

I.

Vorbemerkung

Die Geburts- und Todesjahre berühmter und verdienstvoller Persönlichkeiten sind nicht nur ein Anlaß, ihnen die gebührende Achtung zu erweisen und die Erinnerung an ihre Tätigkeit und Werke wiederaufzufrischen. Sie sind auch eine nicht zu versäumende Gelegenheit, die Wirkung ihrer Gedanken und Ideen in der Gegenwart zu überprüfen. So kann das Werturteil über solche Persönlichkeiten verifiziert und zugleich eine mögliche Fortentwicklung nach Abschluß ihres Wirkens festgestellt werden. Dabei bewerten wir gewissermaßen auch ihre Nachfolger und haben Anlaß, uns selbst gegenüber kritisch Stellung zu nehmen.

Der 50. Todestag des großen (vielleicht des größten) deutschen und europäischen Kriminalisten Franz *v. Liszt* ist eine außerordentliche Gelegenheit für eine solche Bilanz auf dem Gebiet der gesamten Strafrechtswissenschaft[1]. Es kann heute niemand ernstlich negieren, daß er einen Einfluß auf die weitere Entwicklung der einschlägigen Fachgebiete (Strafrechtslehre, Kriminalpolitik, Kriminologie und Pönologie) gehabt hat. Ein Beweis dafür scheint überflüssig zu sein. Das 50. Todesjahr dieses großen Mannes bietet jedoch mindestens drei Möglichkeiten, die u. E. nicht ungenützt bleiben sollten.

1. Es wäre von großem Nutzen, der heutigen Generation von Kriminalisten eine systematische und konzise Übersicht der Lisztschen Ideen darzubieten, da diese Generation bei der Hülle und Fülle der neuen Literatur keine Zeit mehr hat, sein großes wissenschaftliches Opus gründlich zu studieren.

2. Nach mehreren Jahrzehnten der neuen sehr stürmischen Geschichte des Menschengeschlechtes und seiner sehr komplizierten Ge-

[1] Solch eine Bilanz wurde schon 1951 aus Anlaß des 100. Geburtstages *v. Liszts* durch die „Revue Internationale de Droit Pénal" unternommen (vgl. Nr. 2—3 der erwähnten Revue). Es ist zu erwarten, daß diese Bilanz jetzt durch die Zeitschrift, die eben *Liszt* (mit *Dochow*) gegründet hat, in erheblichem Maß ergänzt wird.

genwart wäre es wertvoll zu eruieren, welche Lisztschen Ideen sich in der modernen Strafrechtswissenschaft und in der heutigen Strafgesetzgebung noch immer im vollen Maße oder mindestens teilweise als aktuell bewähren.

3. Es ist jetzt Gelegenheit zu zeigen, ob und inwieweit die Strafrechtswissenschaft und die Strafgesetzgebung nach *Liszt* sich einen Fortschritt gutschreiben können und worin dieser Fortschritt über die Lisztsche Ausstrahlung hinaus besteht.

Diese drei Aufgaben, die wir aufgezeigt haben, sind keinesfalls leicht zu erfüllen, aber wir sind überzeugt, daß es genug Landsleute *v. Liszt*s gibt, die in der Lage sind, sie erfolgreich zu bewältigen.

Die Aufgabe, die wir uns selbst auferlegt haben, ist viel bescheidener. Wir wollen nur einen Ausschnitt aus dem großen Lisztschen Einfluß außerhalb seines Vaterlandes aufzeigen, den Ausschnitt, der sich auf Jugoslawien bezieht.

II.

Liszt und seine südslawischen Zeitgenossen

Das international bekannte kriminalistische Seminar *v. Liszt*s in Charlottenburg hat bekanntlich auch mehrere Ausländer angezogen, von denen einige später Ordinarien für Strafrecht geworden sind und die Lehre ihres großen Lehrers ihren Schülern weiter überliefert haben. In diesem Seminar haben auch einige Kroaten und Serben ihre fortgeschrittene Ausbildung erlangt.

Einer der Besucher dieses Seminars in den Jahren 1901—1902 war Ernest *Miler* (1866—1928), damals Privatdozent an der Juristischen Fakultät in Zagreb. *Miler* wurde an dieser Fakultät im Jahre 1906 ordentlicher Professor für „Kriminalwissenschaften" und Soziologie. Das war der erste Lehrstuhl für Kriminologie in der Österreich-Ungarischen Monarchie und im ganzen südöstlichen Europa. *Miler* hat viel über *Liszt* geschrieben. So hat er noch im Jahre 1905 unter dem Titel „Dreißig Jahre der Arbeit v. Liszts" die zwei bekannten Bände *Liszt*s „Strafrechtliche Aufsätze und Vorträge" ausführlich besprochen[2]. Anläßlich des sechzigjährigen Geburtstags *v. Liszt*s hat *Miler* einen ausführlichen Aufsatz publiziert, in dem er die Hauptideen des großen Kriminalisten dargelegt hat[3]. Endlich, nach dem Tode *v. Liszt*s hat *Miler* einen kürzeren Nekrolog geschrieben, in dem

[2] *E. Miler*, Trideset godina Lisztova rada, „Mjesečnik Pravničkog društva u Zagrebu" (Monatsschrift des Juristenvereins in Zagreb), 1905, S. 627—630, 707—711, 778—784.

[3] *E. Miler*, Liszt, „Mjesečnik Pravničkog društva u Zagrebu", 1911, S. 281ff.

er hervorhebt, daß „der größte zeitgenössische Kriminalist" gestorben ist, für den es unstreitig sei, „daß er die Strafrechtswissenschaft und die Strafgesetzgebung stärker gefördert hat als einer seiner Vorgänger"[4]. Es geht aus diesem Nekrolog auch hervor, daß *Miler* in ständiger Korrespondenz mit *Liszt* stand und seinen letzten Brief im Jahre 1916 erhielt, in welchem sich der große Mann beklagt, er hätte keine Lust mehr zur Arbeit, offensichtlich wegen der Altersmüdigkeit, wegen der gebrochenen Gesundheit und wegen der Enttäuschungen über die Greuel des Ersten Weltkrieges. *Miler* erwähnt auch ibidem, daß er und Professor *Šilović* wann immer möglich junge kroatische Juristen als Stipendiaten auf ein Semester in das bekannte Lisztsche Seminar geschickt hätten.

Der breitere Kreis der kroatischen Juristen war mit den Lisztschen Hauptideen schon vor *Milers* Schriften bekanntgeworden. Schon im Jahre 1900 wurde die kroatische Übersetzung der berühmten Berliner Antrittsvorlesung „Die Aufgaben und die Methode der Strafrechtswissenschaft" veröffentlicht[5]. Die Übersetzung stammte von Milan *Novak*, der auch 1903 den ein Jahr zuvor in Petersburg gehaltenen Lisztschen Vortrag „Die gesellschaftlichen Faktoren der Kriminalität" in kroatischer Version publizierte[6].

Langjährige freundschaftliche Beziehungen hat mit *Liszt* auch Professor Josip *Šilović* (1858—1939) aufrechterhalten. Er war seit 1897 bis zu seiner Emeritierung im Jahre 1924 ordentlicher Professor für Strafrecht, Strafprozeßrecht und Rechtsphilosophie an der Juristischen Fakultät der Zagreber Universität. Im Jahre 1902 hörte er mit Professor *Miler* die Lisztsche Vorlesung über Rechtsphilosophie, die im „Auditorium maximum" in Berlin gehalten wurde. Ihm und Milenko *Vesnić* hat *Liszt* die 12. und 13. Auflage (1903) seines bekannten „Lehrbuchs des Deutschen Strafrechts" gewidmet als „den in langen Jahren erprobten Kampfgenossen". Schon 1892 trat *Šilović* der von *Liszt*, *van Hamel* und *Prins* gegründeten Internationalen Kriminalistischen Vereinigung bei und auf seine Initiative wurde im folgenden Jahr die Kroatische Landesgruppe mit 28 Mitgliedern ge-

[4] *E. Miler*, † Liszt „Mjesečnik Pravničkog društva u Zagrebu", 1919, S. 189ff.

[5] „Mjesečnik Pravničkog društva u Zagrebu", 1900, S. 257ff. In der Sammlung „Strafrechtliche Aufsätze und Vorträge", Zweiter Band, Berlin 1905, in welcher die erwähnte Vorlesung abgedruckt ist, wird in der Bemerkung unter dem Titel notiert (S. 284), daß dieselbe ins Griechische durch *Kypriades*, ins Französische durch *Curtius* und *Le Poittevin* übertragen worden ist. Die Information ist also nicht vollständig.

[6] „Mjesečnik Pravničkog društva u Zagrebu", 1903, S. 676ff. Auch hier ist die Bemerkung in der obenerwähnten Sammlung (S. 433), daß der Vortrag ins Französische von Paul *Cuche* übertragen ist, nicht vollständig.

gründet[7]. Diese Zahl wurde unmittelbar vor Beginn des Ersten Weltkrieges auf 32 erhöht[8]. *Šilović* veröffentlichte in kroatischer Sprache 1893 eine Broschüre mit dem Titel „Internationale Kriminalistische Vereinigung", in der er die Satzung der Vereinigung wiedergab und ihre Aufgaben beschrieb. In der „Monatsschrift des Juristenvereins in Zagreb" berichtete *Šilović* regelmäßig und sehr ausführlich über die Kongresse der IKV, an denen er teilgenommen hatte. Anläßlich des 60jährigen Geburtstags *v. Liszt*s hat ihm *Šilović* als Präsident der kroatischen Landesgruppe der IKV Glückwünsche zugesandt, worauf *Liszt* mit folgenden Worten geantwortet hat: „Dir lieber Freund und den Mitgliedern der kroatischen Landesgruppe der IKV sage ich den herzlichsten Dank für die freundlichen Glückwünsche zu meinem 60. Geburtstag. Wir wollen gemeinsam weiter kämpfen. In Treue Dein Liszt."

Als Dogmatiker hat *Šilović* jedoch mehr der klassischen Schule angehört. Er hat die ersten fünf Auflagen seines Lehrbuchs „Strafrecht" (1892, 1902, 1905, 1908, 1913) nach dem Werk von Karl *Janka* „Das österreichische Strafrecht" vorbereitet und erst im Jahre 1920 sein selbständiges „Strafrecht" als Lehrbuch für Studenten der Zagreber Juristischen Fakultät veröffentlicht, das noch eine Auflage im Jahre 1929 erlebt hat. Obwohl in allen diesen Ausgaben *von Liszt* viel zitiert wird, ist *Šilović* jedoch ein konsequenter und überzeugter Indeterminist geblieben[9], womit er in einem wesentlichen Punkt von seinem großen Freund abweicht, den er sonst auch als seinen Lehrer betrachtet. Man kann aber in *Šilović* eine gewisse Duplizität spüren, denn ungeachtet seiner indeterministischen Stellung hat er sich die Lisztsche Dreiteilung im Strafzweck (Abschreckung, Besserung, Unschädlichmachung) zu eigen gemacht, ebenso seine Wendung vom Verbrechen zum Verbrecher und seine Unterscheidung von Gewohnheits- und Gelegenheitstätern[10]. *Šilović* ist weiter einverstanden mit *Liszt* hinsichtlich der Schädlichkeit der kurzfristigen Freiheitsstrafen und zitiert auch einen Passus aus seinem Aufsatz „Kriminalpolitische Aufgaben"[11]. Er kämpft um die Einführung der bedingten Verurtei-

[7] Mitteilungen der IKV, Bd. V, S. 14.

[8] Mitteilungen der IKV, Bd. XIX, S. 26.

[9] *Šilović*, Sloboda volje i kazneno pravo (Willensfreiheit und Strafrecht), Antrittsrede anläßlich der Übernahme des Rektorats im Jahre 1898, „Mjesečnik Pravničkog društva u Zagrebu", 1898, S. 633—639, 758—765 (auch als Seperat gedruckt); *Šilović*, Kazneno pravo (Strafrecht), 1920, S. 79.

[10] *Šilović*, Kazneno pravo, Ausg. 1920, S. 7 und Ausg. 1929, S. 9.

[11] Ibidem, S. 174 bzw. 175. Es handelt sich um den Passus, der mit den Worten „In unseren heutigen kleinen Gerichtsgefängnissen ..." beginnt und mit den Worten „... als die völlige Straflosigkeit der Verbrecher es zu tun imstande

lung in Kroatien. Noch im Jahre 1907 arbeitete er einen Entwurf des entsprechenden Gesetzes aus, den er dann „seinem Lehrer und Kollegen Professor Liszt nach Berlin" zur Begutachtung sandte. Professor *v. Liszt* sei so liebenswürdig gewesen, schrieb *Šilović*, daß er sein Elaborat einer genauen Kritik unterzogen und ihm seine Bemerkungen zugesandt habe, die *Šilović* in hohem Maße berücksichtigt habe[12]. Da dieser Entwurf später im Jahre 1916 das für Kroatien und Slavonien gültige „Gesetz über die bedingte Verurteilung" geworden ist, hat Franz *v. Liszt* auch einen direkten Einfluß auf die damalige kroatische Strafgesetzgebung ausgeübt.

Es ist weiter das Verdienst von *Šilović*, daß 1918 für Kroatien, Slavonien und Dalmatien eine Verordnung (mit Gesetzeskraft) „über die Bestrafung und den Schutz der Jugend" erlassen wurde, wodurch eine moderne Jugendstrafgesetzgebung für die erwähnten Gebiete eingeführt wurde[13]. Auch hier ist der Einfluß Lisztscher Ideen sehr spürbar, besonders in der Bestimmung, daß Jugendliche unter dem 14. Lebensjahr nicht dem Gericht, sondern den Vormundschaftsorganen zugewiesen sind, in der Preisgabe des problematischen „Unterscheidungsvermögens" (discernement) als Kriterium ihrer strafrechtlichen Verantwortlichkeit, in der Betonung der Erziehungsmaßnahmen, in der Ausgestaltung der Freiheitsstrafe als Ausnahmestrafe von einer Dauer bis höchstens 10 Jahren und ihrer Vollstreckung in Sonderanstalten mit Betonung des erzieherischen Charakters des Vollzugs[14].

Schließlich hat *Šilović* sich auch auf dem Gebiete der Kriminologie bewährt mit seinem populären 1913 erschienenen Buch „Die Ursachen des Verbrechens", das sich weitgehend auf das bekannte Werk von *Aschaffenburg* „Das Verbrechen und seine Bekämpfung" stützt. Auch in dieser Arbeit ist der starke Einfluß der IKV, und daher auch *v. Liszts*, wahrnehmbar.

Aber *Liszt* war den kroatischen juristischen Kreisen nicht nur als ein großer Kriminalist und Vorkämpfer für neue Ideen in der Strafrechtswissenschaft bekannt, sondern auch als hervorragender

wäre" endet (vgl. Strafrechtliche Aufsätze u. Vorträge, Erster Band, Berlin, 1905, S. 346—347).

[12] *Šilović*, Kazneno pravo, 1929, S. 178; Mitteilungen der IKV, Bd. XXI, S. 260. Die Bemerkungen *v. Liszts* sind teilweise abgedruckt in einer Monographie von *Šilović* „Studije o reformi hrvatskog kaznenog prava, I. Uvjetna osuda" (Studien zur Reform des kroatischen Strafrechts, I. Die bedingte Verurteilung), Zagreb, 1910.

[13] Abgedruckt in *Šilović*, Kazneno pravo, Ausg. 1920, S. 365 f.

[14] *Liszt*, Die Kriminalität der Jugendlichen, in der Sammlung „Strafrechtliche Aufsätze u. Vorträge", Zweiter Band, S. 346ff.

Autor auf dem Gebiet des internationalen öffentlichen Rechts. Sein berühmtes „Völkerrecht" hat Ladislav *Polić* (1874—1927) bereits 1904 ins Kroatische übersetzt, und es war lange Jahre das einzige Lehrbuch dieser Disziplin in kroatischer Sprache. *Polić*, der von 1908 bis zu seinem Tode als Professor für Staatsrecht und Völkerrecht an der Zagreber Juristischen Fakultät tätig war, schrieb im Vorwort der erwähnten Übersetzung, daß ihm das Lisztsche Werk „als das günstigste schien wegen der übersichtlichen Aufteilung des Materials, wegen seiner Gedrängtheit und Kürze, wegen seiner klaren und leichten Darstellungsart und besonders wegen seiner strengen juristischen Methode".

Auch bei den serbischen Juristen war *Liszt* sehr gut bekannt, da sein „Lehrbuch des Deutschen Strafrechts" (9. Auflage) schon 1902 in die serbische Sprache übersetzt wurde. Die Übersetzung stammte von Milenko *Vesnić* (1862—1921), Professor für Völkerrecht, Diplomat und Politiker, der im Vorwort seiner Ausgabe *Liszt* „mein verehrter Freund" nannte, sein curriculum vitae wiedergab sowie ein Verzeichnis der bis dahin erschienenen Lisztschen Schriften. *Vesnić* initiierte auch die Gründung einer serbischen Landesgruppe der IKV, die schon 1891 mit 7 Mitgliedern organisiert wurde, deren Zahl sich jedoch am Vorabend des Ersten Weltkrieges auf 3 verminderte. Außerdem war *Vesnić* der erste, der in Serbien den Kampf für die Einführung der bedingten Verurteilung aufnahm. Dies geschah bereits 1889, als er den serbischen Juristen über den I. Kongreß der IKV berichtete. Später, im Jahre 1906, hat er als Justizminister auch in diesem Sinn der Regierung einen formellen Vorschlag überreicht. Die Verwirklichung blieb jedoch wegen des baldigen Regierungswechsels aus.

Božo *Marković* (1874—1946), Professor an der Juristischen Fakultät in Belgrad, hat 1909 eine umfassende Monographie über die bedingte Verurteilung und die Mittel für die Ersetzung der kurzfristigen Freiheitsstrafe veröffentlicht. Der Autor zitiert an vielen Stellen verschiedene Lisztsche Schriften und expliziert ausführlich seine kriminalpolitischen Ideen. Er betont unter anderem, daß *Liszt* „in den achtziger Jahren des vorigen Jahrhunderts einen heftigen Kampf gegen die klassische Schule begann, den er noch heute mit unglaublicher Ausdauer weiterführt", und später, daß „keiner stärker und schärfer als Liszt das Strafensystem angegriffen hat, besonders die kurzfristige Freiheitsstrafe"[15]. *Marković* hat auch auf Anregung *Vesnićs* den

[15] Božo V. *Marković*, Srestva za zamenu kratkovremene kazne lišenjem slobode (Die Mittel zur Ersetzung der kurzzeitigen Freiheitsstrafe), Belgrad, 1909, S. 9 und 35.

obenerwähnten Entwurf eines Gesetzes über die bedingte Verurteilung ausgearbeitet. *Marković* war ferner der Verfasser des Allgemeinen Teils im „Vorentwurf eines Strafgesetzbuches", der 1910 in Serbien veröffentlicht wurde. Auch in diesem Vorentwurf ist der Einfluß Lisztscher Ideen unwiderlegbar. Er offenbart sich besonders in der Unterscheidung von polizeilichem und kriminellem Unrecht, in der Erhöhung der Altersgrenze für Minderjährige auf 14 Jahre (das Unterscheidungsvermögen wurde jedoch beibehalten), in der Möglichkeit einer unbefristeten Inhaftierung gefährlicher Verbrecher, in der Schuldfähigkeit als „normaler Determinierbarkeit durch Motive" (Begründung), in der Einführung der verminderten Zurechnungsfähigkeit und der bedingten Verurteilung. Eine Überarbeitung des Vorentwurfs aus dem Jahre 1911 hat noch die sichernden Maßnahmen eingeführt. Wegen der nachkommenden Kriegszeiten blieb die Kodifikation jedoch aus.

Im Jahre 1909 nahm Toma *Živanović* seine Tätigkeit als Professor für Strafrecht an der Belgrader Juristischen Fakultät auf. In seiner Antrittsvorlesung stellte er seine bekannte Dreiteilung des Strafrechtssystems nach drei Grundbegriffen (Verbrechen, Verbrecher, Strafe) dar[16]. Er distanzierte sich dadurch von *Liszt*, der bekanntlich sein System auf nur zwei Grundbegriffen (Verbrechen und Strafe) aufgebaut hatte. In seinem großen System des Strafrechts[17] entwickelt *Živanović* seine Konzeption weiter und zitiert dabei an vielen Stellen Lisztsche Schriften, besonders dessen bekanntes Lehrbuch, obwohl er öfters anderer Meinung ist. Jedoch bekennt er sich zum Determinismus, und zwar unter Berufung gerade auf *Liszt*. Auch dessen kriminalpolitische Ideen gibt er in einer objektiven Weise wieder.

Obwohl wir hier keinesfalls alle Schriften der südslawischen Autoren, in denen *Liszt* und seine Ideen erwähnt worden sind, aufgeführt haben, ist aus den obigen Zeilen doch ersichtlich, daß er einen großen Einfluß auf die prominentesten zeitgenössischen Kriminalisten bei Kroaten und Serben ausgeübt hatte.

III.

Liszt und die jugoslawische Strafgesetzgebung und Strafrechtswissenschaft zwischen den Weltkriegen

Wie bekannt, ist Jugoslawien als neuer Staat nach dem ersten Weltkrieg entstanden, zuerst (bis 1929) unter dem Namen „König-

[16] Toma *Živanović*, Osnovni problemi krivičnog prava (Die Grundprobleme des Strafrechts), Belgrad, 1910.

[17] Toma *Živanović*, Osnovi krivičnog prava, Opšti deo (Grundlagen des Strafrechts, Allg. T.), Belgrad, 1910, S. 268.

reich der Serben, Kroaten und Slowenen". Es hat mehrere Strafrechtssysteme ererbt, die bis 1930 in Kraft geblieben sind. Schon 1919 wurde beschlossen, mit der Arbeit an der Vereinheitlichung der Strafgesetzgebung sofort anzufangen. Der erste Entwurf eines Strafgesetzbuches wurde bereits 1922 veröffentlicht[18]. Dieser Entwurf wurde auf der Basis des alten serbischen Vorentwurfs aus dem Jahre 1910 bzw. 1911 ausgearbeitet unter der Mitwirkung einiger schon früher erwähnter Professoren *(Šilović, Marković, Živanović)*. Die politische Lage hat die Kodifizierung jedoch bis zum Jahre 1929 verschoben, in dem Jugoslawien ein neues Strafgesetzbuch bekam. Dieses Strafgesetzbuch spiegelt in seiner endgültigen Redaktion einen stärkeren Einfluß des gemeinsamen deutsch-österreichischen Entwurfs von 1927 wider und reiht sich in die damals modernste Strafgesetzgebung ein, in der viele Lisztsche Ideen ihre Verwirklichung gefunden haben. Einer der Mitarbeiter an der Redaktion des Strafgesetzbuches, Professor *Čubinski* (1871—1943) hat folgendes geschrieben: „Es scheint, daß die besondere Aufmerksamkeit der Redaktoren dem deutschen Entwurf mit seiner Begründung gewidmet war sowie auch dem sogenannten Gegenentwurf, den eine Gruppe deutscher Wissenschaftler mit dem berühmten Franz *v. Liszt* an der Spitze ausgearbeitet hatte"[19].

Aber auch im Schrifttum dieser Zeit wurde *Liszt* viel zitiert und geschätzt. So hat der schon erwähnte Professor Mihailo *Čubinski* 1933 ein systematisches Buch über die Kriminalpolitik veröffentlicht, das er „dem leuchtenden Andenken Professors Franz v. Liszt" gewidmet hat[20]. Wie er im Vorwort des zitierten Buches schreibt, hat *Čubinski* als junger Privatdozent in Halle und später schon als Professor in Berlin bei *Liszt* in seinem Seminar gearbeitet, „wo die Autorität und der Ruhm v. Liszts die jungen Kriminalisten aus aller Welt sammelten und wo Schulter an Schulter Deutsche, Russen, Tschechen, Dänen, Japaner und andere mehr zusammengearbeitet haben. Auf den unvergeßlichen Lisztschen privatissima wurden verschiedene Berichte (meistens kriminalpolitischen Inhalts) gelesen und in einer vollkommen freien und freundlichen Atmosphäre unter der erfahrenen und strahlenden Leitung des Seminarvorstands debattiert, und mehrere von diesen Teilnehmern haben in ihrer künftigen Arbeit in vielem die

[18] Projekat Kaznenog zakonika za Kraljevinu Srba, Hrvata i Slovenaca (Entwurf eines Strafgesetzbuches für das Königreich der Serben, Kroaten und Slowenen), Belgrad, 1922.

[19] *Čubinski,* Naučni i praktični komentar Krivičnog zakonika Kraljevine Jugoslavije (Theoretischer u. praktischer Kommentar des Strafgesetzbuches für das Königreich Jugoslawien), Belgrad, 1930, S. 10.

[20] *Čubinski,* Kriminalna politika (Die Kriminalpolitik), Belgrad, 1937.

wissenschaftlichen Ideen ausgenützt und die Anregungen verwirklicht, die die obigen privatissima gegeben haben."

Alexander *Maklezow* (1884—1948), der seit 1926 als Professor für Strafrecht an der Juristischen Fakultät zu Ljubljana tätig war, war gleichfalls ein Schüler *v. Liszts*. In seinen vielzähligen Schriften beruft sich *Maklezow* häufig auf *Liszt*, besonders in seinen kriminologischen und kriminalpolitischen Aufsätzen[21]. In seinem System des Strafrechts, das er zusammen mit Professor Metod *Dolenc* (1875 — 1941) geschrieben hat, steht an einer Stelle folgendes: „Der Führer der soziologischen Schule Franz v. Liszt hat als Grundregel der Kriminalpolitik erklärt, daß die verbesserlichen Verbrecher verbessert und die unverbesserlichen unschädlich gemacht werden sollten. Die praktischen Postulate der soziologischen Schule werden mehr und mehr beachtet in der modernen Gesetzgebung. Es genügt, wenn wir herausgreifen, daß das Sanktionensystem durch die sichernden Maßnahmen und Erziehungsmaßnahmen ergänzt worden ist, daß die Anwendung der kurzfristigen Freiheitsstrafen begrenzt ist, daß die Persönlichkeit des Täters bei der Strafzumessung in Betracht gezogen wird, daß die bedingte Verurteilung und der bedingte Erlaß eingeführt sind, daß das Individualisierungsprinzip bei der Vollstreckung der Strafe und anderer Maßnahmen gefestigt wird usw"[22].

Der Nachfolger von *Šilović*, der Professor Stanko *Frank* (1883 — 1953), hat in einem Aufsatz, der dem wissenschaftlichen Opus seines Vorgängers gewidmet ist, in folgender Weise Franz *v. Liszt* beschrieben: *Liszt* sei „ein geistreicher Mensch, voll von neuen Ideen und immer bereit, sie zu verwirklichen; er war als Wissenschaftler ein Dogmatiker, dem die Dogmen nie mehr wert als die Wahrheit gewesen sind; er war ein Empiriker, der wußte, daß die Aufgabe der Geisteswissenschaften eigentlich dort beginnt, wo die Erfahrung aufhört. Er ist an die Spitze seiner Zeitgenossen getreten, den anderen weit voraus. Deswegen ist die Zahl seiner Anhänger und Freunde erst

[21] Vgl. z. B.: Kazenskopravna veda in kriminologija (Strafrechtslehre u. Kriminologie), Zbornik znanstvenih rasprav, XIII; Tipologija zločincev (Die Typologie der Verbrecher), Zbornik znanstvenih rasprav, XIV; Kriminalna etiologija (Die Kriminalätiologie), Zbornik znanstvenih rasprav, XV; Očuvalne odredbe v sistemu modernega prava (Sichernde Maßnahmen im modernen Rechtssystem), Slovenski pravnik, 1932; Strafe u. Sicherungsmaßnahme in dem kriminalpolitischen System von Prins, Zeitschrift f. die ges. Strafrechtswissenschaft, 1900; Die sichernden Maßnahmen in den drei Vorentwürfen, Österreichische Zeitschrift f. Strafrecht, 1910.

[22] *Dolenc-Maklezow*, Sistem celokupnog Krivičnog prava Kraljevine Jugoslavije (System des gesamten Strafrechts des Königreichs Jugoslawien), Belgrad, 1935, S. 14.

nach seinem Tode gestiegen. Seine revolutionären Ideen haben sich oft weit vom Boden der heutigen Strafrechtswissenschaft entfernt, und es bedarf langjähriger Arbeit, um sie mit dieser zu verbinden ... Auf diese Weise eröffnete dieser Weltmann der Strafrechtswissenschaft neue Horizonte"[23].

Der schon erwähnte Professor *Živanović* gibt in seinen zwischen den Weltkriegen publizierten Schriften der Erläuterung der Lisztschen Ideen mehr Raum als früher. An einer Stelle erwähnt er ihn als „einen der großen Kriminalisten"[24]. Da er aber *Liszt* als „den größten Systematiker der Zweiteilung"[25] und sich selbst als Begründer der Dreiteilung in der systematischen Darstellung der Strafrechtsdogmatik betrachtet, weicht er in vielen dogmatischen Punkten von *Liszt* ab. Er distanziert sich auch von der bekannten Lisztschen Klassifikation von Gelegenheits- und Zustandsverbrechern, weil er die Ambition hatte, seine eigene Schule, die sog. realistisch-psychologische Schule, zu gründen. Nichtsdestoweniger erläutert *Živanović* ehrlich und objektiv die Lisztsche soziologische Schule und seine kriminalpolitischen Postulate und es scheint, daß er manchen von ihnen beipflichtete[26].

Unter den prominentesten jugoslawischen Kriminalisten dieser Zeit wäre noch Dušan *Subotić* (1878—1934) zu erwähnen. Er war Präsident des Kassationshofes in Belgrad und einer der Redaktoren des Strafgesetzbuches von 1929. Als ehemaliger Schüler von *Binding* und *Wach* ist er konsequent den Konzeptionen der klassischen Schule treu geblieben. Er hat also nicht die kriminalpolitischen Ideen von *Liszt* akzeptiert[27].

Es folgt schon aus diesem kurzen Querschnitt, der keinesfalls vollständig ist, daß Lisztsche Gedanken den jugoslawischen Kriminalisten im dritten und vierten Jahrzehnt unseres Jahrhunderts wohl bekannt waren und von ihnen im allgemeinen geschätzt wurden. Sie haben auch eine nicht unerhebliche Rolle bei der Gestaltung der damaligen Strafgesetzgebung gespielt.

[23] *Frank*, Josip Šilović, Mjesečnik, 1928, S. 481.

[24] *Živanović*, Osnovni problemi krivičnog prava (Grundprobleme des Strafrechts), Belgrad, 1930, S. 2.

[25] Ibidem, S. 13.

[26] *Živanović*, Osnovni Krivičnog prava Kraljevine Jugoslavije (Grundlagen des Strafrechts für das Königreich Jugoslawien), Opšti deo, II. knjiga, Belgrad, 1937, S. 241ff.

[27] *Subotić*, Šest osnovnih problema krivičnog prava (Sechs Grundprobleme des Strafrechts), Belgrad, 1933.

IV.

Liszt und die Strafrechtswissenschaft und Strafgesetzgebung des heutigen sozialistischen Jugoslawiens

Seit Ende des zweiten Weltkrieges gehört Jugoslawien in die Reihe der sozialistischen Staaten, in denen eine neue Strafgesetzgebung ausgebaut wurde, die den Bedürfnissen der neuen gesellschaftlichen und politischen Ordnung entspricht. Auf dieser Grundlage entwickelte sich auch eine neue jugoslawische Strafrechtswissenschaft.

Wenn wir die Zeitspanne von mehr als einem halben Jahrhundert seit dem Wirken von *Liszt* in Betracht ziehen und dazu noch die inzwischen stattgefundene revolutionäre gesellschaftliche Umgestaltung nicht außer acht lassen, dann stellt sich die verständliche Frage, ob überhaupt heutzutage von einem Lisztschen Einfluß noch gesprochen werden kann. Sollte man nicht bei den Änderungen, Umwälzungen, Wendungen und der Lebensdynamik der Neuzeit *Liszt* nur noch ins Arsenal der Geschichte einreihen? Wird er überhaupt noch in der neuen jugoslawischen Strafrechtsliteratur erwähnt, und wenn schon, wie wird er gewertet? Läßt sich in der heutigen jugoslawischen Strafgesetzgebung die Verwirklichung mindestens einiger Lisztscher kriminalpolitischer Ideen eruieren? Das sind einige Fragen, auf die wir versuchen werden, in der Folge eine Anwort zu geben.

Zuerst aber etwas über die Einschätzung *v. Liszt*s im neueren Schrifttum anderer sozialistischer Länder. Bekanntlich wird er dort im allgemeinen *negativ* gewertet. So schreibt zum Beispiel der bekannte sowjetische Professor *Trajnin* über die soziologische Schule, sie habe den strafrechtlichen Gedanken von der Tat auf den Täter zurückgezogen und dadurch „den Bruch mit den traditionellen Grundsätzen der bürgerlichen Demokratie" vollzogen; unter dem Schleier ihrer Idee über die Berücksichtigung der Persönlichkeit, als ob diese so weit von der Politik wäre, habe sie in Wirklichkeit die Möglichkeiten für ein Klassenmanövrieren vermittels eines biegsamen Gerichtsapparats vergrößert; sie habe mit den sichernden Maßnahmen eine Ausuferung der Strafe angestrebt und mit ihrem Einsatz gegen den Gefährlichkeitszustand ermöglicht, sie als eine weitere mächtige Waffe im Kampf gegen die „Andersdenkenden" auszunützen, im Kampf gegen die revolutionäre Bewegung. *Trajnin* sagt weiter über *Liszt*, daß derselbe es nicht als „absurd" betrachtete, das gesamte Strafgesetzbuch durch eine einzige Norm zu ersetzen: jeder gesellschaftlich gefährliche Mensch sollte im Interesse der Gesellschaft unschädlich gemacht werden, solange es notwendig ist. Im Subjektivismus der Soziologen sieht *Trajnin* nur eine Widerspiegelung der reaktionären imperialistischen Epoche der Zersetzung der bürgerlichen Demokratie[28]. In einer früheren Schrift hat sich *Trajnin* folgendermaßen ausgedrückt: „Der reaktionäre Charakter der soziologischen Schule manifestierte sich im Versuch, das System der strafrechtlichen Institute zu zerstören, die die Klassiker auf der allgemeinen Basis der bürgerlichen Demokratie ausgebaut haben, und dadurch einen breiteren Raum für die Vergeltungspolitik des imperialistischen Staates zu schaffen; Eklektizismus, Anthropologismus und Soziologismus, Strafen und sichernde Maßnahmen, Jugendgerichte und die unbestimmten Strafurteile u. a."[29].

Wyschinski hat sich diesbezüglich so erklärt: „Die soziologische Richtung (Liszt u. a.), die versuchte, die Grundfragen des Strafrechts dadurch zu lösen, daß sie biologische mit sozialen Faktoren kombinierte, hat die Sache nicht um einen Schritt weitergebracht. In den Händen der Strafrechtler der soziologischen Richtung hat sich der Hinweis auf die sozialen Faktoren — ob sie es wollten oder nicht, spielt keine Rolle — nur als ein Mittel erwiesen, das in der Tat noch besser als das bei den Anthropologen der Fall war, die wirklichen Wurzeln der Kriminalität in der kapitalistischen Gesellschaft verhüllte, die Wurzeln, die in der Struktur dieser Gesellschaft selbst, in ihrer ökonomischen Grundlage liegen." Und etwas weiter spricht *Wyschinski* von den „quasiwissenschaftlichen schülerhaften Exerzitien der . . . soziologischen Richtung", die keinen Schritt vorwärts bedeuten, und fährt fort: „. . . da sie sich bei diesen Exerzitien nicht über den Vulgärmaterialismus erheben, stehen die Anthropologen und Soziologen bei der Erklärung der gesellschaftlichen Erscheinungen völlig auf den Positionen des Idealismus. Eben deshalb hat einer der führenden Vertreter der soziologischen Richtung, Liszt, behauptet, der Gedanke, es sei möglich, die Kriminalität durch eine Umgestaltung der gesellschaftlichen Verhältnisse zu beseitigen, sei eine Utopie. Idealisten können auch gar nicht anders urteilen, da für sie das materielle Milieu, die Gesellschaftsordnung, die Bedingungen der Produktion und des Austausches usw. in keiner Weise entscheidend für das Problem der gesellschaftlichen Verhältnisse und für das Problem des Verhaltens der Menschen sind"[30].

[28] *Trajnin*, Učenje o biću krivičnog dela (Die Lehre vom Tatbestand), (eine aus dem Jahre 1949 stammende serbokroatische Übersetzung nach dem russ. Original von 1946), S. 24—27.

[29] *Trajnin*, Učenje o saučesništvu (Die Lehre von der Teilnahme), (serbokroatische Übersetzung nach dem russ. Original von 1941), S. 20.

[30] *Wyschinski*, Theorie der gerichtlichen Beweise im sowjetischen Recht (deutsche Übersetzung aus dem russ. Original), Berlin, 1955, S. 59 u. 61.

In einem Lehrbuch des sowjetischen Strafrechts aus dem Jahre 1948 lesen wir über die soziologische Schule, daß die deutschen Kriminalisten ihren „reaktionärsten und prinzipienlosesten Flügel" darstellten, dessen Vertreter eben *Liszt* war. Es wird weiter über diese Schule behauptet, sie habe „die Bestrebungen des reaktionären Teils der Bourgeoisie, die einer energischen Repressionsverstärkung bedurfte", widergespiegelt. Die Betonung der ökonomischen Faktoren der Kriminalität seitens dieser Schule wird als „demagogisch" bezeichnet, weil ja gerade die kapitalistische Ordnung alle diese sozial-ökonomischen Faktoren hervorbringen und verstärken würde. Nach den Behauptungen dieses Lehrbuchs sollte die soziologische Schule die Interessen der imperialistischen Kreise vertreten, *Liszt* wird dabei als „eifriger Apologet des deutschen Imperialismus" bezeichnet[31].

In einem anderen Lehrbuch des sowjetischen Strafrechts aus dem Jahre 1962 werden die Thesen der soziologischen Schule als „antiwissenschaftlich und reaktionär" charakterisiert. Es wird ihr unterstellt, daß sie die Anwendung der sichernden Maßnahmen auf Grund des alleinigen Gefahrzustandes befürwortet habe, ungeachtet der Tatsache, ob der Träger dieses Zustandes eine Straftat begangen habe oder nicht. Es wird betont, daß die Soziologen auch einige liberale Maßnahmen vorgeschlagen hätten, so z. B. die bedingte Verurteilung, die Substitution der kurzfristigen Freiheitsstrafe durch Geldstrafe, die Einführung der Jugendgerichte, das alles aber nur, um den reaktionären Charakter ihrer Lehre zu verhüllen[32].

In der Deutschen Demokratischen Republik ist dem Thema der „Zerstörung der Gesetzlichkeit im bürgerlichen Strafrecht" durch die Lehren *Liszts* eine Monographie gewidmet. Sie soll „*eine* der konkreten Formen aufdecken, in der die Bourgeoisie mit Hilfe ihrer Ideologen und des Staatsapparates ihre eigene bürgerliche Gesetzlichkeit, die sie einst im Kampf gegen feudale Willkür und Gesinnungsverfolgung erstritt, mit dem Eintritt in ihr reaktionäres Entwicklungsstadium unterhöhlt, durchbricht und schließlich offen preisgibt . . ." Bereits im Vorwort wird festgestellt, daß „Liszt in erster Linie die Revision des geltenden Strafrechts und die Einführung eines Systems maßstabloser Gesinnungsstrafen und subjektivistischer Tätertypen und Tatbestände in die Strafgesetzgebung angestrebt und die Entwicklung des imperialistischen Strafrechts in dieser Richtung maßgeblich beeinflußt hat". Das Lisztsche Programm wird als „reaktionäres, anti-

[31] Ugolovnoe pravo, Obščaja časť (Strafrecht, Allg. T.), Redakcija *Meńjšagin*, Moskau, 1948, S. 192—194.

[32] Sovjetskoe ugolovnoe pravo, Časť obščaja (Sowjetisches Strafrecht, Allg. T.), Redakcija *Meńjšagin, Durmanov, Romaškin*, Moskau, 1962, S. 437—439.

demokratisches Gesinnungsstrafrechtsprogramm" charakterisiert[33]. Solche und ähnliche Beschuldigungen finden sich auch in dem bisher einzigen Strafrechtslehrbuch der DDR, das die soziologische Schule als eine „reaktionär-imperialistische Strafrechtslehre" bewertet und ihr unterstellt, daß sie „die willkürliche Zufügung der Strafe und die Wiedereinführung der polizeistaatlichen Sicherungsmaßnahmen befürwortete". Über *Liszts* Lehren wird behauptet, sie würden „mit Phrasen über den Schutz der ‚Gesellschaft' vor dem ‚gesellschaftsgefährlichen' Verbrechertum verbunden"[34]. In einem Buch aus demselben Land, das ein System der sozialistischen Kriminologie darstellen sollte, wird nach Darlegungen über das „unbewiesene Axiom der Ewigkeit der Kriminalität" weiter ausgeführt: „Dieses Axiom wurde noch einmal — etwa um die Jahrhundertwende — als Ausgangs- und Endpunkt jeder Kriminalitätsbetrachtung speziell durch Franz *von Liszt*, dem Haupt der politisch-reaktionären soziologischen Schule in Deutschland, postuliert"[35].

In einem tschechischen Strafrechtssystem wird behauptet, die soziologische Schule habe in einer verhüllten Form das reaktionäre Programm der imperialistischen Bourgeoisie auf dem Gebiete des Strafrechts befördert[36]. Und schließlich fühlt sich der noble polnische Strafrechtler *Rappaport*, nachdem er sich geäußert hat, wie er die überraschende Aktivität *Liszts* schätzt, immerhin gezwungen hervorzuheben, daß das nur für die Vergangenheit gelten sollte, für die Zukunft sehe er hingegen „plus d'ombres que de lumières à l'heure actuelle pour l'avenir de la science criminelle moderne, régie par les principes fondamentaux du socialisme scientifique"[37].

Wir haben uns nur auf einige Zitate beschränkt, obwohl man noch mehrere anführen könnte, aber immer sind das Variationen über das gleiche Thema, nämlich daß *Liszt* und seine soziologische Schule in der Richtung einer Abschwächung der bürgerlich-demokratischen festen Gesetzlichkeit der klassischen Schule gewirkt hätten und dadurch einen wirksameren Schutz des kapitalistischen Systems während des Imperialismus ermöglichten. Sie hätten die wahren Ursachen

[33] *Renneberg*, Die kriminalsoziologischen und kriminalbiologischen Lehren und Strafrechtsreformvorschläge Liszts und die Zerstörung der Gesetzlichkeit im bürgerlichen Strafrecht, Berlin, 1956, S. 1—3.

[34] Lehrbuch des Strafrechts der Deutschen Demokratischen Republik, Allg. T. (Redaktion *Gerats*, *Lekschas* u. *Renneberg*), Berlin, 1957, S. 121—126.

[35] *Buchholz-Hartmann-Lekschas*, Sozialistische Kriminologie, Berlin, 1966, S. 130.

[36] Československé Trestné Právo, Zväzok I., Všeobecná časť (Das tschechische Strafrecht, Bd. I., Allg. T.), 1964, S. 311.

[37] *Rappaport*, Franz von Liszt, pédagogue et organisateur du travail universitaire, Revue Internationale de Droit Pénal, 1951, Nos. 2 et 3, S. 339.

der Kriminalität verschleiert, die sich eigentlich im selben gesellschaftlichen System der Ausbeutung befänden. Die Lisztschen kriminalpolitischen Ideen sollten also abgelehnt werden, weil sie dem sozialistischen Strafrecht gerade konträr wären.

Es ist hier nicht die Stelle, in eine tiefere wissenschaftliche Analyse dieser Thesen und ihrer Verifizierung einzugehen, denn dafür bedürfte es einer ganzen Studie. Wir limitieren uns also nur auf einige Feststellungen und Erwägungen.

1. *Liszt* hat sich energisch für die volle Legalität und gegen die rücksichtslose staatliche Allmacht erklärt. So hat er bereits 1893 geschrieben: „Nach meiner Meinung ist, so paradox es klingen mag, *das Strafgesetzbuch die magna charta des Verbrechers*. Es schützt nicht die Rechtsordnung, nicht die Gesamtheit, sondern den gegen diese sich auflehnenden Einzelnen. Es verbrieft ihm das Recht, nur unter den gesetzlichen Voraussetzungen und nur innerhalb der gesetzlichen Grenzen bestraft zu werden. Der Doppelsatz: nullum crimen sine lege, nulla poena sine lege — ist das Bollwerk des Staatsbürgers gegenüber der staatlichen Allgewalt, gegenüber der rücksichtslosen Macht der Mehrheit, gegenüber dem Leviathan. Ich habe seit Jahren das Strafrecht gekennzeichnet als „die *rechtlich begrenzte* Strafgewalt des Staates". Ich kann jetzt auch sagen: *das Strafrecht ist die unübersteigbare Schranke der Kriminalpolitik*. Und es wird und soll das bleiben, was es heute ist"[38].

2. *Liszt* hat keine feindliche Stellung zum Sozialismus eingenommen. Im Gegenteil, etwas weiter in derselben Schrift hat er sich folgendermaßen ausgedrückt: „Oder täusche ich mich über den Zug der Zeit? Der liberale Individualismus, der die Interessen des einzelnen gegenüber jenen der Gesamtheit in erster Linie betonte, der Geist der Aufklärungszeit und der aus dieser hervorgegangenen großen französischen Revolution hat uns die scharfe Begrenzung der staatlichen Strafgewalt gebracht; wird diese der hereinbrechenden sozialistischen Strömung Widerstand zu leisten vermögen? Ich begrüße diese Strömung; und ich würde sie selbst dann begrüßen, wenn sie das Strafgesetzbuch samt seinen Erklärern und Anwendern hinwegspülen sollte. Aber ich bin überzeugt, daß sie es *nicht* tun wird"[39].

3. Wenn Lisztsche Ausführungen als Verhüllungen wahrer Absichten und als Demagogie erklärt werden, dann stellt sich die Frage,

[38] *Liszt*, Über den Einfluß der soziologischen und anthropologischen Forschungen auf die Grundbegriffe des Strafrechts, Strafrechtliche Aufsätze und Vorträge, 2. Bd. S. 80.

[39] ebenda, S. 81.

wo die Beweise sind, daß diejenigen, welche ihm das unterstellen, von solchen Makeln frei sind. So zum Beispiel erzeugt die Anspielung *Trajnins* auf die Lisztsche Idee von einer einzigen das gesamte Strafgesetzbuch ersetzenden Norm den Eindruck, als ob *Liszt* mit dieser Idee einverstanden wäre. Aber aus dem ganzen Kontext geht klar hervor, daß *Liszt* diese Idee nur als eine Hypothese aufstellte, die er in der Folge seiner Ausführung vollkommen ablehnte, um eben die entgegengesetzte Schlußfolgerung zu erreichen[40]. Entweder hat also *Trajnin* den diesbezüglichen Lisztschen Aufsatz nicht zu Ende durchgelesen, oder er entstellte ihn, um seine negative Wertung *v. Liszts* zu begründen. Beides ist sehr weit von einer wissenschaftlichen Methode entfernt. Man erweist dem Sozialismus keinen Dienst, wenn man sich einer Unwahrheit bedient.

4. Die Behauptung, daß die Grundursache der Kriminalität in der kapitalistischen Gesellschaftsordnung liege und daß sie mit der Abschaffung dieser Ordnung eliminiert werde, ist eine wissenschaftlich bis jetzt nicht verifizierte Hypothese. Aber auch die Gegenbehauptung von der Ewigkeit der Kriminalität ist nichts mehr als eine Hypothese. Beide Behauptungen sind solche Zukunftsvoraussagen, die in der Gegenwart nicht bewiesen werden können. Es ist jedoch eine Erfahrungstatsache, daß heutzutage die Kriminalität auch in den sozialistischen Ländern existiert und daß sie bis jetzt keine ausgesprochen und ständig abnehmende Tendenz gezeigt hat. Die Erklärung dieser Kriminalität mit ihrer Bedingtheit durch die „Überreste der Vergangenheit" ist eine unwissenschaftliche Simplifizierung.

5. Die Gegenüberstellung des sozialistischen Strafrechts und des kapitalistischen Strafrechts ist eine „petitio principii". Die Existenz eines sozialistischen Strafrechts setzt das Bestehen eines allen sozialistischen Ländern gemeinsamen Modells von einem solchen Recht voraus. Nun stellt sich sofort die Frage, wo ist ein solches Vorbild zu finden. Ist das vielleicht das sowjetische Strafrecht, aber aus welcher Periode, Lenins, Stalins oder in seiner heutigen Gestaltung? Denn die Unterschiede sind keinesfalls unbedeutend, besonders wenn man auch die jeweilige Strafrechtspraxis in Betracht zieht. Wenn man nach Prinzipien eines sozialistischen Strafrechts sucht, dann könnte vielleicht das neue Strafgesetzbuch der Deutschen Demokratischen Republik vom 12. Januar 1968[41] in Betracht gezogen werden. Man hat ja tatsächlich in diesem Gesetz sich bemüht, die Grundsätze des sozialistischen Strafrechts der DDR herauszuschälen und sie im ersten

[40] ebenda, S. 80.
[41] Gesetzblatt der Deutschen Demokratischen Republik, Teil I, S. 1.

Kapitel insgesamt darzulegen. Eine Analyse dieser Grundsätze ergibt jedoch, daß sie — wenn man nur die verschwenderische Verwendung des Wortes „sozialistisch" ausläßt — in jedem Staat, ungeachtet seiner Gesellschaftsordnung, angewandt werden könnten. Ist aber eben durch das Wort „sozialistisch" diesen Grundsätzen der wahre und wesentliche Inhalt gegeben, dann sind wir bei einem „circulus vitiosus" angelangt, denn die Grundsätze des sozialistischen Strafrechts wären diejenigen, die ihrem Wesen nach sozialistisch sind. Das ist eine Definition idem per idem, also keine Definition. So läßt uns auch das erwähnte Strafgesetzbuch im Stich. Wir sind der Meinung, daß es kein sozialistisches Strafrecht gibt, es bestehen nur Strafrechte einzelner sozialistischer Staaten, einfach deswegen, weil es kein einheitliches Modell der sozialistischen Gesellschaftsordnung gibt. Es ist weiter zu unterstreichen, daß unabhängig von der konkreten Gesellschaftsordnung die moderne Strafgesetzgebung viele gemeinsame Prinzipien enthält (z. B. nullum crimen, nulla poena sine lege, das Schuldprinzip) wie auch Institute (z. B. Zurechnungsfähigkeit, Vorsatz, Fahrlässigkeit, Versuch, Teilnahme usw.). Es bestehen schließlich viele universal anerkannte Werte, die in internationalen Dokumenten proklamiert worden sind (z. B. die beiden im Jahre 1966 von den U. N. angenommenen Menschenrechtskonventionen), für die ein strafrechtlicher Schutz ebenso in den kapitalistischen wie auch in den sozialistischen Staaten gesichert werden muß. Es wäre ein Nonsens zu behaupten, es bestehe ein „sozialistischer" Mord oder eine „sozialistische" Notzucht oder ein „sozialistischer" Diebstahl in einer Gegenüberstellung zu solchen Straftaten mit dem Attribut „kapitalistisch".

6. In der Praxis einzelner sozialistischer Länder hat die Strafrechtspflege in der Situation einer Hypertrophie der persönlichen politischen Macht leider Entartungen und viele Beispiele der Unterdrückung der Legalität und der Menschenrechte mit sich gebracht. Es ist nicht ausgeschlossen, daß deswegen die oben zitierten Autoren bei der Unmöglichkeit, solche Zustände einer direkten Kritik zu unterziehen, das auf dem indirekten Wege einer Kritik der Lisztschen Ideen erreichen wollten. „Tout comprendre, c'est tout pardonner."

Es ist nun nach dieser Abschweifung Zeit, zu unserer Aufgabe zurückzukehren, das heißt der Darstellung, wie und was man im neueren *jugoslawischen* Schrifttum über *Liszt* geschrieben hat. Es ist im allgemeinen festzustellen, daß in diesem Schrifttum die Lisztschen Ideen mindestens summarisch ausgelegt worden sind und daß er viel objektiver eingeschätzt wird, als das in anderen sozialistischen Ländern der Fall ist. So wird z. B. im Standardlehrbuch des jugoslawischen Strafrechts die Stellungnahme der soziologischen Schule als „unzweifelhaft progressiver und richtiger" als diejenige der anthropologischen Schule bewertet, aber es wird ihr vorgeworfen, daß sie „durch die Anwendung der sichernden Maßnahmen die Repression gegen die progressiven Elemente ermöglicht". Es wird weiter über diese Schule gesagt, daß sie „für die Strafrechtswissenschaft einen erheblichen Beitrag geleistet hat in Richtung einer Annäherung zur richtigeren Behandlung der Kriminalität und einer Vervollkommnung des Kampfes gegen dieselbe"[42].

Mehr Raum gibt der Darstellung der soziologischen Schule und der Lisztschen Lehre Professor *Tahović*. Er betont besonders das Verdienst dieser Schule hinsichtlich der Einführung der Dualität der strafrechtlichen Maßnahmen. Er kommt zu der Feststellung, daß die soziologische Schule die Aufmerksamkeit aller Gesetzgeber dieser Zeit auf sich gezogen hat sowie daß in mehreren Gesetzgebungen manche ihrer Konzeptionen schrittweise, im Ganzen oder zum Teil, angenommen worden sind[43].

Eine ziemlich ausführliche Darstellung der soziologischen Schule befindet sich ebenso in dem von Professor *Radovanović* (1913—1966) verfaßten Lehrbuch, der ihre Bedeutung besonders darin sieht, daß unter ihrem Einfluß in den Gesetzgebungen neben der Strafe die sichernden Maßnahmen eingeführt worden sind, daß sie der Individualisierung besondere Aufmerksamkeit gewidmet hat, daß sie zur Lösung des Problems der kurzfristigen Freiheitsstrafen beigetragen hat und daß sie die Anwendung von Präventivmaßnahmen befürwortet hat[44].

Die interessanteste Würdigung der Lisztschen Ideen und der soziologischen Schule hat jedoch Professor *Bavcon* gegeben. Diese Würdigung ist hervorzuheben, weil sie den diesbezüglichen üblichen Einschätzungen in anderen sozialistischen Ländern gerade diametral

[42] *Srzentić-Stajić*, Krivično pravo FNRJ, Opšti deo (Das Strafrecht des FVRJ), Belgrad, 1953, S. 101, 102. In der vierten verkürzten Ausgabe dieses Lehrbuchs aus dem Jahre 1966 werden die Konzeptionen der soziologischen Schule nur summarisch und ohne Bewertung dargestellt. Es wird jedoch festgestellt, daß sie „einen großen Einfluß auf die Gestaltung der Strafgesetzgebung" gehabt habe und daß „auf Grund der Konzeptionen dieser Schule, besonders in Europa, eine Reihe von Strafgesetzbüchern erlassen wurde, unter ihnen auch das jugoslawische Strafgesetzbuch vom 27. Januar 1929" (S. 40—41).

[43] *Tahović*, Krivično pravo, Opšti deo (Strafrecht, Allg. T.), Belgrad, 1961, S. 69—73.

[44] *Radovanović*, Krivično pravo, Opšti deo (Strafrecht, Allg. T.), Belgrad, 1966, S. 54—57.

entgegengesetzt ist. Nach der Erwähnung, daß die ursprüngliche Satzung der IKV nur acht Jahre in Kraft war, schreibt *Bavcon* weiter: „Nicht nur daß die Ideen dieser Vereinigung in ihrer originalen Fassung nicht im Einklang mit den Forderungen des Imperialismus standen, sie waren ihm vielmehr vermutlich sehr schädlich. Das fortwährende Ins-Licht-Bringen der schlechten Gesellschaftsordnung, des Elends, der Ausbeutung und der Notwendigkeit sozialwirtschaftlicher Reformen konnte gewiß der herrschenden Klasse nicht sehr angenehm sein. Die Folgen haben sich bald gezeigt, denn die Satzung ist Angriffsgegenstand der offiziellen bürgerlichen Lehre geworden, und zwar vom Standpunkt der ‚ewigen' Grundsätze des klassischen Rechts aus." Dieser Autor führt weiter aus, daß die soziologische Schule zwar nicht als eine sozialistische oder vielleicht sogar als eine marxistische bewertet werden könnte, daß aber das Strafrecht der neuen sozialistischen Gesellschaft neue Lösungen zu suchen habe, „anknüpfend an die fortschrittlichen und humanistischen Traditionen in der Strafrechtswissenschaft, wozu auch zweifellos die soziologische Schule gehört"[45].

Damit sind keinesfalls alle Schriften der neuen strafrechtlichen Literatur in Jugoslawien ausgeschöpft, in denen *Liszt* und seine Ideen erwähnt werden, aber der uns zur Verfügung stehende Raum erlaubt es nicht, sie alle aufzuführen[46]. Außerdem ändern sie nicht den allgemeinen Eindruck, den bereits die obigen Ausführungen geben. Es ist nur noch zu erwähnen, daß im neuesten System der Kriminologie von Professor *Milutinović* an nicht weniger als sieben Stellen *Liszt* zitiert wird[47].

Es sind schließlich noch ein paar Worte zu sagen über das Verhältnis der Lisztschen kriminalpolitischen Grundideen zur positiven jugoslawischen Strafgesetzgebung. Wir müssen uns auf eine sehr summarische Übersicht beschränken, weil es sonst einer ganzen Monographie dazu bedürfte.

Die heutige jugoslawische Strafgesetzgebung ist fast vollständig inkorporiert im Strafgesetzbuch von 1951 (novelliert 1959, 1962, 1965

[45] *Bavcon*, Kriminalna politika in njene tendence v socijastični družbi (Die Kriminalpolitik und ihre Tendenzen in der sozialistischen Gesellschaft), Ljubljana, 1958, S. 38.

[46] Vgl. z. B.: *Kobe*, Tipološke klasifikacije delinkventov v moderni kriminologiji in v kazenskem pravu (Die typologischen Klassifikationen der Verbrecher in der modernen Kriminologie und im Strafrecht), Kriminologija v kazenskem pravosodju, Ljubljana, 1957, S. 90; *Dimitrijević*, Osnovi krivičnog prava FNRJ, Opšti deo, Uvod (Die Grundlagen des Strafrechts für FVRJ, Allg. T., Einleitung), Sarajewo, 1953, S. 36, 72ff.: *Frank*, Teorija kaznenog prava (Theorie des Strafrechts), Zagreb, 1955, S. 35.

[47] *Milutinović*, Kriminologija, Belgrad, 1969, S. 9, 18, 35, 49, 78, 151, 377.

und 1967), in der Strafprozeßordnung von 1953 (novelliert 1959, 1962, 1965 und 1967) und im Gesetz über die Vollstreckung der strafrechtlichen Sanktionen von 1961 (novelliert 1964 und 1968). Bei der Ausarbeitung dieser Gesetze sind die wichtigsten anderen Strafgesetzbücher in Betracht gezogen worden, insbesondere das ehemalige jugoslawische Strafgesetzbuch von 1929 und das schweizerische Strafgesetzbuch von 1937. Mittelbar also durch die erwähnten Gesetze haben die Lisztschen Ideen einen Einfluß auf die Gestaltung der heutigen jugoslawischen Strafgesetzgebung in gewissem Maße sicher ausgeübt. Versuchen wir das an einigen Beispielen zu zeigen.

Der fundamentale Grundsatz der neuen jugoslawischen Strafgesetzgebung ist „nullum crimen, nulla poena sine lege", der auch zum Verfassungsprinzip erhoben ist (Art. 49 der jug. Verfassung von 1963). Es ist bekannt, daß *Liszt* ein kompromißloser Vorkämpfer dieses Prinzips war.

Seine Hauptaufgabe sieht das jugoslawische Strafgesetzbuch im Schutze gewisser Rechtsgüter vor den Verbrechern durch die Anwendung strafrechtlicher Maßnahmen gegen sie (Art. 1). Das entspricht der bekannten Lisztschen Forderung „Rechtsgüterschutz durch Rechtsgüterverletzung".

Der Strafzweck ist in Art. 3 des jug. Strafgesetzbuchs angeführt. Die Strafe soll auf die Zukunft orientiert sein, auf die sog. spezielle Prävention (Hinderung des Täters an der Begehung weiterer Straftaten und seine Besserung) und auf die generelle Prävention (erzieherische Einwirkung auf andere, damit sie keine Straftaten begehen), was auch im allgemeinen der Lisztschen Idee vom Strafzweck entspricht. Der jugoslawische Gesetzgeber hat jedoch nicht, wie das bei *Liszt* der Fall ist, die Strafe in einem ethisch luftleeren Raum gelassen, sondern er hat dem Strafzweck noch „die Einwirkung auf die Entwicklung der Gesellschaftsmoral und auf die Gesellschaftsdisziplin der Bürger" hinzugefügt.

Im ursprünglichen Text der IKV-Satzung steht: „Aufgabe der Strafe ist die Bekämpfung des Verbrechens als sozialer Erscheinung" (Art. II/1). In einer Empfehlung des jugoslawischen Bundesparlaments vom 21. Mai 1964 über die weitere Tätigkeit zur Bekämpfung der Kriminalität und anderer sozialschädlicher Erscheinungen wird die Kriminalität als negative soziale Erscheinung bezeichnet.

Die originale IKV-Satzung sieht vor: „Die Strafe ist eines der wirksamsten Mittel zur Bekämpfung des Verbrechens. Sie ist aber nicht das einzige Mittel. Sie darf daher nicht aus dem Zusammenhange mit den übrigen Mitteln zur Bekämpfung, insbesondere mit den übrigen Mitteln zur Verhütung des Verbrechens, gerissen werden"

(Art. II/3). Das jug. Strafgesetzbuch kennt außer Strafen ein breites Repertoire anderer Maßnahmen (die gerichtliche Verwarnung, acht Arten von sichernden Maßnahmen und acht Arten von Erziehungsmaßnahmen). In der schon erwähnten Empfehlung des Bundesparlaments wird hervorgehoben, daß die Kriminalitätsbekämpfung nicht nur die Aufgabe der Rechtspflegebehörden sei, sondern die der ganzen Gesellschaft und weiter, daß die Politik und die konkrete Aktion zu dieser Bekämpfung energischer auf die Verhütung bzw. auf die Abschaffung der Ursachen und Bedingungen dieser Erscheinung orientiert werden sollte.

Auf die Unterscheidung von Augenblicks- und Zustandsverbrecher haben *Liszt* und die IKV besonders insistiert („Die Unterscheidung der Gelegenheitsverbrecher und der Gewohnheitsverbrecher ist von grundlegender Bedeutung in theoretischer wie in praktischer Beziehung; sie hat daher als Grundlage für die Bestimmungen der Strafgesetzgebung zu dienen" — Art. II/4 der IKV-Satzung). Sie ist in gewissem Maße im jug. Strafgesetzbuch zum Ausdruck gekommen in seinen Bestimmungen über die Strafzumessung (Art. 38), über die bedingte Verurteilung (Art. 48), über die gerichtliche Verwarnung (Art. 50a und 50b) und über den mehrmaligen Rückfall (Art. 40a). Obwohl das jug. Strafgesetzbuch die Idee vom „unverbesserlichen" Zustandsverbrecher nicht angenommen hat, sieht es immerhin für die sog. Multirezidivisten eine Möglichkeit für eine Straferhöhung vor, also die Möglichkeit, sie auf längere Zeit unschädlich zu machen. Damit ist auch der Forderung des Artikels II/9 der IKV-Satzung teilweise Genüge getan, die lautet: „Unverbesserliche Gewohnheitsverbrecher hat die Strafgesetzgebung, und zwar auch dann, wenn es sich um die oftmalige Wiederholung kleinerer Vergehungen handelt, für eine möglichst lange Zeitdauer unschädlich zu machen."

Die Verhängung einer kurzfristigen Freiheitsstrafe ist nach dem jug. Strafgesetzbuch zwar möglich, jedoch sind breite Möglichkeiten für ihren Ersatz durch die bedingte Verurteilung, durch die richterliche Verwarnung und durch die Geldstrafe vorgesehen. In der Wirklichkeit entfallen von allen kondemnatorischen Urteilen über Erwachsene in Jugoslawien mehr als 75% auf strafrechtliche Maßnahmen ohne Freiheitsentzug (bedingte Verurteilung, gerichtliche Verwarnung, Geldstrafe). Dieser Zustand entspricht der Forderung des Artikels II/7 der IKV-Satzung, die lautet: „Die Vereinigung hält jedoch den Ersatz der kurzzeitigen Freiheitsstrafe durch andere Strafmittel von gleicher Wirksamkeit für möglich und wünschenswert."

Die unbestimmte Verurteilung Erwachsener gibt es zwar nicht in der jugoslawischen Strafgesetzgebung, aber die breite Möglichkeit des bedingten Straferlasses sowie die Begnadigungspraxis führt in der Wirklichkeit zu demselben Ergebnis. Dadurch ist auch im gewissen Sinne der Forderung der Satzung Genüge getan, die lautet: „Bei langzeitigen Freiheitsstrafen ist die Bemessung der Strafdauer nicht nur von den Ergebnissen des Strafverfahrens, sondern auch von denjenigen des Strafvollzuges abhängig zu machen" (Art. II/8).

Die neuesten Abänderungen, die 1968 in das Gesetz über die Vollstreckung der strafrechtlichen Maßnahmen eingefügt worden sind, haben die Trennung des Strafvollzugs von der Strafrechtspflege verringert. Bei den Jugendlichen besteht diese Trennung seit 1959 überhaupt nicht mehr. Damit ist eine Übereinstimmung mit dem Postulat der Satzung festzustellen, das formuliert ist: „Da Strafrechtspflege und Strafvollzug demselben Zwecke dienen, das strafrichterliche Urteil mithin erst durch die Vollstreckung der Strafe Inhalt und Bedeutung gewinnt, erscheint die dem heutigen Strafrechte eigentümliche Trennung des Strafvollzuges von der Strafrechtspflege als unrichtig und zweckwidrig" (Art. II/5).

Im neuen Jugoslawien ist sehr viel zur Förderung des Strafvollzugswesens getan worden und damit auch zur Verbesserung der Anstalten, in denen die strafrechtlichen Maßnahmen vollzogen werden. So ist auch in hohem Maße die Forderung der Satzung realisiert worden, die lautet: „Da die Freiheitsstrafe in unserem Strafensystem mit Recht die erste Stelle einnimmt, wird die Vereinigung den Bestrebungen zur Verbesserung der Gefängnisse und der verwandten Anstalten besondere Beachtung widmen" (Art. II/6).

Wenn wir noch hinzufügen, daß auch einige andere Lisztsche Konzeptionen ihre Verwirklichung in der heutigen jugoslawischen Strafgesetzgebung gefunden haben (z. B. die Trennung des polizeilichen vom kriminellen Unrecht, der Begriff der materiellen Rechtswidrigkeit, der Sonderstatus der Jugendlichen im Strafrecht), dann können wir die unwiderlegbare Feststellung treffen, daß das große Lisztsche Opus in erheblichem Maße noch heute in dieser Gesetzgebung zugegen ist.

Die jugoslawischen Juristen haben deswegen viel Grund, diesem wirklich großen Kriminalisten ihre volle Verehrung abzustatten, einem der seltenen, dessen Ideen nach mehr als einem halben Jahrhundert noch immer aktuell sind. Besonders zeitgemäß scheint aber sein Gedanke zu sein, den er im Vorwort der letzten, 21. und 22. Auflage seines berühmten Lehrbuchs aus dem Jahre 1919 geschrieben hat, bei dem er schon geahnt hat, es wäre „zugleich ein Schlußwort". Dieser Gedanke lautet: „Glücklich das Geschlecht, das die Wiederauffrischung der internationalen Arbeitsgemeinschaft auch auf dem

Gebiet der Wissenschaft erlebt.“ Dieses Vermächtnis der ihm so lieben internationalen Mitarbeit, wir haben es erlebt, wenn auch noch nicht in vollem Umfang und nicht ohne Schwierigkeiten. Es liegt an unserer Generation es weiter zu hegen und zu entwickeln zum Fortschritt und zur Wohlfahrt aller.

Das Erbe Franz von Liszts und die gegenwärtige Reformsituation in der Schweiz

Von Professor Dr. Hans *Schultz*, Thun/Bern

Wer prüfen will, ob und in welcher Weise die von Franz *von Liszt* vertretenen kriminalpolitischen Auffassungen in der seit 1954 sich hinziehenden zweiten Teilrevision[1] des schweizerischen Strafgesetzbuches vom 21. Dezember 1937, abgeändert durch Bundesgesetze vom 5. Oktober 1950, 6. Oktober 1966 und 20. Dezember 1968[2], wirksam sind, hat zuvor zu untersuchen, ob sich ein Einfluß von Franz *von Liszt* und seiner Schule auf das ursprüngliche Gesetzeswerk nachweisen läßt[3].

Zu Beginn der Beratungen der deutschen Großen Strafrechtskommission führte der damalige Bundesminister der Justiz *Neumayer* im Jahre 1954 aus: „Die machtvolle Reformbewegung, die mit dem Aufkommen der soziologischen Schule unter *Liszt* einsetzte, kam um

[1] Zu dieser Revision: Max *Waiblinger*, Ist eine Revision der Bestimmungen des schweizerischen Strafgesetzbuches im System und im Vollzug der Strafen und Maßnahmen wünschbar? SchwZStrR 69, 1954, 404; Hans *Schultz*, Probleme der Strafrechtsreform in der Schweiz, ZStrW 67, 1955, 291; *O. A. Germann*, Zur Revision des schweizerischen Strafgesetzbuches, SchwZStrR 74, 1959, 338; Victor *Kurt*, Der Werdegang der zweiten Teilrevision des schweizerischen Strafgesetzbuches, ibid. 82, 1966, 113; François *Clerc*, Les avatars de la deuxième revision du Code pénal suisse, ibid. 125; Günter *Stratenwerth*, Zur Rechtsstaatlichkeit der freiheitsentziehenden Maßnahmen im Strafrecht, ibid. 337; Philipp *Graven*, Die Zukunft des Freiheitsentzuges im schweizerischen und deutschen Strafrecht, ZStrW 80, 1968, 199; außerdem die seit 1964 in der SchwZStrW erscheinde Chronique helvétique trimestrielle aus der Feder von Francois *Clerc*, siehe SchwZStrR 81, 1965, 294 Nr. 24, 420, Nr. 35 und 36, 82, 1966, 60 Nr. 1 und 2, 61 Nr. 3, 197 Nr. 31, 83, 1967, 82 Nr. 1, 192 Nr. 27, 310 Nr. 46, 84, 1968, 85 Nr. 1, 206, Nr. 36, 395 Nr. 71, 85, 1969, 98 Nr. 5.

[2] BG betr. die Abänderung des schweizerischen Strafgesetzbuches vom 5. Oktober 1950, AS 1951, 1; BG über die Änderung des Art. 393 des Strafgesetzbuches vom 6. Oktober 1966, AS 1967, 28; BG über Bundesbeiträge an Strafvollzugs- und Erziehungsanstalten vom 6. Oktober 1966, AS 1967, 29; BG betr. Verstärkung des strafrechtlichen Schutzes des persönlichen Geheimbereiches vom 20. 12. 1968, AS 1969, 319. Die Gesetze vom 6. Oktober 1966 sind die ersten Ergebnisse der zweiten Teilrevision des StrGB, das Gesetz vom 20. 12. 1968 ist unabhängig davon erlassen worden.

[3] Siehe dazu Jean *Graven*, Franz von Liszt et le nouveau droit pénal suisse, Revue internationale de droit pénal 22, 1951, 209.

mindestens zehn Jahre zu spät. Daß man, als sie sich um 1880 entfaltete, wenige Jahre zuvor ein Strafgesetzbuch für Deutschland eingeführt hatte, das in der ersten Hälfte des Jahrhunderts entstanden war, war ihre besondere Tragik"[4].

Ganz anders lagen die Dinge in der Schweiz. Als gegen Ende des vergangenen Jahrhunderts nach verschiedenen gescheiterten Anläufen die Vereinheitlichung und Erneuerung des schweizerischen Strafrechts endlich bestimmt an die Hand genommen wurde, hatte die italienische und deutsche Reformbewegung ihre feste Stellung in der wissenschaftlichen Auseinandersetzung errungen und ihre Forderungen begannen die Gesetzgeber zu beschäftigen. Am 29. Dezember 1887 ermächtigte der Bundesrat das eidgenössische Justizdepartement, als erste Vorarbeit die damals auf dem Gebiet der Schweiz geltenden Vorschriften des eidgenössischen und kantonalen Strafrechts zusammenzustellen. Mit dieser Aufgabe wurde im Februar 1888 Carl *Stooss*, Oberrichter und Professor für Strafrecht in Bern, betraut[5]. Carl *Stooss* legte schon 1890 die vergleichende Darstellung der schweizerischen Strafgesetzbücher, 1892/93 die systematische Darstellung der Grundzüge des schweizerischen Strafrechts und am 15. August 1893 den Vorentwurf zum Allgemeinen Teil eines schweizerischen Strafgesetzbuches vor, dem im September desselben Jahres die Motive folgten[6].

Welche Beziehungen zu den damaligen Reformbewegungen lassen sich in jenen Jahren erkennen, in denen Carl *Stooss* die kriminalpolitischen Entscheidungen traf, welche die Vorarbeiten zum schweizerischen Strafgesetzbuch bestimmten? Vorweg ist festzustellen, daß *Stooss* sich nicht mit den Ansichten der italienischen kriminalanthropologischen Schule befreunden konnte, deren Führern, allen voran Cesare

[4] Niederschriften über die Sitzungen der Großen Strafrechtskommision, Band 1, S. 21.

[5] Zu Carl *Stooss*, Autobiographie in: Die Rechtswissenschaft in Selbstdarstellungen, herausgegeben von Hans *Planitz*, Band 2, Leipzig 1925, 205f.; Biographie von Ernst *Hafter*, Carl Stooss 1849—1934, in: Schweizer Juristen der letzten hundert Jahre, Zürich 1945, 361f.

[6] Carl *Stooss*, Die schweizerischen Strafgesetzbücher zur Vergleichung zusammengestellt und im Auftrage des Bundesrates herausgegeben, Basel und Genf 1890; *ders.*, Die Grundzüge des schweizerischen Strafrechts im Auftrage des Bundesrates vergleichend zusammengestellt, Basel und Genf, Band I 1892, Band II 1893; *ders.*, Vorentwurf zu einem schweizerischen Strafgesetzbuch Allgemeiner Teil im Auftrage des Bundesrates ausgearbeitet, mit französischer Übersetzung von Alfred *Gautier*, Basel und Genf 1893; *ders.*, Motive zu dem Vorentwurf eines schweizerischen Strafgesetzbuches Allgemeiner Teil im Auftrag des Bundesrates, September 1893, Basel und Genf 1893.

Lombroso, er nur das Verdienst zuerkannte, die kriminalpolitische Diskussion erneut in Gang gebracht zu haben[7].

Daß die Beziehungen zu Franz *von Liszt* und seiner Schule enger waren, läßt sich schon an bezeichnenden Äußerlichkeiten feststellen: 1889 wurde eine Schweizer Sektion der IKV gegründet, der außer Carl *Stooss* mehrere andere, später an den Vorbereitungen des schweizerischen Strafgesetzbuches maßgebend beteiligte Persönlichkeiten angehörten, so vor allem Alfred *Gautier*, welcher die *Stooss*'schen Entwürfe und Motive und spätere gesetzgeberische Vorarbeiten ins Französische übersetzte, und Emil *Zürcher*[8]. Karl *von Lilienthal*, damals Professor in Zürich, stellte die IKV den Schweizer Strafrechtlern vor[9]. Die zweite Jahresversammlung der IKV fand 1890 in Bern unter dem Ehrenvorsitz von Bundespräsident *Ruchonnet*, dem Vorsteher des Eidgenössischen Justizdepartementes, statt[10].

Für die Wirksamkeit der von Franz *von Liszt* vertretenen Auffassungen in der Schweiz spricht ferner, daß die 1888 von Carl *Stooss* gegründete „Zeitschrift für Schweizer Strafrecht"[11] den Untertitel „Schweizerisches Centralorgan für Strafrecht, Strafprozeßrecht, Gerichtsorganisation, Strafvollzug, Kriminalpolizei, gerichtliche Medizin und Psychiatrie, Kriminalstatistik und Kriminalsoziologie" führte. Der Untertitel mutet wie eine Verdeutlichung der von *von Liszt* geforderten gesamten Strafrechtswissenschaft an. Auch lassen sich zuweilen bis in die Gedankenführung und selbst den Wortlaut gehende Parallelen in den Äußerungen von *Stooss* zu denen von *von Liszt* finden[12].

Doch die Übereinstimmung geht noch weiter. Wiederholt sprach Carl *Stooss* aus, daß er in den kriminalpolitischen Auffassungen im Grundsätzlichen mit *von Liszt* übereinstimme. „In der Grundauffas-

[7] *C. Stooss*, Welche Anforderungen stellt die Kriminalpolitik an ein eidgenössisches Strafgesetzbuch? SchwZStrR 4, 1891, 249; eine Stelle, die sich eng an das von Franz *von Liszt*, Kriminalpolitische Aufgaben, ZStrW 9, 1889, 468, ausgesprochene Urteil über die italienische Schule anschließt.

[8] SchwZStrR 2, 1889, 12.

[9] *K. von Lilienthal*, Internationale kriminalistische Vereinigung, SchwZStrR 2, 1889, 1.

[10] SchwZStrR 3, 1890, 61, dazu besonders *J. Graven* op. cit. 215f.

[11] Seit 1896 „Schweizer Zeitschrift für Strafrecht."

[12] Siehe die in Anm. 7 genannten Stellen, aber auch zum bedingten Vollzug einer Freiheitsstrafe *Stooss* in den Motiven von 1893, S. 84, er werde „hauptsächlich zugelassen bei Verbrechen, die als eine einmalige Verirrung eines nicht verbrecherisch angelegten Menschen erscheinen", während *von Liszt*, Der Zweckgedanke im Strafrecht, Marburg 1882, S. 28 von einem Täter spricht, dessen Delikt als „eine Episode, eine durch überwiegend äußere Einflüsse hervorgebrachte Verirrung erscheint".

sung weiß er sich mit dem Verfasser einig", schreibt er 1888 in der Besprechung der 3. Auflage des *Liszt*schen Lehrbuches[13]. 1891 hebt er in seinem programmatischen Aufsatz „Welche Anforderungen stellt die Kriminalpolitik an ein eidgenössisches Strafgesetzbuch?" hervor, daß *von Liszt* die Bedeutung der kriminalpolitischen Probleme ins rechte Licht gerückt habe[14]. Und von seinem Entwurf sagte *Stooss*, er habe ein Strafgesetz ausgearbeitet, das „einen Fortschritt zur wirksameren Bekämpfung des Verbrechens begründet"[15].

Doch alle Übereinstimmung im Grundsätzlichen läßt nicht übersehen, daß Carl *Stooss* in der Durchführung der gemeinsamen kriminalpolitischen Auffassungen — Befreiung der Strafen von schädlichen Nebenwirkungen, vor allem gegenüber Ersttätern, scharfes Zupacken gegenüber verbesserlichen Tätern und besonders gegenüber mehrmals Rückfälligen — von *von Liszt* entschieden abweicht. Mit seinem Marburger Programm trat *von Liszt* für die Zweckstrafe ein, welche von der Vergeltung zu lösen sei und der kriminalpolitische Ziele zu setzen seien: „Besserung der besserungsfähigen und besserungsbedürftigen Verbrecher; Abschreckung der nicht besserungsbedürftigen Verbrecher; Unschädlichmachung der nicht besserungsfähigen Verbrecher"[16]. *Von Liszt* sah als strafrechtliche Sanktion ausschließlich die Strafe vor. Demgegenüber hielt *Stooss* an der vergeltenden Strafe fest, doch sei sie einzig den Tätern gegenüber zu verhängen, welche durch Strafe beeinflußt werden können[17]. Abgesehen von den Jugendlichen sind deshalb Maßregeln gegenüber den seelisch Abnormen, den Trinkern, den Liederlichen und Arbeitsscheuen und den gefährlichen ständig Rückfälligen anzuordnen[18]. *Stooss* betonte stark, daß es sich bei den Maßregeln eigentlich um dem Verwaltungsrecht angehörende, strafbaren Handlungen vorbeugende Sanktionen handle, welche dem Strafrichter übertragen werden. „Es ist gefährlich, der Polizei richterliche Befugnisse zu gewähren ... Aber es ist nicht einzusehen, warum dem Richter nicht auch Maßnahmen von vorwiegend polizeilichem Charakter zugewiesen werden dürfen, falls dies als zweckmäßig erscheint und weder die Interessen des Staates noch die der Betroffenen dadurch gefährdet werden"[19]. Daneben ist nicht zu übersehen, daß

[13] SchwZStr 1, 1888, 524.
[14] Ibid. 4, 1891, 250.
[15] Motive 1893, 6.
[16] *von Liszt*, Zweckgedanke, Strafrechtliche Aufsätze und Vorträge, I, Berlin 1905, 166. Im Original gesperrt!
[17] SchwZStrR 4, 1891, 245, bes. 251 mit dem Hinweis, daß auch die Strafe Mittel sei, „wertvolle gesellschaftliche und individuelle Interessen zu schützen".
[18] Op. cit. bes. 267.
[19] *Stooss*, Motive 1893, 35; ders. Strafe und sichernde Maßnahme, SchwZStrR 18, 1905, 4.

der VE Stooss im einzelnen wiederum in mancher Hinsicht mit den von *von Liszt* so entschieden vertretenen Auffassungen übereinstimmt, so etwa darin, daß er den bedingten Vollzug einer Freiheitsstrafe vorsah, die Bedeutung der Geldstrafe betonte oder die der Arbeit für den der Freiheitsstrafe Unterworfenen hervorhob.

Diese Haltung läßt verständlich werden, weshalb *Stooss* 1892 erklärte, daß die Reform nicht das gesamte Programm der IKV verwirklichen wolle. *Stooss* nahm gegenüber den Postulaten der IKV dieselbe Stellung ein, wie Bundesrat *Ruchonnet* in seiner Ansprache an der Jahresversammlung der IKV 1890 in Bern:

„Wir Schweizer nehmen an den Arbeiten der Union reges Interesse, aber wir erachten uns weder durch das Programm noch durch die Beschlüsse der Union gebunden und wahren uns überall Freiheit eigener Überzeugung. Experimente darf der Gesetzgeber nicht machen. Nur erprobte Neuerungen und solche, deren Erfolg außer Zweifel steht, dürfen Aufnahme finden. So wird das eidgenössische Strafgesetzbuch von den kantonalen Strafgesetzbüchern nicht so außerordentlich abweichen“[20].

Wenn *Stooss* in dieser Weise beteuerte, daß das neue einheitliche schweizerische Strafrecht nicht allzu stark von den herkömmlichen Gesetzen abweichen werde und sein doppelspuriges System weniger eine grundsätzliche Neuerung als eine Kompetenzverschiebung bedeute, so mag er auch als Politiker gesprochen und die Aussichten, seine Auffassungen zu verwirklichen, bedacht haben[21]. Allein es bestehen genügend Anzeichen dafür, daß es ihm mit der Beibehaltung der Vergeltungsstrafe voller Ernst war. So wandte er sich gegen die Abschaffung der kurzfristigen Freiheitsstrafe, ja auch nur gegen einen stets zu gewährenden bedingten Vollzug kurzer Freiheitsstrafen, welche Nachsicht gegenüber Tätern, die aus „böswilligen, gemeinen Motiven“ handelten, gänzlich verfehlt sei[22].

Die Anfechtungen blieben dem VE *Stooss* und seiner Konzeption nicht erspart. Nur angemerkt sei, daß manche die Auffassungen von

[20] *Stooss*, Die Grundlagen eines einheitlichen Strafrechts. Aus den Verhandlungen des schweizerischen Juristenvereins, SchwZStrR 5, 1892, 410/1.

[21] Dies erkannte und anerkannte *von Liszt* in seiner Würdigung des VE *Stooss* von 1893, Die Forderungen der Kriminalpolitik und der Vorentwurf eines schweizerischen Strafgesetzbuches, Aufsätze II, 100; siehe auch die zu Anm. 25 hiernach zitierte Stelle.

[22] SchwZStrR 4, 1891, 262. Auch *von Liszt*, op. cit. 122, attestiert *Stooss*, daß es ihm in dieser Frage nicht nur um „taktische Erwägungen“ ging, sondern daß „tiefernste wissenschaftliche Überzeugung“ ihn bestimmte.

Carl *Stooss* als zu fortschrittlich ansahen[23], eine Gegnerschaft, die so stark war, daß sie das Fortschreiten der gesetzgeberischen Arbeiten auf dem Wege zur Rechtseinheit erheblich zu verzögern vermochten.

Kritik kam jedoch aus der entgegengesetzten Richtung. Schon 1893 hatte Franz *von Liszt* zum VE Stellung genommen[24]. Sein Urteil über den Vorentwurf als Ganzes lautete:

„Indem *Stooss* die Aufgabe löste, die der schweizerische Juristenverein im Jahre 1887, also noch *vor* der Gründung unserer Vereinigung gestellt hatte, indem er als Zweck jeder Strafgesetzgebung die wirksame Bekämpfung des Verbrechens erkannte und von diesem Grundgedanken getragen seinen Entwurf ausarbeitete, hat er unseren Bestrebungen den schärfsten Ausdruck gegeben, den sie bisher in der Gesetzgebung gefunden. An dieser Tatsache läßt sich nichts deuteln und mäkeln. Daß die *Durchführung* des Grundgedankens überall selbständig, unter sorgfältiger Berücksichtigung der besonderen Verhältnisse und Bedürfnisse der Schweiz, unter ängstlicher Ablehnung aller ‚radikalen' Neuerungen erfolgte, kann an dem Urteil über das *Ganze* nichts ändern. Nicht als eine Verwirklichung unseres Programms begrüßen wir den Entwurf: das ist er nicht, das konnte und durfte er nicht sein. Wohl aber als eine selbständige, durchaus eigenartige, hochverdienstliche Leistung, die sich *in der allgemeinen Richtung* unserer Bestrebungen bewegt"[25].

Die Anerkennung, welche *von Liszt* den vom VE *Stooss* befolgten kriminalpolitischen Grundsätzen zollte, hielt ihn von deutlicher Kritik einzelner Punkte nicht ab. Hier geht es nicht um die von *von Liszt* geübten Aussetzungen an einzelnen dogmatischen Bestimmungen, wie z. B. der Anfechtung der von *Stooss* gegebenen Umschreibung des Vorsatzes, daß so handle, „wer ein Verbrechen mit Wissen und Willen begeht"[26], vom Boden der Vorstellungstheorie aus[27], sondern um die kriminalpolitischen Entscheidungen und Vorschriften des Entwurfes.

[23] So unter anderen *Gretener*, damals Strafrechtslehrer in Bern, SchwZStrR 5, 1892, 410, Eduard *Thurneysen*, Zum Vorentwurf zu einem schweizerischen Strafgesetzbuch, Allgemeiner Teil, SchwZStrR 6, 1893, 369; vor allem Heinrich *Pfenninger*, SchwZStrR 5, 1892, 409. In dem von *Pfenninger* ausgearbeiteten Entwurf eines Strafgesetzbuches für den Kanton Uri, Frauenfeld 1894, hatte er für den Zuchthaussträfling zu Beginn der Haft zehn Tage Dunkelarrest bei schmaler Kost und für die ersten 3 bis 6 Monate Einzelhaft mit Fußfesseln vorgesehen, zu Art. 3, S. 4.

[24] *von Liszt*, op. cit. 94. *Von Liszt* war neben Heinrich *Lammasch*, Karl *von Lilienthal*, Adolf *Merkel* und Adolf *Wach* einer der fünf Strafrechtslehrer gewesen, denen *Stooss* seinen Vorentwurf zur Begutachtung vorgelegt hatte, siehe *Stooss* VE 1893, S. 3.

[25] *von Liszt*, op. cit. 101.

[26] VE 1893 Art. 2.

[27] *von Liszt*, op. cit. 106—109.

Dem von *Stooss* vorgeschlagenen System der Strafen konnte *von Liszt* seine Zustimmung nicht versagen, ging er doch mit den Hauptpostulaten von *Stooss* — „Unbedingter Arbeitszwang", „Vollständige Trennung der zu Zuchthaus und der zu Gefängnis Verurteilten", „Für Zuchthaus ein einfaches . . . Progressivsystem"[28] — völlig einig, ebenso mit der von *Stooss* vorgesehenen Regelung der Geldstrafe, welche Abverdienen der Buße durch freie Arbeit vorsah und auf eine Umwandlung der uneinbringlichen Buße in eine Freiheitsstrafe verzichtete[29]. Anders lautete es in bezug auf die von *Stooss* eingeführten sichernden Maßnahmen. Zwar billigt *von Liszt Stooss* zu, daß „sein Entwurf eine Reihe von bahnbrechenden Bestimmungen" bringt, „die wir, wenn auch nur als Abschlagszahlungen, mit lauter Freude begrüßen müssen"[30]. Und *von Liszt* rühmt, daß im VE 1893 „die scharfe Trennung der Prävention und der Repression fällt"[31]. Allein *Stooss* „hütet sich ängstlich, diese ‚sichernden Maßnahmen' als Strafen zu bezeichnen; und er scheut davor zurück, ihnen diejenige Intensität zu gewähren, die wir zu verlangen nicht ermüden werden"[32]. Deshalb hebt *von Liszt* die schwankende Terminologie in der Gegenüberstellung von Verwahrung Rückfälliger und Strafe hervor, betont zugleich, daß es ihm auf den Namen nicht ankomme, kritisiert die kurze Dauer der vorgesehenen Verwahrung und deren strenge Voraussetzungen, ebenso wie daß *Stooss* mit der Behandlung der Arbeitsscheuen und Liederlichen Besserung zu erzielen sucht, während *von Liszt* auch hier die Sicherung der Gesellschaft in den Vordergrund rückt[33].

Ähnlich wie die Kritik *von Liszts* entschieden, doch maßvoll, war die, welche der soeben aus dem Lisztschen Seminar zurückgekehrte Ernst *Hafter* in einem 1903 vor der Schweizer Landesgruppe der IKV gehaltenen Vortrage an den von *Stooss* vertretenen Auffassungen übte. *Hafter* warf dem VE *Stooss* vor, daß es unmöglich sei, die Strafe von den sichernden Maßnahmen theoretisch wie praktisch zu unterscheiden. Theoretisch sei dies ausgeschlossen, weil der VE *Stooss* ein einheitliches System der Vergeltungs- oder dann der Zweckstrafe aufgegeben habe, praktisch, weil er nicht erkennen lasse, welche Vorschrift des Allgemeinen Teils sich auf die Maßnahmen beziehe und welche nicht. Folgerichtig sei, entweder nur die Strafe als Vergeltungsstrafe vorzusehen, oder aber, und dies wäre nach *Hafter* vorzuziehen, sich wie *von Liszt* für die Zweckstrafe in ihrer dreifachen Form zu ent-

[28] Op. cit. 116/117.
[29] Op. cit. 117/118 zu VE *Stooss* 1893, Art. 27.
[30] Op. cit. 122.
[31] Op. cit. 115.
[32] Op. cit. 123.
[33] Op. cit. 123—128.

scheiden[34]. „*Stooss* versucht die viel erwogene Vereinigung von Vergeltungs- und Zweckstrafe, er will einen Kompromiß zwischen den beiden Schulen zustandebringen"[35]. Ein Kompromiß sei jedoch unbefriedigend und eine Stellungnahme im Schulenstreit nicht zu umgehen, und zwar nicht für ein „erweitertes Vergeltungsstrafrecht", sondern, eben *von Liszt* folgend, für ein dem „Zweckbegriff" folgendes modernes Strafgesetz[36].

Stooss verteidigte seine Auffassung gegenüber den Einwendungen *Hafters* mit aller Bestimmtheit[37]. Er hält vorerst daran fest, daß die von seinem Vorentwurf vorgesehenen Strafen und Maßnahmen für *Hafter* „die glückliche Verwirklichung der kriminalpolitischen Forderungen der Internationalen kriminalistischen Vereinigung" bedeuten. Und er verfehlt nicht einzuräumen: „Dankbar anerkenne ich den *großen* geistigen Anteil, den die *Internationale kriminalistische Vereinigung* an dem Vorentwurfe hat"[38]. Doch dann fährt *Stooss* fort:

„Aber *eine* Forderung, *die einheitliche Zweckstrafe*, verwirklicht der Entwurf nicht. Das könnte meines Erachtens nur geschehen, wenn die gesetzlichen Tatbestände durch *typische Zustände*, die Strafen durch *Behandlungsmethoden* ersetzt würden, wie es die psychiatrischen Kriminalpolitiker, vor allem *Kräpelin* und *Aschaffenburg*, in Aussicht nehmen. Damit stellt sich die Zweckstrafe ihrem Wesen nach als *sichernde Maßnahme* heraus"[39].

Und weiter: „Man kann die sichernden Maßnahmen als Strafen erklären, ihre Eigenart wird dadurch nicht aufgehoben"[40]. *Stooss* spricht von der „Legende von dem ‚Kompromiß' des schweizerischen Entwurfes"; der Entwurf schließe keinen Kompromiß und vereinige Vergeltungs- und Zweckstrafe nicht[41].

Der Gegensatz schien unüberbrückbar. Sieht man indes genauer hin, so zeigen sich nicht wenige verbindende Momente. Unvereinbar sind die Positionen nur, wenn der Unterschied von Strafe und sichernder Maßnahme ausschließlich in deren durch ein einziges Merkmal bestimmten Wesen — Repression oder Prävention — gesehen wird. Werden die strafrechtlichen Sanktionen nicht in dieser Weise begriffen, sondern werden andere Momente mitberücksichtigt, wie die

[34] Ernst *Hafter*, Strafe und sichernde Maßnahme im Vorentwurfe zu einem schweizerischen Strafgesetzbuch, SchwZStrR 17, 1904, 211; siehe schon den Bericht über die Tagung mit den Thesen *Hafters* SchwZSchrR 16, 1903, 399.

[35] SchwZStrR 17, 1904, 224.

[36] Op. cit. 227.

[37] *C. Stooss*, Strafe und sichernde Maßnahme, SchwZStrR 18, 1905, 1.

[38] Op. cit. 3.

[39] Op. cit. 3/4.

[40] Op. cit. 3.

[41] Op. cit. 5.

Wirkung auf den Verurteilten und andere Rechtsgenossen, die gesetzlichen Voraussetzungen der Sanktionen, und deren Vollzug, so verliert der Gegensatz von Strafe und Maßregel an Schärfe[42]. Dies lassen die Äußerungen von *Hafter, von Liszt* und *Stooss* deutlich erkennen. Wie schon Franz *von Liszt* in seinem Marburger Programm[43] so erklärte auch *Hafter*, daß erst die Zweckstrafe wirkliche Vergeltung zu üben vermöge, weil sie individueller und damit gerechter sei[44]. Bei *Stooss* wiederum heißt es: „Auch die Vergeltungsstrafe ist in dem Sinn, daß sie einen Zweck verfolgt, Zweckstrafe. Der Gesetzgeber bezweckt damit, Strafrechtsgüter zu schützen"[45]. Und weiter von den sichernden Maßnahmen, sie „sind nicht ‚auch' Strafen, sondern sie üben vielfach die *Funktion* von Strafen aus, was ihnen nicht Strafnatur verleiht . . ."[46].

Obschon der Streit unausgetragen blieb, war die gesetzgebungspolitische Entscheidung längstens gefallen: Allen Anfeindungen zum Trotz blieb die Schweiz bei dem von Carl *Stooss* entworfenen dualistisch-vikariierenden System von Strafe und Maßregel. Es wurde noch ausgebaut und verfeinert, doch aufgegeben wurde es nicht mehr. Einzelne Änderungen gegenüber dem VE *Stooss* von 1893 berücksichtigten die von *von Liszt* vorgetragene Kritik, so zum Beispiel die neue Fassung der Vorschrift über die Behandlung trunksüchtiger Krimineller. Der VE *Stooss* hatte in seinem Artikel 26 dem Richter die Aufgabe zugewiesen, den Trunksüchtigen für eine im Urteil zu bestimmende Zeit in die Trinkerheilanstalt einzuweisen[47]. *Von Liszt* hatte eingewendet, daß es nicht Sache des Richters sein könne, die für die Behandlung erforderliche Zeit im Urteil zum voraus festzulegen, sondern daß sich die Dauer der Behandlung nach deren Erfolg zu richten habe[48]. Nach der in Art. 44 Gesetz gewordenen Regelung ist die Einweisung in eine Trinkerheilanstalt vom Richter für unbestimmte Zeit bis zur Höchstdauer von zwei Jahren auszusprechen.

Auf Einzelheiten der späteren gesetzgeberischen Arbeiten einzugehen ist nicht angezeigt, hielten sie sich doch in dem skizzierten, durch den VE von Carl *Stooss* vorgezeichneten Rahmen. Das Gesetz vom 21. Dezember 1937, in Kraft getreten am 1. Januar 1942, brachte

[42] Dazu Hans *Schultz*, Kriminalpolitische Bemerkungen zum Entwurf eines Strafgesetzbuches, E 1962, JZ 1966, 120.
[43] *von Liszt*, Der Zweckgedanke, 161, 174ff.
[44] *Hafter*, op. cit. 230.
[45] *Stooss*, SchwZStrR 18, 1905, 5, Anm. 2.
[46] Op. cit. 5.
[47] Siehe Motive dazu, 59.
[48] *von Liszt*, Die Forderungen der Kriminalpolitik . . , 128.

der Schweiz ein Strafrecht, welches ein ausgebautes, Maßnahmen wie Strafen vorsehendes Jugendstrafrecht kennt, im Strafrecht der Erwachsenen die im Vollzug streng zu trennenden Freiheitsstrafen von Zuchthaus und Gefängnis, außerdem der Haft androht, daneben gegenüber gefährlichen oder behandlungsbedürftigen Zurechnungsunfähigen oder gemindert Zurechnungsfähigen, mehrfach Rückfälligen, arbeitsscheuen oder liederlichen, trunksüchtigen oder rauschmittelsüchtigen Tätern gegenüber sichernde Maßnahmen zu verhängen erlaubt und Gefängnisstrafen von nicht mehr als einem Jahr, Haft- und Nebenstrafen, bedingt vollziehbar zu erklären gestattet.

Die erste Teilrevision der Jahre 1949 und 1950 änderte an den kriminalpolitischen Grundlagen des Gesetzes nichts; ihr Ziel war, einige in den ersten Jahren der Anwendung des Gesetzes entdeckte Unzukömmlichkeiten zu beheben und den strafrechtlichen Staatsschutz zu verstärken.

Anders steht es mit der 1954 angehobenen zweiten Teilrevision. Deren Anstoß lag in der durch StrGB Art. 393 Abs. 1 aufgestellten Bestimmung, welche die Kantone verpflichtete, in der Zeit von zwanzig Jahren seit dem Inkrafttreten des Gesetzes die erforderlichen Anstaltsreformen durchzuführen. Dies hätte vor allem bedeutet, für den Vollzug von Zuchthaus und Gefängnis streng voneinander getrennte Anstalten oder wenigstens Anstaltsabteilungen einzurichten, wie StrGB Art. 34 und 35, je Ziff. 2 Abs. 1, dies verlangten. Indessen hatten die Erfahrungen im Strafvollzug gezeigt, daß für den Vollzug ganz andere Kriterien maßgebend sind als die der Strafart, welche sich nach der Schwere der Tat und des Verschuldens richtet. Für den Vollzug sind alle die Umstände bedeutsam, welche die Resozialisierbarkeit des Verurteilten bedingen, vor allem die Tatsache, ob er zum ersten oder wiederholtenmal in den Strafvollzug kommt, ferner sein Alter und seine Persönlichkeit, endlich die Dauer der Strafe. Die Beobachtungen im Strafvollzuge zeigten, daß die mit Zuchthaus bestraften Urheber einzelner schwerer Taten keineswegs immer diejenigen sind, welche im Vollzug besondere Schwierigkeiten bereiten. Dazu kam, daß sich in der Wirklichkeit des Vollzuges kaum Unterschiede machen ließen, welche es ermöglichten, Zuchthaus und Gefängnis voneinander im Alltag des Anstaltslebens deutlich zu unterscheiden, es sei denn, die Resozialisierung der Zuchthausinsassen werde gefährdet. Die vom Strafgesetzbuch auf Grund der Vorarbeiten von Carl *Stooss*, der in diesem Punkte völlig mit Franz *von Liszt* übereinstimmte, geforderte strenge Trennung der beiden schwereren Freiheitsstrafen voneinander erwies sich als überaus fragwürdig. Außerdem sollte das Recht der sichernden Maßnahmen und das

Jugendrecht überprüft, insbesondere abgeklärt werden, ob nicht frühkriminelle Rückfällige früher durch eine Maßnahme, die an das Jugendrecht anschließen würde, erfaßt werden könnten und ob nicht eine besondere Maßnahme gegenüber seelisch abnormen Tätern einzuführen sei, wie dies den Vorschlägen von Erwin *Frey* entsprach[49].

Entscheidend für den Gang der Vorarbeiten zur zweiten Teilrevision des Strafgesetzes war der von der dazu bestellten Expertenkommission zu Beginn ihrer Tätigkeit gefaßte Beschluß, am System des Gesetzes nichts zu ändern[50]. Deshalb bleibt es, auch nach dem Abschluß der Revision, bei dem von *Stooss* entworfenen, Strafe und sichernde Maßnahme verbindenden System der Sanktionen, ebenso grundsätzlich auch bei der Zumessung der Strafe nach dem Verschulden gem. StrGB Art. 63, ohne den durch Art. 37 Abs. 1 nahegelegten, wenn nicht sogar geforderten Erwägungen der Spezialprävention genügend Rechnung zu tragen[51]. Und deshalb war es nicht möglich, die relativ unbestimmte Verurteilung auch für Strafen einzuführen[52].

Welches sind nun, in den engen Grenzen dieser Zielsetzung der gesetzgeberischen Arbeit, die bis jetzt bekannten Ergebnisse der zweiten Teilrevision[53]? Ein Hauptproblem war das des Verhältnisses von Zuchthaus und Gefängnis; denn der durch das Gesetz gebotene getrennte Vollzug der beiden Strafarten war einer der Hauptanlässe der Revision. Die Forderung, die beiden Strafen in einer Einheitsstrafe aufgehen zu lassen, wurde knapp abgelehnt[54]. Der Ausweg wurde so gefunden, daß die Vorschriften, welche den Vollzug der beiden

[49] Erwin *Frey*, Reform des Maßnahmenrechts gegen Frühkriminelle, Basel, 1951.

[50] Zusammenfassung der Ergebnisse der Aussprache an der 1. Session der Expertenkommision für eine Teilrevision des Strafgesetzbuches vom 1. 7. 1954 durch den Vorsitzenden Bundesrat *M. Feldmann*, welcher die Kommission zustimmte, Prot. 41/2.

[51] Eine Anregung von *H. F. Pfenninger*, in der Strafzumessung vermehrt auf Erwägungen der Spezialprävention abzustellen, wurde schon in der ersten Session der Expertenkommission zurückgewiesen, Prot. 39, 42.

[52] Siehe zur Kritik der Strafzumessung nach dem Verschulden *von Liszt*, Zweckgedanke, Aufsätze I, 153—155, und sein Eintreten für die relativ unbestimmte Freiheitsstrafe: Kriminalpolitische Aufgaben, Aufsätze I, 333, und E. F. Klein und die unbestimmte Verurteilung, Aufsätze II, 133f.

[53] Dargestellt auf Grund der Beratungen des Nationalrates, 2. Lesung, in der März-Session 1969. Ob der Ständerat dem Nationalrat in allen von ihm erst in zweiter Lesung beschlossenen Neuerungen — so insbesondere der Erhöhung der zur Bewährung aussetzbaren Strafe auf zwei Jahre und der Abschaffung der Nebenstrafe der Einstellung in der bürgerlichen Ehrenfähigkeit — folgen wird, steht dahin.

[54] An der Sitzung der Expertenkommission vom 2. 12. 1954 mit 11 : 9 Stimmen, Prot. 25.

Strafarten streng zu trennen heißen, aufgehoben werden sollen. An ihre Stelle soll ein Einheitsvollzug treten, welcher besondere Anstalten für erstmals in den Strafvollzug Eingewiesene und für Rückfällige vorsehen soll[55]. Außerdem sollen Gefangene, die sich in der Anstalt bewährten, nach Verbüßung von mindestens der Hälfte der Strafzeit, in freier geführte Anstalten oder Anstaltsabteilungen eingewiesen und außerhalb der Anstalt beschäftigt werden können[56]. Zudem soll nun endlich die Einstellung in den bürgerlichen Ehren abgeschafft werden. Erneut stand das Problem der auch in der Schweiz noch immer äußerst häufigen kurzfristigen Freiheitsstrafe — 1966 betrugen von den auf Grund des Strafgesetzbuches ausgesprochenen 11474 Gefängnisstrafen 5349 (46,5%) bis zu einem Monat, 2670 (23,2%) einen bis drei Monate, 1662 (14,6%) über drei bis sechs Monate, mithin 84,3% nicht mehr als sechs Monate[57] — zur Diskussion. Einer Anregung von *O. A. Germann* folgend, wurde die Lösung so gefunden, daß die Mindestdauer der Gefängnisstrafe auf drei Monate festgesetzt und angeordnet wurde, daß alle drei Monate nicht übersteigenden Freiheitsstrafen als Haftstrafen zu vollziehen seien; doch wurde das Mindestmaß der Haftstrafe von einem Tag unverändert gelassen[58]. Der bedingte Vollzug soll für eine zwei Jahre nicht übersteigende Gefängnisstrafe, eine Haft- oder Nebenstrafe möglich werden[59]. Er soll nur ausgeschlossen sein, wenn der Verurteilte in den letzten fünf Jahren vor der Tat wegen eines vorsätzlich begangenen Verbrechens oder Vergehens eine Zuchthaus- oder Gefängnisstrafe von mehr als sechs Monaten verbüßte[60]. Vom Vollzug der Strafe kann trotz Begehung eines Verbrechens oder Vergehens in der Probezeit Umgang genommen werden, wenn es sich um einen leichten Fall handelt[61]. Die Verwahrung von Gewohnheitsverbrechern soll nun vorsätzliche Verübung zahlreicher Verbrechen oder Vergehen und den Vollzug von Zuchthaus- oder

[55] Rev. Art. 37, Ziff. 1. Verurteilte, die in den zehn Jahren vor der Tat keine sechs Monate übersteigende Strafe verbüßt haben, noch in der Erziehungsanstalt für schwererziehbare Jugendliche noch als Gewohnheitsverbrecher verwahrt gewesen waren, sollen in besondere Anstalten für Erstmalige kommen.

[56] Rev. Art. 37, Ziff. 4.

[57] Schweizerische Kriminalstatistik 1966, Bern 1967, Tab. 1, S. 22.

[58] Rev. Art. 36, Abs. 1 und 2.

[59] Rev. Art. 41 Ziff. 1. Bis jetzt kann nur der Vollzug einer Gefängnisstrafe von nicht mehr als einem Jahr bedingt aufgeschoben werden.

[60] Rev. Art. 41 Ziff. 1 Abs. 1. subal. 4.

[61] Rev. Art. 41 Ziff. 3 Abs. 1. Nach geltendem Recht führte jede vorsätzliche Begehung eines Verbrechens oder Vergehens in der Probezeit zum Vollzug der Strafe, von dem nur in besonderes leichten Fällen abgesehen werden durfte.

Gefängnisstrafen von insgesamt wenigstens zwei Jahren voraussetzen; sie soll in geschlossenen oder offenen Anstalten vollzogen werden können[62]. Die letzte Bestimmung zeigt, daß, wie bisher, sowohl der aktiv-gefährliche antisoziale wie der harmlos-lästige asoziale Rückfällige als Gewohnheitsverbrecher verwahrt werden können. Ganz anders soll die Arbeitserziehungsanstalt geregelt werden, welche zu einer an die Stelle einer Strafe tretenden sichernden Maßnahme werden soll gegenüber 18 bis 25 Jahre alten Tätern, die in ihrer charakterlichen Entwicklung erheblich gestört oder gefährdet, oder die verwahrlost, liederlich oder arbeitsscheu sind, wenn die Tat mit diesem Verhalten in Zusammenhang steht und anzunehmen ist, durch die Arbeitserziehung lasse sich die Gefahr zukünftiger Verbrechen oder Vergehen verhüten[63].

Durchgeht man diesen Katalog vorgesehener Änderungen des geltenden schweizerischen Rechts der strafrechtlichen Sanktionen, so läßt sich unschwer erkennen, daß einige von ihnen völlig den von Franz *von Liszt* verfochtenen kriminalpolitischen Auffassungen entsprechen. Dies gilt insbesondere für die, allerdings noch recht zaghafte Einschränkung der kurzfristigen Freiheitsstrafe, wurde *von Liszt* doch nicht müde, immer und immer wieder die Nutzlosigkeit, ja Schädlichkeit kurzfristiger Freiheitsstrafen anzuprangern[64]. Dasselbe ist zu sagen von den vorgeschlagenen Neuerungen in bezug auf den bedingten Vollzug, welche dessen Gewährung erleichtern, das Anordnen der Vollstreckung bedingt vollziehbarer Strafen jedoch erschweren wollen[65]. Was hingegen den Ausbau und Umbau des Systems der sichernden Maßnahmen betrifft, so handelt es sich um die Art kriminalrechtlicher Sanktionen, welche *von Liszt* als solche nicht billigte, von denen er jedoch anerkannte, daß sie die von ihm geforderten kriminalpolitischen Wirkungen in bezug auf bestimmte Tätergruppen hervorzubringen geeignet sind[66]. Wird die zweite Teilreform als Ganzes betrachtet, so zeigt sich, daß sie auf dem von Carl *Stooss* am Ende der Motive seines Entwurfs von 1893 vorgezeichneten Wege[67] weiterschreitet: sie will eine wirksame Bekämpfung des Verbrechens, zielbewußtere Anwendung der Strafe und verfeinerte präventive Wirkung gegenüber bestimmten Verbrechergruppen. Gerade diese Richtlinien waren von Franz *von Liszt* hochgepriesen und als auch auf das deutsche Recht zutreffend erklärt worden[68]. Daß das kommende

[62] Rev. Art. 42 Ziff. 1 und 2.
[63] Art. 100 bis Ziff. 1.
[64] *von Lis t*, Kriminalpolitische Aufgaben, Aufsätze I, 340ff.
[65] Op. cit. 360f.
[66] *von Liszt*, Die Forderungen der Kriminalpolitik . . ., Aufsätze II, 122/3.
[67] Motive, 86ff.
[68] *von Liszt*, op. cit. 98/99.

schweizerische Strafrecht in einzelnen Punkten, so etwa hinsichtlich der strengen Trennung von Zuchthaus und Gefängnis, von den von Franz *von Liszt* — wie übrigens auch von Carl *Stooss* — vertretenen Ansichten abweichen wird, spielt für die Gesamtwürdigung der kommenden Teilrevision keine Rolle.

Auch heute versucht das schweizerische Strafgesetzbuch, wenngleich mit anderen Mitteln, dieselben kriminalpolitischen Aufgaben zu erfüllen, welche Franz *von Liszt* dem Kriminalrecht gestellt hatte und der vom *Stooss*'schen Vorentwurf sagte:

„Der schweizerische Vorentwurf ist kein himmelstürzendes Werk. Er bleibt vielfach auf dem halben Wege stehen. Aber der Weg, den er eingeschlagen hat, ist der richtige. Wird er zum Gesetz ... so ist das deutsche Reich wieder einmal in einer der wichtigsten Kulturfragen von den schwächeren Nachbarn überholt worden"[69].

Könnte Franz *von Liszt* zu den heute in Beratung stehenden Neuerungen des schweizerischen Strafrechts Stellung nehmen, so würde sein Urteil kaum anders ausfallen, wenigstens soweit als es sich nur auf das Schweizer Recht bezieht. Es müßte jedoch wohl zurückhaltender lauten, insofern es das schweizerische Recht mit dem Strafrecht anderer Länder vergleicht, nicht zuletzt mit dem amtlichen deutschen Entwurf in der Fassung des Sonderausschusses für Strafrechtsreform, der nun, nur wenig verändert, in zwei Gesetzen zum geltenden Recht werden wird, oder gar mit dem Alternativ-Entwurf, dessen Grundhaltung ganz ausgesprochen mit der von *von Liszt* vertretenen Kriminalpolitik übereinstimmt. Sogar wenn der Entwurf der zweiten Teilrevision in der jetzt vorliegenden Fassung Gesetz werden sollte, was noch keineswegs feststeht, so wird das Schweizer Recht nicht, wie zu Ende des letzten Jahrhunderts mit dem Vorentwurf *Stooss* an der Spitze stehen[70], sondern es wird eine gute Mitte halten. Denn es wird, selbst mit der Obergrenze von zwei Jahren, für die Aussetzung von Freiheitsstrafen zur Bewährung von manchem anderen Land übertroffen[71] und es sieht gegenüber Rückfälligen nur längeren

[69] Op. cit. 132.

[70] So nach dem Urteil von *R. von Hippel*, Deutsches Strafrecht I, Berlin 1925, 388.

[71] Beispielsweise von Frankreich, dessen CPP Art. 734, wie schon die Loi Bérenger von 1891, alle korrektionnellen Strafen, gem. CP Art. 40 Abs. 1 Gefängnis von zwei Monaten bis zu fünf Jahren, in einem bedingten Urteil auszusprechen erlaubt, oder von Schweden, wo nach dem am 1. 1. 1965 in Kraft getretenen Strafgesetz von 1962, Kap. XXVII Art. 1, für alle Gefängnisstrafen, die gem. Kap. XXVI Art. 1 von einem Monat bis zu zehn Jahren dauern können, der bedingte Vollzug gewährt werden kann, ganz zu schweigen von dem weiten Anwendungsgebiet der probation des angelsächsischen Rechts.

Freiheitsentzug, doch nicht eine besonders intensive, gezielte sozialpädagogische Behandlung vor, wie sie nach dem Vorbild der Stürupschen Anstalt zu Herstedvester nun auch der Alternativ-Entwurf und das am 1. Oktober 1973 in Kraft tretende Zweite Gesetz zur Reform des Strafrechts Deutschlands kennen[72]. Auch läßt der Schweizer Revisionsentwurf kaum etwas von der weltweiten Zurückhaltung in der Anwendung der Freiheitsstrafe verspüren, die schon *Stooss* am Ende der Motive seines Vorentwurfes verriet[73], die England in seinem First Offender Act von 1958 dazu führte, die Magistrate Courts anzuhalten, eine Freiheitsstrafe gegenüber Ersttätern einzig dann zu verhängen, wenn keine andere Behandlung des Täters in Frage kommt, und die andere Entwürfe zu einer starken Betonung der Geldstrafe veranlaßte[74].

Allein es wäre unzutreffend, die bevorstehende zweite Teilrevision wie andere Strafgesetzgebungen unserer Zeit nur unter dem Gesichtspunkt zu betrachten, ob und in welcher Weise sie den Ansichten von *von Liszt* entsprechen. Gewiß, es ist unbestreitbar, daß die Betonung der Kriminalpolitik gegenüber dogmatischen Fragen, eine gerade in unserer Zeit so deutliche Erscheinung, auf die Anregungen von Franz *von Liszt* zurückgeht. Daneben ist nicht zu verkennen, daß die Mittel, um eine zielsichere und wirksame Kriminalpolitik durchzuführen, nicht alle aus dem Arsenal der Lisztschen Zweckstrafe stammen. Die Konzeption von Carl *Stooss*, Strafen und Maßnahmen nebeneinander vorzusehen, erwies sich als erfolgreicher[75]. Außerdem ist zu beachten, daß einzelne Auffassungen von *von Liszt*, so z. B. die Forderung, Zuchthaus und Gefängnis streng zu trennen, sich als undurchführbar erwies, und daß Sanktionsarten entwickelt wurden, welche zur Zeit von *von Liszt* noch unbekannt waren, so zur Behandlung der dauernd Rückfälligen. Dazu kommt, daß dem Kriminalpolitiker unserer Zeit deutlich bewußt ist, daß eine erfolgreiche Resozialisierung durch eine kriminalrechtliche Sanktion nur möglich ist, wenn der Verurteilte daran mitarbeitet und wenn sein Verantwortungsgefühl

[72] Sonderausschuß für Strafrechtsreform, Vergleichende Übersicht über den Entwurf eines Strafgesetzbuches (StGB) — Drucksache V/32 — in der Fassung der bisherigen Beschlüsse des Sonderausschusses, Stand 13. Dezember 1968, § 83a, nach dem Vorbild von AE § 69; nun leg. cit. § 65.

[73] Motive, S. 87, Ziff. 2 Abs. 1.

[74] So vor allem AE §§ 49—54.

[75] Dies erkannte schon Franz *Exner*, Die Kriminalpolitik des schweizerischen Strafgesetzbuchentwurfes, SchZStrR 30, 1917, 189, unter Hinweis auf die deutschen und österreichischen Entwürfe, S. 201; siehe z. B. deutscher E 1909 §§ 42 und 43, Gegenentwurf 1911 §§ 68 und 69, nun deutsches StrGB § 42a Ziff. 1—7.

angesprochen wird, wie dies schon zu Ende des letzten Jahrhunderts Otto *Kellerhals* erkannte, indem er als Leiter der Strafanstalt Witzwil mit dem Vertrauensprinzip arbeitete.

Doch es stellt sich die Frage, ob die zukünftige Entwicklung nicht doch eher in die Nähe der Auffassung von *von Liszt* führen wird. Eine scharfe Trennung von Strafe und Maßregel ließe sich nur dann durchführen, wenn die auf der verschiedenen Zeitbezogenheit der beiden Sanktionsarten beruhende Unterscheidung in deren Voraussetzungen wie im Vollzug durchgehalten werden könnte. Anders gesagt, wenn die in die Zukunft, auf die Verhütung strafbarer Taten gerichtete Maßregel unabhängig von der Begehung einer Straftat verhängt werden könnte, wie es ihrer Eigenart als vorbeugender Maßnahme entsprechen würde. Dies ist jedoch unmöglich, weil die Mittel fehlen, um — wenn noch keine strafbare Handlung begangen oder zumindest damit gedroht worden war[76] — festzustellen, ob irgend ein sozialgefährlicher Zustand, wie Arbeitsscheu, Trunksucht, seelische Anomalie, mit derart hoher Wahrscheinlichkeit zur Begehung strafbarer Handlungen führen wird, daß in einem Rechtsstaat verantwortet werden darf, deswegen und für längere Zeit die Freiheit zu entziehen. In einem Rechtsstaat ist deshalb kein Platz für die Maßnahme ante delictum; eine Maßregel ist erst zulässig, wenn der sozialgefährliche Zustand sich durch die Begehung einer Straftat aktualisierte und seine wirkliche Bedrohlichkeit verriet. Dann aber wird die Verübung einer strafbaren Handlung, als tatbestandsmäßig — rechtswidrige Tat selbst durch einen Zurechnungsunfähigen, ebenso Voraussetzung der Maßregel wie einer Strafe. Überdies ist nicht zu verkennen, daß selbst die bessernde Maßregel ausgesprochen repressiv wirkt, wenn sie mit dem Entzug der Freiheit verbunden ist[77], und daß sie, dem Grundsatz der Verhältnismäßigkeit zufolge[78], nicht völlig losgelöst von der Schwere der Tat bestimmt werden kann, es sei denn, es handle sich um rein fürsorgerische Maßnahmen der Pflege und der Behandlung, welche einzig aus Gründen der Prozeßökonomie dem Strafrichter übertragen wurden, wie die durch schweiz. StrGB Art. 15 vorgesehene Versorgung von Zurechnungsunfähigen oder gemindert Zurechnungsfähigen. Dazu kommt, daß in unserer Zeit die Strafzu-

[76] So als Voraussetzung der Friedensbürgschaft gem. schweiz. StrGB Art. 57.

[77] Seitdem schweiz. StrGB Art. 14 gefährliche Zurechnungsunfähige oder gemindert Zurechnungsfähige auf unbestimmte Zeit zu verwahren erlaubt, ist die Simulation von Geisteskrankheit durch Untersuchungsgefangene außerordentlich selten geworden.

[78] Sonderausschuß für Strafrechtsreform, Vergleichende Übersicht über den Entwurf eines Strafgesetzbuches, § 81a; AE § 2 Abs. 2.

messung mit dem reichen Gebrauch der Strafaussetzung zur Bewährung wie der Strafvollzug[79] ausgesprochen spezialpräventiven Zielen dienen, so daß der die Strafe kennzeichnende Bezug auf die Vergangenheit, auf die sie begründende Tat, gemildert wird. Werden Strafe und sichernde Maßnahme durch den verschiedenen Zeitbezug — Vergangenheits- oder Zukunftsgerichtetheit — nicht mehr entscheidend bestimmt, so scheint der Weg frei zum Begriff einer einheitlichen kriminalrechtlichen Sanktion, deren Aufgabe der verstärkte Schutz der Rechtsordnung ist[80]. Strafe und Maßnahme wären dann nur verschiedene Typen dieser Sanktion, dadurch unterschieden, daß bei der Strafe die Beziehung zu der in der Vergangenheit liegenden Tat, bei der Maßregel die Aufgabe, zukünftigen strafbaren Handlungen vorzubeugen, stärker ausgeprägt ist. Damit wäre das moderne Strafrecht, auf Umwegen, in die Nähe der *Liszt*schen Zweckstrafe gelangt.

[79] Schweiz. StrGB Art. 37 Abs. 1.
[80] AE § 2 Abs. 1.

Franz von Liszt und die Kriminologie*

Von Professor Dr. *G. Th. Kempe*, Utrecht

Als am 8. Januar 1891 der Rektor der Gemeinde-Universität von Amsterdam *G. A. van Hamel* das Katheder bestieg, um seine Festrede zu halten, werden zumindest nnter seinen juristischen Zuhörern nur wenige gewesen sein, die nicht vermuten konnten, über welches Thema er sprechen würde. Gut ein Jahr zuvor hatte nämlich eine noch nicht zehn Jahre alte, sehr starke neue Richtung auf dem Gebiete des Strafrechts ihre Krönung in der Gründung der Internationalen Kriminalistischen Vereinigung gefunden, und bei dieser bedeutsamen Geburt hatte *van Hamel* eine wesentliche Rolle gespielt[1]. Nichts lag daher mehr auf der Hand, als daß er über die sogenannte Neue Richtung im Strafrecht[2] sprechen würde.

Wenn es dem Juristen *van Hamel* auch sicherlich nicht an einem gesunden Selbstbewußtsein gefehlt hat, nahm er doch nicht für sich und seine rechtsgelehrten Mitkämpfer in Anspruch, diese Erneuerungsbewegung in Gang gesetzt zu haben. Er erkannte zwar, daß namentlich die statistischen Daten über die Rückfalltäter die Strafrechtsgelehrten zu beunruhigen begannen, rechnete aber die Verdienste, diese neue Richtung ermöglicht und gesteigert zu haben, unzweifelhaft einem Nichtjuristen zu, nämlich dem Psychiater-Anthropologen *Lombroso*. Er legte die Betonung auf „den unbezweifelbaren Ruhm der italienischen positiven Schule, den Hebel angesetzt zu haben, der die Bewegung in Gang gebracht hat."

* Dieser am 8. April 1968 vor der Königlichen Niederländischen Akademie der Wissenschaften gehaltene Vortrag wurde mit freundlicher Erlaubnis der Königlichen Niederländischen Akademie der Wissenschaften den Mededelingen der Koninklijke Nederlandse Akademie van Wetenschappen, Neue Folge, Bd. 31, Nr. 3, Amsterdam 1968, entnommen und aus dem Niederländischen übersetzt von Assessor Dieter *Schaffmeister*, Referent am Max-Planck-Institut für ausländisches und internationales Strafrecht in Freiburg i. Br.

[1] Siehe hierüber *M. P. Vrij* „Pour commémorer le pionnier G. A. van Hamel et pour combler une lacune", in: Revue Internationale de Droit Pénal, Teil 22, 1951, S. 361—378. Die betreffende Organisation wird gewöhnlich mit ihren drei Anfangsbuchstaben: I. K. V. abgekürzt. Diese Abkürzung soll auch im weiteren Text gebraucht werden.

[2] „De tegenwoordige beweging op het gebied van het strafrecht", in *G. A. van Hamel*: Verspreide opstellen, I, 1912, S. 523—551.

Eine nachdrückliche Ehrerweisung wie diese konnte der Lombrosianismus rund um die Jahre 1890 aber allzu gut gebrauchen. Das war *van Hamel* nicht verborgen geblieben. Besorgt stellte er fest: „Es wird augenblicklich zur Gewohnheit, auf Lombroso und die italienische Schule zu schimpfen." Er fand die Schuldigen sogar in seinem eigenen progressiven Lager, darunter solche, die „an der Spitze stehen, Kampfgefährten, die ich meine Lehrer nenne"[3]. Ihren Widerstand gegen die Italiener hielt er für beklagenswert. Eindringlich erklingt seine Warnung, daß die Neue Richtung im Strafrecht „sowohl für die Wissenschaft als auch für die Praxis verlorengehen wird, wenn sie den Ausgangspunkt der Italienischen Schule verläßt, die Anerkennung der Notwendigkeit einer ätiologischen Untersuchung in bezug auf den straffälligen Menschen und die Einflüsse, die seine Taten beherrschen"[4].

Wer war der Kampfgefährte von solchem Ruhm, daß selbst ein *van Hamel* ihn seinen Meister nennen wollte, und wessen Zurückhaltung hinsichtlich der neuen Horizonte, die durch *Lombroso* eröffnet wurden, bedrückte ihn offenbar so sehr? Auch hier werden Kenner keine Schwierigkeiten gehabt haben, den vom Sprecher offengelassenen Namen einzufügen: Franz *von Liszt*, der Begründer der Neuen Richtung, dessen Energie und Organisationsfähigkeit die IKV ihre Entstehung verdankte.

Viele Gegner der neuen Gedanken — darunter vor allem diejenigen, die die von ihnen bekämpften Schriften nicht allzu gründlich zu studieren pflegten! — werden jedoch überrascht aufgehorcht haben, als sie diesen besorgten Vorwurf von *van Hamel* vernahmen, denn schon in diesen Jahren war die Bewegung von einer merkwürdigen Legende begleitet, welche kurz gesagt darauf hinauslief, daß von einer Neuen Richtung im Strafrecht niemals hätte gesprochen werden können, wenn *von Liszt* sich nicht kritiklos von dem Lehrmeister aus Turin und seinen beiden Nachfolgern juristischer Herkunft: Enrico *Ferri* und Romano *Garofalo* — ins Schlepptau hätte nehmen lassen. Drei Jahre nach *van Hamels* Rede beklagt sich *von Liszt* selbst in einem Artikel in der von ihm zusammen mit *Dochow* 1881 gegründeten Zeitschrift für die gesamte Strafrechtswissenschaft bitter über die seines Erachtens unfaire und auf schlechter Kenntnis seines Werkes

[3] ebenda, S. 534.

[4] ebenda, S. 535. In dieser Form gilt dieser Ausgangspunkt übrigens ebensosehr für die sogenannte Französische Schule, die sich schon 1885, auf dem 1. Internationalen Kongreß für Kriminalanthropologie, diametral gegenüber *Lombroso* aufgestellt hatte.

beruhende Art, mit der bekannte Juristen wie *Merkel* und *Mittelstädt* „sich die Bekämpfung der in der IKV verkörperten Ansichten und Bestrebungen sehr wesentlich dadurch erleichtert (haben), daß sie die IKV mit der kriminal-anthropologischen Schule Lombrosos schlechthin in einen Topf werfen" und „die Anhänger Lombrosos gewissermaßen als die Bannerträger der neuen Richtung hingestellt (haben)"[5].

Trotz dieser deutlichen Distanzierung durch den chef d'école selbst äußerten sich Anhänger der Neuen Richtung in den späteren Jahren wiederholt in demselben Geist, von dem auch schon *van Hamels* Festrede zeugte. Vor allem als in den ersten zwei Jahrzehnten unseres Jahrhunderts der alte Lombrosianismus praktisch jeglichen Anhang verlor, mußte seine angebliche Rolle als Initiator der Neuen Richtung nicht selten als das einzig Gute herhalten, was sich zum Schluß noch mit viel Mühe und Not über *Lombroso* sagen ließ! Selbst unser so kritischer *Bonger*, der in seiner Einleitung zur Kriminologie von 1932 die Lehre der italienischen Schule voll und ganz in Stücke zerreißt[6], hält letztlich „die Verdienste von Lombroso auf dem Gebiet des Strafrechts für außergewöhnlich groß; er hat eine Umkehr mit unabsehbaren Folgen veranlaßt"[7].

Zum Schluß noch zwei neuere Beurteilungen: Gerhard *Simson* zeigt in seiner Abhandlung über *Lombroso* von 1951 eine viel differenziertere Sicht der Sache, meint aber dennoch: „Obwohl er von den Juristen überwiegend abgelehnt und von so vielen Zeitgenossen verlacht wurde, hat er, fast ohne daß man es bemerkte, der modernen Kriminalistik eine neue Richtung gegeben ... etc."[8]. Bemerkenswert ist dagegen auch, daß in der gründlichen Lombroso-Studie von *M. Wolfgang* aus dem Jahre 1960[9] *Lombroso* als angeblicher Vater der Neuen Richtung mit keinem Wort erwähnt wird, was um so auffallender ist, weil dieser Aufsatz den Verdiensten *Lombrosos* voll gerecht wird.

Lombroso selbst hat die ihm zugeschriebene Vaterschaft sicher nicht als selbstverständlich hingenommen. Er ist niemals Mitglied der IKV geworden und seine Anhänger verschonten in ihrer Fachzeitschrift die Neue Richtung mit ihrer Kritik nicht[10].

[5] ZStW, Bd. XIII, 1893, S. 325ff. Auch in: Strafrechtliche Aufsätze und Vorträge (im weiteren abgekürzt AuV) II, 1905, S. 33.
[6] Inleiding tot de Criminologie, 1. Aufl., 1932, S. 79—110.
[7] ebenda, S. 107.
[8] In: Fünf Kämpfer für Gerechtigkeit, 1951, S. 138.
[9] In: *H. Mannheim* (Hrsg.): Pioneers in Criminology, 1960, S. 168—227.
[10] Siehe darüber *von Liszt* selbst in: AuV II, S. 36.

Wie beurteilte nun die Hauptfigur, *von Liszt*, diese Entstehungsgeschichte eigentlich? In der Schrift, die den Grundstein für seine späteren Arbeiten zur Reform der strafrechtlichen Einsichten legte — seiner berühmten Rede: Der Zweckgedanke im Strafrecht, eher bekannt unter dem Namen „Das Marburger Programm", von 1882[11] —, sieht er als Ursache der aufgekommenen Neuorientierung vor allem „das wachsende Entsetzen über die in der Kriminalstatistik zum unwiderlegbaren Ausdrucke gelangende Ohnmacht der doktrinären Strafrechtspflege"[12], eine Art Volksbewegung also, die an erster Stelle in juristischen Kreisen hervortrat. Als unmittelbarem Anlaß mißt er dann auch noch der Veröffentlichung „Gegen die Freiheitsstrafen" große Bedeutung zu, mit der *Mittelstädt* 1879 Benzin in das Feuer goß, indem er darlegte, daß diese Strafen nicht ausreichend abschreckend, dabei überhaupt nicht bessernd wirkten und somit keinen Schutz für die Sicherheit des Zusammenlebens vor verbrecherischen Elementen bieten würden. „Sie war ein Aufruf zum Kampf", meint *von Liszt* von dieser Broschüre, „und dieses Ziel hat sie erreicht. Seit 1879 ist der Kampf auf der ganzen Linie entbrannt"[13]. Daß auch außerhalb Deutschlands, namentlich in Italien, wohl etwas vorgeht, wird beiläufig mit einer freundlichen Anerkennung der jungen anthropologischen Schule nur gestreift, die „mit jugendlichem Ungestüm in der Verwertung kaum gefundener Resultate, aber auch mit jugendlicher Kraft und Begeisterung den Kampf gegen die klassische Kriminalistik aufgenommen (hat)". Er spricht, und bestimmt *nicht* mit Zustimmung, über die „revolutionären Ansichten der Italiener" und kommt letztlich zu dem Schluß: „Es unterliegt keinem Zweifel, daß die ganze Bewegung in Deutschland so gut wie in Italien vorläufig noch nicht zur Klärung gelangt ist"[14]. Der Tenor ist deutlich: zwei Bewegungen *neben*einander, die deutsche ein wohlüberlegtes Reformwerk von Juristen, die italienische eine bei weitem nicht immer gehörig verantwortete revolutionäre Mache von Psychiatern, Anthropologen und ein paar juristischen Mitläufern. Daß eine solche Bewegung sich nur unter den Fittichen des Strafrechts entwickeln kann, wenn sie Sinn haben und zu Resultaten führen soll, steht für *von Liszt* ohne weiteres fest: „Unserer Wissenschaft gebührt die Führung in diesem Kampfe"[15].

[11] Die Rede wurde 1882 als sogenannte Universitätsschrift publiziert. Sie wurde erneut gedruckt in Bd. III der ZStW (1883) und 1905 in AuV I, S. 126—179.

[12] AuV I, S. 129.

[13] AuV I, S. 130. *Von Liszt*s Neigung zu diesem abscheulichen fast unverhohlen sadistischen Pamphlet hat glücklicherweise Schranken. Er nennt es „vielleicht zu schroff und sicherlich zu einseitig".

[14] AuV I, S. 131.

[15] AuV I, S. 178.

Gut zehn Jahre später, in dem Gutachten für die allgemeine Versammlung der IKV 1893, ist von dieser freundlich-abwartenden distanzierten Haltung keine Rede mehr. Mit barschem Ton wird festgestellt: „Wir haben wertvolle Jahre verloren mit dem umhertappenden, dilettantischen Suchen nach dem anthropologischen Kennzeichen des delinquente nato und seiner minder gefährlichen Vettern. Heute ist der Traum von dem ‚Verbrechertypus' ausgeträumt und wir sind zur nüchternen Wirklichkeit zurückgekehrt"[16].

Der Endpunkt in dieser Entwicklung des Denkens *von Liszt*s über diese Materie liegt ungefähr in der Zeit seines 1898 in Dresden gehaltenen Vortrags, wo er im Gespräch über die Kriminalätiologie seiner Überzeugung Ausdruck verleiht, „daß die gesellschaftlichen Faktoren ungleich größere Bedeutung für sich in Anspruch nehmen dürfen als der individuelle Faktor"[17].

So weit diese gegensätzlichen, mehr beispielhaft ausgewählten Meinungen über das Verhältnis der Neuen Richtung im Strafrecht zu der italienischen Schule, wie es insbesondere die Zeitgenossen selbst gesehen haben. Beurteilt man dies alles aus der Sicht eines Abstandes von mehr als 85 Jahren, die uns von dem Marburger Programm trennen, dann reizen die gegenläufigen Äußerungen zu dem Versuch einer Rekonstruktion, wie und unter welchen Umständen die Neue Richtung nun *wirklich* ins Leben und dann zur Blüte gelangte. Wenn wir dabei davon ausgehen, daß nach übereinstimmender Meinung *von Liszt* hierbei eine überragende Rolle gespielt hat — wobei es nicht darauf ankommt, ob man ihn, wie *Radbruch*, als einen Gelehrten von genialer Originalität[18] sieht oder, bezugnehmend auf *Binding*s maliziöses Urteil, als den „Ritter der Entlehnungen" —, dann zerfällt diese Fragestellung in zwei Teile:

1. Welches kulturelle Klima herrschte im letzten Viertel des 19. Jahrhunderts, der Zeit, in der diese neuen Gedanken zur Entwicklung kamen?
2. Wie erlebte und interpretierte dieser Gelehrte, *von Liszt*, die Zeit, die *seine* Zeit war?

Bei der ersten Frage müßte dann noch unterschieden werden zwischen der kulturellen Kennzeichnung der „gebildeten Welt", wie

[16] AuV II, S. 89.
[17] AuV II, S. 235.
[18] Sein Aufsatz „Franz von Liszt — Anlage und Umwelt", 1938 in der 1. Auflage des Sammelbandes: Elegantiae juris criminalis publiziert und wieder abgedruckt in der 2. Ausgabe von 1950 (S. 208—232) gehört noch immer zu dem schönsten, was über *von Liszt* geschrieben worden ist. Es war 1938 überdies eine sehr mutige Tat, diesen lobenden Aufsatz zu veröffentlichen, weil das Werk *von Liszt*s in den Augen der Nationalsozialisten mißfiel, was übrigens bestimmt nicht für ihr Unterscheidungsvermögen spricht.

sie gewöhnlich mit einem gewissen Hochmut genannt wird, und dem Teil davon, in dem *von Liszt* lebte und wirkte: dem deutschsprachigen Teil von Mitteleuropa.

Zu 1) Die Hoffnung auf eine bessere und glücklichere Welt, die durch die Französische Revolution in den Herzen der Menschen geweckt und während vieler Jahre trotz Rückschläge und Enttäuschungen am Leben geblieben war, wurde unter Mitwirkung des bisher unbekannten technischen Fortschrittes zur Gewißheit über eine bessere Welt, die gewissermaßen „just around the corner" (*Taylor*) zum Greifen naheliegt, wenn die Menschheit nur den Mut dazu aufbringen will: die Welt, in der „alle Menschen weise" sind, der bien-pensant das Maß aller Dinge bildet und das zweckgerichtete Handeln im Hier und Jetzt Richtlinie für das menschliche Dasein abgeben soll.

In ein solches Weltbild paßt kein Verbrechertum. Die während zahlloser Jahre hingenommene „Erklärung" des Verbrechens als Unheil, das willkürlich einem auf das Übel gerichteten Willen entsprossen ist — aber doch als typisch menschlich einzustufen war! —, reichte nicht mehr aus. Trotz der beruhigenden Gewissenhaftigkeit bei der Festlegung des Verbrechens in Tatbeständen beginnt die Kriminalität mehr und mehr den Charakter eines ärgerniserregenden corpus alienum zu erlangen. Und wenn „die Welt der Paragraphen" durch die hierdurch aufgeweckte Unruhe anscheinend nicht zu einer Antwort herausgefordert werden kann, *dann* wendet man sich von den Taten zu den *Tätern*, zu denen, die durch ihr Dasein Spott mit dem festen Glauben an den Fortschritt, der gerade für diese Zeitspanne so überaus kennzeichnend ist, zu treiben scheinen.

Es ist eine der sonderbarsten Folgen des Wohlwollens, das man für *Lombroso* und seine Lehre wohl hegen wollte, seit sie nicht mehr für gefährlich gehalten wurden, daß diese sogenannte „Wendung von der Tat zum Täter" von vielen noch immer als Sternstunde der Kriminologie angesehen wird. Das war sie am allerwenigsten: es war lediglich der Zeitpunkt, an dem Gelehrte von Rang einer beunruhigten Bürgerschaft[19] die Mittel in die Hand gaben, um mit einem Schlag den Verbrecher in seinem angeblichen „wahren Sein" zu entlarven und

[19] Wenn *von Liszt* über „das Volk" spricht oder schreibt, meint er damit immer: den entwickelten bien-pensant, der zugleich als Repräsentant und Beschirmer des „guten" (lies: unmündigen) Volkes auftritt. Vgl. z. B. AuV II, S. 23, wo er in zwei aufeinanderfolgenden Sätzen die Worte „aus dem Volke "und „an das gebildete Volk" gebraucht, erkennbar ohne sich zu realisieren, daß dies nicht dasselbe ist! Darum scheint mir das Wort „Bürgerschaft" noch am geschicktesten, um wiederzugeben, daß es hier um die „Mittelklasse" geht.

ihn als „Untermenschen" in den Orkus zu schleudern. So konnte am zweckmäßigsten das Gespenst beschworen werden, das schon in den dreißiger Jahren jenes Jahrhunderts durch *Quetelet* angerufen worden war, als er in einer Stellungnahme über die gesetzmäßige Bestimmtheit von „le budget effrayant de la criminalité"[20], das die Gesellschaften jedes Jahr vorgelegt bekommen, implizit die Möglichkeit eines Zusammenhangs zwischen *diesen* Gesellschaften und dieser Gesetzmäßigkeit unterstellte. In diesem Licht besehen gewinnt die These an Wahrscheinlichkeit, die *Lindesmith* und *Levin* in ihrer äußerst kritischen Würdigung des Lombrosianismus als Produkt seiner Zeit äußerten und die lautet: „It may be that the theory of the born criminal offered a convenient rationalisation of the failure of preventive effort and an escape from the implications of the dangerous doctrine that crime is an essential product of our social organization. It may well be that a public, which had been nagged for centuries by reformers, welcomed the opportunity to slough off its responsibilities for this vexing problem"[21].

In dem jungen deutschen Kaiserreich sieht man in den siebziger und achtziger Jahren die Ära des orthodoxen Liberalismus ihrem Ende entgegeneilen. Zwar ist der Sozialismus durch zwei schnell aufeinanderfolgende Anschläge auf den Kaiser im Jahre 1878 kompromittiert und in der Folgezeit durch Bismarck mit dem unter Mitwirkung der hierdurch geweckten allgemeinen Entrüstung durchgedrückten Antisozialistengesetz geknebelt; dennoch entwickelt er sich für die, die Augen haben zu sehen, zu einer Macht, mit der selbst ein Staat rechnen muß, in dem der Reichstag nicht mehr Einfluß ausüben kann, als ihm das Wohlwollen des Eisernen Kanzlers gestattet. Empfindlicher für „the wind of change" als viele seiner Zeitgenossen und nach 1879 primär auf Konsolidation und Aufrechterhaltung des Friedens ausgerichtet, reorientiert Bismarck seine Innenpolitik in Richtung auf einen Sozialkonservatismus, der dem Sozialismus den Wind aus den Segeln nehmen muß. *Taylor* faßt in seiner fesselnden Bismarck-Biographie diese spektakuläre Kursänderung wie folgt zusammen: „. . . he would win over the Social-democrats — not certainly by appealing to their leaders, whom he was persecuting and sending to prison, but by a constructive social programme, which he hoped would detach the working-class voters from the Social-Democra-

[20] „Physique sociale", I, 1869, S. 96. *Quetelet* lenkt die Aufmerksamkeit darauf, daß er hier einen Ausspruch wiederholt, den er schon viel früher getan hat.

[21] *A. Lindesmith* und *Y. Levin* „The Lombrosian myth in criminology" in: American Journal of Sociology, 1937, S. 670.

tic party." Daß es hier keineswegs um einige unabhängige politische Schritte, sondern um einen sehr ernst gemeinten (wenn auch zum Schluß mißglückten) Versuch ging, ein von seinen Führern losgelöstes sozialistisches Elektorat wieder gehorsam hinter die gefestigte Linie der Macht zu bringen, wird von *Taylor* nachdrücklich betont: „The system of Social Insurance which Bismarck inaugurated in 1881 and completed in 1889 just before his fall would be enough to establish his reputation as a constructive statesman even if he had done nothing else"[22].

Zu 2) Franz *von Liszt* wurde am 2. März 1851 in Wien geboren; 1879 verließ er sein Geburtsland und kehrte dorthin nicht mehr mit festem Wohnsitz zurück. Er kam in einem Kaiserreich zur Welt, das im Niedergang begriffen war; in dem österreichischen Katastrophenjahr 1866 war er 15 Jahre alt. 1869 nahm er das Jurastudium in Wien auf. Er fand hier brillante Lehrmeister, von denen verschiedene ihn in seinem späteren Leben und Wirken tief beeinflußt haben. Unter den Studenten traf er zudem auf ein bewegtes politisches Leben, das sich scharf und kritisch gegen die offiziellen, anti-preußischen, österreichisch-nationalen Standpunkte abhob und durch die Figur von Bismarck angeregt wurde, dessen Stern 1870 den Zenith erreichte; mehr und mehr gestaltet es sich zu der Idee, die wir Jahrzehnte später und unter Umständen, von denen damals *von Liszt* wahrscheinlich nicht einmal geträumt haben wird, als den rauhen Schlachtruf kennengelernt haben: Ein Volk, ein Reich, ein Führer. In einer leitenden Stellung innerhalb der einflußreichen deutschnationalen Gruppe der Wiener Studenten bildet er sich zu einem politisch denkenden Juristen mit einem besonderen Interesse für das Strafrecht und dessen Anwendung heran[23].

Anfänglich bewegten sich die politischen und die wissenschaftlichen Interessen *von Liszts* noch unabhängig voneinander. Im erstgenannten Bereich bleibt Bismarck für ihn das glühend verehrte Ideal[24] und der Gedanke an „das große (in dem Sinne von: alle Deutschsprechenden umfassende) Vaterland" zentral. In dem letztgenannten Bereich erlaubte ihm sein glänzender Intellekt, die Schwierigkeiten des dogmatischen Strafrechts im Handumdrehen zu beherrschen und sich dann mit um so größerem Interesse den neuen

[22] *A. J. P. Taylor*: Bismarck, the man and the statesman, 1955, S. 202.

[23] Viel hat hierzu das Vorbild beigetragen, das sein Vater, der das Amt des „Generalprokurator beim Obersten Haupt- und Kassationshof" bekleidete, ihm gab. Vgl. *Radbruch*, a. a. O., S. 214. Eines seiner Bücher ist „dem Vater und Lehrer" gewidmet!

[24] Vgl. *K. von Lilienthal*, „Franz von Liszt †", in: ZStW, Bd. 40, 1919, S. 542.

Ideen zuzuwenden, die dem Strafrecht eine dritte Dimension zufügen sollten. Insbesondere hat sein Strafrechtslehrer Emil *Wahlberg*, einer der damals noch wenigen Rechtsgelehrten, die sich über das Problem der wiederkehrenden Straffälligkeit beunruhigten und darüber nachdachten[25], hierzu viel beigetragen.

Nach Abschluß seines Studiums in Wien und seiner Habilitation 1875 in Graz war er als Privatdozent in Graz tätig und wurde ein enger Freund des forensisch stark interessierten Psychiaters *von Krafft-Ebing*[26]. 1879 nahm er sein erstes Ordinariat für Strafrecht an der Universität Gießen an. Hier blieb er drei Jahre bis 1882, es sind die Jahre, in denen Bismarck die deutsche Außen-, vor allem aber die Innenpolitik entscheidenden Kursänderungen unterzieht. Der sozialkonservative Paternalismus, den Bismarck zur Richtschnur seiner Innenpolitik machte, wird sicher schon allein durch das Milieu, dem *von Liszt* entstammte (nämlich der hohen österreichischen Beamtenwelt), viel Anziehendes für ihn gehabt haben. Der Gedanke, daß die führenden Regenten für das Wohlsein des „braven Volkes" verantwortlich seien, ist nämlich, auch wenn da allzuoft die schöpferische Sichtweise fehlte, gerade für den österreichischen hohen Beamten der Kaiserzeit stets charakteristisch gewesen[27]. In dieser Zeit kristallisiert sich in der Vorstellung *von Liszt*s der Gedanke einer breit angefaßten *sozialen* Politik heraus; ein wichtiger Teil davon ist, was er damals und auch später stets mit dem Begriff Kriminalpolitik bezeichnete: eine Strafrechtshandhabung und -anwendung, die sich vor allem auf den Schutz des „guten" Volkes gegen „den Verbrecher" richten sollte. Aus dieser Überzeugung ging 1882 das bereits erwähnte Marburger Programm hervor.

Wir sind heute so sehr an die Figur des talentierten Gelehrten gewöhnt, der obendrein in der aktiven Politik eine bedeutende Rolle spielt, daß es für uns gewiß sehr schwierig ist, uns in das kulturelle Klima der achtziger Jahre des 19. Jahrhunderts zurückzuversetzen, als der an der Politik interessierte und mehr noch der aktiv politisch tätige Hochschullehrer von vielen einfach nicht anerkannt wurde[28]. *Radbruch*s Schlußfolgerung: „Parteipolitik war für jene Gelehrtengeneration noch ein anrüchiges Geschäft" — gilt für das deutsch-

[25] *Radbruch*, a. a. O., S. 214/115.
[26] *von Lilienthal*, a. a. O., S. 535/536.
[27] Vgl. *A. J. P. Taylor*: The Habsburg monarchy, 1961, S. 38—40.
[28] Die Niederlande waren in dieser Hinsicht bestimmt progressiv. Zu Recht stellt *L. J. Rogier* fest: „Der Professor als Mitführer unseres politischen Denkens und Tuns ist so alt wie das Königreich" (in: Herdenking van *P. Geyl*, Mededelingen Koninklijke Nederlandse Akademie van Wetenschappen, Neue Folge, Band 30, Nr. 12, S. 20).

sprechende Kulturgebiet sicherlich. Dieser Umstand kann erklären, daß *von Liszt* seine sozialpolitischen Gedanken über die Kriminalitätsbekämpfung in Thesen kleidete, die sich für ihn als Strafrechtsgelehrten aus seinen strafrechtswissenschaftlichen Ansichten ergaben. *Radbruch* ist sogar der Meinung, daß er sich dessen vielleicht nicht ganz bewußt gewesen ist, fällt aber gleichwohl ein nach meiner Vorstellung zu hartes Urteil über diesen Bereich von Unwahrhaftigkeit, in dem sich nicht nur *von Liszt*, sondern auch seine mitkämpfenden Strafrechtskollegen bewegten: „Man verschloß sich der Einsicht, daß auch Kriminalpolitik Politik sei, und kämpfte den eminent politischen Kampf um die Strafrechtstheorien und die Strafrechtserneuerung unter pseudo-wissenschaftlichen Masken aus"[29]. Im Hinblick auf die Arbeit *von Liszt*s als Strafrechtsgelehrter muß dieses Urteil meines Erachtens als ungerecht angesehen werden. Überdies darf in diesem Zusammenhang sicher nicht unerwähnt bleiben, daß *von Liszt*, als er nach dem Fall seines Idols Bismarck in zunehmendem Maße an der unsachverständigen Führung von Wilhelm II. zu verzweifeln begann, es als Mann in schon gereiftem Alter, Hochschullehrer von Weltrang (seit 1899 zu Berlin) und Leiter eines großen Instituts, nicht für unter seiner Würde hielt, noch auf der Schulbank der aktiven Politik als Mitglied des Gemeinderats der Berliner Vorstadt Charlottenburg für eine links von den Liberalen stehende bürgerlich-demokratische Gruppe Platz zu nehmen, die ihn im weiteren Verlauf erst in den preußischen Landtag und zum Schluß in den Reichstag brachte[30].

Die zu Beginn meiner Darlegung zitierte Meinung *von Liszt*s über die Bedeutung von *Lombroso* und seiner Schule wird auf dem Hintergrund von *von Liszt* als homo politicus, wie ich ihn hier oben zu skizzieren versuchte, viel verständlicher. Es ist die Zurückhaltung eines vorsichtigen Liberalen aus sehr gutem Hause, der in einem solchen revolutionären, zu Extremen neigenden Auftreten wie dem der italienischen Schule kein Heil sieht. Überdies zeichnen sich vor diesen rationalen politischen Überlegungen die beiden so stark gegensätzlichen Persönlichkeiten in ihrer beiderseitigen Position deutlich ab. Nicht zu Unrecht faßt *Simson*, der *von Liszt* ganz charakteristisch „eine Persönlichkeit der bewußten Beschränkung auf Erreichbares" nennt, treffend zusammen: „Lombroso war zwar die reichere Begabung, doch Liszt war der stärkere Geist![31]"

[29] *Radbruch*, a. a. O., S. 212.

[30] *von Lilienthal*, a. a. O., S. 542. Er gehörte zur Freisinnigen Partei, einer Gruppierung, die zu der bürgerlichen linken Seite gerechnet werden kann. Vgl. *R. von Hippel* „Franz von Liszt †", in: ZStW, Bd. 40, 1919, S. 532.

[31] *Simson*, a. a. O., S. 145.

Bei dem Versuch, zu einem Urteil darüber zu gelangen, was *von Liszt* für die Entwicklung der *Kriminologie* bedeutet hat, muß zunächst festgestellt werden, daß die großartige Konzeption, die „gesamte Strafrechtswissenschaft", von der er träumte, eine Kriminologie unterstellte, die in ein strafrechtliches Ganzes eingefügt werden kann, um dieses erneuerte Strafrecht der Verwirklichung einer Kriminalpolitik dienstbar machen zu können, die ein wahres Abbild der sozialen Politik sein könnte. Es wäre darum zu erwarten gewesen, daß *von Liszt* an den Entwurf eigener kriminologischer Grundsätze herangegangen wäre mit dem Ziel, eine bessere Integration zu gewährleisten als sie mit den juristisch so schwer zu verdauenden Brocken *Quetelet* und *Lombroso* möglich gewesen wäre, der erste unbrauchbar durch seinen Fatalismus[32], der letztere durch seinen Extremismus. Im Marburger Programm aber ist ein selbständiges Durchdenken der kriminologischen Problematik nicht zu entdecken. In der Überzeugung, daß jede Kriminalpolitik in ihrer Anwendbarkeit mit der Art und Weise steht und fällt, in der das für ihre Realisierung wesentlichste Mittel, nämlich die *Strafe*, eingesetzt wird, konzentriert *von Liszt* sich in erster Linie auf die Wirkung, welche von der Strafe in seinem kriminalpolitischen System ausgehen *soll*. Er umschreibt sie kurz und bündig: „Besserung, Abschreckung, Unschädlichmachung: das sind demnach die unmittelbaren Wirkungen der Strafe; die in ihr liegenden Triebkräfte, durch welche sie den Schutz der Rechtsgüter bewirkt"[33].

[32] Über die Frage, ob *Quetelet* tatsächlich fatalistisch dachte oder ob er bei seiner Neigung zur romantischen Dramatik sich nur auf eine Weise ausdrückte, die diese Meinung entstehen lassen konnte, ist viel gestritten worden. *Bonger* will ihn nicht als einen Fatalisten sehen, aber das von ihm wiedergegebene ausführliche Zitat aus „Physique sociale" I, S. 95/97 läßt meines Erachtens keinen anderen Schluß zu, als daß *Quetelet* das Verbrechen als tragisches Schicksal ansah, das jede Gesellschaft, wie auch immer sie organisiert ist, hinnehmen muß, weil es in der Struktur der Gesellschaft selbst verwurzelt liegt. *Bongers* Auffassung, daß sich aus dem Zitat gerade das Gegenteil ergebe, scheint mir schwach auf einer anfechtbaren Übersetzung des französischen Textes zu fußen (vgl. Inleiding tot de Criminologie, 1954, S. 63—66).

Daß *von Liszts* Interesse für die Kriminalstatistik stark von *Quetelet* beeinflußt ist, wird nach meiner Meinung zu Recht von *R. Wassermann* (Die Entwicklungsphasen der kriminalstatistischen Forschung, 1927, S. 68ff.) angenommen. *Wassermanns* Meinung aber, daß *von Liszt* sich mit kriminalstatistischen *Untersuchungen* beschäftigt habe, scheint mir unrichtig. Er gebrauchte veröffentlichtes statistisches Material zum Aufbau seiner Darlegung (was übrigens zu dieser Zeit unter Strafrechtswissenschaftlern noch wenig üblich war). Typisch in dieser Hinsicht ist sein Beitrag zur Gießener Festschrift (1907) mit dem Titel: Das Problem der Kriminalität der Juden, S. 371—379, der vollständig auf Untersuchungsergebnissen von *Lindenau* und *Wassermann* beruht, die von ihm lobend erwähnt werden.

Die wissenschaftliche Frage, ob und wie weit sich aus Untersuchungen ergibt, daß von der Strafe, insbesondere von der Freiheitsstrafe, tatsächlich diese Wirkung ausgeht, ist (noch) nicht an der Reihe. Dies hindert ihn aber nicht daran, aufbauend auf die unterstellte Richtigkeit dieser Unterscheidung hinsichtlich der Wirkung der Freiheitsstrafe das Vorhandensein von drei Kategorien von Delinquenten zu postulieren: die „besserungsfähigen und besserungsbedürftigen"; die durch Abschreckung einzuschüchternden Delinquenten, die keiner „Besserung" bedürfen; und die „unverbesserlichen", für die ausschließlich Unschädlichmachung in Betracht kommt[34]. Ein Versuch, den moralisierenden Begriff „Besserung" kriminologisch operabel zu machen, wird nicht unternommen; erst Jahre später, 1896, wird er und dann noch mehr oder weniger en passant auf „Erziehung zu rechtlicher Lebensführung" begrenzt, wobei die Freiheitsstrafe nur insoweit günstig wirken kann, „als es sich um Gewöhnung an regelmäßige, ehrliche Arbeit handelt"[35].

Sehr kräftigen Nachdruck legt *von Liszt* in seiner Schrift auf die Gefahren, die der Gesellschaft von der Seite der „Unverbesserlichen" drohen. Die für den modernen Kriminologen so bedeutsame Erfahrung, daß die Behandlung von Delinquenten in ihren auf Resozialisierung gerichteten Aspekten eine dynamische Angelegenheit ist, findet bei *von Liszt* keinen Raum, und selbst noch Jahre später wird die hierauf anspielende Unterscheidung, die von einigen zwischen „unverbesserlich" und „ungebessert"[36] vorgenommen wird, ungeduldig als ein unbedeutender Streit um Worte vom Tisch gefegt. Die „Unverbesserlichen" werden beschrieben als „das Heer der grundsätzlichen Gegner der Gesellschaftsordnung, als dessen Generalstab die Gewohnheitsverbrecher erscheinen"[37]. Eine Vertiefung der wissen-

[33] AuV I, S. 164. [34] AuV I, S. 166. [35] AuV II, S. 209.

[36] AuV II, S. 18. In unserer Zeit wird der Unterschied zwischen der moralisierenden Qualifikation „unverbesserlich" und dem forensisch-therapeutischen „unbehandelbar", d. i. vorläufig mit den *uns* zur Verfügung stehenden Mitteln (noch) nicht therapeutisch heranzukommen, als grundlegend wichtig angesehen!

[37] AuV I, S. 167. Es ist begreiflich, daß solche Aussprüche gerade bei *von Liszts* kommunistischen Kritikern tiefe Entrüstung hervorgerufen haben. Vgl. *J. Renneberg*: Die kriminalsoziologischen und kriminalbiologischen Lehren und Strafrechtsreformvorschläge Liszts und die Zerstörung der Gesetzlichkeit im bürgerlichen Strafrecht, 1956, S. 39, der, und das nicht zu Unrecht, bemerkt: „Mit diesen, den bornierten Bourgeois und Spießern aus der Seele gesprochenen Behauptungen identifiziert Liszt die Arbeiterklasse mit dem Lumpenproletariat" (nach der Definition von *Engels* „der Abhub der verkommenen Subjekte *aller* Klassen, der sein Hauptquartier in den großen Städten aufschlägt").

schaftlichen Einsicht über diese Delinquenten und ihre unterstellte Gruppenbildung wird für wünschenswert gehalten, aber „wir dürfen nicht warten, bis diese Leistung zu Tage gefördert wird (sic). Und wir brauchen es nicht“[38]. Für diesen sogenannten Zustandsverbrecher verlangt *von Liszt* Festsetzung auf unbestimmte Zeit in der Form von „Strafknechtschaft mit strengstem Arbeitszwang und möglichster Ausnutzung der Arbeitskraft“; die Strafe muß einen „unbedingt entehrenden Charakter“ tragen[39].

Der einzige Unterschied in der Sichtweise des Psychiater-Anthropologen *Lombroso* und des Strafrechtsgelehrten *von Liszt* über diese sog. Truppe der „Unverbesserlichen“, der erwähnt werden kann, liegt darin, daß der erstgenannte zumindest versucht zu erklären, *warum* die Truppe besteht, während der letztgenannte dies einfach für unnötig hält. Die Konsequenzen, welche im Zusammenhang mit dem Schutz der Gesellschaft gezogen werden, sind bei beiden vollkommen gleich, ebensosehr zeitgebunden und ohne Bewußtsein von der Möglichkeit, daß sie zu Entwicklungen führen könnten, die für die Gesellschaft, welche man beschützen wollte, einem sittlichen Selbstmord nahekommen würden. Es war unserer Generation vorbehalten, dies Letzte mit Entsetzen zu beobachten[40].

Wer der „Besserung“ bedarf und dafür in Frage kommt, muß nach dem Gedankengang *von Liszt*s „Besserungsanstalten“ anvertraut werden, die Arbeit und elementaren Unterricht als Therapeutica zur Verfügung haben. Die sogenannten Augenblicksverbrecher müssen durch die Freiheitsstrafe nur mit „einer gewissermaßen handgreif-

[38] AuV I, S. 167.

[39] AuV I, S. 170.

[40] Die große Bedeutung, die *von Liszt* immer der richterlichen Kontrolle der Anwendung der von ihm befürworteten Maßnahmen zur Sicherung der Gesellschaft beigemessen hat (vgl. *Radbruch*, a. a. O. S. 232), nicht achtend, verwirft *Renneberg* „die von den Verehrern Liszts aufgestellte Behauptung, daß das Naziregime aus dem Erbe Liszts etwas anderes gemacht habe, als es die Absichten Liszts gewesen seien“ (a. a. O., S. 116). *Radbruch*, der 1938 seinen Freund und Lehrmeister gegen die Vorwürfe aus dem Nazilager verteidigen mußte, daß er zu „liberal“ gewesen wäre, stellte anhand einer Anzahl von Äußerungen fest, die im Marburger Programm vorkommen (AuV I S. 170), daß diese wahrlich „nicht als endgültige Stellungnahme Liszts aufgefaßt werden (können)“, daß sie aber dennoch „zum Beweis der Grundrichtung der von Liszt eingeleiteten Reformbewegung dienen: eine in diesem Zeichen einer unerbittlichen Strenge begonnene Bewegung kann sich nicht wohl in ihrem weiteren Verlaufe in . . . die entgegengesetzte Richtung haltloser Weichherzigkeit umgewandelt haben“ (a. a. O., S. 229). Auch der von *Renneberg* zitierte Ausspruch von *Aschaffenburg* aus dem Jahre 1933: „Ich persönlich kann mich nicht davon überzeugen, daß ein autoritäres Strafrecht einen anderen Weg geht als die Lisztsche Schule“ (S. 118) ist vielsagend!

lichen Warnung" abgeschreckt werden, wobei beruhigend hinzugefügt wird: „Zehn Jahre sind mehr als genügend"[41]. Auch diese Gedanken weichen in ihrer globalen Skizzenhaftigkeit kaum von denen von *Lombroso* und seinen Anhängern über die Delinquenten ab, die nicht zu der Gruppe der geborenen Missetäter gerechnet werden können.

Muß man nun dieses kriminologisch wohl äußerst dürftige Ganze mit dem strengen Kritiker *Radbruch* als eine pseudo-wissenschaftliche Maske interpretieren, hinter der sich politische Ansichten verbergen? Nach meiner Auffassung bestimmt nicht. Ich kann darin nichts anderes sehen als den Beweis für die Behauptung, daß das Marburger Programm nicht als eine strafrechtliche Abhandlung und noch weniger als eine kriminologische anti-lombrosianische, sondern als eine *politische* Streitschrift beabsichtigt war.

Während 1882 der auf Sieg erpichte revolutionäre Expansionsdrang des Lombrosianismus noch eine Macht war, die der evolutionäre Politiker *von Liszt* zu Recht fürchten mußte, waren zehn Jahre später, 1892, im Bereich der wissenschaftlichen Kriminologie jedoch ansehnliche Änderungen eingetreten. Die Französische Schule setzte zu vollem Angriff an, und die Verhältnisse waren derart zerrüttet, daß die verbitterten, in die Defensive gedrängten Italiener den in jenem Jahr organisierten 3. Internationalen Kongreß für Kriminalanthropologie boykottierten, was nach den Worten des sarkastischen *Bonger* zu bedauern war, da sie sonst bei dem Begräbnis ihrer Lehre hätten dabei sein können. Einige Monate zuvor, im April 1892, widmete *von Liszt* in Budapest dem Thema „Die Zukunft des Strafrechts"[42] eine glänzende Rede, und dieses Mal blieb es nicht wie im Marburger Programm bei einigen nur beiläufigen freundlichen oder weniger freundlichen Bemerkungen über Kriminologie und Kriminologen. In einer forschen Attacke, die selbst jetzt noch bei der Lektüre fesseln kann, wird zunächst mit dem inzwischen gründlich veralteten orthodoxen Queteletismus und danach mit dem Lombrosianismus abgerechnet[43], wobei alle inzwischen im Druck erschienenen kritischen Argumente in gedrängter Zusammenfassung Revue passieren. Daran schließt sich eine kurze Beschreibung des kriminalpolitischen Glaubensbekenntnisses der inzwischen unter Führung *von Liszts* zu großer Blüte gekommenen IKV. Gefordert wird, daß die Obrigkeit „zielbewußter als bisher, rücksichtsloser als bisher das Verbrechen und das Verbrechertum bekämpfe". Das Verbrechen wird definiert als „not-

[41] AuV I, S. 172/173.
[42] AuV II, S. 1—24.
[43] AuV II, S. 5—8 und 8—14.

wendiges Produkt aus der den Verbrecher umgebenden Gesellschaft und den wirtschaftlichen Verhältnissen einerseits und aus der Eigenart der Individualität des Verbrechers andererseits, welche teils angeboren, teils durch Entwicklung und Lebensschicksale erworben ist"[44]. Diese Ortsbestimmung des Verbrechens als Erscheinung, die als eine authentische Formulierung vorgebracht ist, ist — und ich weiß, daß ich mich hier zu schwach ausdrücke — deutlich von der wertvollen Modifikation inspiriert, die *Ferri* bereits 1881 an der Theorie seines Lehrmeisters *Lombroso* angebracht hatte, als er dessen monokausale Sichtweise durch die dreiteilige Plurikausalität von anthropologischen, physischen und sozialen Faktoren erweiterte, die zusammen das Verbrechertum ins Leben rufen würden[45]. Wenn man nun von der sehr angefochtenen[46] und zum Schluß auch von *Ferri* selbst aufgegebenen selbständigen kausalen Bedeutung der physischen Faktoren absieht, dann bleibt als Kern der genialen Ergänzung von *Lombroso* durch *Ferri* genau das übrig, was in dem hier besprochenen Beitrag *von Liszt*s durch diesen als eigene Leistung hingestellt wird. Wenn man dann hinzu noch feststellen muß, daß in dem darauf folgenden Angriff *Ferri* und sein Lehrmeister *Lombroso* über einen Kamm geschoren werden, wird es begreiflich, daß *Ferri*, wie *Radbruch* auf Gewähr von *Daniel* berichtet[47], oft mit Verbitterung über die Behandlung sprach, die ihm in Deutschland widerfuhr! Selbst wenn *Radbruch* mit Recht im Hinblick auf diesen Punkt bei *von Liszt* eine gleiche politisch motivierte Zurückhaltung annimmt wie die, welche ihn von *Lombroso* Distanz halten ließ, kann meines Erachtens *von Liszt* der Vorwurf einer wissenschaftlich unannehmbaren Unfairneß hier nicht erspart werden. Wie es sich auch verhalten mag, man kann feststellen, daß der politische Instinkt *von Liszt*s ihn nicht im Stich ließ und er sicher nicht fehlging in der Annahme, daß *Ferri*, der Vater der Richtung, die sich einige Jahre später als sogenannte bio-soziologische Schule in der Kriminologie konstituierte, die Zukunft bestimmte. Denn es war diese Richtung, die aus der ruinösen Abnutzungsschlacht zwischen den Anhängern der anthropologischen und soziologischen Schule hervorging und eine Position eroberte, von der *Bonger* vierzig

[44] AuV II, S. 3.

[45] Siehe seine „I nuovi orrizonti del diritto e della procedura penale", 1881, in der 3. Aufl. (1884) umgenannt in „Sociologia criminale" (franz. Übersetzung 1893: La sociologie criminelle). Ausführlich über *Ferri* und seine Bedeutung *K. H. Hering*: „Der Weg der Kriminologie zur selbständigen Wissenschaft", 1966, S. 60—75.

[46] Siehe z. B. *Bonger:* Inleiding tot de criminologie, 3. Aufl., 1954, S. 145—148.

[47] ebenda, S. 223 Anmerkung.

Jahre später mit Bedauern, aber zu Recht sagte, daß sie zur herrschenden Auffassung geworden war[48]. Wollte *von Liszt* sein Hauptziel: die Schaffung einer Kriminalpolitik auf der Basis eines — wie er es selbst ausdrückt — rücksichtslosen Kampfes gegen den unverbesserlich kriminellen Untermenschen[49], erreichen, dann war, politisch gesehen, der Anschluß an den nach oben strebenden kriminologischen Trend um so mehr geboten, wenn er nicht riskieren wollte, daß seine Konzeption das gleiche Los teilte, das dem Schulenstreit zufiel: Verfall zu unbedeutenden Schreibereien und Reibereien.

Als *W. A. Bonger* in seiner berühmt gewordenen Dissertation „Criminalité et conditions économiques" von 1905, die aber großenteils bereits 1902 als Antwort auf eine 1899 durch die Juristische Fakultät der Gemeinde-Universität von Amsterdam ausgeschriebene Preisfrage eingereicht worden war, u. a. eine Beurteilung der Standpunkte *von Liszts* geben mußte, ordnete er ihn auf Grund seiner Abhandlung „Die gesellschaftlichen Ursachen des Verbrechens" [50] ohne weiteres unter die Anhänger der von ihm verworfenen bio-soziologischen Richtung ein[51]. Damit schien für den großen, allerdings in seinen wissenschaftlichen Auffassungen starren Begründer der Kriminologie in den Niederlanden die Sache abgetan. *Bonger*, der selbst sein Leben lang seiner ursprünglichen marxistischen Grundauffassung

[48] Inleiding tot de criminologie, 1. Aufl. 1932, S. 163.

[49] Die Auffassung, die Obrigkeit solle bei der Verbrechensbekämpfung „rücksichtslos" zu Werke gehen, kann Erstaunen erwecken, da man ihr bei einem Autor begegnet, bei dem einer der am meisten bekannten und zitierten Aussprüche Bezug nimmt auf die Bedeutung des Strafgesetzes als die „Magna Charta des Verbrechers". *Von Liszt* hat dieses Wort das erste Mal in einem Aufsatz von 1893 (AuV II, S. 25ff.) verwendet, wobei er als Erklärung hinzufügt: „Das Strafrecht ist die rechtlich begrenzte Strafgewalt des Staates" (S. 60). Weil sein Magna Charta-Vergleich Kritik hervorrief, kam er darauf noch im selben Jahr zurück (AuV II, S. 75ff.). Er wiederholte seine bereits gegebene Erläuterung, doch fügte er hinzu: „Das Strafrecht ist die unübersteigbare Schranke der Kriminalpolitik" (S. 80). Die Bedeutung dieser Aussprüche beschränkt sich tatsächlich auf die Feststellung, daß nicht *alles* erlaubt ist im Kampf des Staates gegen den Verbrecher. Sie sagen nichts darüber aus, was innerhalb dieser Schranken *wohl* erlaubt ist. Die hier gemeinten Aussprüche bedeuten also nicht, daß *von Liszt* den Verbrechern Rechte zuerkennen wollte, sondern nur, daß er Grenzen für die Befugnisse gegenüber dem Verbrecher anerkannte. Er weist darum Willkür und unbeschränkte Machtausübung durch den Staat ab, aber das will nicht sagen, daß er ein Gegner eines „autoritären Strafrechts" gewesen wäre! In diesem Zusammenhang bleibt die in Anmerkung 40 zitierte Äußerung von *Aschaffenburg* aus dem Jahre 1933 von Bedeutung.

[50] Veröffentlicht in: Sozialpolitisches Zentralblatt von 1892.

[51] „Criminalité et conditions économiques", 1905, S. 244—246.

über die kausale Erklärung der Existenz von Kriminalität verhaftet blieb, erwartete eine gleiche Grundsatztreue auch von anderen. Es muß ihn dann auch wohl überrascht haben, als er, offenbar erst nachdem seine Doktorarbeit im Druck erschienen war, in dem im selben Jahr erschienenen zweiten Teil von *von Liszts* „Strafrechtliche Aufsätze und Vorträge" dessen Aufsatz „Die gesellschaftlichen Faktoren der Kriminalität" von 1902[52] las und sich davon überzeugen konnte, daß er dessen Versatilität und Souplesse wohl sehr unterschätzt hatte! Wie ein Jauchzer klingt die Bemerkung, mit der *Bonger* in der 1916 erschienenen englischen Übersetzung seines Hauptwerkes feststellt, daß „Prof. von Liszt has changed his opinion with regard to the biosociological hypothesis of crime and must now be ranked with the partisans of the environmental school"[53].

Hatte *von Liszt* wirklich die etwas modifizierte Lehre von *Ferri*, zu der er sich noch drei Jahre zuvor in seiner Berliner Rede[54] bekannte, so radikal über Bord geworfen? Man könnte geneigt sein, diese Frage zu bejahen, wenn man liest, wie er, inspiriert von den damals neuen Auffassungen von *Virchow* über den Krankheitsbegriff, die Betonung auf die Notwendigkeit legt, das sozial-pathologische Phänomen Kriminalität als eine ungewohnte, aber darum noch nicht wesensfremde Form des normalen gesellschaftlichen Lebens zu begreifen, das allein auf diese Weise verstanden werden *kann*. Hier kommt er sehr nahe an *Bonger* heran, der dasselbe meinte, allerdings beschränkt auf die kapitalistisch organisierte Gesellschaft. Aber wenn *von Liszt* dann im weiteren Verlauf auf die als ein seiner Meinung nach notwendiges Beiprodukt der zunehmenden Industrialisierung auftretende „Proletarisierung der Kriminalität" weist, „die sich in dem Anwachsen einer parasitären Bevölkerungsschicht zur Geltung bringt"[55], und dann feststellt, indem er diese Gruppe weit über den Kreis der sogenannten Berufstäter hinaus ausdehnt, daß ihre Mitglieder sich „durch die Roheit ihrer ganzen Lebensführung, die sich notwendig auch in ihrer verbrecherischen Betätigung kundgeben muß", unterscheiden, dann sind wir in Wirklichkeit wieder bei dem tragenden Gedanken des Marburger Programms angelangt: Schutz der bien-pensants durch bien-pensants gegen eine gesellschaftsfeindliche Zusammenballung krimineller Kräfte, auch wenn diese nun nicht mehr als eine Bedrohung von außen, sondern als eine Gruppe beschrieben

[52] AuV II, S. 433—447.

[53] „Criminality and economic conditions", 1916, S. 189 Anm. 2.

[54] „Die Aufgaben und die Methode der Strafrechtswissenschaft", AuV II, S. 284—298.

[55] AuV II, S. 444.

werden, die „unmittelbar hervorgewachsen (ist) aus der vollkräftigsten Lebensbetätigung der heutigen Gesellschaft“. Und wenn ich dann zum Schluß noch zitieren darf, daß nach *von Liszt* diese parasitäre Bevölkerungsgruppe aus Elementen bestehen soll, „die inmitten des allgemeinen Vorwärtshastens zurückbleiben müssen, weil sie bei ihrer unterdurchschnittlichen körperlichen und geistigen Veranlagung mit den anderen gleichen Schritt zu halten nicht imstande sind“[56], dann findet man in diesem Ausspruch denselben gefährlichen soziologischen Neo-Lombrosianismus, der in unseren Tagen deutlich erkennbar in einigen Ansichten über das als „kriminelle Subkultur“ angedeutete Phänomen hervortritt und wogegen *H. Mannheim* in seiner Comparative Criminology so zu Recht warnt[57].

Auch hier hat also *von Liszt* stets unter Beibehaltung seiner 1882 formulierten Ausgangspunkte aufs neue Anschluß bei kriminologischen Entwicklungen gesucht, die (und dabei brauche ich nur auf den tiefen Eindruck hinzuweisen, den die beiden niederländischen — wenn auch in Französisch geschriebenen — Veröffentlichungen von *Bonger* und *van Kan* in der internationalen Fachwelt gemacht hatten)[58] so deutlich im Begriff waren, „in“ zu werden, wie unsere jungen Leute das heute nennen.

Wieder zehn Jahre später. Man schreibt 1912; in München versammelt sich die Landesgruppe deutsches Reich der IKV, und natürlich spricht da ihr Begründer *von Liszt*[59]. Viel ist in dem vergangenen Jahrzehnt in Deutschland und in der Welt geschehen. Die Entwicklung vielerlei sozialer Vorkehrungen, über deren Handhabung und Weiterführung der Staat wacht, ist überall in vollem Gange. Sozialpolitik — einst eine Utopie, dann ein Modeschrei — ist Realität geworden, und *von Liszt* freut sich aufrichtig darüber. Endlich ist es nicht mehr nötig, Anschluß bei kriminologischen Ansichten zu suchen, um seine Kriminalpolitik zu stützen. Er stellt sich selbst und seiner Zuhörerschaft die Frage, wie es kommt, daß die zunächst so heftig kritisierte Neue Richtung im Strafrecht unter Einbezug ihrer Kriminalpolitik sich eines blühenden Lebens erfreuen darf, und antwortet darauf — und Bismarcks Schatten wird in Walhalla geschmun-

[56] AuV II, S. 445.

[57] „There exists, however, a criminal subculture not only in certain sections of the working or lower-working classes, but *mutatis mutandis* also in the higher social classes“ (Comparative criminology II, 1965, S. 514). *Mannheim* gebraucht übrigens die Begriffe „subculture“ und „cultural variation“ durcheinander.

[58] Vgl. *Hering*, a. a. O., S. 143, insbesondere das hier zitierte Urteil von *Roesner*.

[59] Mitteilungen der I. K. V., Bd. 19, Heft 2, S. 376—399.

zelt haben —: „Dieselbe große geistige Strömung, die uns die Sozialpolitik gebracht hat, hat uns auch den Begriff der Kriminalpolitik gebracht ... Unsere moderne strafrechtliche Schule erscheint als Übertragung wirtschaftlicher und politischer Gedanken und Forderungen auf unser spezielles Arbeitsgebiet ... *Daher* der rasche Sieg unserer Gedanken, weil sie, der Ausfluß einer allgemeineren geistigen Strömung, nur die Reflexwirkung unserer geänderten Auffassung über das Wesen und die Aufgaben des Staates uns darstellt". Und nun, da der Streit gewonnen scheint und die Legitimität einer breiten, auch alle Kriminalitätsaspekte umfassenden, sozialen Politik nicht mehr erfochten werden muß, werden auch die Akzente verlegt. Nun erst verschwindet das Gespenst der kriminellen Unterwelt, und die Kriminalpolitik richtet sich in erster Linie auf die Beschirmung des so leicht zur Kriminalität zu verleitenden Einzelnen, während daneben die Unschädlichmachung auf „den einzelnen, der anpassungsunfähig ist", beschränkt wird[60].

1912 ist eine tiefgreifende Reform des Deutschen Strafgesetzbuches, die diese Ziele ermöglichen soll, anscheinend eine Frage von kurzer Dauer. Zwei Jahre später vernichten „the guns of August" nicht nur die IKV, sondern zugleich die Welt, die die Welt *von Liszt*s war. Es ist schwierig, sich dem Gedanken zu entziehen, daß sein Tod am 21. Juni 1919 nach einer schweren und tragischen Krankheit eine weise Fügung einer höheren Macht gewesen ist.

Versuchen wir die hier gelieferte Darlegung in wenigen Worten zusammenzufassen, dann kann festgestellt werden, daß *von Liszt* bei seinen Bemühungen um eine neue Behandlung von Delikt und Delinquent nicht durch die damalige Kriminologie inspiriert worden ist und noch viel weniger zur Unterstützung seiner Vorstellung selbst eine Kriminologie entwickelt hat; statt dessen hat er sich den kriminologischen Entwicklungen, die sich in seiner Zeit vollzogen, in der Hoffnung angelehnt, diese für seine Ziele dienstbar machen zu können, die ihrem Wesen nach *politische* Ziele waren.

Zuletzt könnte man noch die Frage stellen, ob, wenn es denn so ist, daß die Kriminologie nicht an der Wiege der Neuen Richtung gestanden hat, vielleicht umgekehrt diese doch eine gewisse stimulierende Wirkung auf die kriminologische Entwicklung ausgeübt haben kann. Auch hier aber muß nach meiner Meinung die Antwort verneinend ausfallen:

In den vielen Ansprachen und Aufsätzen, die *von Liszt* der Verbreitung seiner Auffassungen gewidmet hat, werden Begriffe und

[60] ebenda, S. 378/379.

Begründungen, die Bezug auf den gesellschaftlichen und auf die Psyche des individuellen Menschen haben, großzügig angewandt. Nach dem unangefochtenen Urteil seiner Zeitgenossen war *von Liszt* ein glänzender und mitreißender Redner. Überdies ist sein Stil so vortrefflich, daß man den größten Teil seiner Schriften auch heute noch gefesselt lesen kann. Diese beiden Umstände und seine unzweifelhafte Meisterschaft als Strafrechtsdogmatiker haben veranlaßt, daß selbst unter seinen schärfsten Kritikern anscheinend niemand jemals begriffen hat, daß *von Liszt* ein Laie war, sobald er sich auf die Gebiete der Soziologie, Sozialökonomie, Pädagogik, Biologie und Psychologie begab, der unverzagt mit Begriffen operierte, welche für den Fachmann auf diesen Gebieten unverwendbar sind, wie ein Laie das im allgemeinen zu tun pflegt[61]. Was ist die blumenreiche Beschreibung des „Zustandsverbrechers" *von Liszts* anderes als ein Sammelsurium von moralisierenden Qualifikationen? Was hat ein Sozial-Pädagoge oder -psychologe von Begriffen wie „besserungsfähig" oder „unverbesserlich"? Welcher Biologe, der nicht in unverantwortliche und gefährliche Phantastereien verfallen will, könnte mit den unklaren sozialdarwinistischen Unterstellungen *von Liszts* etwas beginnen?

Die Entwicklungen in der Kriminologie nach *Ferri* sind fast ohne Ausnahme durch Koryphäen auf *anderen* als den juristischen Fachgebieten inspiriert[62]. Ich denke an *Durkheim*, *Marx*, *Freud*, *Pavlov*, um nur die allergrößten zu nennen. Wollte ich eine längere Liste zusammenstellen, dann würden darin die Namen unserer Landsleute *Heymans*, *Wiersma* und *Steinmetz* sehr ehrenvolle Plätze einnehmen[63]. Doch verglichen mit der Bedeutung, die diese Wissenschaftler für die Kriminologie gehabt haben, war die Tätigkeit von Franz *von Liszt*

[61] Viel Verwirrung ist durch den Umstand hervorgerufen worden, daß *von Liszt* selbst, vor allem in den späteren Jahren, wiederholt die Neue Richtung als die „soziologische" bezeichnete. In seinem Gefolge nennt *Renneberg* in seiner Abhandlung die Anhänger *von Liszts* jedesmal wieder „die Soziologen!"

[62] Natürlich schmälert diese Meinung nicht den Wert, der den bedeutenden Strafrechtsgelehrten zukommt, die, ebenso wie Liszt übrigens es selbst auch getan hat, zum Studium kriminologischer Probleme und die Durchführung kriminologischer Untersuchungen anregten. Auch ein eventuell daraus hervorgehendes Verlangen, Strafrecht und Kriminologie zu der höheren Einheit einer „science criminelle" zu verbinden, scheint mir sehr wohl verfechtbar und verglichen mit der anspruchsvollen „gesamten Strafrechtswissenschaft" *von Liszts* ein Fortschritt.

[63] *Vrij*, a. a. O., S. 378 lenkt zu Recht die Aufmerksamkeit darauf, daß *van Hamel* mehr als *von Liszt* die Entwicklung der Kriminologie begünstigt hat, indem er seine Schüler (unter ihnen *Bonger*, *van Dijck* u. a.) auf die Bedeutung dieser Forscher hinwies.

nicht bedeutsamer als die eines monsieur quelconque[64], wenn man sie vom kriminologischen Standpunkt beurteilt.

[64] *Hering*, a. a. O., S. 185 weist darauf hin, daß *G. Aschaffenburgs* bekannte Arbeit, „Das Verbrechen und seine Bekämpfung", stark durch die Grundsätze *von Liszts* angeregt worden ist und aus diesem Grunde als „die Kriminologie der Neuen Richtung" angesehen werden kann.

Franz von Liszt und die schwedische Strafrechtswissenschaft*

Von Professor Dr. Alvar *Nelson*, Uppsala

Als die moderne kriminalwissenschaftliche Forschung vor nahezu einem Jahrhundert begann, die die Herrschaft der klassischen Strafrechtsschule begründenden Grundfesten zu erschüttern, war die Zeit für eine durchgreifende Reform in allen Ländern und in Zusammenarbeit zwischen allen Ländern gekommen. Gleichwohl wäre es irreführend, wenn jemand sagen wollte, daß Franz *v. Liszt* aus diesem Grunde in einem glücklichen Augenblick Gelegenheit fand, in Erscheinung zu treten. Vielmehr war es ein Glück, daß gerade er es war, der zu der herrschenden Ansicht eine durchdachte Alternative programmatisch darzustellen vermochte und der über ein Menschenalter hinweg die Kraft und den Willen besaß, moderne kriminalwissenschaftliche Ideen zu entwickeln und zu verbreiten. Dieser Einsatz hat ihm einen ständigen Ehrenplatz in der strafrechtlichen Ideengeschichte gesichert.

In Skandinavien war man immer bereit, Franz *v. Liszt* die schuldige Dankbarkeit für dessen Lebenswerk zu bezeugen, das Erkenntnisse vermittelt hatte über Verbrechen und Verbrecher, über Strafen und andere Verbrechensfolgen, über rechtspolitische Zielsetzungen, die gegründet waren auf der gemeinsamen Forderung nach Rechtssicherheit und Effektivität und auf einem festen Vertrauen in das Ideal der Menschlichkeit. Im Norden war sein Einfluß auf das Strafrecht im akademischen Lehrstoff und im Bereich der Gesetzgebung groß und anhaltend. Es ist jedoch zu bedauern, daß er nur bei einer einzigen Gelegenheit (mit der Abhandlung: „Kritik des norwegischen Strafgesetzentwurfs" in der Tidsskrift for Retsvidenskab, 1889, S. 356—392) das Wort in der kriminalpolitischen Diskussion im Norden ergriff und daß er sich Erfahrungen und Gesichtspunkte der innerhalb Skandinaviens aufkommenden Diskussion über die zukünftige Gesetzgebung nicht in nennenswertem Umfang zunutze machen konnte.

* Übersetzt im Max-Planck-Institut für ausländisches und internationales Strafrecht, Freiburg i. Br.

Wer die Spuren des Einflusses Franz *v. Liszt*s auf die schwedische Kriminalpolitik verfolgen will, kann mehrere Wege gehen. Man kann seinen Ausgangspunkt von den Zeugnissen nehmen, die ältere und jüngere Kriminalpolitiker über seine Bedeutung für sie und deren Auswirkungen in Rechtswissenschaft und Gesetzgebung abgelegt haben. Schwieriger ist es, die Quellen offenzulegen, die ihrem Wirken zugrunde liegen und die, wie ertragreich sie und wie viele es waren, ihren Ursprung in ihm und dem Kreis um ihn hatten.

Eine Durchsicht der strafrechtlichen und kriminalpolitischen Literatur zeigt deutlich, daß Franz *v. Liszt* durch sein Lehrbuch, durch die vergleichende Darstellung und durch diese Zeitschrift einen besonders großen Einfluß bis hin zum zweiten Weltkrieg hatte. Die Bibliotheken enthalten einen reichen Bestand an Auflagen seines Lehrbuches, und die Bücher zeigen die Spuren eifriger Benutzung. Dasselbe gilt für die 1905 erschienene Sammlung von Aufsätzen und Vorträgen, deren Lebenskraft noch größer als die des Lehrbuchs gewesen zu sein scheint. Man findet in ihr noch immer Anregungen für kriminalpolitische Initiativen und ein überaus reiches Material für das Verständnis der ideengeschichtlichen Entwicklung.

Heute wird dem Wirken Franz *v. Liszt*s in der an den nordischen juristischen Fakultäten gebräuchlichen Unterrichtsliteratur kein besonderer Platz mehr eingeräumt. Eigentlich nur Ivar *Agge* (geb. 1905, Professor in Stockholm seit 1941) gibt in seinem Lehrbuch (Strafrecht, Allg. Teil, Heft 1, Stockholm, 1959, S. 58—62) einen etwas ausführlicheren Bericht über sein Werk und die Schule, die um ihn entstand, ohne jedoch eine direkte Verbindung zu der einheimischen Rechtsentwicklung herzustellen.

Das erste moderne Lehrbuch des Strafrechts in Schweden (Schwedisches Strafrecht, Uppsala 1901—1911) wurde von Johan *Hagströmer* (1845—1910, Professor in Uppsala 1877—1910) verfaßt und erschien in seinen letzten Lebensjahren. Es bildete für Generationen schwedischer Juristen, nicht zuletzt der Richter, die Grundlage für deren Vertrautheit mit den allgemeinen Lehren des Strafrechts. An keiner Stelle enthält es einen Hinweis auf Franz *v. Liszt*, und der Leser bleibt in Unkenntnis über die soziologische Strafrechtsschule, die sich beim Erscheinen des Werkes bereits eine Plattform im Norden geschaffen hatte.

Unter den Strafrechtslehrern kam als erster Johan C. W. *Thyrén* (1861—1933, Professor in Lund 1896—1926) mit den neuen Strömungen in Deutschland in Berührung. Seine gesamte kriminalpolitische Tätigkeit, insbesondere auf dem Gebiet der Gesetzgebung, stand in engem Zusammenklang mit den Fanfaren in Franz *v. Liszt*s Marburger

Programm und der noch reicheren Instrumentierung in der Internationalen Kriminalistischen Vereinigung. Es ist jedoch für *Thyrén* bezeichnend, daß seine Veröffentlichungen als ein Werk aus einem Guß erscheinen, das in seiner eigenen Gedankenwerkstatt entstand. Auf Hinweise auf andere Verfasser oder auf eine Diskussion über deren Ideen, glaubte *Thyrén* nahezu ganz verzichten zu können. Über das Verhältnis zwischen *Thyréns* Reformvorschlag und den neuen deutschen Lehren informiert am besten eine Lektüre der Kritik von Karl *Birkmeyer* (Kritik über die Schrift „Prinzipien einer Strafgesetzreform", Lund, 1912).

In der folgenden Generation von Strafrechtslehrern findet man Einflüsse Franz *v. Liszts* vor allem bei Nils *Stjernberg* (1873—1943, Professor in Stockholm 1906—1940) und Folke *Wetter* (1883—1961, Professor in Uppsala 1913—1948). Keiner von ihnen war ein unkritischer Nachfolger, aber beide schöpften viele ihrer Erkenntnisse aus dem Werk *v. Liszts*. Besonders *Stjernberg* vertrat als Vorsitzender der 1911 gegründeten Schwedischen Kriminalistenvereinigung, die lange ein lebendiges Instrument fortschrittlicher Kriminalpolitik war, die Lehren der neuen Schule. Ragnar *Bergendal* (geb. 1890, Professor in Lund 1928—1957) setzte die Thyrénsche Tradition fort und zeigte eine besondere Vorliebe für das v. Lisztsche Lehrbuch. Schwieriger ist es, den Einfluß von *v. Liszt* auf die gegenwärtigen Vertreter des Strafrechts nachzuweisen.

Franz *v. Liszt*, der Kreis um ihn, diese Zeitschrift und nicht zuletzt die Internationale Kriminalistische Vereinigung reichten in Schweden weit über den akademisch-juristischen Bereich hinaus. Generationen von Psychiatern, Strafvollzugsbediensteten, Richtern und in der Gesetzgebung tätigen Beamten gewannen hier Kenntnisse und Anregungen. Nur einer von ihnen beteiligte sich jedoch kritisch an der Diskussion. Es war der Psychiater Olof *Kinberg* (1873—1960), der in seiner Schrift (Über die sog. Zurechnungsfähigkeit, Älvsjö, 1917) alle Versuche angriff, den Begriff der Zurechnungsfähigkeit zu definieren (siehe schon seinen Beitrag in der Monatsschrift für Kriminalpsychologie und Strafrechtsreform, 8. Jahrg., 1911, S. 390—396).

Von besonderem Interesse ist es indessen zu erfahren, wie der Nestor der modernen schwedischen Kriminalpolitik, Karl *Schlyter* (1879—1959), den Einfluß Franz *v. Liszts* auf die schwedische Kriminalpolitik beurteilt hat. Zu seinem 70. Geburtstag wurde er durch Gerhard *Simson* mit einem Beitrag über dieses Thema gewürdigt (Franz von Liszt und die schwedische Kriminalpolitik, Festschrift für Karl Schlyter, Stockholm, 1949, S. 308—320). Anläßlich des 100. Geburtstages von *v. Liszt* setzte Karl *Schlyter* die Diskussion fort

(Svensk Juristtidning, 1951, S. 169—175; in französischer Übersetzung in der Revue Internationale de Droit Pénal, 1951, S. 343—353). Unter Zugrundelegung der 10. Auflage des v. Lisztschen Lehrbuches, das Karl *Schlyter* zum Studium des Strafrechts bei *Thyrén* erworben hatte, greift *Schlyter* die acht Punkte des von *v. Liszt* dort wiedergegebenen, von einem zum andernmal revidierten Programmes auf (§ 4). Es ist jedoch zu spüren, daß *Schlyter* — bei aller Achtung für *v. Liszt* — erkannt hat, daß die Zeit schon weitergelaufen war. Und gleichwohl hatten wir in Schweden auch da nur einen Teil des Weges zur Verwirklichung des Reformprogrammes zurückgelegt, das in so hohem Maße durch *Schlyter* und Ivar *Strahl* (geb. 1899, Professor in Uppsala 1949—1965) geprägt ist. Als das neue schwedische Strafgesetzbuch aus dem Jahre 1962 im Jahre 1965 in Kraft trat, bezeichnete dies nach meiner Meinung nicht nur das Ende einer langen Entwicklung, sondern auch die Geburt einer neuen. Auch die Schwedische Kriminalistenvereinigung behandelte auf ihrem Jahrestreffen im April 1969 das Thema: Ist das Strafgesetzbuch schon unmodern?

Soweit mir bekannt ist, besuchte Franz *v. Liszt* Schweden nur einmal, im Herbst 1916. Der Besuch erfolgte auf Einladung der Studentenverbände, denen es angebracht erschien, bedeutenden Wissenschaftlern der kriegführenden Länder Gelegenheit zu geben, in einem neutralen Land aufzutreten. Sein Besuch war ein Festtag, und man ehrte ihn überall ohne Rücksicht auf das wechselnde Kriegsglück bei Verdun als Forscher und Persönlichkeit des kulturellen Lebens. In Stockholm sprach er über „Richtlinien der Strafrechtsreform", in Uppsala über „Strafrichter der Zukunft" und in Lund über „Die Psychologie des Verbrechers". Selbstverständlich gab er überall seiner — in Wirklichkeit vielleicht zurückhaltenden — Wertschätzung für den Thyrénschen Entwurf zur neuen schwedischen Strafgesetzgebung Ausdruck. Von Zuhörern bei einem dieser Vorträge wurde mir berichtet, daß sie einen bleibenden Eindruck von der Persönlichkeit *v. Liszt*s vermittelten.

Zum Tode Franz *v. Liszt*s erschien ein Nachruf von Johan *Thyrén* (in der Svensk Juristtidning, 1919, S. 250—253). In ihm wird sein Einfluß auf die schwedische Strafrechtsreform nicht erwähnt, vielleicht — um Karl *Schlyter* zu zitieren — deswegen, weil „Thyrén in diesem Fall über sich selbst hätte sprechen müssen". Sein 100. Geburtstag gab Anlaß zu kurzen Würdigungen durch Olof *Kinberg*, Folke *Wetter*, der selbst 1908 bei *v. Liszt* in Berlin studiert hatte, Ragnar *Bergendal*, Ivar *Agge* und Ivar *Strahl* (Svensk Juristtidning, 1951, S. 161—167).

Auf dreifache Weise hat Franz *v. Liszt* Einfluß auf die schwedische Kriminalpolitik ausgeübt: durch seine Veröffentlichungen, durch seinen Einsatz für die Internationale Kriminalistische Vereinigung und durch seine Tätigkeit für diese Zeitschrift. Ohne Übertreibung kann man sagen, daß wir in Schweden sein Erbe gut verwaltet haben. Nur in einem wurde es nicht voll ausgeschöpft. Die abstrakte, oft als synthetisch bezeichnete Gesetzgebungstechnik, die das geltende Strafgesetzbuch auszeichnet, erfüllt nicht ganz den Anspruch auf Rechtssicherheit, den Franz *v. Liszt* mit der Forderung gekennzeichnet hat, daß das Strafgesetzbuch die magna charta des Verbrechers sein soll.

Kolibri 360 GmbH
Ferdinand-Jühlke-Straße 7
99095 Erfurt, Deutschland
produktsicherheit@kolibri360.de